GUIDE des MERVEILLES de la NATURE en FRANCE

Suivi éditorial : Olivia Bretteil
Conception graphique et maquette : Sylvie Creuze, studio de création Flammarion
ISBN : 2-0826-0770-4
Dépôt légal : février 2000
N° d'édition : FZ0770
Imprimé en France

FRÉDÉRIQUE ROGER • FABRICE MILOCHAU

GUIDE des MERVEILLES de la NATURE en FRANCE

Les plus beaux sites dans chaque région

ARTHAUD

NORD-PAS-DE-CALAIS
LILLE
Arras
AMIENS
PICARDIE
Beauvais
Laon
Charleville-Mézières
CHÂLONS-EN-CHAMPAGNE
CHAMPAGNE-ARDENNE
Troyes
Chaumont
ROUEN
Evreux
St-Lô
CAEN
NORMANDIE
PARIS
ÎLE-DE-FRANCE
Chartres
METZ
LORRAINE
Nancy
Bar-Le-Duc
Épinal
STRASBOURG
ALSACE
Colmar
Mulhouse
St-Brieuc
BRETAGNE
RENNES
Quimper
Vannes
Alençon
Laval
Le Mans
PAYS-DE-LOIRE
Angers
NANTES
La Roche-Sur-Yon
ORLÉANS
Blois
Tours
CENTRE
Bourges
Châteauroux
Auxerre
DIJON
BOURGOGNE
Nevers
Vesoul
Belfort
FRANCHE-COMTÉ
BESANÇON
Lons-le-Saunier
POITIERS
Niort
La Rochelle
POITOU-CHARENTES
Angoulême
Guéret
LIMOGES
LIMOUSIN
Tulle
Moulins
CLERMONT-FERRAND
AUVERGNE
Le Puy-en-V
Aurillac
Mâcon
Bourg-en-Bresse
Annecy
LYON
Chambéry
RHÔNE-ALPES
St-Etienne
Grenoble
Valence
Privas
Périgueux
BORDEAUX
AQUITAINE
Agen
Mont-de-Marsan
Pau
Tarbes
Cahors
Rodez
MIDI-PYRÉNÉES
Montauban
Albi
Auch
TOULOUSE
Foix
Mende
LANGUEDOC-ROUSSILLON
Nîmes
MONTPELLIER
Carcassonne
Perpignan
Gap
Digne-les-Bains
PROVENCE-ALPES-CÔTE-D'AZUR
Avignon
Nice
MARSEILLE
Toulon
Bastia
CORSE
AJACCIO

Sommaire

Aux amoureux de la nature

Le *Guide des merveilles de la nature en France* n'a qu'un objectif : vous mener vers des sites naturels originaux et d'une grande beauté. Certains sont populaires, la plupart restent très peu connus ; bien entendu, les voisins de ces sites ne seront pas surpris de les retrouver, mais pour les autres, c'est souvent une vraie découverte. Un peu plus de cent soixante merveilles vous sont ainsi présentées en détail. Les critères de sélection que nous avons retenus sont essentiellement esthétiques et émotionnels : l'important, c'est la majesté et l'aura qui émanent des lieux. Notre priorité, c'est aussi de vous présenter des endroits précis et facilement accessibles : que ce soit au sein d'un parc, d'une réserve naturelle ou ailleurs, ce guide vous offrira toujours un point de chute ; libre à vous d'explorer ensuite toute la région si vous le souhaitez...

Tous les goûts sont dans la nature et chacun d'entre nous possède sa propre sensibilité : les sites répertoriés dans ce guide ne sont pas issus d'un classement officiel auquel tout le monde est obligé d'adhérer. Il s'agit simplement de vous éviter des kilomètres inutiles ou des désillusions, en vous conseillant des lieux qui nous ont émerveillés plus que d'autres. Toutes les photos (sauf exception) ont été prises sur place, par nos soins, sans enjoliver la réalité.

Ce guide des merveilles de la nature ne couvre pas forcément tous les départements : certaines régions étant beaucoup plus riches que d'autres en sites naturels remarquables, des inégalités étaient inévitables.

En France comme ailleurs, la nature et ses merveilles sont parfois malmenées, voire mises en danger par ceux-là même qui viennent les admirer. Chacun d'entre nous porte sa part de responsabilité et se doit d'être vigilant. Le tourisme de masse est particulièrement préjudiciable à la nature : la surfréquentation de certains sites pendant les vacances scolaires détériore gravement la beauté et l'intégrité de ces lieux d'exception.

Nul n'affectionne particulièrement de prendre un bain de foule à l'occasion d'une promenade en forêt ou d'un pique-nique sur les rives d'un lac de montagne ; c'est pourquoi nous vous indiquerons, tout au long de ce guide, les périodes de l'année où il est préférable de s'abstenir d'aller grossir le flot des touristes. Bien entendu, il se peut que vous n'ayez pas le choix, surtout si vous prenez vos vacances en famille. En ce cas, soyez de ceux qui respectent l'environnement qui les accueille.

Mieux qu'un long discours moralisateur, voici ce à quoi nous avons assisté, dans le Jura, pendant que nous réalisions ce guide.

Un jeune couple et ses deux enfants marchent d'un pas léger sur le sentier qui mène à la Cascade de l'Éventail, une des célèbres Chutes du Hérisson ; à peine arrivés sur place, les enfants, âgés d'une douzaine d'années, enlèvent rapidement leurs vêtements qu'ils laissent éparpillés sur les rochers. Quelques enjambées plus loin, les voici, en maillot de bain, au pied de la cascade, sous le jet des chutes. Quelques minutes plus tard, leurs parents les rejoignent. Grisé par l'eau vive, ce petit monde ne tarde pas à s'asperger mutuellement, à grand renfort de cris et de rires ; dans le feu de l'action, un enfant arrache un gros paquet de mousse au flanc de la chute pour le lancer sur son frère. Sitôt visé, ce dernier s'empresse d'amasser un tas encore plus gros pour riposter... Bientôt, c'est toute la famille, adultes compris, qui s'amuse à se bombarder de mousse, comme dans une bataille de boules de neige.

Chacun tirera la morale qui lui convient de cette petite histoire vraie. Mais si vous avez l'occasion d'aller vous-même sur place, vous constaterez que la Cascade de l'Éventail est un site grandiose, un de ces lieux qui nous emplit d'admiration et dont les dimensions nous rendent humbles. Des aires aménagées permettent à tous de profiter du spectacle et de faire des photos ; imaginez votre agacement si quelques-uns vous imposaient leur présence et celle de leurs vêtements éparpillés alentours, au beau milieu de ce paysage... Mais le plus important, c'est que les mousses gorgées d'eau qui tapissent les parois de cette cascade font partie intégrante de son écosystème et participent grandement à l'écoulement de l'eau « en éventail », d'où la chute tire son nom.

Ne croyez pas que ce genre de comportement soit caricatural ou tout à fait exceptionnel ; nous sommes tous susceptibles, à un moment ou à un autre, et pour différentes raisons, de nous laisser aller à ce genre d'attitude. Ceci d'autant plus facilement que d'autres ne semblent nullement s'en soucier...

Mais ce guide est justement destiné à ceux qui ne prennent pas la nature pour un parc de loisirs et qui veulent profiter d'espaces encore sauvages et préservés.

Mode d'emploi

Au début de chaque chapitre régional, vous trouverez une carte de France qui vous permettra de localiser la région, la liste des sites vedettes présentés ainsi que celle des sites complémentaires (à découvrir si vous en avez le temps).

Sur ces doubles pages d'ouverture sont également indiquées les adresses des organismes touristiques régionaux.

Pour faciliter l'utilisation du guide, tous les sites sont présentés par région et par ordre alphabétique.

Enfin, chaque site vedette est présenté sur deux pages où vous trouverez tous les renseignements utiles le concernant.

Les villes les plus proches du site.

Itinéraire routier.

Conditions d'accès au site.

Niveau de difficulté et temps pour accéder à pied au site : de F0 (très facile) à F4 (pour les plus sportifs).

Des conseils pour mieux réussir vos photos sur place.

Situation *à 10 km de Bitche, 30 km de Hagueneau et 32 km de Sarreguemines.*

Accès *par l'autoroute A 4, sortie Sarreguemines puis N 62 en direction de Haguenau jusqu'à Egelshardt. Suivre « Étang de Hanau » puis Waldeck par la N 162e, tourner à gauche vers le camping de l'étang de Hanau.*

Visite *libre toute l'année*

Niveau *F1, sentier balisé. 20 min aller.*

Conseil Photo
Il vous faudra un grand angle pour restituer le gigantisme du rocher. Approchez-vous de la paroi et prenez-la de profil, avec un peu de forêt, pour bien montrer la forme évasée de ce navire de pierre. Attention, le sous-bois est sombre : trépied ou 400 ISO conseillé.

Cote du site, de 1 à 5 ☆,
selon une échelle nationale :

☆	**à voir si vous passez à côté,**
☆☆	**mérite de faire un petit détour,**
☆☆☆	**un des plus beaux sites de la région,**
☆☆☆☆	**à ne surtout pas manquer,**
☆☆☆☆☆	**à voir au moins une fois dans sa vie.**

Dénomination
du site et sa particularité.

Alsace-Lorraine 57 Moselle

☆☆☆ Le Grand Steinberg *Un paquebot pétrifié au milieu des arbres*

Une fois sur la route forestière de l'étang de Hanau, le départ des sentiers de randonnée se situe en sous-bois, sur la droite, un peu avant l'entrée du camping. ➜ **Le Grand Steinberg** n'est pas indiqué immédiatement ; il faut suivre Le Falkenstein (itinéraire marqué d'une croix bleue). Ce n'est qu'à la bifurcation suivante que l'indication « Falkenstein par le Steinberg » apparaît ; il s'agit de l'itinéraire 3. ➜ **L'imposant pan rocheux** de grès rouge se dresse sur la gauche en amont d'un lacet. De petits sentiers secondaires serpentent jusqu'au pied de la muraille sculptée de mille alvéoles. C'est en suivant le bas de la falaise que l'on se rend compte de la grandeur du site. En levant les yeux à la recherche du sommet, on se croirait au pied d'un robuste cargo échoué sur le sable depuis des millénaires. Vu de face, il n'est plus qu'une vertigineuse colonne, abandonnée là par on ne sait quel tourment. La coque de l'imaginaire navire est ornée de fines dentelles sculptées par une nature délicate. Les formes aléatoires y sont d'une beauté rare.

Les dentelles minérales ➜ Le Grand Steinberg est taillé, tout comme sa voisine l'Arche d'Erbenfelsen, dans les vieux grès rouges. Solidifiés par tassement lors de son enfouissement pendant plusieurs milliers d'années, les grès subissent, depuis leur retour en surface, les incessantes attaques du milieu extérieur.
L'épisodique travail de construction a dorénavant fait place à l'impitoyable action du temps et à la destruction lente de l'édifice. Dans le plus grand respect de son œuvre, la nature fait ici très bien les choses. Fragilisés par de multiples microfissures, les grès deviennent de plus en plus perméables et sont soumis à un régime d'évaporation très intense. Le ciment qui agglutine les grains de sable relâche progressivement son étreinte jusqu'à permettre à un souffle de vent de les emporter et libérer ainsi les petits galets de quartz enserrés dans les grès. Les petites cavités ainsi initiées subissent alors l'assaut des vents du sud et de l'ouest pour former un réseau d'alvéoles très artistique qui ressemble aujourd'hui à une gigantesque ruche minérale.

Sur votre chemin ➜ Le Grand Steinberg trône au milieu de la forêt domaniale de Hanau où le pin sylvestre est venu s'implanter naturellement. On y trouve toutes les espèces de feuillus avec une dominance de chênes et de hêtres qui affectionnent les sols acides (riches en quartz).
Au niveau de la roche, les cavités sont colonisées par un grand nombre d'insectes dont le plus impressionnant est le lucane cerf-volant : c'est le plus grand coléoptère d'Europe, pouvant atteindre 7,5 cm de long. Ses mandibules, en forme de bois de cerf, ne lui servent qu'à livrer combat pour la possession d'une femelle. On le trouve le plus souvent sur les coulées de sève des chênes dont il se nourrit. Ses larves, qui peuvent facilement atteindre une dizaine de centimètres, restent en gestation durant 5 à 8 ans dans les vieilles souches de chênes ou de hêtres.

9

Le descriptif du site
et de son ambiance.

Des informations pour
mieux comprendre
le site et sa physionomie
actuelle.

Des indications
sur la faune, la flore
ou un aspect typique
de l'environnement
du site ou des alentours.

La meilleure saison
pour vous rendre sur place

- **saison idéale**
- **bonne saison**
- **bonne saison,**
mais surfréquenté
- **sans réel intérêt**
- **impossible, fermé**
et/ou dangereux

Quelques consignes de sécurité

Voici quelques recommandations, issues de notre expérience du terrain, que nous vous encourageons à suivre :

- Ne laissez jamais rien d'apparent dans votre voiture, même pour quelques minutes : les aires de stationnement des sites naturels sont la cible de nombreux voleurs qui n'hésitent pas à casser une vitre pour un sac ou une paire de jumelles.

- Ne sous-estimez pas le pouvoir glissant des rochers et des feuilles mortes, ceci particulièrement lorsque vous descendez un chemin ou une pente.

- Méfiez-vous des fortes pentes jonchées de cailloux (à la montée comme à la descente) : une fois dessus, on attrape quelquefois des sueurs froides, incapable de bouger par peur de glisser.

- Évitez soigneusement les sols argileux quand il pleut : la moindre petite dénivellation peut se transformer en patinoire infranchissable.

- Faites très attention au bord des falaises calcaires (type Normandie) : votre simple poids peut suffire à décrocher un pan de falaise alors que rien ne le laissait présager.

- Ne vous aventurez jamais dans un éboulis de pierres (en montagne) : il suffit d'un rien pour engendrer un glissement de terrain qui pourrait, de plus, vous entraîner avec lui.

- Au pied des grandes parois rocheuses où de l'eau ruisselle, gardez toujours un œil en l'air : des pierres se détachent fréquemment et le moindre caillou peut faire très mal lorsqu'il chute de plusieurs mètres.

- Gardez toujours à l'esprit que les tourbières sont aussi dangereuses que des sables mouvants : des animaux s'y font souvent piéger. Si vous vous y aventurez hors sentier, ne restez jamais à deux au même endroit : si l'un s'enfonce l'autre pourra alors le secourir.

- Évitez, autant que possible, de partir seul, particulièrement en montagne.

Introduction à la géologie

Paysages d'hier et d'aujourd'hui

Les sites abordés dans ce guide ont été façonnés il y a plusieurs dizaines, voire plusieurs centaines de millions d'années.
On reconnaît aisément les glaciers qui s'accrochent à nos sommets, les rivières déchaînées creusant leur lit, les volcans crachant leurs coulées de laves, les océans turquoise baignant leurs barrières de corail. Mais qui saurait dire qu'il y eut des volcans en Bretagne, des coraux dans le Briançonnais ou des calottes glaciaires dans le Massif centrale?
Ce guide est aussi là pour vous faire découvrir cette face cachée de la nature française, pour vous permettre de comprendre l'existence et le profil de nos plus beaux sites naturels.

Le principe général est très simple. Si l'on trouve des basaltes en Bretagne, on en déduira que cette région fut autrefois le théâtre d'éruptions volcaniques ; si l'on trouve un calcaire en Provence on en déduira que la mer s'y installa pour un temps ; si l'on trouve des traces d'usure glaciaire dans le Massif central, c'est que des glaciers s'y trouvaient à une certaine époque...

Les grands principes

Avant toute chose, rappelons quelques principes de base qui relèvent du bon sens, mais sont essentiels :

- Les couches se déposent originellement à plat et sont identiques sur toute leur longueur.

- Sur une coupe de terrain, les couches situées en bas sont toujours plus anciennes que celles qui les recouvrent.

- Les roches sont soumises à un cycle. L'altération par l'eau et l'air désagrège les roches en libérant des particules solides qui vont être transportées et déposées ailleurs. Là, elles vont se consolider pour former de nouvelles roches...

- Le principe de la tectonique des plaques stipule que nos continents ne sont pas fixes mais qu'ils dérivent à la surface du globe. À la fin de l'ère primaire, les continents actuels étaient réunis en un seul, la Pangée. Sous l'influence de forces internes suffisantes, ce continent commença à se disloquer il y a 200 millions d'années. Un grand nombre d'informations ont permis de dire que la

terre était en fait parcourue, dans sa partie interne (le manteau), de courants de convection et qu'elle était recouverte, sur sa partie externe, de fines plaques rigides (les continents), qui, sous l'effet de ces courants, s'écartaient, se chevauchaient et se plissaient.

- Le temps se mesure en millions d'années (MA) sur l'échelle géologique, qui est purement théorique. Elle est subdivisée en étages, époques, périodes et ères. Chacune de ces subdivisions correspond à un intervalle de temps défini et porte généralement le nom du lieu où on l'a identifié. À titre d'exemple, jurassique vient du Jura et fait partie de l'ère secondaire.

La division du temps

Tous les éléments qui composent aujourd'hui la terre proviennent d'un amas stellaire né il y a 10 ou 20 milliards d'années. La terre et notre système solaire se sont formés il y a 4,55 milliards d'années. Notre échelle des temps commence, à peu près, avec l'apparition de la vie ; elle est divisée en quatre ères.
Nous savons, grâce à la complicité des paléontologues, quels organismes vivaient et à quelles époques :

-570 MA L'**ère primaire** est caractérisée par les premiers invertébrés, les trilobites (sorte de poissons cuirassés), puis par les fougères géantes à l'origine du charbon.

-225 MA L'**ère secondaire** est marquée par un foisonnement de vie, mais s'achève par l'extinction massive d'un grand nombre d'espèces dont les dinosaures. La théorie de la météorite semble être la plus plausible pour expliquer ce bouleversement.

-65 MA L'**ère tertiaire** annonce l'arrivée des mammifères et des plantes à fleurs.

-2 MA L'**ère quaternaire**, qui a débuté il y a seulement deux millions d'années, a été très touchée par les glaciations et par l'apparition de l'homme.

Enfin, il faut bien comprendre que si les continents se sont déplacés, cela a influé sur le climat. Le Groënland n'a pas toujours été au pôle Nord et l'Australie dans l'hémisphère sud. De même, la France vécut plusieurs millions d'années sous un climat tropical.

Les principaux groupes de roches

Comme nous venons d'y faire allusion, la géologie et la climatologie sont deux sciences intimement liées. Les effets du mouvement relatif de la terre et du soleil sont un peu complexes pour être abordés ici, mais nous retiendrons que les modifications de l'épaisseur de la glace aux pôles sont responsables des variations du niveau de la mer. Au cours des différentes ères, la fonte des glaces entraînait une augmentation du niveau marin (transgression) alors qu'un stockage au niveau des calottes entraînait sa baisse (régression).

Les roches sont des matériaux solides, constitués de minéraux inorganiques, eux-mêmes constitués d'éléments chimiques. Les minéraux les plus répandus sont le quartz, le feldspath, le micas ; les éléments chimiques sont l'oxygène, le carbone, l'hydrogène, le fer, la silice, l'aluminium...

On divise généralement les roches en trois groupes, en fonction de leur mode de formation :

- Les roches éruptives se forment par refroidissement et cristallisation d'un magma. C'est le cas des granites et basaltes. Elles caractérisent les zones volcaniques.

- Les roches sédimentaires sont des particules détritiques d'origine minérale et/ou organique. C'est par exemple le calcaire, le grès et les argiles. Elles seules contiennent des fossiles.

- Les roches métamorphiques résultent de la transformation de roches préexistantes sous l'effet de la chaleur ou de la pression. C'est le cas des gneiss, des schistes et micaschistes. Elles caractérisent la surrection d'une chaîne de montagnes ou des intrusions volcaniques dans une roche déjà en place.

La formation des grandes régions de France

Les plus anciennes régions françaises sont le **Massif central**, le **Massif armoricain** et le **Massif des Ardennes**. Ces massifs sont constitués d'un matériel éruptif (granite...) hérité d'une très ancienne chaîne de montagnes qui recouvrait, à l'ère primaire, une bonne partie de l'Europe : la chaîne hercynienne. À cette époque, la France était encore rattachée au continent unique et était très loin de sa découpe actuelle. Le massif hercynien atteint son maximum au milieu du carbonifère. Le climat est alors humide et chaud, la forêt prolifère et le massif se démantèle rapidement.
Les reliefs s'émoussent et la mer parvient à s'insinuer dans de nombreux bassins. À l'orogenèse hercynienne succède,

dès le trias, l'orogenèse alpine. Par le jeu des continents, une nouvelle mer s'ouvre au niveau de l'actuel arc alpin, c'est la Thétis. Du trias (-245 MA) au crétacé supérieur (-85 MA), la mer va déposer d'importantes épaisseurs de sédiments dans le quart sud-est de la France : de 2 500 à 10 000 mètres. Au nord, la France et son large **Bassin Parisien** sont également envahis par la mer, à l'exception du Massif armoricain, des Ardennes, des Vosges et du Nord du Massif central.
Soudain, la dynamique s'inverse, la plaque africaine opère un mouvement vers le nord, se rapprochant ainsi de la plaque européenne. Les milliers de mètres de sédiments précédemment déposés se plissent, s'entassent, se compressent, s'écaillent dans un mouchoir de poche : les **Alpes** sont en pleine gestation et la collision des plaques fracture le sol français de part en part.
Dans le sud-ouest, ce bouleversement des plaques entraîne simultanément la dérive de l'Espagne vers l'est, compressant le sol pyrénéen et de fait entraînant la surrection des **Pyrénées** et l'émersion de la **Corse**.
Les derniers plissements s'achèvent à la fin de l'ère tertiaire.
À cette période agitée fait suite l'ère quaternaire caractérisée par des fluctuations climatiques de grande amplitude. Ces variations entraînent l'alternance de périodes chaudes et de périodes froides allant jusqu'à la glaciation.
Les glaciers de type inlandsis ne se sont pas étendus jusqu'à la France, mais tous les massifs montagneux portent les séquelles des glaciers. C'est la période de creusement des grands fleuves, d'ouverture des vallées dites glaciaires, du rabotage des sommets et d'une partie des découpes côtières.
Lorsque la dernière grande glaciation (Würm) s'est effacée il y a 12 000 ans, l'homme avait déjà pris possession des lieux...

Sites complémentaires

HAUT-RHIN

Lac Noir et Lac Blanc (Kruth)

Lac Vert (Soultzeren)

Petite Camargue alsacienne (Forêt de la Harth)

Rocher de Belmont (Orbey)

MEUSE

Pelouses calcaires de Génicourt (Génicourt-sur-Meuse)

MOSELLE

Rocher de Dabo (Dabo)

VOSGES

Cascade de Géhard (Girmont-Val-d'Ajol)

Cascade du Bockloch (Wildenstein)

Champ de Roches (Granges-sur-Vologne)

Lac des Corbeaux (La Bresse)

Lacs de Longemer et Retournemer (Xonrupt-Longemer)

Petite et Grande Cascades de Tendon (Tendon)

Rocher de l'Homme (Philippsbourg)

Saut des Cuves (Xonrupt-Longemer)

Sources de la Moselle (Bussang)

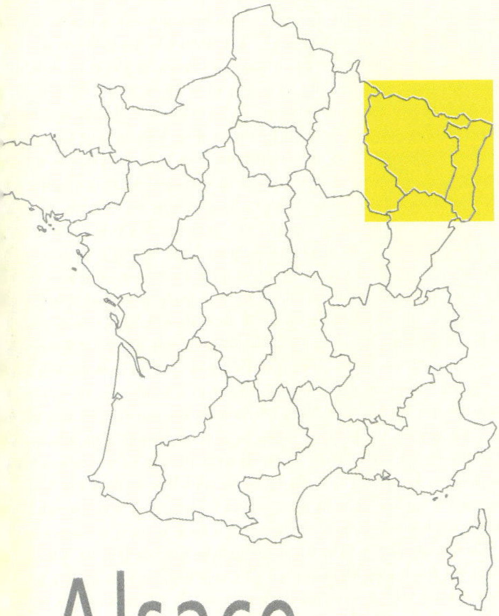

Alsace Lorraine

• **MAISON DU TOURISME DE HAUTE-ALSACE**, 1, RUE SCHLUMBERGER, 68006 COLMAR CEDEX, 03 89 20 10 68 • **AGENCE DE DÉVELOPPEMENT TOURISTIQUE DU BAS-RHIN**, 9, RUE DU DÔME, 67067 STRASBOURG CEDEX 02, 03 88 75 67 64 • **COMITÉ DÉPARTEMENTAL DU TOURISME DE LA MEUSE**, HÔTEL DU DÉPARTEMENT, 4, RUE DE LA RÉSISTANCE, 55012 BAR-LE-DUC CEDEX, 03 29 45 78 40 • **COMITÉ DÉPARTEMENTAL DU TOURISME DE LA MOSELLE**, 1, RUE DU PONT MOREAU, 57036 METZ CEDEX 01, 03 87 37 57 80 • **COMITÉ DÉPARTEMENTAL DU TOURISME DES VOSGES**, 7, RUE GILBERT, 88008 ÉPINAL CEDEX, 03 29 82 49 93

ARCHE D'ERBENFELSEN

CASCADE DE NIDECK

CHÊNE DES SUÉDOIS

GLACIÈRE ET CHAOS DE LA STRAITURE

GRAND STEINBERG

GROTTES DE LA FALOUZE

LAC DE FISCHBOEDLÉ

Situation à 5 km de Philippsbourg, 15 km de Bitche et 45 km de Sarreguemines.

Accès par l'autoroute A 4, sortie Sarreguemines puis emprunter la N 62 au nord de Sarreguemines jusqu'à Eguelshardt. Suivre le panneau « Étang de Hanau » par la D 162 puis Waldeck.

Visite libre toute l'année.

Niveau F2, sentiers balisés. 30 min aller.

Conseil Photo

L'Arche est très difficile à prendre en photo car on manque de recul et la végétation obstrue quelque peu le point de vue. En fait, même si c'est un peu moins grandiose, nous vous conseillons de faire le tour de l'édifice naturel (en suivant le chemin) : de dos, la vue est beaucoup plus dégagée et l'on voit bien la trouée de l'Arche.

☆☆☆☆ L'Arche d'Erbenfelsen

Une arche de grès rouge classée patrimoine mondial

Un classement si prestigieux mérite un peu de discipline. ➜ **À Waldeck,** la circulation est interdite et il vous faudra traverser le village à pied, par la route goudronnée, jusqu'à l'entrée de la forêt. Derrière la barrière forestière, marchez quelques mètres puis prenez sur la droite. ➜ **C'est un chemin de grande randonnée, le GR 532,** qui mène jusqu'à l'Arche dans l'une des plus belles forêts de France. Le spectacle de cet immense pont naturel aux couleurs flamboyantes y est de toute beauté. Ici la nature s'est surpassée. Comble de la perfection, la beauté persiste également dans le détail : en s'approchant un peu, de fins alvéoles creusent la paroi en une ruche géante et ajoutent à la grandeur du site la finesse des formes. ➜ **Le GR dessine ensuite un lacet** qui permet d'observer la proue de cet impressionnant vaisseau de pierre et son côté bâbord aux allures plus modestes mais moins envahi par la végétation.
C'est sans doute le plus beau site de la Lorraine et une des stars nationales.

Le continent des vieux grès rouges

➜ Issues du démantèlement d'une ancienne chaîne de montagnes située plus à l'ouest, d'importantes quantités de sables rouges furent arrachées au continent par les pluies et les vents. Au gré des crues, les rivières emportèrent ce matériau meuble jusqu'au fond d'une mer qui recouvrait la région, il y a environ 200 millions d'années. À chaque crue, une épaisseur supplémentaire venait s'ajouter, apportant parfois quelques galets qui aidaient à l'édification de véritables chenaux. Simples maillons d'une histoire géologique qui ne s'arrête jamais, ces sables alluvionnaires se sont vus recouverts de sédiments plus tardifs. Sous leur poids, ils se tassèrent pour donner une roche dure : le grès.
La mer se retira et les continents s'affrontèrent. Les importantes déformations du sol, suivies du creusement des vallées par les glaciers au cours de l'ère quaternaire, permirent aux grès rouges de réapparaître en surface sous la forme que l'on admire aujourd'hui.

Sur votre chemin

➜ D'une abondance végétale presque suspecte, la forêt grouille, en saison, de milliers de champignons. Elle est, à elle seule, une encyclopédie mycologique grandeur nature et un lieu d'apprentissage idéal en la matière.
La magnificence des lieux s'accompagne d'une présence prestigieuse : l'Arche d'Erbenfelsen est un de ces endroits rares où niche le faucon pèlerin. Perché au sommet, ou tournoyant aux alentours à la recherche d'oiseaux qu'il chasse en plein vol et tue par la violence du choc, on le repère aisément par ses cris. Mesurant de 50 cm à 1 m d'envergure, c'est un rapace impressionnant qui n'a qu'un prédateur : le hibou grand duc. Autrefois très répandu sur l'ensemble du territoire, le très net recul des effectifs depuis 1950 a engendré sa protection. Veillez donc à ne pas le déranger.

Situation à 5 km d'Oberhaslach, 20 km de Molsheim et 40 km de Strasbourg.

Accès par la N 420 entre Stasbourg et Saint-Dié puis la D 218 à la hauteur d'Urmatt. Passer Oberhaslach puis continuer la Route Forestière (D 218) vers Wangenbourg-Egenthal.

Visite libre toute l'année.

Niveau F1 ou F2 (selon le chemin), sentier balisé. 20 min aller par les deux itinéraires.

Conseil Photo
Le débit de cette cascade est généralement faible durant la belle saison.
En s'approchant de sa base (attention aux pierres mouillées et glissantes), la vue en contre-plongée, avec un grand angle, est très photogénique.

★★ La Cascade de Nideck *Une ambiance quasi tropicale*

Deux sentiers de difficultés différentes permettent d'accéder à la Cascade depuis la D 218. Le premier se prend sur la droite de la route, au niveau d'une pancarte assez discrète placée en contrebas du restaurant. ➜ **De là, la Cascade est accessible à tous en 15 min** sur un chemin plat, en sous-bois. Le second démarre 4 km plus en amont à partir du grand parking et mène au site par un sentier aménagé de multiples marches. Si la descente est assez rapide, la remontée reste assez sportive : suivre le balisage jaune puis rouge pendant une vingtaine de minutes, jusqu'en haut de la chute. ➜ **Le pied de la Cascade** se rejoint ensuite très rapidement par un escalier très raide. D'un côté comme de l'autre, vous découvrirez une cascade aux multiples rebonds dans un environnement forestier quasi amazonien. L'eau s'y écoule avec panache sur une roche massive aux teintes rougeâtres.

Nideck, cœur de granite ➜ Les eaux de la Cascade cachent une roche extrêmement vieille puisqu'elle remonte à l'ère primaire (-560 MA). Elle est le reste d'une ancienne chaîne de montagnes, la chaîne hercynienne. Bien que rabotées pendant plus de 200 millions d'années, les Vosges vont resurgir durant l'ère tertiaire (-65 MA) lors du plissement de l'écorce terrestre qui donna naissance aux Alpes.

C'est pour cette raison que l'on appelle les Vosges une montagne vieille, et les Alpes une montagne jeune.

En regardant de très près, la roche qui compose le massif vosgien est constituée de différentes sortes de cristaux qui s'imbriquent les uns dans les autres, comme fondus.

À ce titre, on reconnaît là une roche cristalline, mise en place dans des conditions de température et de pression très élevées : c'est ce que l'on appelle un granite. Il provient de la cristallisation en profondeur d'un matériau fondu. Pour simplifier, on peut dire que le granite est un magma qui n'a jamais pu atteindre la surface pour créer un volcan.

Sur votre chemin ➜ La forêt constitue le paysage dominant de l'Alsace. Elle crée son propre climat avec une humidité forte et de faibles variations de température : des conditions de vie favorables à l'apparition de nombreuses espèces. Les forêts vosgiennes sont principalement composées de pins, sapins et épicéas pour les conifères, et de hêtres pour les feuillus. Ces derniers sont aisément reconnaissables grâce à leur écorce lisse, gris clair, souvent colonisée par des lichens blancs. De la variété des espèces végétales dépend la biodiversité. La base de la vie en forêt est représentée par les champignons, lichens et insectes qui se nourrissent du bois : c'est le cas des hypholomes et des pholiotes, chez les champignons, des cladonies chez les lichens, et des xylaires du bois ou des cétoines chez les insectes. Leur développement induit l'arrivée d'oiseaux comme la sittelle torche-pot, le pic épeiche ou la hulotte, et de mammifères comme la martre ou le hérisson.

Situation à 3 km de Bitche, 30 km de Sarreguemines et 75 km de Strasbourg.

Accès par l'autoroute A 4 sortie Sarreguemines puis prendre la N 62 au nord de Sarreguemines en direction de Haguenau jusqu'à l'entrée de Reyersviller.

Visite libre toute l'année.

Niveau F0, visible depuis la N 62.

Conseil Photo

Cet arbre est très facile à photographier. Il faut juste veiller à ne pas cadrer la route toute proche. N'hésitez pas à vous approcher le plus prè possible de la base du tronc, votre appareil orienté vers la cime : avec un grand angle l'effet de perspective sera très réussi.

☆ Le Chêne des Suédois

550 ans et près de 5 mètres de circonférence

Facilement visible sur la gauche de la N 62 face à un petit étang, en arrivant à Reyersviller, ce monument végétal, autrefois bien plus imposant, mérite un arrêt. Une branche basse dont on devine l'ampleur a dû être élaguée, mais la grandeur de l'arbre n'en impose pas moins le respect. C'est sans nul doute par humilité que ses tous jeunes contemporains de la parcelle 27, en forêt domaniale de Lemberg, s'en tiennent à distance. Il faut dire que ce chêne atteint les 4,95 m de circonférence à 1,30 m du sol et qu'il s'érige du haut de ses 550 ans en gardien de l'immortalité, ou tout au moins en symbole de l'invulnérabilité. Pour mieux l'identifier,vous pouvez aussi vous fier au petit calvaire cloué sur son tronc.

Un nom pour la mémoire ➔ Planté au temps de Charles VII et de Jeanne d'Arc, au cours du XVe siècle, le Chêne des Suédois fut baptisé ainsi en souvenir des événements tragiques de la Guerre de Trente ans (1618-1648) sous le règne de Louis XIII.

À cette époque, une guerre de religion opposa catholiques autrichiens et protestants de l'Empire. Les pillages décimèrent le village de Kirscheidt dont les habitants furent pendus aux branches du Chêne par les mercenaires suédois à la recherche d'un trésor caché. La célèbre toile de Simonini, gravée par Jacques Callot en 1633, est une illustration parfaite de la justice rendue, comme ici, sous un chêne.

Les chênes de cet âge sont-ils rares ? ➔ Le Chêne des Suédois est un chêne pédonculé qui fait bizarrement partie de la grande famille des hêtres. Les individus peuvent atteindre 50 m de hauteur pour une longévité de 800 ans.

Les arbres remarquables qui atteignent cet âge sont, en effet, des individus épargnés, tant par les catastrophes naturelles (foudre, avalanches...) que par les hommes. La plupart se trouvent dans les villages où ils deviennent souvent une mascotte.

Sur votre chemin ➔ Très convoité par les écureuils, les sangliers et les geais qui raffolent de ses glands, le chêne est aussi le lieu de développement de plus de 300 espèces de papillons.

Le tronc se fait parfois l'hôte de champignons telle la langue-de-boeuf ou fistuline hépatique. Ce champignon, qui ne souffre d'aucune confusion, est parfaitement comestible malgré son aspect repoussant.

Comme son nom l'indique, la quasi inexistence de son pied lui donne l'allure d'une langue pendante ; son chapeau rouge visqueux suinte un lait couleur sang. Assez commun, il se rencontre de juin à novembre et peut se manger cru ou cuit. De l'autre côté de la route, on rencontre quelques vaches écossaises très en vogue actuellement pour le défrichage.

Situation à 6 km de Gérardmer, 14 km du col de la Schlucht et 42 km de Munster.

Accès par la D 417 entre Gérardmer et Colmar puis la D 23 depuis Xonrupt-Longemer et la D 73 vers le défilé de la Straiture ou bien la D 23h 2 km après le col de la Schluscht en venant de l'autre côté (Munster-Colmar).

Visite libre toute l'année.

Niveau F2, sentier court mais pentu en sous-bois et dans les éboulis, 15 min aller. Bien se couvrir !

Conseil Photo
Le plus photogénique, ici, c'est le gigantesque éboulis de pierres ; restez bien sur le petit chemin qui le traverse. Évitez de photographier ce paysage de face : on ne se rendrait pas compte de la pente. Préférez les photos de profil, la pente faisant une diagonale dans le viseur. Cadrez légèrement vers le bas, avec les arbres et la vallée en perspective.

☆☆ La Glacière et le Chaos de la Straiture

Un gigantesque champ de pierres glacé

Durant les chaudes journées d'été, une halte dans la Glacière a de véritables vertus rafraîchissantes. Une petite pancarte « La Glacière » indique, sur la droite de la D 73 (en allant vers le col), le petit chemin qui permet de découvrir le site. Garez-vous sitôt franchi le petit pont. ➜ **La Glacière** par elle-même est au pied de l'éboulis rocheux, tout de suite en arrivant : rien ne l'indique précisément sinon la présence d'une herbe verte et dense, ainsi qu'une température hivernale (même en plein été) concentrée sur quelques mètres carrés, au ras du sol. Il arrive que de la glace y soit encore présente, dans les anfractuosités de la roche, en plein mois de juillet. ➜ **Pour accéder au Chaos,** suivez le sentier très pentu qui s'élève sous les sapins et conduit sur les flancs d'un gigantesque éboulis aux dimensions impressionnantes : un chaos aride où rien ne pousse faute de terrain stable. La traversée s'effectue cahin-caha dans ce paysage de dénuement qui appelle à la prudence mais aussi au dépaysement. Ne tentez pas de vous écarter du chemin, vous pourriez déclencher une véritable avalanche de pierres.

Un effet frigorifique ➜ Ici, les règles du climat ne semblent plus s'appliquer : une contradiction saisonnière fait apparaître de la glace en plein été. L'existence d'un courant d'air froid d'origine inconnue reste l'explication la plus habituelle, mais bien des théories ont été proposées.

Si la présence combinée d'un courant d'air froid et d'humidité semblait autrefois suffisant pour justifier d'une congélation estivale, la rigueur scientifique eut raison de cette explication simpliste. Chaque fois qu'il est observé, un seul mot revient et semble suffire à éclaircir l'énigme : entonnoir. Des mesures montrent que les cavités surmontées d'un cône ouvert vers l'extérieur bénéficient d'un régime de température tout à fait particulier. L'agencement empêche en effet toute pénétration du vent et tout réchauffement solaire. Seul l'air dense (donc froid) parvient à passer le col dudit entonnoir. D'après la cinétique du phénomène, seul un courant d'air encore plus froid pourra venir prendre sa place et créer des conditions de températures très vite négatives. L'eau qui se trouve prise au piège dans les cavités finit alors par geler.

Sur votre chemin ➜ La Glacière de la Straiture se trouve dans le parc naturel régional des Ballons des Vosges qui s'étend sur 300 000 hectares. Ce dernier est relativement récent puisqu'il a été créé en juin 1989 afin de protéger une nature très riche. Il est couvert de forêts où dominent les résineux. Sa diversité climatique permet tout aussi bien l'installation d'une flore méditerranéenne sur les sols calcaires (orchidées) qu'une flore plus alpine de hêtraie-sapinière (digitales). Côté faune, les chevreuils, sangliers, cerfs et chamois foisonnent, si bien que la réintroduction du lynx en régulera un peu les effectifs.

La gélinotte semble encore présente en faible quantité mais ce n'est plus le cas du tétras lyre qui a totalement disparu.

Situation *à 10 km de Bitche, 30 km de Hagueneau et 32 km de Sarreguemines.*

Accès *par l'autoroute A 4, sortie Sarreguemines puis N 62 en direction de Haguenau jusqu'à Egelshardt. Suivre « Étang de Hanau » puis Waldeck par la N 162e, tourner à gauche vers le camping de l'étang de Hanau.*

Visite *libre toute l'année.*

Niveau *F1, sentier balisé. 20 min aller.*

Conseil Photo
Il vous faudra un grand angle pour restituer le gigantisme du rocher. Approchez-vous de la paroi et prenez-la de profil, avec un peu de forêt, pour bien montrer la forme évasée de ce navire de pierre. Attention, le sous-bois est sombre : trépied ou 400 ISO conseillé.

☆☆☆ Le Grand Steinberg

Un paquebot pétrifié au milieu des arbres

Une fois sur la route forestière de l'étang de Hanau, le départ des sentiers de randonnée se situe en sous-bois, sur la droite, un peu avant l'entrée du camping. ➜ **Le Grand Steinberg** n'est pas indiqué immédiatement ; il faut suivre Le Falkenstein (itinéraire marqué d'une croix bleue). Ce n'est qu'à la bifurcation suivante que l'indication « Falkenstein par le Steinberg » apparaît ; il s'agit de l'itinéraire 3. ➜ **L'imposant pan rocheux** de grès rouge se dresse sur la gauche en amont d'un lacet. De petits sentiers secondaires serpentent jusqu'au pied de la muraille sculptée de mille alvéoles. C'est en suivant le bas de la falaise que l'on se rend compte de la grandeur du site. En levant les yeux à la recherche du sommet, on se croirait au pied d'un robuste cargo échoué sur le sable depuis des millénaires. Vu de face, il n'est plus qu'une vertigineuse colonne, abandonnée là par on ne sait quel tourment. La coque de l'imaginaire navire est ornée de fines dentelles sculptées par une nature délicate. Les formes aléatoires y sont d'une beauté rare.

Les dentelles minérales ➜ Le Grand Steinberg est taillé, tout comme sa voisine l'Arche d'Erbenfelsen, dans les vieux grès rouges. Solidifiés par tassement lors de son enfouissement pendant plusieurs milliers d'années, les grès subissent, depuis leur retour en surface, les incessantes attaques du milieu extérieur.

L'épisodique travail de construction a dorénavant fait place à l'impitoyable action du temps et à la destruction lente de l'édifice. Dans le plus grand respect de son œuvre, la nature fait ici très bien les choses. Fragilisés par de multiples microfissures, les grès deviennent de plus en plus perméables et sont soumis à un régime d'évaporation très intense. Le ciment qui agglutine les grains de sable relâche progressivement son étreinte jusqu'à permettre à un souffle de vent de les emporter et libérer ainsi les petits galets de quartz enserrés dans les grès. Les petites cavités ainsi initiées subissent alors l'assaut des vents du sud et de l'ouest pour former un réseau d'alvéoles très artistique qui ressemble aujourd'hui à une gigantesque ruche minérale.

Sur votre chemin ➜ Le Grand Steinberg trône au milieu de la forêt domaniale de Hanau où le pin sylvestre est venu s'implanter naturellement. On y trouve toutes les espèces de feuillus avec une dominance de chênes et de hêtres qui affectionnent les sols acides (riches en quartz).

Au niveau de la roche, les cavités sont colonisées par un grand nombre d'insectes dont le plus impressionnant est le lucane cerf-volant : c'est le plus grand coléoptère d'Europe, pouvant atteindre 7,5 cm de long. Ses mandibules, en forme de bois de cerf, ne lui servent qu'à livrer combat pour la possession d'une femelle. On le trouve le plus souvent sur les coulées de sève des chênes dont il se nourrit. Ses larves, qui peuvent facilement atteindre une dizaine de centimètres, restent en gestation durant 5 à 8 ans dans les vieilles souches de chênes ou de hêtres.

Situation *à 3 km de Verdun, 65 km de Metz et 85 km de Châlons-en-Champagne.*

Accès *par l'autoroute A 4 sortie Verdun puis rejoindre Verdun par la D 903. À l'entrée de la ville rejoindre Belleray par la D ^{ST1} et tourner à gauche après le pont vers « La Falouze ».*

Visite *libre toute l'année.*

Niveau *F1, sentiers aménagés (marches, rampes). 15 min aller.*

Conseil Photo

Il est très tentant de vouloir pénétrer dans ces grottes pour les photographier, mais ne vous y risquez pas, c'est trop dangereux. En revanche, vous pouvez faire de jolies photos, sans flash, depuis l'entrée ; attardez-vous sur les colonnes de pierre qui semblent tenir tout l'édifice.

☆☆ Les Grottes de la Falouze

Des cavernes immaculées au pays des tranchées

Le passage d'engins agricoles interdisant le stationnement, mieux vaut laisser votre véhicule en face du cimetière militaire et emprunter à pied les rives de la Meuse. ➜ **L'accès aux Grottes de la Falouze** se fait par le sentier qui s'élève sur la droite, avant l'entrée de la propriété privée. Cinquante mètres plus loin, un panneau explicatif marque le départ du sentier aménagé. La Meuse décrit ici une grande courbe, bordée sur sa rive occidentale par 400 m de fronts de taille percés d'une quinzaine de galeries souterraines. ➜ **Les falaises calcaires,** hautes de 20 m, rendent l'endroit original, dans un cadre des plus agréables. Toutes différentes, chacune d'entre elles mérite un coup d'œil, mais, par mesure de sécurité, ne vous risquez surtout pas sous les voûtes : un trou béant dans le plafond de la première cavité témoigne de la fragilité de l'ensemble. ➜ **Un parcours sportif** reliant Dugny-sur-Meuse à Belleray agrémentera sans aucun doute la visite des enfants et des plus courageux pendant que les autres s'instruiront grâce aux quatre panneaux qui présentent le site.

Des falaises en plat pays ➜ Bien cachées le long des rives de la Meuse, ces cavités restent parfois même inconnues des Verdunois. Le mot *falouze* ou *falouse* est dérivé de falaise. Il s'agit en fait d'un massif calcaire mis en place par un récif corallien, durant l'ère secondaire (jurassique), puis dégagé par le fleuve au cours des cycles glaciaires du quaternaire.
Formidable gisement de pierre de taille, les Falaises furent exploitées en carrières pour la construction, creusant les nombreuses cavités visibles aujourd'hui.
Les plus curieux pourront partir prudemment à la recherche des fossiles, notamment au tout début de la falaise où de très belles branches de coraux en position de vie sont observables. Mais ne vous risquez surtout pas à les prélever car les coups de marteau risqueraient de faire tomber bien plus que la partie convoitée.

Sur votre chemin ➜ Situées sur le chemin de migration de l'Europe de l'Ouest, les rives de la Meuse ont la chance d'accueillir une avifaune très importante. Près de 60 000 grues cendrées en provenance de Scandinavie y font une halte, avant de rejoindre le Sud de l'Espagne. On peut également observer le très rare butor étoilé ainsi que le busard cendré. En dehors des nombreuses espèces migratrices (200 espèces recensées), les allées boisées du sentier des grottes permettent l'observation du héron cendré tout au long de l'année, notamment dans les petites mares à roseaux. Extrêmement farouche, c'est le plus souvent immobile et la tête dans les épaules qu'on l'aperçoit furtivement avant son envol. Il se reconnaît aisément grâce à la crête noire qui tombe derrière sa tête.

☆☆Le Lac de Fischbœdlé *Une oasis de quiétude*

Ce petit lac est accessible depuis la station de ski alsacienne de Gashney près de Munster. La route mène sur les bords du Lac de Schiessrothried au pied du Hohneck. ➜ **C'est de là que part le GR 5** qui conduit en 40 minutes au Lac de Fischboedlé. La descente se fait en lacets le long du torrent du Wasserfelsen qui s'écoule en sous-bois. ➜ **Le Lac de Fischboedlé** est l'un des plus beaux lacs vosgiens. Ses eaux sombres abandonnées dans une petite dépression glaciaire quasi circulaire reflètent les mille nuances de vert de la forêt de sapins et les dégradés de gris d'un chaos rocheux aux pentes vertigineuses. Dans ce cadre d'une quiétude sereine, le temps paraît s'être arrêté. Ici, la nature a su rester authentique et s'attarder à la contempler ne saurait lasser quiconque en quête de calme. C'est une halte au milieu de nulle part d'où l'on repart avec la beauté des couleurs et la sérénité des eaux pour tout souvenir.

Les lacs de montagne ➜ Ils doivent tous une grande part de leur existence à l'ère quaternaire. Cette ère dans laquelle nous vivons actuellement a débuté, il a 2 millions d'années, par une importante série de glaciations. Il y a 18 000 ans, lors de la dernière glaciation, les glaces recouvraient une grande partie de l'hémisphère nord. En France, les Vosges, les Pyrénées et les Alpes étaient recouvertes d'immenses glaciers. Ces derniers ont profondément marqué le paysage en creusant des vallées au profil caractéristique en forme de U, accumulant des tonnes de matériaux et formant de nombreux lacs. Les glaciers creusent des bassins et laissent à la place des étendues d'eau. En montagne, elles sont souvent de superficie et de profondeur assez faibles.

Même quand les lacs ne sont pas naturels, les hommes se sont servi, le plus souvent, de bassins déjà existants pour créer des retenues d'eau tels que les lacs de barrage. C'est le cas du Lac de Fischboedlé, créé en 1850 par un industriel de Munster, pour la pêche à la truite. Il s'étend aujourd'hui sur 0,5 ha dans la plus grande vallée

glaciaire des Vosges, à une altitude de 790 m. Il est dominé par la retombée rocheuse de Spitzkoepse.

Sur votre chemin → On ne saurait parcourir la campagne alsacienne sans emprunter la route des vins d'Alsace ou celle du Munster. La première rejoint Thann à Colmar et la seconde le col de la Schlucht à Munster. Les vins alsaciens utilisent une gamme de cépage très éclectique, surtout en blanc : chasselas, pinot gris, chardonnay, sylvaner. Ce dernier est de loin le plus abondant ; il donne un vin vert, frais et légèrement pétillant qui se boit jeune. Les pinots, eux, donnent des vins à la saveur fine et délicate ; certains sont vinifiés en rouges très parfumés. Mais le plus célèbre reste le tokay d'Alsace, issu des pinots gris ; il se prête très bien au vieillissement. Pour l'accompagner, rien de mieux qu'un bon munster, un *münsterkaes*, comme on dit dans cette région. Sa recette remonte à 1668 et a été apportée par des moines bénédictins italiens.

Situation *à 10 km de Munster, 25 km de Colmar et 55 km de Mulhouse.*

Accès *par la D 417 qui va de Colmar à Gérardmer. À Munster prendre la D 10 vers Muhlbach-sur-Munster puis la D 310 qui monte à la station de Gashney.*

Visite *libre toute l'année.*

Niveau *F2, sentier balisé, 170 m de dénivelé. 40 min aller.*

Conseil Photo

Ce lac est magnifique en automne ou par beau temps. Le mieux est de vous poster sur les grandes dalles rocheuses qui bordent l'eau. De là, le point de vue avec l'éboulis de rochers en perspective est très bon. Avec un filtre polarisant, la couleur de l'eau et des feuillages devient magique.

Sites complémentaires

DORDOGNE

Cincle de Trémolat (Trémolat)
Grotte de Bara-Bahau (Le Bugue)
Grotte de Carpe Diem (Manaurie)
Grotte de Font-de-Gaume (Les Eyzies-de-Tayac-Sireuil)
Grotte de la Madeleine (Tursac)
Grotte de Rouffignac (Rouffignac-Saint-Cernin-de-Reilhac)
Roc Branlant (Saint-Estèphe)
Roc de Tournilou (Le Moustier-Tursac)

LOT ET GARONNE

Gouffre de Padirac (Padirac)
Grotte de Fontirou (Castella)

PYRÉNÉES-ATLANTIQUES

Gave de Brousset (Artouste)
Gouffre du lac de Casteraou (Pic du Midi-d'Ossau)
Grotte de Sare (Sare)
Lac et Cascade d'Anglas (Béost)
Lacs d'Ayous (Pic du Midi d'Ossau)
Lapiaz des Arres d'Anie (Lescun)
Pas de Rolland (Itxassou)

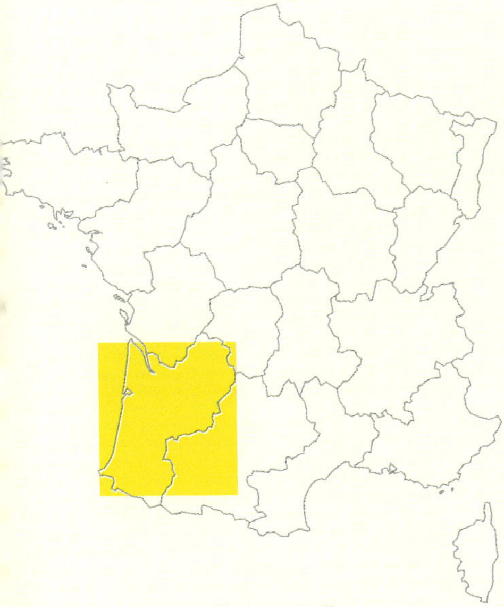

Aquitaine

• **COMITÉ DÉPARTEMENTAL DU TOURISME DE LA DORDOGNE-PÉRIGORD,** 25, RUE DU PRÉSIDENT WILSON, 24009 PÉRIGUEUX CEDEX, 05 53 35 50 30 • **COMITÉ DÉPARTEMENTAL DU TOURISME DE LA GIRONDE,** 21, COURS DE L'INTENDANCE, 33000 BORDEAUX, 05 56 52 61 40 • **COMITÉ DÉPARTEMENTAL DU TOURISME DES LANDES,** 4, AV. ARISTIDE BRIAND, 40012 MONT-DE-MARSAN CEDEX, 05 58 06 89 89 • **AGENCE DU TOURISME DU PAYS BASQUE,** 1, RUE DONZAC, 64100 BAYONNE, 05 59 46 46 64 • **AGENCE TOURISTIQUE DU BÉARN,** 22 TER, RUE J.-J. DE MONAIX, 64000 PAU, 05 59 30 01 30

CANYONS D'HOLÇARTÉ ET D'OLHADUBI

CORNICHE BASQUE

COURANT D'HUCHET

DOMAINE D'ABBADIA

DUNE DU PILAT

GORGES DE KAKOUETTA

GOUFFRE DE PROUMEYSSAC

GROTTE D'HARPÉA

GROTTE DU GRAND ROC

GROTTES D'ITSURITS ET OXOCELHAYA

SOURCE DE LA BIDOUZE

Situation à Larrau, à 17 km de Tardets-Sorholus et à 40 km d'Oloron-Sainte-Marie.

Accès par l'autoroute A 64, sortie Salies (7) puis rejoindre Salies-de-Béarn par la D 430 et Sauveterre-de-Béarn par la D 933. Rejoindre Mauléon-Licharre, Tardets puis Larrau.

Visite libre toute l'année.

Niveau F2 à F3, montée longue mais accessible. 1 h 15 aller

Conseil Photo

Tout le long de la montée, le paysage se prête à la photo ; ne négligez pas les rives du torrent au tout début du sentier. La meilleure perspective du pont est à prendre depuis l'autre rive : positionnez-vous bien dans l'axe, avancez de quelques pas, comme si vous alliez le traverser, et veillez à ce que l'image soit bien centrée et symétrique. Un grand angle est préférable pour accentuer l'effet de perspective.

☆☆☆ Les Canyons d'Holçarté et d'Olhadubi *Le pont du vertige*

Le départ de cette randonnée inoubliable se situe un peu avant Larrau, au niveau de L'Auberge Logibar. ➜ **Là, derrière le petit pont,** un parking attend les randonneurs et autres adeptes du canyoning, venus découvrir les plus vertigineuses gorges du Pays basque. Après une montée éprouvante le long du torrent d'Holçarté, le GR 10 s'aplanit et les hautes falaises sont enfin visibles. Alors que le Canyon d'Holçarté disparaît vers la droite, on découvre un impressionnant pont suspendu qui enjambe les Gorges d'Olhadubi à quelque 171 m au-dessus de l'eau. Récemment refait, un panneau avertit tout de même le randonneur que la traversée se fera à ses risques et périls. ➜ **Il s'agit d'un pont flottant** et toute traversée entraîne le tangage et l'oscillation de l'édifice, par conséquent, nous conseillons aux personnes sujettes au vertige de s'abstenir. Les courageux pourront ensuite traverser le Bois d'Holçarté et rejoindre le plateau, mais mieux vaut, avant de s'y aventurer, se munir d'une carte des sentiers et prévoir une journée entière.

Les déchirures de la terre ➜ En déambulant le long des routes de la Soule, la plus petite des provinces basques françaises, le paysage est plutôt le domaine des pâturages aux pentes douces ; les Canyons d'Holçarté et d'Olhadubi y apparaissent comme de véritables déchirures.

L'histoire des Pyrénées débute dès l'ère primaire. Un massif montagneux situé dans une zone très instable fut démantelé il y a 200 millions d'années. De part et d'autre de cette ancienne chaîne de montagnes, l'érosion creusa deux fosses très vite investies par la mer du secondaire et du début de tertiaire. Au tertiaire, le déplacement du continent africain rapprocha la péninsule ibérique et l'ouest de la France en comprimant la région pyrénéenne. Les calcaires qui forment le Causse d'Holçarté ont été déposés dans ces fosses puis faillés par la compression.

L'eau, dissolvant le calcaire, profita de cette faiblesse rocheuse pour creuser les falaises à la verticale. L'érosion y prend des aspects karstiques avec la formation de nombreux gouffres, grottes et autres gorges, sculptés par des eaux tumultueuses.

Sur votre chemin ➜ Cette partie des Pyrénées est un couloir de migration tristement mis en vedette chaque automne par la chasse à la palombe. Des millions d'oiseaux échappent aux rigueurs de l'hiver en rejoignant l'Espagne puis l'Afrique. Le mode de repérage dans le ciel varie d'une espèce à l'autre. Les palombes possèdent un organe sensoriel permettant de déterminer l'inclinaison du champ magnétique terrestre. Les oies cendrées s'échangent sans cesse des informations dans un brouhaha tonitruant. D'autres mémorisent les formes du relief sur plusieurs milliers de kilomètres. Tous les ans, l'itinéraire est le même et les escales inchangées. Les palombières font partie des impondérables de la migration ; près d'un tiers des 4,5 millions de palombes qui traversent les Pyrénées y sont abattues.

★★★ La Corniche Basque

De superbes couches de roches obliques

En quittant Saint-Jean-de-Luz par la route d'Hendaye, les Falaises d'Urugne, Ciboure et Socoa font partie des plus beaux paysages du Pays basque. Ici, les couches verticales forment des falaises vertigineuses, artistiquement déchirées par les multiples assauts de l'océan. Les formes et les couleurs sont à ce point admirables que ce grignotage côtier fait oublier que la mer reprend parfois son œuvre en avalant des pans entiers de cette toile minérale. ➜ **En s'approchant près de l'eau** qui baigne de ses teintes turquoise les écueils méticuleusement rectilignes, on découvre avec quelle précision la roche est travaillée ; les textures mêmes sont d'une douceur qui appelle à la caresse. ➜ **L'approche de la Corniche** n'est pas très facile, car c'est l'un des axes principaux reliant la France à la péninsule espagnole, mais plusieurs renfoncements permettent de stationner sur la route côtière. Il s'agit, la plupart du temps, de points de vue, bien qu'il existe quelques sentiers de pêcheurs qui descendent au bas des falaises ; la plus grande prudence s'impose car ces voies ne sont pas des sentiers de promenade. Nous conseillons également d'attendre que la mer ait dégagé le bas de la Corniche car c'est à marée basse que le spectacle est le plus remarquable.

Des pans de roche qui se redressent ➜ Les roches qui constituent actuellement la toile de fond de cette côte ont été déposées horizontalement sous la mer chaude et peu profonde qui baignait une grande partie de la France durant l'ère tertiaire. À la manière d'un mille-feuilles, elle a empilé à tour de rôle des couches claires et dures de calcaire et des couches grises et tendres d'argile. En empruntant les sentiers de pêcheurs, vous découvrirez sans peine les multiples fossiles emprisonnés dans les couches argileuses très fragmentées : vous y trouverez entre autres des restes d'oursins, d'étoiles de mer et autres coquillages bivalves. Bien que la montagne pyrénéenne ait commencé son soulèvement durant le crétacé, ce n'est que très

récemment, durant l'ère quaternaire, que le soulèvement du Pays basque redressa les couches à la verticale. Malheureusement pour la roche mais heureusement pour la beauté des paysages, c'est dans cette position que la roche feuilletée est la plus vulnérable. Elle permet à l'eau de s'insinuer dans les parties molles et fragilise ainsi l'ensemble de l'édifice qui peut alors être raboté et modelé.

Sur votre chemin ➔ Le long de la Corniche, sans doute aurez-vous remarqué ces grands plumets blancs que sont les « herbes de la pampa » de la famille des graminées, ou bien encore ces chèvres sauvages déambulant librement au bord du précipice. Elles sont très gourmandes de l'herbe grasse du littoral et ne rechigneront jamais à grignoter vos croûtons de pain. Outres ces figures emblématiques du Pays Basque, le parc d'Abbadia et l'ensemble de la Corniche Basque se fait réserve ornithologique. Au total, ce sont près de quarante espèces d'oiseaux nicheurs qui y ont été recensées. Sans compter les espèces migratrices qui y font escale comme le milan royal, le courlis, le pluvier argenté ou encore l'outarde canepetière.

Situation *à Ciboure - Socoa, à 4 km de Saint-Jean-de-Luz et à 30 km de Bayonne.*

Accès *par l'autoroute A 63, sortie Saint-Jean-de-Luz sud (2) puis prendre vers Socoa pour rejoindre la D 912.*

Visite *libre toute l'année.*

Niveau *de F0, pour le panorama vu du haut, à F4 pour la descente assez périlleuse.*

Conseil Photo *Les meilleures photos sont à faire en fin de journée. Le soleil se couche dans la mer, face à la roche qui prend alors des couleurs magnifiques. Garez-vous près du phare de Socoa le long de la D 912 : la côte y est très belle.*

☆☆☆ Le Courant d'Huchet *Un vrai décor de mangrove*

Le Courant d'Huchet peut se découvrir de façon agréable avec les bateliers gascons et leurs barques à fond plat, mais il vous faudra réserver vos places plusieurs jours, voire plusieurs semaines à l'avance, en plein été. En dehors de ces sorties organisées et payantes, il est possible de découvrir ce site enchanteur à pied. ➜ **C'est au Pont de Pichelebe** qu'un sentier s'insinue au plus profond de la réserve naturelle du Courant. Ici, la végétation s'entremêle et prend des allures de mangrove. La forêt se fait galerie, les rivages émeraude se parsèment de part et d'autre des racines verticales du splendide cyprès chauve de Louisiane. L'exotisme du courant doit beaucoup à cet arbre majestueux atteignant régulièrement les 40 m de hauteur, mais il en doit tout autant aux couleurs chatoyantes des fleurs d'hibiscus et des magnolias géants. Au vu de ces richesses, on s'éveille au sens du dépaysement pour une incursion inattendue dans les antres végétaux d'un tout autre continent. L'ambiance tout entière évoque ces rivières lointaines, ces vallées perdues où l'on s'attend à rencontrer un dinosaure. L'endroit est, vous l'aurez senti, totalement inhabituel et fait partie de ces sites que l'on quitte à reculons.

Les coulisses d'un exotisme historique ➜ Le Courant d'Huchet fut de ces rivières indomptables à l'origine de dévastations chroniques. Longtemps freinées dans leur volonté farouche d'aller se jeter en mer, ses eaux s'étalèrent en arrière des dunes infranchissables. C'est après les avoir longées sur 4 km que le Courant parvient à rejoindre son océan tant convoité. Anciennement Ruisseau de la Palue, il a choisi l'Étang de Léon comme exutoire de ses eaux. Trois bras (ou canes) en ressortent avant de confluer au lieu-dit « La Nasse », porte d'entrée de la « mangrove » gasconne. L'intérêt grandissant pour cette rivière indisciplinée allait désormais aller de pair avec l'introduction d'espèces exotiques, comme celle du cyprès chauve, hérité de la Louisiane au XVIIe siècle, et celle de l'hibiscus rose, élevé sur les rives du Nil et confié par une princesse égyptienne à l'étonnante viva-

cité du Courant d'Huchet. L'Étang de Léon occupait autrefois deux fois la place qu'il occupe aujourd'hui. La matière organique qui s'y accumule par notre faute souille ses eaux et a déjà fait disparaître une partie de ses richesses (nénuphars, châtaignes d'eau...).

Sur votre chemin ➜ Maintes espèces végétales sont garantes du charme exotique du Courant d'Huchet. Les aulnes, chênes pédonculés et autres saules se mêlent dans une apparente anarchie. Leur verticalité est soumise au soutien trop peu fidèle de rives sableuses instables. Au gré de ce défilé végétal, la vedette reste tout de même le cyprès chauve de Louisiane dont les racines aériennes, autrement appelées pneumatophores, érigent des processions de statuettes pouvant dépasser le mètre de hauteur. Ce qui servait, outre-atlantique, à capter l'humidité tropicale est ici un perchoir, accueillant volontiers l'élégant martin pêcheur. Autrefois, le ragondin fut introduit pour s'épanouir au milieu des chevreuils, sangliers, loutres et autres butors étoilés ; mais il a très vite fallu éradiquer l'animal dont l'appétit pour les nénuphars et les hibiscus aurait fini par avoir raison des plus belles inflorescences du courant.

Situation *à 3 km de Léon, 30 km de Dax et à 60 km de Bayonne.*

Accès *par la N 124 depuis Mont-de-Marsan. À Dax prendre la D 16 jusqu'à Léon, via Magescq ou par la D 117 depuis Molies-et-Maat, puis la D 328 jusqu'au Pont de Pichelebe.*

Visite *libre toute l'année ; possibilité de visites commentées.*

Niveau *F1, promenade sur sentiers forestiers balisés. 1 h 30 minimum.*

Conseil Photo

Les stars, ce sont les cyprès chauves et leurs fameuses racines qui sortent de terre. N'hésitez pas à vous mettre à plat ventre pour en faire un gros plan : elles auront l'air de gratte-ciel photographiés par un insecte.

Situation *à Hendaye, à 10 km de Saint-Jean-de-Luz et 18 km de Bayonne.*

Accès *par l'autoroute A 63, sortie Saint-Jean-de-Luz sud (2) puis prendre vers Socoa pour rejoindre la D 912.*

Visite *libre toute l'année.*

Niveau *de F1 pour la Pointe Sainte-Anne à F2 pour la Baie de Loya. 30 min minimum.*

Conseil Photo
Les photos les plus originales sont à faire en Baie de Loya, à marée basse : les rochers y sont surprenants. Ici, il faut jouer avant tout avec les dessins naturels de la pierre. C'est un peu comme faire de la photo d'architecture : tout est dans votre regard, votre capacité à isoler un détail...

★★★ Le Domaine d'Abbadia

Le littoral dans toute sa splendeur

C'est en quittant Saint-Jean-de-Luz par la Corniche, en direction d'Hendaye, que se cache l'ultime côte sauvage du Pays basque français. ➜ **Peu après l'entrée du château d'Abbadia,** un parking marque le départ du sentier qui sillonne le domaine. Il passe devant Larretxea, La Maison de la Lande, riche en informations et documentations sur la nature, puis rejoint une authentique ferme basque avant de couper à travers les landes pour découvrir la côte atlantique. Ce site naturel protégé illustre à lui seul l'infinie diversité de la côte basque : les abruptes falaises grises aux formes contrariées, les criques sauvages aux sables dorés, les admirables plis de calcaire rosé et aussi les deux célèbres rochers veillant sur le port d'Hendaye, « Les Jumeaux », isolés par la mer à quelques lieues de la côte. À côté de son frère Harroka, Bizkiak a une particularité amusante : il souffle un jet d'écume à la manière d'un geyser. Après un bref passage à la Pointe Sainte-Anne, nous vous conseillons de poursuivre jusqu'à la splendide Baie de Loya. ➜ **Le sentier qui descend** à travers bois est quelque peu glissant, mais le spectacle polychrome de la Baie y est formidable à marée basse.

Frontière basco-catalane ➜ Moins étendues du côté français que du côté espagnol, les Pyrénées françaises s'étirent sur 435 km de long et 40 km de large. Sur leurs flancs, de multiples et profondes entailles forment des vallées, exutoires d'un réseau hydrographique transversal. Conséquence de cette topographie, la frontière est politiquement d'autant plus difficile à établir que la ligne de partage des eaux ne correspond que très rarement aux lignes de crête. Ainsi, beaucoup de vallées françaises trouvent leur prolongement en territoire espagnol. À titre d'exemple, la République d'Andorre est administrée pour moitié par le gouvernement français, l'autre moitié étant sous la tutelle de l'Évèque de la Séo-de-Urgel. Par le passé, ports et sentiers unissaient Basques et Catalans plutôt qu'ils ne les séparaient. Au début du siècle, l'évolution des transports et l'importance prise par les voies fluviales ont isolé chacun sur son versant…

Sur votre chemin ➜ Nul ne saurait visiter le Pays basque sans aller admirer la Pointe de Biarritz. Falaises et écueils entourent le port pour former un des paysages côtiers les plus admirables de France. Promontoire de l'Atalaye, Rocher de la Vierge et Chambre d'Amour sont autant de lieux à découvrir. Nous vous conseillons également de découvrir Saint-Jean-de-Luz et sa Pointe de Sainte-Barbe. La jetée permet d'admirer un formidable pli couché : un véritable joyau de Dame Nature.

Situation *à 8 km d'Arcachon, 30 km de Biscarosse et 60 km de Bordeaux.*

Accès *par l'autoroute A 63, sortie Arcachon (22). Prendre la N 250 en direction d'Arcachon, et suivre « Dune du Pilat ».*

Visite *libre toute l'année.*

Niveau *F2 - F3, montée et marche pénibles dans le sable. 30 min minimum.*

Conseil Photo

Sachez attendre le soleil couchant pour photographier ce site, à partir du sommet. Dans la journée, attention à la forte luminosité du sable : avec un boîtier reflex rajoutez +1 IL si vous faites de la diapo. Filtre UV ou polarisant conseillé.

★★★★★ La Dune du Pilat *Le toit désertique de la côte Atlantique*

3 km de long, 114 m de haut, 500 m de large, ce gigantesque tas de sable de 60 millions de m^3 s'élève au-dessus des pins. ➜ **La Dune du Pilat** est en quelque sorte une parcelle de désert, échouée là par on ne sait quel hasard. L'ambiance y est saharienne et le panorama exceptionnel. Magnifique massif de sable en mouvance permanente, la dune recouvre tous les ans un peu plus au sud la forêt qui semble vouloir s'ériger en barrière protectrice. La vue de ces arbres avalés pour certains jusqu'à leurs dernières branches est un spectacle tout aussi impressionnant que celui de l'immensité du sommet. Gravir la Dune puis la parcourir d'un bout à l'autre est une aventure aussi éprouvante qu'inoubliable. L'œil y vagabonde entre sables immaculés, océan azur et forêt d'émeraude, pour le seul plaisir de se croire au milieu de nulle part. Évitez, si possible, d'y aller l'été : surfréquentation et braillements garantis…

La Dune a-t-elle toujours existé ?

➜ En perpétuel mouvement, la Dune du Pilat n'a élu domicile ici que momentanément. Il est fortement probable qu'au siècle prochain cette langue de sable aille lécher la côte atlantique nettement plus au sud. Les archives témoignent que la Dune culminait à 130 m dans les années 30, alors qu'elle n'en affiche plus que 114 aujourd'hui. Aussi étonnant que cela puisse paraître, ce tas de sable monumental n'a pas toujours été.

Entre -6 000 et -4 000 ans, rien ne laissait transparaître une arrivée massive de sable ; l'endroit était recouvert d'une forêt de pins et de bouleaux. Leurs fossiles sont encore visibles lors des grandes marées d'équinoxe.

Vers -2 000 ans, le climat littoral change et le vent s'amplifie, construisant une série de petites dunes mordant sur la forêt et isolant un petit lac éphémère dans les terres. Rien de très édifiant, à vrai dire, n'apparu avant le XVIIIe siècle où l'on commença à parler d'un renflement d'une trentaine de mètres. Prémices d'un gigantisme annoncé, ce que l'on avait baptisé Dune de la Grave allait alors se fortifier des apports sédimentaires de l'Eyre, célèbre rivière gasconne, pour devenir la sensationnelle Dune du Pilat (ou Pyla).

Sur votre chemin ➜ Du sommet de la Dune du Pilat, un dernier soubresaut de terre émerge avant la mer ouverte et le grand large. C'est le Banc d'Arguin, dont l'extrême platitude contraste avec le relief de la Dune. Il héberge une colonie de sternes caugeks, oiseaux marins à huppe et bec noirs. Moins événementiel mais présent par dizaines de milliers, l'hiver voit arriver le bécasseau variable, et en moindre quantité, le pluvier argenté et le courlis cendré. L'espace entre la dune et le banc est également parfois visité par le dauphin commun, magnifique cétacé capable de nager à plus de 35 km/h grâce à sa puissante nageoire caudale. Il peut mesurer jusqu'à 2,6 m et vivre une trentaine d'années. Pour se reconnaître entre eux et s'orienter, les dauphins possèdent un système de sonar très développé, encore plus performant que celui des chauves-souris.

☆☆☆☆ Les Gorges de Kakouetta

Le plus célèbre canyon basque

Un kilomètre après le hameau La Caserne, un vaste parking attend le voyageur venu admirer les plus célèbres gorges du Pays Basque. ➜ **La traversée de ce canyon** long de 3,5 km et haut de 300 m se vit comme une aventure : un paysage de cinéma, celui des fougères luxuriantes et des eaux tumultueuses. La dernière crue de 1995 arracha tous les équipements. Depuis, la rivière s'est assoupie et se laisse admirer dans un cadre sauvage. Équipé d'un casque (obligatoire) fourni à l'entrée, c'est au rythme des passerelles, chaînes et autres tunnels que vous vous engouffrerez dans les entrailles froides de la montagne. ➜ **Après le Grand Étroit,** les parois s'élargissent pour laisser les rayons du soleil illuminer une belle cascade chutant d'une vingtaine de mètres. Plus loin, la promenade s'achève dans la grotte du lac, ornée de stalactites et stalagmites géantes. ➜ **Le retour** se fait par le même chemin, une occasion supplémentaire de s'émerveiller…

Le merveilleux travail de l'eau ➜

Les calcaires qui forment aujourd'hui des falaises de plus de 300 m se sont déposés au crétacé supérieur, le long d'une ancienne chaîne de montagnes en pleine déstructuration. La région pyrénéenne se trouvait déjà à cette époque dans une zone très instable puisqu'elle était au cœur de la bataille qui opposa la plaque africaine et l'Ibérie d'un côté, et la plaque eurasiatique de l'autre. Avançant inlassablement l'une vers l'autre au même rythme que la pousse de nos ongles (7,5 cm/an), elles se touchèrent à l'ère tertiaire. La collision eut pour conséquence la surrection des Alpes plus à l'est, mais également la compression de l'Espagne contre l'ouest de la France. C'est ainsi que naquirent les Pyrénées, charriant des nappes entières de sédiments et fracturant les calcaires récemment déposés. Sous l'action des eaux chargées de sédiments arrachés à la montagne, les failles formées dans les calcaires vont se trouver abrasées et agrandies jusqu'à former le canyon que nous voyons

Situation *à 2 km de Sainte-Engrâce, 18 km de Tardets-Sorholus et 25 km de la Vallée d'Aspe.*

Accès *par la D 28 depuis Sauveterre-en-Béarn puis la D 11 via Mauléon-Licharre et la D 918 jusqu'à Tardets-Sorholus. Rejoindre les Gorges par la route de Sainte-Engrâce.*

Visite *payante du 15/03 au 15/11 de 8h00 à la tombée de la nuit.*

Niveau *F1, sentier qui exige d'être bien chaussé. 1 h 00 aller.*

Conseil Photo *C'est vers midi que le soleil donne le plus dans les étroites Gorges. Le mieux est d'aller jusqu'au bout du circuit et de faire vos photos sur le trajet du retour, une fois que vous aurez repéré les plus jolis endroits.*

aujourd'hui. L'affluence de l'eau lors de la fonte des glaciers du quaternaire ne fit que renforcer ce type d'érosion.

Sur votre chemin → Les Gorges de Kakouetta jouissent d'un climat océanique doux et très humide avec une amplitude faible des températures. Ce sont toutes ces caractéristiques climatiques propices à la vie qui permettent l'implantation d'une végétation luxuriante et confèrent au site une ambiance quasi tropicale en plein été. On y trouve, outre une quarantaine de lichens rarissimes, une avifaune particulièrement riche : la bergeronnette des ruisseaux, gage d'un milieu aquatique plein de vie, mais aussi des cincles plongeurs et un grand nombre de rapaces rupestres. Sous les pierres de la rivière peut-être aurez-vous la chance de croiser le regard du rare euprocte des Pyrénées, ou bien la silhouette lustrée et colorée de la salamandre tachetée tapie dans l'ombre d'une paroi. Cet amphibien nocturne peut cependant s'observer en plein jour durant l'automne.

★★★Le Gouffre de Proumeyssac

La cathédrale de cristal

C'est sur un des coteaux de la Vézère que s'ouvre celle que l'on a baptisée la Cathédrale de Cristal. C'est sans nul doute parce que Proumeyssac est la plus vaste cavité aménagée du Périgord, mais aussi parce que les parois de sa magnifique voûte sont ornées d'une grande diversité de cristallisations. ➜ **Après avoir traversé un tunnel de 110 m de long**, c'est de façon spectaculaire que l'on découvre le Gouffre. La pénombre fait place à un magnifique son et lumière puis s'interrompt pour laisser la vedette aux quatre fontaines pétrifiantes ruisselant abondamment depuis le plafond. ➜ **On descend ensuite** pour cheminer dans cette immense salle de 40 m de haut et 60 m de large, au milieu des concrétions toutes plus élégantes les unes que les autres. On y découvre des phénomènes naturels exceptionnels comme ces excentriques ou bien encore cet ensemble de formations triangulaires unique au monde. Pendant longtemps, on accédait au gouffre par un baquet suspendu à un câble tiré par un cheval. L'opération était périlleuse, mais ce système de baquet permettait une aventure tellement exceptionnelle que ce système a été amélioré et remis en service. Il permet aujourd'hui une visite hors du commun, comme au début du siècle. Émotion garantie…

Les mystères de Proumeyssac ➜ Les premières évocations du Gouffre datent du XVIIIe siècle. Le *Trou de Promeissat*, qui laissait échapper une légère brume de condensation, était alors décrit comme un trou qui fume, c'est-à-dire un authentique volcan. Le trou servait de surcroît la macabre habitude des bandits d'y jeter leurs victimes après les avoir dépouillées et assassinées. Face à de tels usages, on tenta à maintes reprises de boucher le

précipice. On y déversa, en vain, des monceaux de pierres pour le combler, puis on réussit à le barricader de voûtes solidement maçonnées.

Oublié pendant près de 130 ans, le Gouffre de Proumeyssac recommença à traumatiser la population quand en 1907 les voûtes s'effondrèrent. Ce n'est qu'à cette époque que l'on eut l'idée d'explorer la cavité. C'est un casse-cou, le courageux Gabriel Galou, puisatier aux Eyzies, qui s'en chargea.

En remontant il ne put que répondre aux curieux qui l'attendaient : « Cela dépasse l'imagination la plus féconde, je ne puis vous le décrire. »

Sur votre chemin → Ne quittez pas la région sans découvrir l'aspect sauvage de la Vallée de la Dordogne. Née au Puy de Sancy, en Auvergne, et se jetant dans l'Atlantique, en Gironde, la Dordogne est la plus longue rivière de France. C'est une vallée escarpée, en maints endroits restée sauvage. Ses paysages d'une grande diversité lui permettent d'accueillir une avifaune particulièrement riche où les rapaces sont exceptionnellement bien représentés : faucon pèlerin, circaète Jean-le-Blanc (ci-dessus), épervier d'Europe, aigle botté, faucon crécerelle... Ces eaux font le bonheur d'une quantité impressionnante de cincles plongeurs, et ses escarpements rocheux, celui de la rare hirondelle des rochers. Côté flore, ses berges sont le domaine des chênes (pédonculés et sessiles) et peuvent abriter le lys martagon ou l'aconit tue-loup.

Situation *à 3 km du Bugue, 10 km des Eyzies et à 40 km de Périgueux.*

Accès *depuis Périgueux par la D 710 jusqu'au Bugue puis la D 703.*

Visite *payante. Fermé en janvier.*

Niveau *F1, 400 m de parcours et une cinquantaine de marches ; visite de 45 min.*

Situation à Béhérobie, à 20 km de la forêt d'Iraty et à 25 km de Saint-Jean-Pied-de-Port.

Accès par l'autoroute A 63, sortie Bayonne sud (5) puis suivre la D 932 jusqu'à Saint-Jean-Pied-de-Port. Là, prendre la petite D 301 vers Saint-Michel, poursuivre jusqu'à Estérençuby puis Béhéroby.

Visite libre toute l'année.

Niveau F1, sentier dans les pâturages, dénivelé faible. 10 min aller.

Conseil Photo La Grotte n'est ensoleillée que l'après-midi. Hormis ce détail, n'hésitez pas à vous approcher de ce porche grandiose, derrière la petite clôture de bois. Le chemin de pierres qui sert à canaliser les moutons est également très pittoresque.

★★★ La Grotte d'Harpéa *Une magnifique crèche géante*

L'endroit n'est pas facile d'accès et la Grotte d'Harpéa n'est pas indiquée en tant que telle, mais plutôt par les panneaux qui conduisent à la Source de la Nive ; les deux sites sont voisins. ➜ **Dans Estérençuby,** une seule route traverse le village et conduit au hameau de Béheroby. C'est en empruntant la route qui part à droite de L'Auberge des Sources de la Nive que l'on gravit la montagne jusqu'à atteindre les fabuleuses crêtes basques. Ce paysage est l'un des plus exceptionnels des Pyrénées. ➜ **Après la pancarte** indiquant la zone pastorale, tournez à gauche à la première bifurcation jusqu'à la fin de la route. ➜ **Arrivé à la bergerie,** il vous restera quelques centaines de mètres à parcourir à pied pour atteindre la Grotte d'Harpéa, merveilleuse de simplicité dans un décor des plus authentiques. Le terme de grotte est ici un peu usurpé ; il s'agit d'une caverne tout au plus mais son originalité vient du fait qu'elle est située au cœur d'un magnifique pli. La proximité de la Nive, qui prend sa source près de là, ajoute un charme supplémentaire au paysage pastoral déjà idyllique en ces lieux.

Comment la Grotte d'Harpéa s'est-elle formée ? ➜ La Grotte correspond à un magnifique pli en forme de « A » que l'on appelle un anticlinal. Il s'est formé par compression de couches horizontales lors des poussées tectoniques qui ont soulevé les Pyrénées.

Ce pli est parfaitement formé car il s'est mis en place alors que les couches horizontales n'étaient que peu consolidées. Facilement modelables, elles se sont déformées sans casser. Ce sont des flyschs. C'est le nom que l'on donne à des sédiments qui ont glissé le long d'une pente, ou qui ont été entraînés dans une nappe de charriage. Ils caractérisent donc indirectement un mouvement du sol comme le soulèvement d'une montagne. On en trouve un peu partout dans les Pyrénées ; ce sont eux qui constituent les douces ondulations dans la région.

L'histoire des Pyrénées est complexe car liée à celle des Alpes, mais nous dirons pour simplifier que ces plissements résultent du déplacement de l'Espagne d'une centaine de kilomètres vers l'est. Ces mouvements sont à rapprocher du mouvement de l'Afrique dont la collision avec le bloc européen est à l'origine de la formation des Alpes.

Sur votre chemin ➜ Non loin de là, les quelques arêtes rocheuses qui émergent des prairies sont le repaire d'un admirable rapace, le vautour fauve. Il peut atteindre 2,80 m d'envergure et plus d'un mètre de longueur. Il passe la plupart de son temps en vol, tournoyant avec ces congénères dans le ciel à la recherche d'une proie ; ce ne pourra être qu'un cadavre car le vautour est charognard. Que l'un descende, les autres suivent. Une charogne peut attirer quelque 200 individus provenant de plus de 50 km alentour. La taille de la dépouille importe peu, le rapace est capable de s'attaquer à une vache morte et d'avaler environ 2 kg de viande en moins de temps qu'il ne faut pour le dire. Plus de mille couples vivent sur les deux versants des Pyrénées.

Situation *à 2 km des Eyzies, 22 km de Sarlat et 45 km de Périgueux.*

Accès *par la D 710 depuis Périgueux direction Brive puis Le Bugue. 24 km apr Périgueux prendre à gauche la D 45 ver les Eyzies puis la D 4*

Visite *guidée payante, ouvert tou l'année.*

Niveau *F1, parcou de 700 m à l'intérieu de la Grotte. Visite : 30 min environ.*

☆☆La Grotte du Grand Roc *Un palais excentrique*

Les grottes ne manquent pas dans la région et toutes mériteraient une visite, mais la Grotte du Grand Roc est la seule grotte concrétionnée. ➜ **Tout ici est naturel**, vierge de tout art préhistorique ; c'est sans conteste la plus belle des grottes à concrétions du Périgord. ➜ **Sur 700 m** de boyaux visitables, les stalactites et les stalagmites excentriques, foisonnent et scintillent de mille feux sous un éclairage minutieusement dosé. Une telle richesse concentrée en si peu d'espace fait de cette grotte une véritable géode. Ce paradis minéral recèle d'innombrables joyaux tels ces cristaux pyramidaux dont la précision reste énigmatique et ces concrétions arborescentes relativement rares. Avec une faible hauteur sous plafond, l'endroit reste très intime et permet une visite des plus agréables. La température intérieure est de 15 °C et ne varie que de 1 à 3 °C entre l'été et l'hiver. ➜ **La Grotte** jouxte l'abri sous roche de Longerie Basse, important gisement préhistorique.

Une absence de traces préhistoriques ➜ La raison est honteusement simple : l'homme préhistorique n'a pas trouvé cette grotte. Nul doute pourtant qu'il en aurait tiré autant d'avantages matériels que d'inspiration artistique.

Mais il n'a pu accéder à la Grotte car celle-ci ne débouchait pas à l'air libre, et même si elle avait dû communiquer avec l'extérieur, l'accès se serait situé à mi-hauteur de la falaise. Ce n'est qu'en 1922 que l'archéologue Jean Maury devina son existence après avoir découvert qu'un filet d'eau s'échappait du porche aérien. Fort de son intuition, il creusa le roc sur 40 m et pénétra dans la grotte en 1924. Elle fut ouverte au public en 1927 ; la visite se faisait alors à la bougie.

La magie des formes ➜ C'est généralement l'infiltration qui est à l'origine de la cristallisation dans les grottes, mais ici c'est principalement par capillarité que s'est édifiée la majeure partie de la Grotte. Ce phénomène favorise l'élaboration de formes originales, comme par exemple les excentriques qui poussent dans toutes les directions.

Sur votre chemin ➜ Si l'aspect préhistorique de la Dordogne vous intéresse, toutes les autres grottes situées autour des Eyzies vous combleront. À commencer par le tout proche abri sous roche de Laugerie Basse, refuge de l'homme de Cro-Magnon et fabuleux gisement préhistorique. D'autre part, la Grotte de Rouffignac est assez réputée pour ses œuvres d'art préhistoriques. Dans une galerie de 10 km de long, parcourue en train électrique, vous découvrirez 250 gravures et peintures de la période magdalénienne. Ce sont surtout des animaux (mammouths, bisons, chevaux et autres rhinocéros) qui sont représentés. Sur la vallée de la Vézère, le Roc Saint-Christophe offre quant à lui un aspect intéressant de la période gallo-romaine avec ses habitations troglodytiques.

Situation à 10 km d'Hasparren, 20 km de Saint-Palais et 30 km de Saint-Jean-Pied-de-Port.

Accès par la D 11 entre Saint-Palais et Bidache. À Arraut-Charritte, prendre à droite la D 246 jusqu'à Isturits.

Ouvert à tous du 15/03 au 15/11, et toute l'année pou[r] les groupes (sur réservation). Visite payante.

Niveau F1, accessible à tous. 45 min de visite.

☆☆ Les Grottes d'Isturits et d'Oxocelhaya *Une fenêtre sur la préhistoire*

Les deux Grottes font partie du même réseau souterrain et sont reliées par un escalier de 86 marches. Elles sont très différentes mais recèlent, chacune dans leur domaine, de grandes richesses. ➜ **La Grotte d'Isturits,** extrêmement riche en gravures et dessins pariétaux qui remontent à 15 000 ans, est une merveille préhistorique, un véritable sanctuaire paléolithique, parmi les plus importants d'Europe. ➜ **La Grotte d'Oxocelhaya,** dont l'intérêt préhistorique est tout aussi important, est plus impressionnante par ses concrétions et ses illuminations. Elle est constituée de vastes salles ornées de splendides édifices colorés par les ocres. L'enchaînement des piliers, draperies et autres colonnes ajoute une note de féerie à l'apparente austérité de la première partie. Vous y découvrirez, au milieu des draperies diaphanes, les grandes colonnes orientales, l'arc triomphal ou encore une pagode ou un vieillard à la barbe blanche. Les grottes aménagées sont relativement rares en Pays basque, mais c'est assurément la plus remarquable ; elle a d'ailleurs été élevée au rang de site et monument historique.

Les couloirs du temps ➜ Les Grottes d'Isturits et d'Oxocelhaya font partie du même réseau en étage.

On compte au total trois étages avec la Grotte d'Arberua, sanctuaire préhistorique non accessible au public.

Ce réseau souterrain a été creusé dans des calcaires du crétacé inférieur par la rivière qui a donné son nom à la troisième cavité, l'Arberoue. C'est suite à l'exploitation du phosphate que l'on découvrit, au siècle dernier, de nombreux vestiges paléolithiques dans la première grande salle de la Grotte d'Isturitz. Pendant près de quinze ans, des fouilles méticuleuses ont permis de découvrir un impressionnant gisement de matériel archéologique et de gravures. Habitée par l'homme de Néandertal entre -80 000 et -35 000 ans, c'est surtout l'homme de Cro-Magnon, entre -30 000 et -10 000 ans qui a laissé le plus de traces de son passage. C'est de cette époque que datent les plus anciennes peintures et gravures connues ainsi que les premières armes de chasse comme les harpons en bois de cerf et les sagaies. Cette affluence de vie durant la préhistoire vient du fait que nous sommes sur la principale zone de passage entre la péninsule ibérique et l'Aquitaine lors des maximums glaciaires.

Sur votre chemin ➜ Les Grottes d'Isturits et d'Oxocelhaya sont un haut lieu de la préhistoire. De nombreuses fouilles ont été (et sont encore) organisées pour en apprendre toujours davantage sur l'art pariétal pyrénéo-cantabrique. Pour ceux que cette science passionne, à l'entrée des Grottes, une préhistorienne et plasticienne se propose de vous faire découvrir les matières premières utilisées ainsi que les gestes et techniques des hommes préhistoriques.

Les autres reprendront la voiture en direction d'Itxassou, en continuant plus au sud dans cette Vallée de la Nive. Là, s'ouvre une route très étroite où l'on ne passe pas à deux voitures. C'est par sauts de puces, dans les niches creusées dans le roc, que l'on arrive à une curiosité naturelle : le Pas de Roland. Cette petite arche qui ressemble à un chat d'aiguille a été creusée par un ancien lit de la rivière.

Situation à Saint-Just-Ibarre, à 25 km de Saint-Jean-Pied-de-Port et à 35 km de Sauveterre-de-Béarn.

Accès par l'autoroute A 64, sortie Salies (7) puis suivre la direction Saint-Jean-Pied-de-Port par la D 933. 15 km après Saint-Palais, tourner à gauche à Larceveau-Arros-Cibits jusqu'à Saint-Just-Ibarre.

Visite libre toute l'année.

Niveau de F2 à F3, randonnée en montée, 250 m de dénivelé, 9 km. 2 h aller.

Conseil Photo
La photo la plus originale est à faire depuis l'intérieur de la cavité, vers l'extérieur, avec un grand angle : la Grotte dessine un large cercle noir qui donne sur la forêt.

☆☆ La Source de la Bidouze *Récompense d'un long cheminement*

L'endroit n'est pas des plus célèbres et c'est sans doute par humilité que la Source de la Bidouze se fait discrète. Pour la trouver, nulle indication ou presque. Dans Larceveau, il vous faudra rejoindre Saint-Just-Ibarre par la route du col d'Oscquich. ➜ **Après le panneau indiquant la fin de la ville**, guettez le modeste panonceau indiquant sur la droite le chemin de la Source. Continuez sur la droite jusqu'au tout petit parking grillagé. Il vous faudra ensuite suivre, à pied, le balisage jaune. ➜ **Le sentier,** d'abord large et plat, longe la rivière puis la traverse avant de s'élever dans la forêt. Les cascades aux vasques d'eau turquoise ponctuent la promenade en sous-bois. ➜ **Après avoir traversé deux petits gués,** le fond du ravin révèle une grotte d'où jaillit une succession de résurgences. Rapidement plongé dans l'obscurité, il n'est guère possible de s'aventurer très loin dans la Grotte, mieux vaut donc admirer depuis le large porche les différentes luminosités qui animent les eaux de mille nuances colorées. L'endroit est mystérieux et l'on comprend aisément que les Basques en aient fait un lieu de légende…

Au royaume des Laminaks ➜ Nous sommes ici en basse Navarre, dans une région que se partagent les collines herbeuses, la Forêt des Arbailles et les eaux de la Bidouze. La Grotte de la Bidouze est aussi appelée en basque *Lamina Xilo* (le Trou des Laminaks) ; elle est, comme tous ces orifices qui percent le sol basque, sujette à légendes. Les Laminaks sont dans la mythologie basque des lutins, des petits génies protecteurs, familiers et bienfaisants. Ils sont capables du meilleur comme du pire. Ils peuvent porter secours aux voyageurs égarés ou sauver des enfants, mais ils peuvent aussi faire des tours espiègles, des plaisanteries de lutins. On dit qu'ils érigent des édifices dès la tombée de la nuit. Certains deviennent malfaisants et s'amusent à jouer avec la foudre ou dévorent quiconque s'aventurerait dans leur repaire. La grotte et ses trois lacs successifs étaient justement l'un des leurs, un retranchement isolé dans la forêt où l'on ne s'aventurait guère…

Sur votre chemin ➜ Sur l'ensemble du Pays basque, l'animal le plus répandu est sans conteste la brebis. C'est une race adaptée au climat régional, la brebis basco-béarnaise, qui est la plus courante. Ce mouton à longs poils et aux cornes en forme de macarons est exploité aussi bien pour sa laine que pour son lait qui est à l'origine de nombreux fromages pyrénéens comme le pyrénées ou l'ossau-iraty qui jouissent d'une appellation d'origine contrôlée (AOC). Le fromage d'Ossau est fabriqué dans les Cujalas par les bergers. Il faut sept litres de lait de brebis pour fabriquer un kilo de fromage. C'est au mois de juin que les feux de la Saint-Jean sonnent l'ouverture des pâturages. C'est l'heure de la transhumance, la tant attendue *amountagna*. Les bergers conduisent leurs troupeaux aux estives, là où l'herbe est grasse. En septembre, le berger redescend dans la vallée ; ses bêtes iront alors paître dans les landes de moindre altitude.

Sites complémentaires

ALLIER

Cascade de la Pisserotte (Châtel-Montagne)

Grotte des Fées (Ferrières-sur-Sichon)

Route Magique (Saint-Clément)

CANTAL

Bout du Monde des Gorges de l'Ander (Saint-Flour)

Cascade de Cornillou (Condat)

Cascade de l'Alagnon (Laveissière)

Cascade de Liadouze (Vallée de Mandailles)

Cascade de Salins (Salins)

Cascade du Sartre (Cheylade)

HAUTE-LOIRE

Lac du Bouchet (Cayres)

Orgues de Saint-Clément (Saint-Clément)

PUY-DE-DÔME

Cascade du Creux-Saillant (Saint-Victor-Montvianeix)

Cascades de Chilosas (Besse-et-Saint-Anastaise)

Cascades de la Vernière et du Plat à Barbe (La Bourboule)

Fontaines pétrifiantes de Saint-Nectaire (Saint-Nectaire)

Fontaines pétrifiantes du Mont-Dore (Mont-Dore)

Gorges d'Enval (Châtelguyon)

Gorges et Site de Montfermy (Pontgibaud)

Grande Cascade du Mont-Dore (Mont-Dore)

Méandre de Queuille (Sauret-Besserve)

Puy de Côme (Orcines)

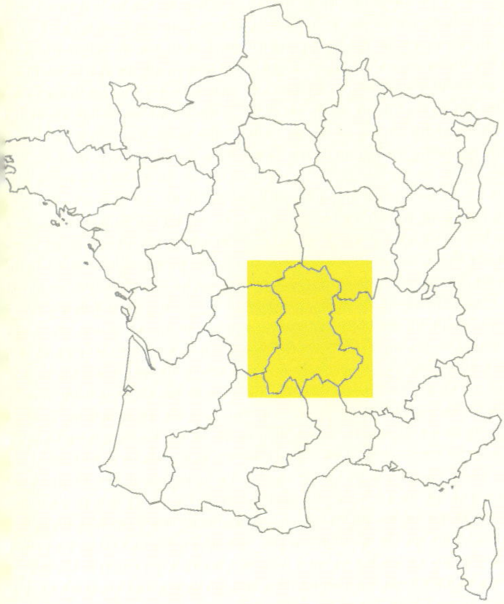

Auvergne

• **COMITÉ DÉPARTEMENTAL DU TOURISME ET DU THERMALISME DE L'ALLIER**, HÔTEL DE ROCHEFORT, 12, COURS ANATOLE FRANCE, 03016 MOULINS CEDEX, 04 70 46 81 50 • **COMITÉ DÉPARTEMENTAL DU TOURISME ET DU THERMALISME CANTALIENS**, HÔTEL DU DÉPARTEMENT, 15018 AURILLAC CEDEX, 04 71 46 22 00 • **COMITÉ DÉPARTEMENTAL DU TOURISME DE LA HAUTE-LOIRE**, 12, BD PHILIPPE JOURDE, 43012 LE PUY-EN-VELAY CEDEX, 04 71 09 91 43 • **COMITÉ DÉPARTEMENTAL DU TOURISME DU PUY-DE-DÔME**, 26, RUE SAINT-ESPRIT, 63038 CLERMONT-FERRAND CEDEX 01, 04 73 42 21 23

☆☆La Cascade de Faillitoux *Un site classé, pourtant méconnu*

Perdue dans la campagne, c'est au milieu des prairies à vaches que coule la jolie Cascade de Faillitoux. ➜ **Après une ferme,** un petit parking à droite de la route marque le début du sentier. Seules deux voitures peuvent y stationner, les premiers arrivés seront donc les mieux servis. ➜ **Derrière le tourniquet** qui empêche les vaches de sortir, le « Nouveau Chemin de la Cascade » mène en 15 min à la chute. ➜ **La Cascade** jaillit le long des orgues volcaniques pour finir sa course dans un chaos rocheux. La roche noire semblant sortir de terre au milieu d'une herbe d'un vert intense pourrait sembler un peu sévère, mais les gerbes d'eau et l'architecture des colonnes transforment cette apparente austérité en douce vivacité. Il est possible de grimper de part et d'autre de la chute, mais les raidillons humides sont plutôt glissants. ➜ **Les eaux du Faillitoux** qui ont pris leur source à deux pas en amont, près du puy de la Poche à 1503 m d'altitude, courent rejoindre la vallée de la Cère toute proche. Le site est séduisant et calme, c'est un endroit ombragé et rafraîchissant.

Une chute au cœur du Cantal ➜

Le massif du Cantal se situe géographiquement et chronologiquement au centre de la chaîne des volcans d'Auvergne.
Aussi surprenant que cela puisse paraître, les monts du Cantal ne constituent qu'un unique volcan. Avec ses 50 km de diamètre, c'est le plus grand volcan de France. Il représentait à l'origine un volume de 3 500 km^3 et devait atteindre, lors de son apogée, une altitude maximale de 3 300 m (comme l'Etna aujourd'hui). Il marqua le commencement de l'ère volcanique en Auvergne, il y a 22 millions d'années, mais on a daté sa dernière activité à -3,2 millions d'années.

Des volcans en Auvergne ➜ Des études géophysiques ont montré que la croûte terrestre était amincie sous la région des puys. Il existe aujourd'hui

encore un important flux de chaleur. Ces indications, ainsi que l'alignement des volcans du Massif central, permettent de considérer la chaîne des puys comme issue de l'activité d'un point chaud. Un tel point chaud agit comme un chalumeau fixe qui transpercerait la croûte. C'est exactement ce qui se produit aujourd'hui sous Hawaii.

Sur votre chemin → De part et d'autre de la route qui vous a conduit jusqu'à la Cascade de Faillitoux, les pâturages sont le territoire d'une seule race de vaches, la Salers.
La bête est acajou foncé, au pelage frisé, aux cornes longues en forme de lyre. Elle est puissante et bonne laitière de surcroît.
Ces qualités ne lui ont été reconnues qu'au milieu du XIXe siècle, mais une fois le fait acquis, sa renommée fut internationale ; des taureaux furent exportés jusqu'en Russie.
Nulle vache n'est aussi décorée qu'elle : anneaux, cloches, chaînes et médaillons sont autant d'apparats qui anoblissent l'animal. En estive durant l'été, tout le lait trait sert à fabriquer le cantal. Pour améliorer la viande, ces vaches sont croisées avec des limousines ou des charolaises.

Situation *à Thiézac, à 35 km d'Aurillac et 65 km de Saint-Flour.*

Accès *par la N 122 depuis Aurillac en direction de Massiac. 12 km après Vic-sur-Cère, passer sous la route pour rejoindre Thiézac puis prendre la D 59 jusqu'à la Cascade.*

Visite *libre toute l'année.*

Niveau *F1, sentier court (20 min aller-retour) et facile, parfois un peu boueux.*

Conseil Photo *Aucune difficulté pour photographier cette cascade. En montant sur le côté droit, sous le grand arbre, on a un point de vue très intéressant sur l'eau qui chute sur les rochers ; en cadrant quelques branches, la scène devient très romantique...*

Situation *à 2 km du Mont-Dore, 15 km de La Bourboule et 25 km de Saint-Nectaire.*

Accès *par la D 996 depuis le Mont-Dore, direction Saint-Nectaire.*

Visite *libre toute l'année.*

Niveau *F2, sentier parfois pentu mais facile. 40 min aller-retour.*

Conseil Photo

Une des meilleures photos est à faire depuis le bord du cours d'eau, un peu en aval de la Cascade : on cadre ainsi la chute, la végétation et le torrent qui s'écoule. La lumière de fin de matinée offre un bon éclairage.

☆ La Cascade de Queureuilh *Les eaux du Mont-Dore*

Si vous venez du Mont-Dore, le départ du sentier n'est pas très bien indiqué. ➜ **La pancarte à gauche de la route** n'est en effet visible que pour les véhicules qui descendent. L'indication « Route des Châteaux d'Auvergne » est alors un bon repère car elle est située 50 m à peine après l'endroit où vous devez stationner. ➜ **Le sentier suit le balisage jaune,** descend à travers bois et permet d'accéder en 20 min à cette adorable cascade. ➜ **Les cascades** sont nombreuses autour du Mont-Dore, mais celle de Queureuilh tire un charme tout particulier de la forêt qui l'entoure. L'eau jaillit d'une falaise basaltique et fait une chute de 30 m le long des orgues avant de continuer sa course plus tranquillement et de rejoindre la Dordogne au nord du Mont-Dore. ➜ **Il est alors possible de continuer le sentier** qui passe à droite devant la Cascade pour rejoindre celle du Rossignolet. Ceci n'étant pas un circuit en boucle, il vous faudra revenir sur vos pas.

Le secret des eaux du Mont-Dore

➜ Bien que les eaux de Queureuilh ne soient pas, à proprement parler, issues d'une source, elles s'écoulent tout de même en pays volcanique, tout près des eaux hydrothermales du Mont-Dore.

Un important flux thermique a été mesuré sous l'ensemble de la chaîne des puys. Un magma est donc toujours bien présent sous la croûte du Massif central…

Les eaux chaudes qui jaillissent en pays volcanique sont souvent des eaux météoriques (pluie) infiltrées dans le sol à des profondeurs plus ou moins importantes. C'est là qu'elles se minéralisent, par échanges avec les roches solides du sous-sol avant de rejaillir quelque 10 ou 100 ans plus tard. Les gaz qui s'y trouvent parfois incorporés peuvent provenir d'un magma profond. Les eaux du Mont-Dore sont siliceuses et bicarbonatées, elles se sont minéralisées lors de leur passage dans une épaisse couche de lave et sortent à des températures variant entre 38 et 44 °C. Elles sont donc parfois naturellement gazéifiées et sont utilisées pour le traitement des maladies respiratoires, de l'asthme et des rhumatismes.

Sur votre chemin ➜ En continuant sur la D 36 en direction de Besse-en-Chandesse, vous découvrirez la très belle Vallée de Chaudefour, classée réserve naturelle. Large de 2,5 km, c'est une ancienne vallée glaciaire dont les crêtes dépassent les 1 500 m d'altitude. Dans cette atmosphère montagnarde, les chamois et les marmottes sont facilement observables. On y croise également le vol du faucon pèlerin, du circaète et plus rarement celui du grand corbeau. Outre cette faune remarquable et diversifiée, la Vallée de Chaudefour est surtout renommée pour sa richesse botanique. Prairies humides, pelouses et tourbières offrent une mosaïque d'espèces végétales particulièrement intéressante. Ainsi, entre les quelque 300 ha de hêtraie, fleurissent les saxifrages, les grandes gentianes (vératres et plantains), les androsaces et les grassettes dans les tourbières.

Situation à 3 km de Cérilly, 25 km de Saint-Amand-Montrond et 50 km de Bourges.

Accès par l'autoroute A 71 sortie Forê de Tronçais (9) ou par les D 953, D 978a ou N 144 depuis Bourges.

Visite libre toute l'année, possibilités de visites commentées de la forêt .

Niveau F1, promenade sur sentiers forestiers balisés. 30 min minimum.

Conseil Photo
Sur une photo, on ne se rend plus bien compte des proportions des arbres ; un des trucs les plus efficaces est de faire poser quelqu'un (un enfant) à côté du tronc pour donner une échelle de grandeur.

⋆⋆La Chênaie Colbert en Forêt de Tronçais *L'écrin du « Chêne Carré »*

Située à la frontière du Berry et du Bourbonnais, cette forêt domaniale gagna ses lettres de noblesse au XVIIe siècle. Les rois de la forêt à présent se sont eux : les neuf vénérables de la réserve Colbert. De très vieux arbres de 250 à 300 ans, mesurant jusqu'à 40 m de hauteur. Le plus impressionnant est le Chêne Carré (ci-contre), un chêne rouvre haut de 26 m et de section carrée atteignant 6 m de ceinture. Les autres sont éparpillés dans les 10 000 ha de forêt : les Jumeaux, le Chêne Strebing, la Sentinelle, le Chêne de Montaloyer, les chênes Émile Guillaumin et Charles-Louis Philippe ainsi que le tronc parfait du Jacques Chevalier. Cet écrin de verdure abrite également cinq étangs et une quarantaine de sources légendaires. Lancez une épingle dans les eaux de la Fontaine de Viljot (photo ci-dessus) : si elle se plante verticalement, le mariage vous guette cette année, si elle tombe à plat, revenez l'année prochaine.

Quelle est l'histoire de cette forêt ?

➜ Autrefois administrée par les ducs de Bourbon, la Forêt de Tronçais leur fut confisquée en 1527, lors du rattachement de leur domaine à la couronne. Laissée à l'abandon durant les XVIe et XVIIe siècles, elle n'était plus sous Louis XIV qu'une gigantesque friche. C'est Colbert qui, en 1670, la réorganisa pour les besoins du pays et la construction des vaisseaux de la marine royale. Les chênes furent plantés pour vieillir au moins 200 ans : certains ont tenu beaucoup plus longtemps. À partir de 1788, la fabrication de la fonte dans les forges de Tronçais exigea beaucoup de charbon et 6 000 ha de forêt partirent en fumée. Cette ère de la métallurgie fit apparaître trois des cinq étangs que compte la forêt ; ils se sont ajoutés au seul étang naturel, celui de Saint-Bonnet. Le dernier fut creusé par les Ponts et Chaussées en 1842 pour l'alimentation du canal du Berry. En 1832, la forêt fut réaménagée et les arbres déclarés exploitables qu'après 160 ans. Ce minimum passa à 225 ans en 1928.

Sur votre chemin ➜ La forêt est le domaine des chênes rouvres et sessiles, qui partagent l'humus avec les chênes pédonculés, les hêtres, les charmes, les pins sylvestres et plus bas, les fougères aigles, la callune, la bruyère cendrée et la mollinie. Comme tout bon massif forestier qui se respecte, la forêt offre aux amateurs de champignons de magnifiques cèpes, girolles, pieds-de-mouton, ou russules.

Peut-être aurez-vous la chance d'assister, en septembre-octobre, au brame du cerf, sinon au passage d'une harde de biches avec leurs petits. Les sangliers, martres, putois, écureuils, chats sauvages peuplent également ces bois, cohabitant avec plus d'une dizaine d'espèces de rapaces et de très nombreux pics. Près des étangs, les échasses, les vanneaux huppés, les barges à queue noire ou encore les bécassines s'offriront à la vue des plus discrets.

Situation à 19 km de Pradelles, 25 km du Monastier-sur-Gazeille et 30 km du Puy-en-Velay.

Accès par la N 88 depuis le Puy-en-Vela direction Mende. À Costaros prendre la petite D 49 sur la gauche vers Ussel puis Arlempde

Visite libre toute l'année.

Niveau F0, visible depuis la route.

Conseil Photo

Arlempdes, perché sur son rocher, est à photographier depuis le bord de la route, en amon du village, en fin d'après-midi. N'hésitez pas non pl à descendre par la même route, tout en bas du vallo le long de la Loire.

⋆⋆Le Dyke d'Arlempdes *Surprenant promontoire de lave*

Curieux village que celui d'Arlempdes, perché autour de son ancien château féodal sur un piton basaltique aux formes chaotiques. Il est construit à 80 m au-dessus de la Loire et les lumières flamboyantes de début et de fin de journée s'ajoutent aux teintes violacées de la lave pour baigner le site d'une chaleur toute particulière. Les formes sont tellement inhabituelles qu'on a du mal à les croire d'origine et pourtant ces dentelles sont bien naturelles. L'endroit est singulier et les jeunes eaux de la Loire, sorties du tout proche Mont Gerbier-de-Jonc, lui confèrent l'inaccessibilité d'une forteresse. Isolé sur une presqu'île, le village n'est pourtant pas imprenable : il est relié au reste du monde par le sud. Depuis les portes fortifiées de la ville, il ne vous faudra guère de temps pour partir à l'assaut du château construit au XIIIe siècle par les seigneurs de Montlaur. D'une petite chapelle en pierre de lave, vous pourrez admirer une autre très belle coulée basaltique sur l'autre rive de la Loire.

Qu'est-ce qu'un dyke ? ➜ Contrairement aux coulées volcaniques, certaines laves ne s'échappent jamais vers l'extérieur. C'est le cas de tous les filons internes qui se dispersent à l'intérieur ou tout juste à proximité de la bouche d'un volcan.

Après refroidissement, ces structures massives, que les géologues appellent intrusions, peuvent être déchaussées par l'érosion et apparaître à l'affleurement.

Les laves forment en refroidissant des prismes de section hexagonale (ou presque). Ces derniers sont perpendiculaires à la surface de la coulée, ainsi, par exemple, une coulée horizontale présentera des orgues verticales (c'est le cas le plus fréquemment rencontré). À Arlempdes, les orgues apparaissent tantôt à l'horizontale, tantôt à la verticale ; elles montrent donc un enchevêtrement complexe de lames de lave. Dans l'ensemble, on voit bien qu'elles ont jailli plutôt à la verticale : c'est donc un dyke (traduction anglaise de digue). Cette structure n'excède que rarement la dizaine de mètres mais elle peut en atteindre, comme ici, une centaine. En Auvergne, le Mont Gerbier-de-Jonc, ainsi que les Roches Tuilière et Sanadoire, font également partie de cette grande famille des intrusions volcaniques.

Sur votre chemin ➜ La Loire est avec ses 1 012 km le plus long fleuve de France. Ici, à moins de 50 km de sa source, elle n'a pas encore l'ampleur qu'on lui connaît plus au nord avant de rejoindre l'Atlantique. La Loire constitue une véritable richesse nationale car c'est le dernier grand fleuve sauvage d'Europe. Ses crues continuent de modeler le paysage et de charrier des monceaux d'alluvions très fertiles. Il se développe sur ses rives des peuplements très divers et de très belles forêts riveraines (ripisylves). Elles ont la chance d'abriter encore le castor ou la loutre ainsi que de nombreuses espèces de hérons (cendré, pourpré, bihoreau). Plus facile à voir, la vipérine commune, plante de la famille des bourraches, colonise les alluvions. Ses fleurs sont tout d'abord roses avant de devenir bleu vif, couleur plus accueillante pour un grand nombre d'insectes. Elle tire son nom d'une certaine ressemblance avec une tête de serpent.

Situation *à 4,5 km de Besse-en-Chandesse, 27 km de Condat et 45 km de La Bourboule.*

Accès *par la D 978 ou par la « Route de Fraux » à partir de Besse-en-Chandesse.*

Visite *libre toute l'année.*

Niveau *F1, un sentier sans dénivelé fait le tour du Lac en 1 heure.*

Conseil Photo
Si vous ne disposez pas d'un hélicoptère, vous aurez bien du mal à photographier l'immense cerc que forme ce lac. Le meilleur point de vue, un peu surélevé, se trouve près des barres rocheuses qui plongent dans l'eau, à gauche du lac en partant du restau rant. Mais même ave un grand angle, vou ne pourrez pas cadre tout le cratère ; pour l'occasion, investisse dans un appareil jetable panoramique

★★★Le Lac Pavin

La magie de Brocéliande au milieu des volcans

Perchée à 1 197 m d'altitude, la promenade autour de ce lac de 750 m de diamètre et 92 m de profondeur est l'une des plus envoûtantes de la région. ➜ **Enchâssé dans une forêt magnifique,** il est étonnant par sa géométrie : ses parois presque parfaitement circulaires semblent avoir été découpées à l'emporte-pièce. Ses rives abruptes plongent vers des abysses que la lumière n'atteint jamais. Ses eaux changent de teinte avec le temps : de vert ou bleu turquoise, elles passent au noir quand le soleil se cache. C'est un lieu fascinant et majestueux qui tire son nom de légendes ancestrales ; Pavin vient du latin *pavens* qui signifie épouvantable. On racontait naguère que l'ancienne ville de Besse fut engloutie dans ses eaux par châtiment divin et qu'y jeter un caillou déchaînait d'effroyables orages. Certains assurent aussi que c'est là que fut jetée Excalibur. ➜ **La promenade autour du lac** peut se poursuivre par l'ascension du puy de Montchal qui offre à 1 411 m d'altitude un panorama splendide et une vue plongeante sur le Pavin (1 h 30 aller-retour).

L'eau et le feu ➜ Le Lac Pavin résulte de la rencontre du magma et d'une nappe d'eau. Le choc thermique résultant de cette rencontre souterraine fut d'une intensité telle que la croûte terrestre explosa, recouvrant toute la région d'un épais manteau de cendres mêlées à des blocs de toutes tailles. Celui-ci creusa sur le flanc nord du Puy de Montchal préexistant, le cratère que la nappe phréatique a investi pour former le Lac Pavin. Maar est le nom que l'on donne à ce type de phénomène.

Outre sa beauté, le Lac Pavin est remarquable de par sa place dans l'histoire volcanique de la région. Sa forme ne peut être plus explicite : il est le point final du volcanisme auvergnat. L'activité sismique, qui avait débuté il y a 22 millions d'années dans le Cantal, s'est achevée, en effet, par ce dernier soubresaut à la frontière des Monts Dore et du Cézallier, il y a 4 000 ans, pendant l'âge du Bronze. En somme, ce lac est venu remplir le cratère d'un volcan, comme si l'on remplissait un verre d'eau par le fond.

Sur votre chemin ➜ En Auvergne, et plus spécifiquement dans la chaîne des Puys, les massifs forestiers recouvrent les cheires, ces anciennes coulées de laves échappées des quelque 80 bouches éruptives que compte le parc régional des volcans d'Auvergne. Ces massifs sont assez giboyeux et abritent un grand nombre d'espèces forestières.

Dans les eaux du Lac Pavin l'omble chevalier tient la vedette ; ce petit saumon (de 25 à 100 cm) très apprécié des gourmets, vit aussi bien en eau douce, chez nous, qu'en eau de mer, en Europe du nord. Seules lui importent la pureté et la fraîcheur des eaux. Il a donc dans le Pavin tout ce qu'il lui faut. Il y vit entre 30 et 70 m de profondeur.

☆☆Le Pas de Cère *Vallée mystérieuse*

Le sentier débute depuis un grand parking situé aux abords immédiats de la N 122. Dans ce pays très vallonné, les collines aux sommets arrondis dissimulent des paysages beaucoup plus accidentés, telle la sauvage Vallée de la Cère. ➜ **Entre Vic-sur-Cère et Thiézac,** un grand parking marque l'emplacement d'un site grandiose. Beaucoup ne s'arrêtent ici que pour jeter un œil à la cascade de la Roucolle. Ils repartiront sans voir le plus beau, le Pas de Cère, caché tout au fond de la vallée. ➜ **C'est au bout du parking,** à droite du belvédère de la Roucolle qu'un petit sentier descend à travers bois jusqu'aux rives de la Cère. Là, d'énormes blocs recouverts de végétation encombrent le lit agité du torrent. Subitement la vallée s'encaisse et les eaux font un bond d'une soixantaine de mètres entre les falaises très rapprochées. Le défilé est à cet endroit très impressionnant. Le site est sauvage et côtoie le paysage paisible de la Vallée de la Cère. ➜ **En continuant sur le même chemin,** il est possible de rejoindre la cascade de la Roucolle et de remonter au parking.

La Vallée est une gigantesque cicatrice ➜ La Vallée de la Cère fait partie de ce que les géographes appellent les Pays coupés. Ils évoquent les impressionnantes vallées étroites et sinueuses qui entaillent les plateaux. Le Cantal, autrefois criblé de hauts reliefs volcaniques, n'est plus qu'une vaste pénéplaine que les glaciers du quaternaire se sont chargés de raboter. Il ne reste aujourd'hui qu'une série de collines, aux sommets émoussés, culminant à faible altitude. Vu de loin, l'aspect est plutôt bocager et l'on en oublierait presque la présence de puissantes gorges qui accidentent de-ci, de-là le paysage. Dans l'ensemble, le Cantal est granitique, maintes fois aplani, envahi par la mer, recouvert par des volcans, déformé par la surrection des Alpes, puis finalement rongé par l'ère glaciaire. La Vallée de la Cère conserve toutes les traces des événements volcaniques qui ont touché l'ensemble de la région. On y trouve encore sur le terrain, des traces de nuées ardentes, de lahars (coulées de boue) et

bien sûr de coulées de laves. Le Pas de la Cère est une formidable faille dont le décrochement relativement important est dû aux mouvements des Alpes durant l'ère tertiaire : on parle de cicatrice volcano-tectonique.

Sur votre chemin ➔ Nous sommes ici dans le sud du parc naturel régional des Volcans d'Auvergne. Créé en octobre 1977, il est passé de 280 000 à près de 400 000 hectares. Avec une telle étendue, la faune et la flore sont d'une diversité sans égale. Malgré les jonquilles, narcisses, lys martagon, anémones pulsatiles (ci-contre) et autres orchidées, la grande gentiane jaune restera toujours l'emblème de l'Auvergne. C'est de ses puissantes racines que l'on tire l'excellent alcool apéritif si célèbre…

Les animaux y sont également somptueusement représentés avec la présence d'un grand nombre de rapaces : milan royal et milan noir en été, l'autour dans les forêts, l'épervier sur les lisières, le circaète et le faucon pèlerin. Les chamois ont été réintroduits sur le Puy Mary et les mouflons dans les Monts Dore. Alors, à vos jumelles…

Situation *à 2 km de Thiézac, 3 km de Vic-sur-Cère et 26 km d'Aurillac.*

Accès *par la N 122 entre Aurillac et Massiac.*

Visite *libre toute l'année.*

Niveau *F2, sentier en descente, 30 min aller. Remontée difficile.*

Conseil Photo *Avec un trépied, en fin de journée, vous réussirez de très belles photos. Le cadrage vertical est préférable pour traduire le côté encaissé du site et la hauteur des parois rocheuses.*

★★★★ Le Puy de la Vache *Un authentique paysage lunaire*

C'est sur la gauche de la D 5, peu après la maison du parc, qu'un panneau de randonnée marque le début du chemin. ➜ **Après 100 m en sous-bois,** il débouche au pied du volcan de la Vache. Le premier contact avec la roche volcanique est éblouissant : dans un désert rouge, des bombes volcaniques sombres et denses gisent au milieu des pouzzolanes. Ces petits gravillons volcaniques rougeâtres, légers et poreux, créent un sol aussi accueillant qu'un tapis de mousse. ➜ **Le volcan** apparaît comme une falaise rouge dont les crêtes, en forme de fer à cheval, se détachent à plus de 200 m de hauteur. Le décor est des plus impressionnants et sa renommée internationale n'est plus à faire. L'ascension, assez sportive, se fait par un sentier équipé de marches en rondins et de rampes ; il se prend à droite ou à gauche de la carrière et serpente à l'ombre jusqu'à mi-parcours. ➜ **Plus en amont,** la rareté de la végétation met à nu les parois du volcan. Le sol est alors lunaire et l'ambiance complètement irréelle. C'est un site unique entre ciel et terre où l'on s'attarde volontiers pour un voyage sur une autre planète.

La Vache et Lassolas ➜ Ces volcans jumeaux sont issus de la troisième et dernière période du volcanisme auvergnat, il y a 7 500 ans. Ils se sont mis en place ensemble, consécutivement à la remontée d'une poche de magma au niveau de la grande faille de Limagne, à l'ouest de l'actuel Clermont-Ferrand. La fluidité de la lave a entraîné la formation de volcans de type strombolien, c'est-à-dire rejetant des scories, édifiant des cônes et émettant des coulées de lave. Celles des volcans de la Vache et de Lassolas ont emprunté le même chemin pour former la plus longue cheire de la période volcanique : la cheire d'Aydat,

longue de 22 km, facilement identifiable depuis les crêtes puisque recouverte de forêts. Elle a formé le lac du même nom par le barrage d'une rivière. Dans le cas de ces deux volcans jumeaux, un pan entier n'a pu s'édifier et a formé des cratères que l'on dit égueulés.

Sur votre chemin → Non loin de là, le château de Montlosier abrite la Maison du parc naturel régional de la Chaîne des Puys. C'est un véritable temple à visiter absolument par tous les amoureux de la nature et les volcanologues en herbe.

Les volcans par eux-mêmes ont des sols pauvres, acides et perméables qui n'ont pu, dit-on, nourrir que les moutons. La chaîne fut, de surcroît, entièrement déboisée pendant le Moyen-Âge, puis transformée en landes de bruyères et de genévriers. Les nombreux œillets de Montpellier, genêts et autres hélianthèmes feront taire les mauvaises langues. Aujourd'hui, certaines essences repoussent spontanément, comme le hêtre (à basse altitude), le noisetier ou le bouleau. On doit également au comte de Montlosier un reboisement en résineux.

Situation *à 2 km de Randanne, 7 km de Royat et 22 km de Clermont-Ferrand.*

Accès *par la N 89 depuis Clermont-Ferrand puis la D 5 depuis Randanne en direction de la Maison du parc des Volcans d'Auvergne.*

Visite *libre toute l'année.*

Niveau *F3, sentier en forte pente aménagé de hautes marches. 1 h aller.*

Conseil Photo

Attardez-vous dans le premier no man's land au pied du volcan. C'est là que vous pourrez faire les photos les plus dépaysantes ; promenez-vous parmi les blocs de lave, sur cette terre nue et sombre. Par beau temps, avec un filtre polarisant, le contraste entre la lave, le ciel et la végétation est saisissant. Pour les diapos, mesurez la lumière sur les feuillages puis recadrez.

Situation *à Boudes, à 15 km d'Issoire et à 30 km d Brioude.*

Accès *par l'autoroute A 75, sortie Saint-Germain-Lembron (17) puis rejoindre Boudes par la D 48.*

Visite *libre toute l'année.*

Niveau *de F1 à F2, quelques marches à descendre puis à remonter. 1 h 30 aller.*

Conseil Photo
Cette vallée est très photogénique. Sur place, montez tout en haut des esc-liers de bois : vue imprenable sur les fameux Saints. Le Cirque des Motte est beaucoup plus lumineux et donc pl confortable à photographier.

☆☆☆Les Pyramides de la Vallée des Saints *Dépaysement garanti*

Le petit village de Boudes a des allures de Provence. ➜ **En empruntant le chemin** qui part derrière l'église et passe devant le cimetière, on découvrira, soit à pied, soit en voiture, le vignoble d'où est tiré un vin au goût fruité très apprécié dans la région. Bien que très champêtre, ce chemin mène au petit parking de la Vallée des Saints. Un panneau des sentiers de randonnée vous indiquera le départ du circuit. ➜ **Sur la gauche,** un escalier descend vers le ruisseau. Le ravin y prend des teintes et des formes inattendues : l'eau a sculpté des pyramides parfois hautes d'une trentaine de mètres dans des argiles rougeoyantes. ➜ **Après un premier belvédère,** le sentier continue sur la droite dans un paysage tout aussi splendide. Une succession de tours évoque une procession de moines qui a valu son nom à la vallée. ➜ **Un escalier** permet de contempler le site de plus haut et de poursuivre jusqu'au Cirque des Mottes où l'ambiance est un peu plus sauvage. C'est un endroit à ne pas manquer car il offre une gamme de teintes flamboyantes que l'on ne s'attend pas forcément à voir en Auvergne. Conseil d'ami : n'hésitez pas à fréquenter l'unique hôtel-restaurant de Boudes.

Les argiles rouges de Boudes ➜

Ce phénomène n'est pas unique en France, il se rencontre aussi dans les célèbres carrières d'ocre du Lubéron. Les teintes rouges sont dues à une forte teneur en fer, ce dernier était contenu dans la vieille assise du Massif central, les gneiss. Ces argiles ferralitiques sont le résultat de l'altération mécanique et chimique de ces gneiss sous climat chaud. Loin d'être aussi tempérée qu'aujourd'hui, la France jouissait à l'ère tertiaire (il y a trente millions d'années) d'un climat tropical plutôt destructeur. Dans ces conditions de température et d'humidité, toute roche dure comme les granites et les gneiss se transforme irrémédiablement en sables et en argiles. Les gneiss anciens se sont donc altérés en argiles que l'on appelle bariolées à cause de leur couleur. Elles ont longtemps été recouvertes par une couche plus dure, morcelée au fil du temps par l'érosion. Les blocs épars qui sont restés ont permis la formation de ce que l'on nomme des demoiselles coiffées. Aujourd'hui les Pyramides de la Vallée des Saints en sont les vestiges mais la plupart ont perdu leur coiffe.

Sur votre chemin ➜

À Boudes, nombreuses sont les maisons de vignerons. Les vins de la région, au goût fruité, s'inscrivent dans la lignée des côtes d'Auvergne qui font administrativement partie de la région Loire. Les vignobles de Gamay et de Chardonnay s'y répartissent sur 500 ha autour de Clermont-Ferrand et donnent des rouges, rosés et blancs. Au siècle dernier, le gamay est venu remplacer le pinot noir dans le cépage le plus utilisé. Côté site, si vous passez par Beaulieu, près de Saint-Germain-Lembron, faites un détour par le Saut du Loup, jolie vallée dominée par les ruines du château d'Auzat. À Nonette, un peu plus au nord, le bourg est dominé par un dyke volcanique qui s'élève à 578 m et surplombe de 170 m le cours de l'Allier. Il offre l'un des plus beaux panoramas de la région.

☆☆☆ Les Roches Tuilière et Sanadoire

Célèbres jumelles de lave

C'est après avoir passé le Lac du Col de Guéry que l'on découvre le très beau Cirque du Chausse. ➜ **Stationnez sur le grand parking,** près de la maison de la flore : c'est la meilleure vue sur le cirque boisé d'où jaillissent deux majestueux pitons volcaniques, la Roche Tuilière à gauche, Sanadoire à droite. ➜ **Après cet arrêt,** il est possible de continuer sur la même route pour rejoindre un autre parking. Il permet d'emprunter un petit sentier qui conduit à un promontoire face à la Roche Sanadoire. ➜ **De cet endroit,** l'onde sonore de vos cris vous reviendra en écho après avoir rencontré la Roche. Poursuivre ce chemin ne mène pas à grand chose, nous vous conseillons donc de reprendre la voiture et de revenir sur vos pas pour emprunter la petite D 80 qui passe entre les deux roches jumelles. Malgré leur proximité, ces roches sont différentes ; la Roche Tuilière est prismée verticalement, les prismes se débitent en lauzes ressemblant à des tuiles (d'où son nom) alors que la Roche Sanadoire se débite en cubes. À l'époque de la prévôté (1315), sa pointe portait un château que l'on devine imprenable. Malgré tout, les Anglais en ont eu raison.

Des roches jumelles ➜ Les deux pitons se sont mis en place dans une structure déjà existante ; ce sont des intrusions magmatiques qui ont refroidi à l'intérieur d'un cône volcanique sans jamais s'échapper vers l'extérieur. Le magma était beaucoup trop visqueux pour cela. Quoiqu'on les dise jumelles, ces deux roches sont très différentes, elles ne proviennent pas du même magma et n'ont pas le même âge. La Roche Sanadoire s'est formée il a 2,2 millions d'années. Ses différentes pointes sont les restes d'un groupement de cheminées, sept au total. Les volcanologues appellent cela un *polyneck* (traduction anglaise de « multiples cous »).

La Roche Tuilière est un peu plus jeune, puisqu'elle est datée de 1,9 millions d'années. L'orientation verticale de ces prismes montre qu'il s'agissait d'une coulée horizontale. C'est un *sill*. Les deux magmas ont pourtant donné le même type de roche, on a utilisé leurs propriétés acoustiques pour leur donner un nom, la phonolite. Cette roche émet en effet un son particulier quand on la frappe et elle est capable de renvoyer un écho.

Sur votre chemin → Pour découvrir toute la richesse florale des montagnes auvergnates, nous vous conseillons la Maison des fleurs d'Auvergne. Elle se situe au Col de Guéry, sur le parking du belvédère des Roches Tuilière et Sanadoire. Sous forme d'exposition, d'ateliers ludiques et sensoriels, de sentiers balisés à travers un jardin, vous y découvrirez une grande variété de fleurs. Plusieurs milieux y sont reconstitués : tourbière, lande, forêt, cascades… Plus qu'un jardin botanique, c'est un jardin écologique très représentatif du milieu naturel. Au départ de la Maison des fleurs, des balisages verts, jaunes ou rouges mènent à des milieux riches et protégés. Vous y guetterez la petite plante carnivore des tourbières, la droséra, le lys martagon ou encore l'odorant bois-joli.

Situation *à 10 km du Mont-Dore, 22 km de La Bourboule et 60 km d'Issoire.*

Accès *par la D 983 depuis le Mont-Dore direction Issoire puis Col de Guéry.*

Visite *libre toute l'année.*

Niveau *de F0 pour le panorama depuis la route, à F2 pour le sentier qui descend en face de la Roche Sanadoire. 30 min aller-retour.*

Conseil Photo *Le parking principal offre le seul point de vue qui permette de photographier les deux Roches à la fois, se faisant face. Pour des gros plans de la pierre, descendez dans la vallée par la D 80 qui passe au pied des deux géantes.*

★★La Tourbière de la Plaine Jacquot *Le monde des plantes carnivores*

C'est à Saint-Alyre ou à La Godivelle que la Maison des tourbières et du Cézalier vous propose la découverte de cet endroit sauvage peu ordinaire. De prime abord, cela ne paye pas de mine. C'est une fois au milieu du site que le charme s'opère. Ici l'eau n'est pratiquement plus visible ; la tourbière sèche en surface mais le site reste mouvant et cache de grandes étendues d'eau en profondeur. ➜ **Le parcours se fait sur des sentiers de rondins,** véritables embarcations que l'on imagine flotter sur une immense éponge.

➜ **Les tourbières** sont, dit-on, aussi dangereuses que des sables mouvants ; mais votre guide et les pilotis vous mettront à l'abri de toute mésaventure pour vous faire découvrir un monde extraordinaire peuplé de plantes carnivores. L'endroit est dépaysant : les pelouses d'un vert intense font place autour des points d'eau aux herbes couleur fauve et vous transportent pour quelque temps dans les paysages du Grand Nord. Jadis exploités pour la tourbe, ces milieux humides peuplés d'espèces très particulières apparaissent aujourd'hui comme des richesses écologiques à protéger.

Formation d'une tourbière ➜

La fonte des glaciers, il y a 15 000 ans, est le point de départ des tourbières : les eaux froides s'accumulent dans les vallées. Lorsque la température remonte, une végétation prolifère sur les lacs jusqu'à coloniser tout le volume du plan d'eau ; les sphaignes et autres mousses étoffent cette construction qui devient une véritable éponge naturelle. Les tourbières sont de formidables sites fossilifères ; l'acidité, le froid et l'absence d'oxygène sont propices à la conservation. Les eaux recèlent ainsi de multiples traces du passé, tels que des grains de pollen émis il y a

Situation *à 30 km de Condat, 60 km de Bort-les-Orgues et à 70 km de Besse-et-Saint-Anastaise.*

Accès *par la D 36 depuis Besse-et-Saint-Anastaise, direction Compains, Saint-Alyre.*

Visite *guidée du 16/6 au 31/8 : tous les jours, du 1/9 au 30/9 : vendredi, samedi, dimanche ; de 13h à 19h (départ toutes les heures).*

Niveau *F1, sentiers sur pilotis ; visite d'1 h.*

Conseil Photo
L'été, optez pour la dernière visite de l'après-midi ; la lumière, plus chaude, améliore les contrastes. Filtre polarisant conseillé.

18 000 ans. Dans le nord de l'Europe, quelque 600 corps humains et animaux ont été retrouvés, quasiment intacts, après 2 000 ans d'immersion dans les eaux de tourbières.

À quoi sert la tourbe ? ➜ La tourbière est un milieu naturel que se partagent eau et végétaux. À eux seuls, ils ont édifié une structure épaisse de plusieurs dizaines de mètres à raison de 0,5cm par an. La tourbe peut être comparée à une roche molle, composée de 10 à 20 % de matière organique végétale et de 80 à 90 % d'eau. Elle est utilisée séchée, en bloc, les 50 % de carbone qu'elle contient brûlant comme du charbon. Les horticulteurs l'utilisent pour ses propriétés de rétention d'eau.

Sur votre chemin ➜ L'acidité de l'eau, sa pauvreté en minéraux, ainsi que la dureté d'un microclimat froid et humide, ne semblent guère faire des tourbières des lieux propices à la vie. Ce sont pourtant les ultimes refuges d'espèces reliques de l'époque glaciaire : les sphaignes règnent en maître, mais elles cohabitent avec des plantes carnivores telles que la drosera et la grassette, ainsi que d'autres espèces adaptées aux milieux acides, comme la canneberge, la linaigrette ou l'andromède. Côté faune, il n'existe pas à proprement parler d'animaux caractéristiques des tourbières. Ce sont des lieux favorables aux batraciens (grenouilles rousses), aux reptiles ovovivipares (vipère péliade) et bien sûr aux oiseaux telle la bécassine des marais. Des insectes lui sont également spécifiques comme cette petite mouche sans ailes, la tipule, ou ces papillons en voies de disparition : le nacré de la canneberge et le fadet des tourbières.

Sites complémentaires

CÔTE-D'OR

Cirque et Cascade du Bout du Monde (Vauchignon - Nolay)

Résurgence de la Douix (Baulme-la-Roche)

Rivière souterraine de la Bèze (Bèze)

Source pétrifiante et Grotte d'Antheuil (Antheuil)

NIÈVRE

Cascade des Gorges de Narvau (Lormes)

Dolmen naturel de Chevresse (Saint-Brisson)

SAÔNE-ET-LOIRE

Chaos d'Uchon, Griffe du Diable (Uchon)

YONNE

Grotte d'Arcy-sur-Cure (Arcy-sur-Cure)

Pierre percée (Pierre-Perthuis)

Rochers du Saussois (Merry-sur-Yonne)

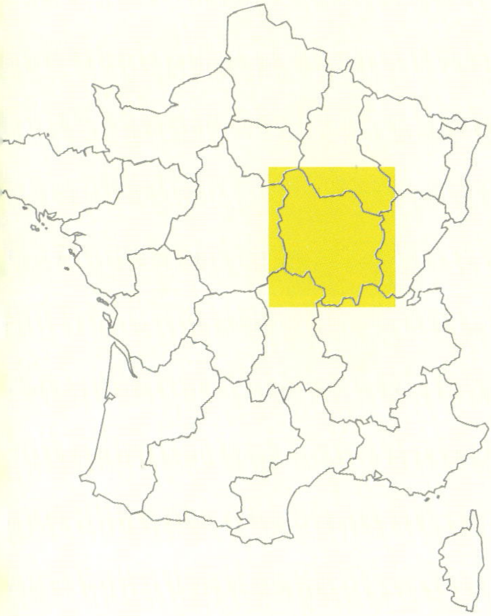

Bourgogne

● **COMITÉ DÉPARTEMENTAL DU TOURISME DE LA NIÈVRE**, 3, RUE DU SORT, 58000 NEVERS, 03 86 36 39 80 ● **COMITÉ DÉPARTEMENTAL DU TOURISME DE SAÔNE-ET-LOIRE**, 389, AV. DE LATTRE DE TASSIGNY, 71000 MACON, 03 85 21 02 20 ● **COMITÉ DÉPARTEMENTAL DU TOURISME DE L'YONNE**, 1-2, QUAI DE LA RÉPUBLIQUE, 89000 AUXERRE, 03 86 72 92 00

CASCADE DE BRISECOU

FOSSE DIONNE

GROTTES D'AZÉ ET BLANOT

ROCHE DE SOLUTRÉ

SAUT DE GOULOUX

Situation *à Couhard, à 2 km d'Autun et à 46 km de Pouilly-en-Auxoi*

Accès *par l'autoroute A 6, sortie Pouilly-en-Auxois (2 Rejoindre Autun par la N 81 puis Couhard par la D 12*

Visite *libre toute l'année.*

Niveau *de F1, pour le petit sentie partant de la route forestière (10 min aller), à F2 depuis Couhar (15 min aller).*

Conseil Photo

Cette cascade est modeste, aussi, pour lui donner un peu plus d'ampl il faut la prendre en gros-plan, de profil, avec une pose lente. Le débi de l'eau paraîtra ai plus fort. Il vous faudra un trépied.

☆☆ La Cascade de Brisecou

Un vrai havre de quiétude

Deux possibilités pour vous rendre sur place : en montant à pied, depuis l'église de Couhard, ou en descendant, sur la D 120 en venant de Broye (chemin forestier sur la droite). Dans les deux cas, un petit sentier suit le cours du ruisseau, sous l'ombre bienfaisante de la forêt de Planoise. ➜ **En quelques minutes,** la Cascade de Brisecou fait entendre son jet continu, de l'autre côté du ruisseau : on y accède via un petit pont. Quoique modeste, on comprend vite pourquoi cette cascade fut ainsi baptisée ; la pente très raide sur laquelle l'eau glisse énergiquement serait un terrain idéal pour se casser le cou ! L'endroit est paisible et vraiment très agréable. Les rochers alentours offrent de curieux chaos plus ou moins massifs, les insectes et les oiseaux semblant apprécier cet environnement où l'eau, la pierre, les mousses, les herbes sauvages et les arbres offrent mille et une cachettes. ➜ **La Cascade de Brisecou** est un site à savourer seul ou en famille et que l'on a curieusement du mal à quitter. Alors, prenez votre temps…

Une mine de charbon ➜ La ville d'Autun est située au cœur d'un bassin, une dépression qui fut à l'époque primaire (il y a 350 MA environ) un vaste lac. À cette époque, le plissement hercynien fait émerger un grand nombre de régions, parmi lesquelles le Morvan, tout proche. Ces régions sont constituées de roches magmatiques, fabriquées dans le manteau supérieur de la terre : les granites. C'est sur ces roches dures et imperméables que s'écoule la Cascade de Brisecou. Le reste de la France (outre le Massif armoricain, le Massif central, les Vosges et les Ardennes) est immergé. La mer relie le Bassin Parisien, au nord, et le Bassin rhodanien au sud par un détroit : le Seuil de Bourgogne.

Les lacs du primaire sont comblés peu à peu par une végétation luxuriante de climat tropical puis recouverts de sédiments alluvionnaires. Après fermentation, cela fournira de la houille et du schiste bitumineux. L'exploitation de ces ressources naturelles permettra le développement industriel de la région. Alentours, les pieds de vignes reposent sur les calcaires, déposés par la mer.

Sur votre chemin ➜ Bourgogne, un nom qui parle à tous les gourmets et amateurs de grands vins. D'un bout à l'autre de la planète, leur réputation n'est plus à faire et leurs mérites plus à vanter. La région est recouverte de 51 000 ha de vignes dont la plupart produisent des vins à appellation d'origine contrôlée. Dans la région d'Autun, le Mercurey produit des vins rouges et blancs de qualité (Givry, Rully…) et les côtes de Beaune d'autres non moins prestigieux (Chassagne-Montrachet, Aloxe-Corton…). Pinot noir pour les vins rouges, Chardonnay pour les vins blancs, les cépages bourguignons sont restés les mêmes depuis le Moyen-Âge.

90 % du Chardonnay français sont plantés en Bourgogne et en Champagne où il entre dans la composition des plus grands millésimes. Il peut produire des vins se gardant 10 ou 20 ans, voire plus, pour un degré alcoolique d'environ 13 %.

⋆⋆La Fosse Dionne *Le bleu des abysses*

Située sur les berges mélancoliques du canal de Bourgogne, la petite ville de Tonnerre dispense, au gré de ses ruelles, tous les charmes d'une région vigneronne. Outre les fragrances du vin, ce sont également celles du mystère qui flottent au-dessus du piton rocheux du Montbellant. Là, jaillit l'énigmatique Fosse Dionne, une source vauclusienne au débit varié mais perpétuel. Ce qui était naguère un marécage a été assaini et aménagé en lavoir en 1758. Aujourd'hui, une agréable coursive couverte permet d'en faire le tour. ➜ **Le bassin de 14 m de diamètre** offre un spectacle hors du commun, en particulier par la coloration naturellement bleu turquoise de ses eaux et l'inquiétant gouffre que l'on devine. Comme toutes les sources de ce type, la Fosse Dionne est l'une des sources de France les plus difficiles à explorer. Ayant eu raison des limites humaines, les dimensions de ses entrailles restent une énigme, les dernières plongées ont permis de descendre à près de 60 m de profondeur dans un boyau de 360 m de long.

Voyage dans les entrailles de la Fosse Dionne ➜ Située dans le département de l'Yonne, on aurait vite fait de la transformer en *Fosse d'Yonne*. Sauf si l'on sait que son nom vient du latin *fons divina*, la fontaine divine. Le mystère n'est donc pas là mais plutôt dans le cheminement souterrain de ses eaux turquoise. Résultat d'un circuit complexe, la source forme une vasque au fond de laquelle certaines lumières du jour permettent de voir le départ d'une galerie de 2,5 m de haut qui s'arrête à 28 m de profondeur sur un étranglement. Après cela, la galerie se poursuit au moins jusqu'à 360 m de l'entrée à 61 m de profondeur. Ses étroitures, ses tourbillons d'argile, la force du courant et sa profondeur empêchent aujourd'hui toute progression. Depuis la mort du dernier plongeur en 1996, les plongées sont interdites. L'eau d'une source attise toujours les rêveries et

les légendes. La Fosse Dionne ne fait pas exception. Les ancêtres tonnerrois racontent encore la légende de l'aumônier et du serpent basilic qui infestait le peuple, ainsi que celle du Petit Pierre et les sous du diable (brochures disponibles à l'office de tourisme).

Sur votre chemin ➜ La réputation internationale des vins de Bourgogne n'est plus à faire. Ils se répartissent sur les quatre départements de la région et le Rhône. Dans l'Yonne, la région de Chablis produit d'excellents vins blancs secs et légers, alors que les coteaux d'Auxerre, plus modestes, donnent principalement des vins rouges et rosés. Le chablis est tiré du cépage chardonnay et se classe selon sa qualité, en Grands Crus, Premiers Crus puis chablis non classés. Les meilleurs, les Grands Crus, sont tirés des coteaux exposés au sud-ouest, dans la vallée du Serein, petite rivière qui traverse Chablis avant de rejoindre l'Yonne. Géographiquement, ces vins sont plus proches de la Champagne que de la Bourgogne. Ils allaient d'ailleurs, au siècle dernier, rejoindre les caves de Reims et d'Épernay. Ils restent classés parmi les plus grands vins blancs du monde, au goût de pierre à fusil.

Situation *à Tonnerre, à 32 km d'Auxerre et 191 km de Paris.*

Accès *par l'autoroute A 6, sortie Auxerre sud. Rejoindre Tonnerre par la N 65 et la D 965.*

Visite *libre toute l'année.*

Niveau *F0, la source est en centre-ville.*

Conseil Photo
Les plus belles photos de cette source se feront sous le soleil (vers midi). Le site est très photogénique mais relativement exigu ; le manque de recul induit l'emploi d'un grand angle. Un des meilleurs points de vue est situé sur la petite terrasse, à gauche de la fosse : de là, on surplombe l'eau et la coursive. Si vous voulez une eau d'un bleu bien turquoise, utilisez un filtre polarisant.

★★★ Les Grottes d'Azé et Blanot

Des grottes à découvrir

Bien que situées à moins de 10 km l'une de l'autre, toutes deux sont très différentes et leurs visites complémentaires. ➜ **C'est en quittant Cluny par la D 15** en direction de Pont-de-Vaux que l'on accède tout d'abord à la grotte d'Azé. Après un petit tour dans son musée riche en fossiles, vous découvrirez le plus important réseau souterrain du Mâconnais (1700 m). Étendue sur trois étages, successivement creusés par la rivière souterraine (encore active sur deux d'entre eux), la Grotte d'Azé allie avec splendeur de belles concrétions à la magie de l'eau formant cascade en fin de parcours. ➜ **En continuant sur la D 15,** en direction de Cluny puis sur la D 146 à droite, la Grotte de Blanot apparaît plus sauvage. D'emblée, le visiteur est saisi par l'ampleur de la première cavité : la vaste salle d'entrée plonge sur 50 m de longueur. La progression dans les entrailles de la grotte se fait par plusieurs séries d'escaliers, menant tous à des salles toujours plus originales. ➜ **La petite Salle Dumoulin** est une véritable géode souterraine qui abrite une colonne de 2,10 m de haut, futile étai qui semble prétentieusement soutenir la voûte. Vous découvrirez également la Salle Rouge dont le plafond est orné de centaines de nodules siliceux et, après elle, la Salle du 6 mai et son gigantesque chaos de blocs.

La Bourgogne souterraine ➜ Mises en place dans les calcaires du jurassique, les deux Grottes se sont développées dans une zone tourmentée faite de panneaux entrecoupés de failles importantes. Ces derniers viennent butter contre les micro-granites du Mont Saint-Romain. La porosité des roches et la densité de la couverture forestière ont transformé ces granites en véritables éponges. Ce colossal château d'eau du Haut-Mâconnais est à l'origine de l'intense activité de cavitation dans les calcaires du jurassique. Des masses d'eau ont déferlé sur les pentes de ce massif, alors très élevé (à l'ère tertiaire), pour emprunter les profondes entailles des gorges et venir

Situation *à 12 km de Cluny, 30 km de Tournus et 40 km de Châlon-sur-Saône.*

Accès *par l'autoroute A 6, sortie Mâcon nord puis suivre la direction Cluny jusqu'aux grottes d'Azé et Blanot.*

Ouvert *du 01/04 au 30/09, visite payante.*

Niveau *F1 pour la grotte d'Azé, F2 pour celle de Blanot qui comporte quelques marches. 1 h de visite chacune.*

creuser les calcaires des deux grottes. La rivière souterraine d'Azé prend sa source sur le flanc est du Mont Saint-Romain. Après un parcours à l'air libre dans la combe de la Verzée, le petit ruisseau s'engouffre brusquement dans le sol au contact des calcaires et réapparaît à Azé, au niveau de la Fontaine de la Balme. La dénivellation de 72 m entre la source et la résurgence a entraîné le creusement de la galerie. Au cours des âges, la rivière s'est enfoncée d'une trentaine de mètres. C'est à la suite de décrochements successifs des différentes galeries que s'est formé le réseau actuel. La Grotte de Blanot s'ouvre, dans les gorges de la Mangette sur le flanc ouest du Mont Saint-Romain. La rivière a déserté la grotte pour disparaître dans les profondeurs du réseau.

Sur votre chemin → Toutes deux à l'intersection des grands axes naturels, les Grottes d'Azé et Blanot ont abrité hommes et animaux. Ossements et outils sont aujourd'hui là pour en témoigner. Dès -400 000 ans apparaissent les premiers humanidés, au milieu des rhinocéros, lions des cavernes, et autres éléphants antiques. Entre -300 000 et -150 000 ans, Azé est le territoire des ours des cavernes. Pendant des millénaires, leurs ossements s'entasseront sur le sol, constituant le plus ancien ossuaire d'ours actuellement visible en Europe. Après l'homme de Neandertal, notre ancêtre direct, l'homme de Cro-Magnon apparaît vers -30 000 ans. Le climat restera pendant longtemps hostile avec une large période glaciaire, et il faudra attendre -9 800 ans pour qu'il redevienne tempéré. Avec lui coïncide l'extinction des mammouths, des grands fauves, tel l'ours des cavernes, et l'adaptation de l'homme à la vie pastorale en plein air.
Aujourd'hui la vie souterraine se perpétue sous la forme d'êtres minuscules, tels les petits crustacés nifargus, quelques collemboles et de très rares chauves-souris, disparues à cause des pollutions.

☆☆☆ La Roche de Solutré *493 m au-dessus des vignes*

Visible des lieues à la ronde, l'illustre promontoire se dresse au milieu des vignes à quelque 493 m d'altitude. Véritable montagne perdue au cœur de la campagne, la Roche de Solutré impose le respect. Érigée là en statue de pierre depuis la nuit des temps, elle semble veiller sur les terres qui s'étendent à ses pieds. ➜ **Depuis le petit parking** du musée de la Préhistoire, le Sentier des Roches, parfois raide, serpente à travers le buis jusqu'au sommet. La promenade est des plus agréables ; Lamartine en a célébré l'harmonie des courbes et des couleurs et après lui François Mitterrand en fit le site le plus politisé de France, chaque dimanche de Pentecôte. ➜ **De là-haut,** le raisin mûrissant sur les terres rouges augure une croissance idyllique et des arômes dignes de la renommée des vins de Bourgogne. Outre la découverte des coteaux du Mâconnais (Pouilly-Fuissé) au nord, et du Beaujolais (Juliènas) au sud, la vue sur 360° permet d'observer la Roche de Vergisson, et, par temps clair, le massif du Jura. Internationalement connue pour son exceptionnel gisement d'ossements et d'outils préhistoriques, la Roche de Solutré est le paradis des passionnés d'archéologie.

Solutré, la roche des sacrifices ➜

Magnifique écaille calcaire jaillissant de terre, la montagne de Solutré est un des nombreux restes de la mer ouverte du secondaire. Déposée à quelque 2 000 m de fond, elle émergea suite à l'affrontement des plaques continentales et la mise en place du massif alpin. L'originalité du site n'est pas là, mais plutôt dans l'extraordinaire gisement qui y fut découvert en 1866. Dans les éboulis situés au pied de la roche, les fouilles ont permis de retrouver des traces du premier chasseur à la sagaie : l'Aurignacien évoluant sur le sol bourguignon il y a plus de 30 000 ans, ainsi qu'un charnier de plus de 100 000 chevaux abattus lors de grandes battues organisées par les Gravettiens il y a 28 000 ans.

Situation *à 9 km de Mâcon, 25 km de Cluny et 45 km de Villefranche-sur-Saône.*

Accès *par la N 6, N 79 ou l'autoroute A 6 sortie Mâcon sud - Solutré, suivre Pouilly-Solutré puis musée de la Préhistoire.*

Visite *libre toute l'année.*

Niveau *de F0 pour la vue depuis la route, à F2 pour le sentier des roches. 90 min aller-retour.*

Les ossements étendus sur près d'un mètre d'épaisseur et plusieurs hectares constituent une couche géologique bien insolite : la brèche d'ossements de Solutré. On a découvert au bas de la roche des chefs-d'œuvre de la taille du silex, autres traces du passage des hommes préhistoriques du paléolithique supérieur. Cette période est d'ailleurs appelée l'âge de la pierre taillée (-22 000 à -17 000 ans).

Sur votre chemin ➜ L'escargot de Bourgogne est une race à part entière, *Helix pomatia* mesure entre 26 et 38 mm et est très recherché pour la qualité de sa chair. Bien plus à leur aise par temps de pluie, c'est durant ces périodes que les escargots rampent de tout leur long sur leur unique pied. À l'abri dans sa coquille, tout le corps de l'escargot a suivi l'enroulement en spirale caractéristique de son espèce, de telle sorte qu'il est le seul animal à avoir l'anus au-dessus de la tête. Comme pour compenser sa faible vélocité, l'animal capte l'environnement extérieur à l'aide de quatre tentacules : les tentacules oculaires qui portent des yeux orientables dans toutes les directions et les tentacules tactiles rétractables en un dixième de seconde. À déguster avec un authentique beurre d'escargot : beurre, ail, persil, échalote, sel et poivre.

Conseil Photo

Si vous le pouvez, attendez le soleil couchant : il donne en plein sur la roche. L'idéal est de photographier Solutré de la route, avec un petit téléobjectif (200 mm) ou un zoom, en cadrant la vigne au pied du rocher.

Situation à 1 km de Gouloux, 11 km du Lac des Settons et 60 km d'Avallon.

Accès par la N 6 depuis Avallon en direction de Beaune. À Saulieu, prendre à droite la D 977bis ve[rs] Montsauche-les-Settons.

Visite libre toute l'année.

Niveau F1, petit sentier accessible à tous. 5 min aller.

Conseil Photo
La chute est très fac[ile] à photographier ; o[n] peut s'en approcher de près, et même monter sur sa berge. Mais il est aussi très intéressant de se pr[o]mener en sous-bois, le long de l'autre torrent que l'on voit depuis la route. Il es[t] ponctué de petites chutes vigoureuses et la forêt a un côté très intime. Allez-y par beau temps pour ne pas être dé[...]

☆☆Le Saut de Gouloux *Dans les eaux vives du Morvan*

Sur la route de Monsauche-les-Settons, une petite pancarte et une aire de stationnement annoncent la proximité du Saut de Gouloux : attention de ne pas confondre ce dernier avec une petite cascade visible depuis la route. ➜ **Le sentier descend en contrebas de la route** et mène en moins de dix minutes près d'une large vasque où les eaux du Caillot tombent en cascade. ➜ **La chute** atteint modestement les 8 m mais l'eau caracolant sur un lit de roche sombre sait y mettre tous les effets pour charmer son public. Elle court rejoindre la Cure puis le tout proche lac des Settons. Les plus acrobates se lanceront à l'assaut de la pierre pour aller admirer la vue depuis le haut, les autres poursuivront plus paresseusement le chemin en sous-bois.

Le Morvan, la terre aux cent rivières ➜ Extrémité nord du Massif central, le Morvan est formé de terrains granitiques qui constituent le socle le plus ancien de la France. Ils datent d'une époque où les continents étaient en formation. Tous unis en un seul, leur séparation entraîna une abondance de phénomènes volcaniques. Les magmas n'atteignant jamais la surface de la terre devenaient granites ; ceux qui y parvenaient se transformaient en coulées de lave et volcans. Le Morvan constituait alors, avec le Massif central, un massif d'altitude bien plus importante qu'aujourd'hui. Usé par l'érosion, puis soulevé à nouveau à l'ère tertiaire par la surrection des Alpes, il n'excède pas 900 m d'altitude. Disloqués par les affrontements continentaux, les granites sont investis, durant l'ère quaternaire, par les eaux et les glaces. Glaciations et déglaciations creusent des vallées, émoussent les reliefs, pour former notre paysage actuel parcouru de 100 rivières dont la Cure, l'Armançon, ou le modeste Caillot qui coule au Gouloux… Les eaux du Morvan ont parfois des vertus curatives : tièdes, sulfurées, arsenicales ou radioactives, elles soignent des maladies respiratoires, l'arthrite et certaines maladies de peau.

Sur votre chemin ➜ Jadis recouvert d'immenses forêts de hêtres et de chênes, le Morvan s'est quelque peu dénudé pour se revêtir d'épicéas et de douglas. Verte toute l'année, la forêt s'est désormais faite plus jurassienne que morvandelle. Ceci ne semble pas porter préjudice à la richesse faunistique et floristique de la Bourgogne, puisque l'on recense 1 566 plantes, 155 espèces d'oiseaux nicheurs et 135 migratrices, ainsi que 50 espèces de mammifères. Vous pouvez ainsi vous adonner à l'affût crépusculaire du blaireau, ou bien à l'écoute nocturne du râle de genêt et de la chouette de Tengmalm. C'est toutefois durant vos promenades diurnes que vous apercevrez le fleuron des sous-bois bourguignons : le sabot de Vénus. Mais attention, on ne touche qu'avec les yeux car cette spectaculaire orchidée est protégée et sa cueillette interdite.

Sites complémentaires

CÔTES-D'ARMOR

Chaos de l'Île Renote (Trégastel)
Gorges du Corong (Saint-Cervais – Guingamp)
Plage des Sables-d'Or-les-Pins (Sables-d'Or-les-Pins)
Rochers de Trébeurden (Trébeurden)
Vallée des Traouïero (Trégastel)

FINISTÈRE

Grottes de Morgat (Morgat)
Pointe de Dinan (Crozon)
Roches du Diable (Meslau-Quimperlé)
Rochers de Brignogan (Brignogan-Plage)
Tourbière de Yeum-Elez (Huelgoat)

ILLE ET VILAINE

Rochers des Couardes (Saint-Germain en Coglès — Fougères)
Rochers sculptés de Rothéneuf (Rothéneuf)
Thuya géant de Vitré (Vitré)
Tourbières du Marais de Parigné (Parigné)
Val sans Retour (Forêt de Paimpont)

MORBIHAN

Aiguilles de Port Coton (Belle-Île-en-Mer)
Gorges de Daoulas (Lac de Guerlédan)
Grotte de Port-Fouquet (Belle-Île-en-Mer)
Grottes marines de Porthos (Belle-Île-en-Mer)
Tourbières de Kerfontaine (Sérent)

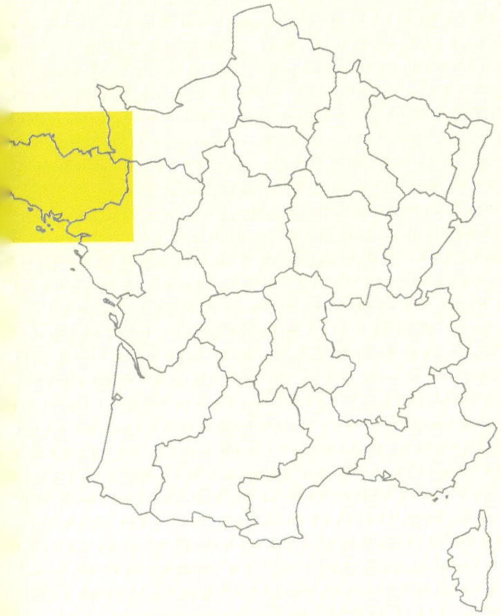

Bretagne

• **COMITÉ DÉPARTEMENTAL DU TOURISME DES CÔTES-D'ARMOR,** 29, RUE DES PROMENADES, 22046 SAINT-BRIEUC CEDEX 02, 02 96 62 72 00 • **COMITÉ DÉPARTEMENTAL DU TOURISME DU FINISTÈRE,** 11, RUE TH. LE HARS, 29104 QUIMPER CEDEX, 02 98 76 20 70 • **COMITÉ DÉPARTEMENTAL DU TOURISME DE L'ILLE-ET-VILAINE,** 4, RUE JEAN JAURÈS, 35060 RENNES CEDEX 03, 02 99 78 47 47

CAP FRÉHEL

CHAOS DE HUELGOAT

MONTS D'ARRÉE

PLAGE DE SAINT-NICOLAS-DES-GLÉNAN

POINTE DU RAZ

ROCHERS DE PLOUMANAC'H

ROCHERS DU SAUT-DE-ROLAND

☆☆☆☆ Le Cap Fréhel

Les illustres falaises rouges de l'Armor breton

La petite ville de Fréhel et son cap, mondialement connu pour sa richesse ornithologique, ne sauraient passer inaperçus. ➜ **La route conduit jusqu'au pied des deux phares,** sur un parking où il faut s'acquitter d'une modeste contribution à l'entretien du site. ➜ **Ensuite,** il faut continuer à pied sur les sentiers de landes où les tapis d'ajoncs d'or et de bruyères mauves se font les prémices d'une beauté grandissante. Soudain la terre s'efface au niveau des falaises rouges plongeant de 70 m dans les eaux bleu turquoise d'une mer sans cesse agitée. ➜ **De nombreux petits sentiers** vertigineux permettent de parcourir les falaises en gradins et de s'imprégner des teintes flamboyantes de ces grands espaces. ➜ **Le panorama** vu du cap est grandiose puisque, par temps clair, la vue porte jusqu'au Cotentin et aux îles Chausey et Bréhat. Plus près se dessinent les tours et donjons du fort la Latte, impressionnant modèle architectural de nos premiers châteaux de sables. Le balai des vagues qui tonnent et déferlent accompagne celui des oiseaux qui nichent sur les îlots de la Fauconnière, deux imposants piliers isolés en mer. À quelques kilomètres à l'ouest une halte s'impose sur la plage de Sable-d'Or-les-Pins, magnifique à marée basse.

Rouge, la couleur de la Bretagne tropicale ➜ La Bretagne n'est pas uniquement constituée de granite. Ces restes témoignent de l'existence d'une très ancienne et très puissante chaîne de montagnes et cohabitent avec des dépôts sédimentaires variés. Dans le cas du Cap Fréhel, édifié dans les grès rouges armoricains, il s'agit de sables déposés il y a près de 400 millions d'années, dans une mer peu profonde. Leur teneur en minerai de fer et en fossiles coquilliers en témoigne aujourd'hui. Suite à une baisse du niveau des mers, imputée à une période glaciaire à la fin du carbonifère, ajoutée à la surrection de cette montagne qui s'étale de la Bretagne aux Vosges, le Massif armoricain se retrouve à tout jamais émergé. Le climat chaud et aride qui suit va

alors pouvoir éroder très activement les couches supérieures du sol. Sous climat tropical, les grès libèrent leur fer et prennent une teinte rouge caractéristique. Ces indications géologiques et climatiques témoignent du déplacement de la Bretagne à la surface du globe et de celui de l'ensemble des cinq continents : fut un temps où la Bretagne était sous les tropiques.

Sur votre chemin → Réputé pour la grandeur de sa nature sauvage et pour les effectifs de sa réserve ornithologique, le Cap Fréhel attire une foule de touristes en quête d'air pur et un grand nombre d'amateurs d'oiseaux. Il faut dire qu'une simple paire de jumelles suffit à contempler un spectacle haut en couleur. La période la plus propice à l'observation est le mois de juin. On suit alors le vol du prestigieux fulmar que l'on confond souvent avec le goéland, celui de la mouette tridactyle nichant dans un nid d'algues, celui du goéland argenté ou bien du cormoran huppé. Plus bas, les anfractuosités abritent des oiseaux plongeurs : le pingouin torda et le guillemot de Troïl. Ces derniers étaient autrement plus abondants autrefois (plusieurs milliers de couples en Bretagne), il n'en reste aujourd'hui que 200 couples.

Situation *à 15 km de Fréhel, 35 km de Dinan et 100 km de Rennes.*

Accès *par la N 137 depuis Rennes, direction Dinan. Dans Dinan, prendre la D 2 jusqu'à Ploubalay puis la route côtière D 786 jusqu'à Fréhel.*

Visite *libre toute l'année.*

Niveau *de F1 à F2, sentier au bord des falaises parfois vertigineux.*

Conseil Photo
Toute la splendeur du site ne se révèle qu'au lever ou au coucher du soleil : c'est lorsque la lumière se fait rasante que la roche du cap devient feu. Si vous savez attendre ce moment, vos photos seront magnifiques. Il faut s'efforcer de descendre un peu par les petits sentiers pour être au pied des parois. Un grand angle est vivement conseillé. Filtre polarisant bienvenu.

Situation à 29 k
de Morlaix, 65 km
de Quimper et 75 k
de Brest.

Accès par la N 12
entre Brest et Renr
sortir à Morlaix po
rejoindre Huelgoat
par la D 769.

Visite libre
toute l'année.

Niveau F1, sentie
accessible à tous
dans le parc duCch
de Huelgoat.
Circuit : 1 h 30.

Conseil Photo

Pour de très belles
images forestières,
il vous faut
un trépied : même
par beau temps, c'e
le seul moyen d'av
une profondeur
de champ maximun
sans risque de bou
Pour que vos photo
ne paraissent pas
« plates » veillez
à avoir un maximu
de plans successifs,
pour bien restituer
l'impression
de profondeur :
adoptez de petites
ouvertures (f19-f22

★★★★ Le Chaos de Huelgoat

Un site magique et mystérieux

Illustre merveille de la Bretagne intérieure, la ville de Huelgoat et son cœur de pierre font partie de ces sites aux charmes singuliers. ➜ **Le sentier** qui parcourt le chaos rocheux débute dans la rue de Berrien, à la sortie du lac. Un panneau en céramique marque l'entrée d'un site légendaire. D'énormes blocs de granite recouverts de mousses y forment un véritable labyrinthe. Mais on ne peut guère s'y perdre, même au sein de ce lieu satanique que l'on appelle la Grotte du Diable : une échelle permet de pénétrer sous les blocs pour apercevoir le torrent dans la pénombre. ➜ **Vous prendrez ensuite l'Allée Violette** longeant la rivière d'Argent, ou bien celle du Ménage de la Vierge où l'imagination populaire reconnaît la première maison de la Vierge. Ne quittez pas les lieux sans avoir tenté de faire osciller la roche tremblante : en vous adossant en un point précis, le bloc d'une centaine de tonnes est censé bouger. Les personnes conquises par la magie pourront poursuivre la découverte du Chaos du Moulin par celle de la Mare aux Sangliers et du Camps d'Artus (en empruntant le sentier des amoureux). ➜ **Le « Gouffre »,** lui, est accessible par un escalier sur le bord de la D 769A en direction de Carhaix (plan disponible à l'office de tourisme).

Dans la légende de Huelgoat ➜

Formé des deux mots bretons *huel* (haut) et *koat* (forêt), le nom Huelgoat signifie Haute Forêt. Il exprime ainsi l'importance militaire de la ville. Ainsi en témoigne le camp gallo-romain dit « Camps d'Artus », utilisé après la conquête romaine par les légions de César. Enclin au rêve et au fantastique, le Pays d'Armor abonde de ces légendes tenaces où la mission des chevaliers de la Table Ronde se confond bien souvent à l'Histoire. À Huelgoat, c'est au Gouffre que l'on situe un épisode important de la légende bretonne. À l'emplacement d'une ancienne défense celte, actuellement baptisé « Le Belvédère », on raconte que le roi Gradlon (VIe siècle) possédait un château. Tout au long de la rivière d'Argent, on pouvait voir, par clair de lune, des fées se baigner. Elles étaient superbes et se coiffaient avec des peignes en or ; le jour, elles se transformaient en affreuses sorcières. La fille du roi Gradlon, appelée Dahut, précipitait ses amants d'une nuit dans le Gouffre. Par grand vent, on entendait leurs cris et leurs plaintes.

Sur votre chemin ➜

Par opposition à l'Armor, le pays de la mer, on désigne la Bretagne intérieure par le terme Argoat. La hauteur des pluies moyennes annuelles y est plus importante, et les températures plus faibles. Ces conditions climatiques et la nature granitique du sol sont favorables à la croissance de chênaies-hêtraies, marquées à Huelgoat par le développement important des mousses et des lichens sur les troncs et les rochers. Les principales essences forestières sont le chêne pédonculé, le chêne sessile, le hêtre, le charme et au niveau du chaos, l'érable (plane et sycomore) et l'alisier torminal. Les blocs rocheux sont riches d'une population de fougères hyménophiles qui passe plus facilement inaperçue mais qui peut toutefois renfermer quelques espèces rares.

★★★ Les Monts d'Arrée

Au sommet de la haute montagne bretonne

Les Monts d'Arrée hérissent leurs pointes acérées sur une cinquantaine de kilomètres. Que ce soit au niveau de la montagne Saint-Michel (380 m) ou du Roc Trévezel (384 m), l'Argoat offre ici un des plus grandioses paysages de Bretagne. C'est près de ce dernier, au kilomètre 17 de la D 785, direction Quimper, qu'un petit chemin parcourt la lande immense et désertique. Pas un arbre, pas une habitation, rien que la nature sauvage rappée par les vents et la roche verdâtre pointée vers le ciel. ➜ **Au plus près du roc** se révèlent d'admirables marbrures blanches aux sinuosités artistiques. En quête de ces arêtes minérales aussi épineuses que les buissons, le « chemin des crêtes » grimpe en quelques minutes au sommet des plus hautes montagnes bretonnes. Leur altitude est très modeste, mais les vents y sont parfois si terribles qu'il faut, dit-on, s'accrocher aux rochers pour ne pas être emporté. Ajoncs jaune d'or du printemps, bruyères mauves du mois de septembre, les Monts d'Arrée savent se parer de fleurs. Le ciel bleu azur et les lumières du couchant achèvent alors le spectacle…

Menez et roc'h bretons ➜ Les deux termes désignent la montagne bretonne. Les altitudes n'y excèdent jamais 400 m, mais c'est pourtant ainsi que l'on nomme la partie centrale de la Bretagne. La succession de mamelons de granite et de grès fut bien plus vertigineuse aux époques primaires, quand la Bretagne était le siège d'une authentique chaîne de montagnes (chaîne hercynienne). Aujourd'hui seules quelques croupes arrondies, ou menez, ont résisté à 500 millions d'années d'usure : Menez-Bré, Menez-Meur, Menez-Hom…
Quelques pointes minérales revendiquent une apparente différence. Elles ont

Situation *à 15 km de Huelgoat, 20 km de Morlaix et 55 km de Brest.*

Accès *par la N 12 entre Brest et Rennes, sortie Morlaix. Traverser les Monts d'Arrée par la D 785 direction Quimper.*

Visite *libre toute l'année.*

Niveau *F1, sentier accessible à tous, 10 min aller. Buissons épineux en-dehors du chemin.*

acquis leur dureté au contact du granite chaud et intrusif dans la croûte bretonne. Ces anciens grès sédimentaires devenus quartzites métamorphiques par cuisson ou schistes par compression, forment dorénavant des massifs hérissés d'aiguilles profilées par les vents, les rocs'h (Roc'h Trévezel, Roc'h Trédudon).

Sur votre chemin ➜ Les Monts d'Arrée sont situés en plein cœur du parc naturel régional d'Armorique, l'un des tout premiers créés en France (septembre 1969). Il s'étend sur 110 000 ha et sa mission est la même que celle de tous les parcs naturels régionaux français : protéger et mettre en valeur le patrimoine culturel et naturel. Pour le côté nature qui nous intéresse, la forêt a presque totalement disparu et le paysage du parc est caractérisé par une lande immense et dénudée, ponctuée de quelques bocages. Une très belle végétation arborée habille les rives des nombreux cours d'eau. L'absence de vastes massifs forestiers induit celle des grands mammifères tels le cerf et le sanglier. Côté rapaces, on y aperçoit parfois le vol du busard Saint-Martin et du busard cendré. À vrai dire si l'on veut vraiment voir quelques animaux, il est plus sûr de se rendre à la Maison du parc de Menez-Meur. Un parc animalier de 420 ha y a été aménagé.

Conseil Photo *Il est très tentant de couper à travers champs pour s'approcher de certains éperons : ne vous y risquez pas, les petits buissons épineux sont de vrais barbelés... Veillez à ne cadrer ni la route ni le relais TV tout proche : ce n'est pas toujours facile.*

Situation à 20 km au large de Concarneau, 22 km de Quimper et à 50 km de Lorient.

Accès par la N 165 entre Brest et Vannes sortie Concarneau.

Traversées d'avril à octobre au départ de Concarneau, Bénodet ou Loctudy (1 h 30 environ).

Niveau F1, tour de l'île accessible à tous. 1 h.

Conseil Photo

Dans ce décor de Caraïbes, la réverbération est très forte : surexposez d'1 IL si vous faites de la diapo. L'idéal est de combiner rochers tâchés de jaune-orangé, sable blanc et mer bleu turquoise : c'est vers la pointe de l'île que vous y parviendrez le mieux. Un filtre polarisant sera le bienvenu.

☆☆☆La Plage de Saint-Nicolas-des-Glénan

Les eaux turquoise d'un archipel de rêve

Ce petit archipel perdu à une vingtaine de kilomètres au large de Concarneau s'éparpille en neuf îles, toutes plus attirantes les unes que les autres. ➜ **Après une traversée de 1 h 30,** le bateau accoste sur l'île Saint-Nicolas, à proximité du vivier. Un sentier permet de faire le tour de l'île en moins d'une heure et d'avoir une vue sur l'ensemble de l'archipel. Dans le sens des aiguilles d'une montre : la petite île de Brunec au nord, l'île de Bananec qui jouxte Saint-Nicolas à marée basse, Cigogne reconnaissable à son fort du XVIIIe siècle, Penfret et son phare au loin, l'île Giautec et sa réserve ornithologique, l'île du Loc'h au sud et enfin Drénec. ➜ **C'est sur la côte exposée plein sud** que se trouve la plus belle plage de Saint-Nicolas. Souvent surpeuplées au plus chaud de l'été, ses eaux turquoise et limpides comme le cristal offrent une vision paradisiaque de la Bretagne hors saison. Ici, le sable fin immaculé qui domine entre quelques blocs épars et émoussés nous transporte dans l'ambiance exotique d'îles plus équatoriales, les palmiers en moins. Dépaysement garanti…

Un sable si blanc ➜ Les Glénan font partie des quelque 800 îles de Bretagne, mais les géographes n'ont jamais réussi à se mettre réellement d'accord sur le nombre exact d'îles au sein même de l'archipel. On parle de neuf îles principales, et d'une dizaine d'autres plus petites disposées en rond autour d'une sorte de mer intérieure appelée « La Chambre ». C'est dans ses eaux turquoise que réside tout le charme des Glénan, véritable métissage de Bretagne et de Pacifique. Cette couleur est due au sable immaculé qui entoure les différents îlots ; il est composé principalement de maërl, bien connu des marins qui l'exploitaient autrefois en engrais minéral. Il s'agit de petits graviers, et pour plus de 80 %, de débris concassés d'une algue rouge encroûtante du genre lithothamniée (du grec *litho* : pierre et de *thamnion* : herbe). Les parois de ces algues sont, en effet, entièrement imprégnées de cristaux de carbonate de calcium (calcaire). Leur thalle, calcifié, présente ainsi la consistance de la pierre.

Sur votre chemin ➜ Les sables des Glénan sont piétinés, l'été, par plus de 2000 visiteurs. Le côté sauvage en est alors cycliquement tourmenté et surtout celui de l'île Saint-Nicolas pourtant proclamée réserve naturelle. Ici croissent naturellement quelques rares genêts et jacinthes ainsi que quelques tamaris plantés récemment. Mais les lattes de châtaigniers de la clôture modifient la flore à une vitesse impressionnante. Ce n'est donc pas sur cette île que vous pourrez admirer le trésor des Glénan. C'est sur Drenec que l'on trouve l'unique plante endémique de l'archipel : le narcisse des Glénan, qu'une haute protection a permis de sauver. On en a dénombré plus de 57 000 pieds en 1993. La cueillette est, bien entendu, totalement interdite. Côté faune, aux dires des pêcheurs, les eaux de l'archipel abritent le requin pèlerin.

Situation à 15 km d'Audierne, 35 km de Quimper e 230 km de Rennes.

Accès par la N 165 de Rennes à Quimpe suivre la direction Douarnenez (D 765) puis rejoindre Audierne et la Pointe du Raz par la D 784.

Visite réglementée toute l'année.

Niveau de F1 pour le sentier menant au sémaphore (10 mi à F3 pour le sentier côtier qui mène à l'extrémité de la Pointe (1 h 30).

Conseil photo
Pourtant magnifique sous la tempête, le beau temps sera plus propice à de belles photos de la Pointe. Suivez le mini-sentie qui longe la côte (pa la gauche) jusqu'à la Pointe, plutôt que le chemin principal : c'e un peu plus long ma moins fréquenté. Vo découvrirez alors d'éblouissants décor et des points de vue très photogéniques.

☆☆☆La Pointe du Raz *Le joyau des Cornouailles*

Indiquée depuis la très séduisante ville d'Audierne, la célèbre Pointe du Raz n'est désormais accessible qu'à pied. Afin de contribuer à la sauvegarde de ce Grand Site National (espace protégé par l'État au titre de patrimoine naturel), les visiteurs motorisés devront s'acquiter d'un droit de parking. **➜ Après un petit tour dans la Maison de la Pointe,** on atteind le sémaphore en 15 min de marche ou en navette (gratuite). Dès lors, la vue est magnifique sur l'éperon rocheux élançant ces récifs à plus de 70 m au-dessus des eaux émeraude de la mer d'Iroise. Sans être réservé à une élite, il faut tout de même être bon marcheur pour emprunter le petit sentier qui parcourt la pointe jusqu'à son extrémité (personnes mal chaussées, accompagnées d'enfant en bas âge ou d'animaux s'abstenir). **➜ Les sentiers vertigineux,** les rampes et autres passages sous-roche font pourtant de cette marche une véritable aventure. Au milieu du Raz de Sein, des courants redoutables battent le phare de Tévennec, véritable trait d'union entre le continent et l'île de Sein. Un site grandiose, véritable défi à l'océan…

La porte océane de l'Occident ➜

Véritable proue du continent européen, celle que les Bretons appellent *Beg ar Raz* est constituée de terrains anciens très durs. Les gneiss, schistes et granites qui la composent datent de l'ère primaire. Ils résultent d'un colossal bouleversement de l'écorce terrestre soumise à l'affrontement violent des plaques continentales : une compression de forte intensité fait alors apparaître une très haute chaîne de montagnes. De ce massif hercynien ne subsistent que quelques lambeaux, principalement le socle du Massif central et le Massif armoricain. Durs et très résistants à l'agression marine, ses terrains forment, à la Pointe du Raz, des myriades de récifs à l'aspect chaotique et une côte semée de gouffres et de grottes. Véritable obstacle à la navigation, le cap est très redouté des marins qui affirment : « Nul n'a passé le Raz sans mal ou sans frayeur ». Et ce n'est certainement pas en accostant que ces rescapés sont sortis d'affaire puisque la légende raconte que des lutins viennent régulièrement se promener ici la nuit. Gare à celui qui aurait l'imprudence de les appeler : ils accourent aussitôt pour se battre…

Sur votre chemin ➜

La plus célèbre des pointes françaises a longtemps souffert de trop de fréquentation. Un équilibre a désormais été trouvé grâce à un aménagement approprié. L'ensemble des falaises nord du Cap Sizun est aujourd'hui classé en réserve botanique et ornithologique. Les hautes falaises sont particulièrement propices à la nidification des oiseaux côtiers tels le pétrel fulmar, la mouette tridactyle, le cormoran huppé ou le guillemot de Troïl. On y trouve également deux espèces terrestres assez rares en Bretagne : le grand corbeau et le crave à bec rouge. Côté flore, certaines plantes ont réussi à s'adapter à des conditions assez rudes, comme la ciste marine ou l'armérie maritime. Les plateaux, quant à eux, sont largement recouverts de lande où dominent la bruyère cendrée et l'ajonc de Le Gall.

Situation *à 4 km de Perros-Guirec, 45 km de Guingamp et 100 km de Brest.*

Accès *par la N 12 entre Brest et Renne sortie Guingamp. Rejoindre Lannion par la D 767, Trégast par la D 11 puis Ploumanac'h par la route côtière D 78*

Visite *libre toute l'année.*

Niveau *de F0 à F1, visible depuis la rou ou depuis le sentier des douaniers. 20 min minimum.*

Conseil Photo
Évitez les week-ends d'été : c'est la cohue L'idéal est quand même qu'il fasse beau. À marée basse n'hésitez pas à marcher au sein même du chaos. Mais surtout, guette les petits bateaux q entrent ou sortent du chenal : avec un zoom, on a l'impression qu'ils passent parmi les rochers. Filtre polarisant bienvenu

☆☆☆☆☆ Les Rochers de Ploumanac'h

La merveille de granite rose

C'est entre Perros-Guirec et Trébeurden que s'étend celle que l'on nomme la Côte de Granite rose, et de façon plus exclusive, la « Corniche Bretonne ». Il faut dire que les rochers qui mordent ici sur la mer comptent parmi les plus admirables et les plus pittoresques de Bretagne. ➜ **La petite ville de Ploumanac'h** est la mieux lotie : la nature a doté sa pointe nord des plus beaux et des plus curieux spécimens. ➜ **Le Sentier des Douaniers** serpente tout le long de la côte, au cœur même de cet environnement minéral d'ocres roses. Bien que fondu dans un chaos aux dimensions impressionnantes, chaque bloc a son unicité et un rôle essentiel dans l'équilibre de l'ensemble. En adoptant des formes évocatrices, certains parviennent même à se faire un nom : la Roche Tremblante, le Diable, le Pied… Magnifique en toutes saisons, le soleil couchant sublime chaque roche de teintes flamboyantes inoubliables.

Bretagne, terre de magma ➜ La Bretagne est la doyenne des terres françaises, puisque les roches qui la composent atteignent par endroits l'âge canonique de 2 milliards d'années. À titre de comparaison, les roches sédimentaires connues datent, pour les plus anciennes, de 600 millions d'années. Cette région garde ainsi les séquelles de l'intense activité qui a agité l'écorce terrestre lors de la séparation des cinq continents. Soumise à d'intenses frictions, la croûte est alors le siège d'événements volcaniques exceptionnels. Au sein de cette croûte tiraillée de toutes parts, le magma remonte des profondeurs du manteau. Souvent bloquées dans son ascension, d'énormes poches se créent et ne verront jamais la surface. Une fois refroidies, elles forment les fameux granites. Pris ensuite dans la surrection de la chaîne hercynienne, ces granites quittent les profondeurs de la terre et subissent pendant des millions d'années l'érosion qui les émoussera en boule.

Sur votre chemin ➜ Au départ de Perros-Guirec, une croisière de 2 h aller-retour permet d'aller observer les oiseaux nichés dans l'archipel des Sept-Îles. Première réserve créée en France, l'archipel est composé de cinq îles principales : Bono est la plus grande et Rouzic la plus célèbre (elle héberge 5 000 couples de fous de Bassan et 350 couples de macareux). Toute l'année, on peut y observer des phoques nageant d'île en île mais ici les maîtres des lieux sont bel et bien les oiseaux. Les premiers goélands sont apparus dès 1915 et représentent aujourd'hui une population de 4 500 couples. On y observe également le prestigieux fulmar, le rare pétrel-tempête, ainsi que le petit pingouin et le guillemot de Troïl. Les marées noires qui touchent la Bretagne régulièrement auront sans doute raison de ces oiseaux plongeurs…

Situation à 10 km de Fougères, 37 km de Laval et 55 km de Rennes.

Accès par l'autoroute A 81, sortie Laval puis par la D 3 direction Fougères.

Visite libre toute l'année.

Niveau de F1 à F2, nombreux sentiers. 30 min minimum.

Conseil Photo
Ce lieu mérite qu'on s'y attarde ; c'est d'ailleurs à cette condition que vous ferez des photos intéressantes. Il faut musarder un peu partout, emprunter tous les petits passages, comme si vous cherchiez un trésor caché là, quelque part dans ces rochers.
Pas besoin de matériel particulier, sinon un grand angle.

⭐ Les Rochers du Saut-de-Roland

Des roches à profusion

Falaises abruptes culminant à 173 m d'altitude, le Saut-de-Roland est le premier espace naturel sensible aux portes de la Bretagne. Sans doute pour ne le réserver qu'aux connaisseurs, aucune pancarte n'indique le site mais c'est depuis Fougères, en empruntant la route de Laval (D 798) qu'on le rejoint le plus aisément. **➜ À 1 km après la sortie de la ville de Dompierre-du-Chemin,** il faut guetter le chemin qui part sur la droite derrière la barrière forestière. Il mène en 5 minutes au pied des premiers rochers. Né de la complicité du granite et de la forêt, ce véritable labyrinthe ruisselle de cette quiétude celtique qui envahit les plus fabuleux paysages bretons. **➜ Dans un enchaînement de promontoires,** de parois encaissées et de flancs rocheux creusés de marches, on rejoint le ruisseau Saint-Blaise, affluent sauvage de la Cantache lui-même affluent de la Vilaine en route pour La Roche-Bernard et la mer. En plus de plaire aux romantiques, les escarpements rocheux du Saut-de-Roland raviront les amateurs d'escalade.

Le Saut Roland, mythes et légendes

➜ Vaillant guerrier défendant l'empire contre l'assaut des Sarrasins et des irréductibles bretons, Roland, neveu de Charlemagne, fut, en récompense, nommé préfet des Marches de Bretagne. On raconte qu'il traversa le site à plusieurs reprises, en sautant avec son cheval les 100 m qui séparaient deux rochers. Son premier saut fut dédié à Dieu, le deuxième à la bonne Vierge et le troisième à sa Dame. Malheureusement, ce dernier lui fut fatal et il s'écrasa au fond du ravin. À cet endroit, une source recouverte d'un gros rocher coule depuis ce jour, goutte à goutte. Appelée Pierre Dégouttante, elle représente la femme inconsolable, pleurant toutes les larmes de son corps. Les croyances bretonnes disent que « quand cette pierre tombera, le jugement viendra ». Plus haut, on voit encore, dans la pierre, les traces de fers à cheval. On n'en aperçoit que la moitié car c'est à ce moment que Roland a glissé…

Sur votre chemin ➜ Les Rochers du Saut-de-Roland abritent une végétation variée, qui offre le gîte et le couvert à une faune non moins intéressante. Versant sud, différentes espèces d'ajoncs et de bruyères, d'herbe à Robert et de molinie bleue contrastent avec les mousses et fougères du versant nord. Par endroits, un boisement de châtaigniers et de chênes pédonculés y forment des sous-bois très agréables où les houx, aubépines, fougères, euphorbes et renoncules trouvent une place de choix. Sur les versants peu exposés à la lumière, ce sont plus facilement les hêtres, les frênes, les saules et les noisetiers qui dominent. Une plante remarquable est présente au Saut-de-Roland : la canche flexueuse, inscrite sur la liste rouge des espèces armoricaines menacées. Bois et fourrés denses accueillent aussi des passereaux comme la mésange, la fauvette à tête noire ou le troglodyte mignon. Nombreuses sont les espèces arboricoles telles les sittelles, grimpereaux, chouettes hulottes, et pics (vert, épeiche, noir).

Sites complémentaires

CHER

Hêtre Buffaut et Chêne de Mollevaux
(Forêt d'Allogny)

EURE-ET-LOIR

Grotte du Foulon (Châteaudun)

LOIRET

Cascade de Niantat (Forêt de Sologne)
Le Gros Chêne et les Cinq Frères (Forêt d'Orléans)
Rochers de Malesherbes (Malesherbes)
Source du Loiret (Olivet)

LOIR-ET-CHER

Grottes pétrifiantes de Troo (Troo)

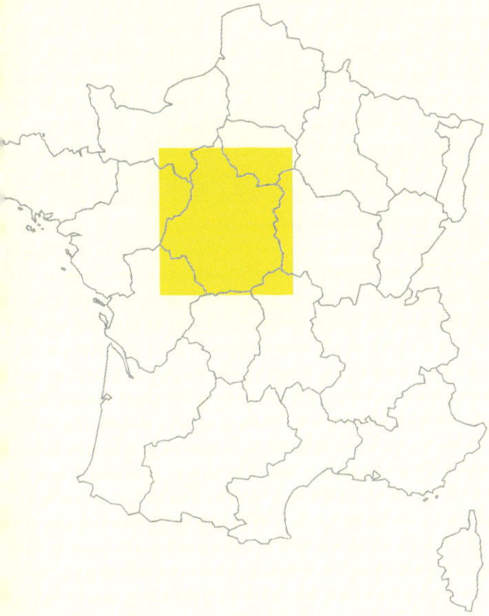

Centre

• **COMITÉ DÉPARTEMENTAL DU TOURISME DE L'INDRE,** 1, RUE SAINT-MARTIN, 36003 CHÂTEAUROUX CEDEX, 02 54 07 36 36 • **COMITÉ DÉPARTEMENTAL DU TOURISME DE L'INDRE-ET-LOIRE,** 9, RUE BUFFIN, 37032 TOURS CEDEX 01, 02 47 31 42 57

ÉTANGS DU GRAND BRUN ET DE LA MER ROUGE

FALAISES DE COURÇAY, EXURGENCE DE LA DOUÉ

GROTTES PÉTRIFIANTES DE SAVONNIÈRES

★★ Les Étangs du Grand-Brun et de la Mer Rouge

Au cœur des « mille étangs » de la Brenne

Dans cette constellation d'étangs, chacun a son charme et il est assez difficile d'en recommander un plutôt qu'un autre. Nous en avons toutefois sélectionné deux, de styles très différents, qui permettent de se plonger dans les plus belles ambiances de la Brenne. Le plus petit des deux, l'Étang du Grand-Brun, que l'on peut observer depuis la petite D 21, est aussi le plus exotique : les quelques souches d'arbres morts qui dépassent de ses eaux argentées évoquent des paysages de mangroves lointaines. Ses rives non aménagées ne se prêtent pas à la marche ; pour cela il vaut mieux rejoindre l'Étang de la Mer Rouge, une dizaine de kilomètres au sud-ouest, par la D 15 en direction de Rosnay. C'est le plus grand étang de la région (10 km de tour) et aussi l'un des plus admirables. Ses allées de chênes, néfliers et merisiers offrent quelques trouées qui permettent de surprendre la vie des oiseaux. Au carrefour de deux larges allées, nous vous recommandons d'emprunter le petit sentier qui longe la rive sud de l'étang puis de faire demi-tour dès qu'il s'écarte trop de la berge.

Chaque étang est une forêt en gestation ➜ Le sol brennou est criblé de trous d'eau. L'appellation « Pays aux mille étangs » est un peu pessimiste ou un peu obsolète puisqu'on y en compte aujourd'hui plus de 1 500. Ce phare de la nature est complètement artificiel : aucun plan d'eau de Brenne n'est naturel. Toutes ces retenues d'eau stagnante avaient pour vocation originelle l'abreuvage des troupeaux et l'élevage des poissons. Aujourd'hui, ces 10 000 ha d'eau font partie de la dizaine de sites de valeur internationale à protéger. Les étangs sont généralement très peu profonds, environ 1,50 à 2 m, exception faite des zones de bonde (point de vidange) où les mouvements d'eau creusent la vase (jusqu'à 8 m de profondeur dans celle de l'Étang de la Mer Rouge). Pas étonnant donc

que beaucoup se retrouvent à sec durant les périodes chaudes. Leur richesse n'est pas éternelle : après une période allant de 10 à 100 ans, la nature finit par reprendre ses droits en réinstallant la forêt sur une terre que l'homme lui avait empruntée.

Sur votre chemin → Concernant la faune et la flore, la Brenne a acquis une grande richesse. Elle lui vaut aujourd'hui d'être reconnue comme zone humide d'importance internationale et parc naturel régional depuis 1989. Sur ses 160 000 ha, ce sont près de 250 espèces d'oiseaux et 900 espèces de plantes qui y ont été recensées. Parmi elles, une orchidée endémique, l'orchidée de Brenne, et une petite tortue d'eau douce, la cistude, sont la fierté des naturalistes brennous. Très peu chassé, l'Étang de la Mer Rouge est, en hiver, l'une des étendues d'eau les plus riches de Brenne sur le plan ornithologique. C'est le refuge le plus apprécié des oiseaux du nord de l'Europe : le harle (bièvre, huppé et piette), la macreuse brune, l'eider à duvet, le plongeon de Scandinavie et bien d'autres. Ces derniers sont assez peu fréquents en France, et les étangs de la Brenne nous offrent par leur qualité les meilleures chances d'observation.

Situation *à 3 km de Vendœuvres pour le Grand-Brun et à Rosnay pour la Mer Rouge. Respectivement à 32 km de Châteauroux et 15 km de Le Blanc.*

Accès *par la D 925 depuis Châteauroux direction Mézières. À Vendœuvres tourner à gauche vers La Caillaudière pour rejoindre la D 21 et l'Étang du Grand Brun ; ou bien continuer jusqu'à Mézières puis rejoindre Rosnay et l'Étang de la Mer Rouge par la D 15 direction Le Blanc.*

Visite *libre toute l'année.*

Niveau *de F0 pour le Grand-Brun à F1 pour la Mer Rouge. 30 min minimum.*

Conseil Photo
Ici, ne comptez pas sur le spectaculaire : tout est dans le regard et le jeu subtil des lumières : priorité au crépuscule et à l'aurore. Ne manquez pas l'énorme chêne sur la rive de l'Étang de la Mer Rouge.

Situation à 20 kr de Loches, 20 km d Tours et 95 km de Poitiers.

Accès par l'autoroute A 10, sortie Chambray - Montbazon (23) puis par la N 143 direction Loches.

Visite libre toute l'année.

Niveau F1, sentie au pied des falaise 1 h 30 aller-retour.

Conseil Photo
Il est bien plus aise de se promener dans ce site que de photographier ; on manque souvent d recul et la végétati cache les falaises blanches. En fait, l ambiances les plus typiques de ce déf sont à prendre prè de la source ; le charme des habitations toute proche et les eaux claires la résurgence méritent bien quelques clichés. Ici, c'est vc sensibilité qui fera la différence.

☆☆ Les Falaises de Courçay, l'Exurgence de la Doué

Balade au-dessus de l'Indre

Si la Touraine est le plus souvent visitée pour ses châteaux et ses vignobles, on oublie parfois de s'attarder sur ses sites naturels. ➜ **Nous vous conseillons une petite marche sur les rives de l'Indre,** là où le sol fait surgir les admirables falaises immaculées de Courcay et libère les eaux pures de la Doué. C'est depuis la place de l'église de Courçay que débute cette promenade haute en relief. ➜ **Parallèlement à la rivière,** une voie résidentielle permet de rejoindre un petit chemin au pied des falaises. Il prend rapidement de la hauteur et surplombe l'Indre. ➜ **Un sentier secondaire** permet d'accéder plus près des parois, au contact même de la roche : il rejoint le chemin principal un peu plus loin. Après quelques beaux points de vue sur l'ensemble du défilé, la gracieuse source de la Doué disperse ses eaux limpides dans un bassin soigneusement entretenu par son propriétaire. D'ailleurs, comme cela est spécifié sur une petite pancarte, ce dernier tolère le passage sur cette partie de sa propriété à condition de ne rien endommager. Le retour se fait par le même chemin.

Dans le lit de l'Indre ➜ Dans la région de Courçay, le lit de l'Indre occupe le fond du synclinal (pli en forme de cuvette) de Champeigne. Après s'être infiltrées dans les calcaires lacustres du crétacé, les eaux se réunissent ici, dans les couches argileuses imperméables. Tout au long du défilé, les eaux sourdent de toutes parts, mais la plus belle exurgence est bien celle de la Doué ; jaillissant sous une voûte mouillante, son débit peut atteindre 50 litres par seconde. Elle va rejoindre l'Indre par une cascade sous laquelle l'eau a pétrifié les mousses pour former un champignon de tuf (propriété privée). En surplomb, les falaises qui atteignent 15 m de hauteur sont formées d'un calcaire compact à bancs de meulière. Parcouru par un réseau karstique relativement important, il est le siège de nombreuses rivières souterraines et de rares grottes, comme celle de Savonnières près de Tours. À leur pied court l'Indre qui s'en va se jeter dans la Loire après un parcours de 183 km à travers le Berry et la Touraine. Le fleuve qui prend sa source dans le Cher est originellement assez puissant ; dans l'Indre-et-Loire, les vallées s'élargissent et le fleuve se calme.

Sur votre chemin ➜ Grande région de pêche, on compte en Touraine pas moins d'une quarantaine d'espèces de poissons. Chacune d'entre elles respecte un certain périmètre ; un découpage de zones se fait en fonction de la qualité et de la température des eaux. Au sortir de la source, là où les dénivelés sont importants, commence la zone piscicole à truites. Vairons, loches franches et chabots l'accompagnent. L'implantation d'étangs à proximité du fleuve apporte des boues fines, des eaux plus chaudes et, avec elles, des perches soleil, des poissons-chats et des chevesnes. Quand la vallée s'élargit, on passe dans la zone à ombres : les goujons, hotus et lamproies apparaissent avant de faire place à la zone à barbeaux (vandoises, perches, rotengles, gardons, brochets…) puis à la zone à brèmes (tanches, carpes, anguilles, sandres…).

☆☆Les Grottes pétrifiantes de Savonnières

Les caves gouttières au cœur de la Touraine

Trouvez le château de Villandry et vous trouverez les Grottes de Savonnières, tous deux reliés, dit-on, par un souterrain. Sous les terres choisies par les rois de France pour y édifier leurs châteaux, elles font partie de ces paysages insoupçonnés du val de Loire. ➜ **La visite commence** dans une première grotte signalée depuis 1547, puis se poursuit dans une deuxième, découverte quatre siècles plus tard ; univers d'ombre et de lumière, on y retrouve d'étincelantes concrétions, des draperies, une magnifique cascade asséchée, des stalactites, et, plus original, un vaste lac (2,5 km) dont la surface est recouverte d'une fine pellicule de calcite. Celui-ci annonce magnifiquement la richesse des Grottes de Savonnières et le pouvoir pétrifiant de ses eaux. La nature est ici une artiste : l'eau ruisselante sculpte des objets, cisèle la calcite au creux des moules en gomme et crée de vrais joyaux (visibles sur place, dans le musée de la Pétrification). ➜ **La visite s'achève** avec une dégustation de vins de Touraine.

Une mine de pierres... à châteaux

➜ C'est sans nul doute en raison de la blancheur de ses roches que les Romains l'ont baptisée ainsi. L'antique Savonnières tire en effet son nom de *saponaria*, nom latin de la saponaire. Plus connues sous le nom des « caves gouttières », les Grottes de Savonnières ont irrésistiblement tenté les rois de France et leurs tailleurs de pierre. C'est de là que provient la pierre de taille appelée « tuffeau », qui permit d'édifier certains des célèbres châteaux du val de Loire. Mise en place à l'ère secondaire au fond de la mer peu profonde dite « des faluns », il s'agit d'une craie sableuse, tendre au moment de son extraction, mais qui durcit au contact de l'air. Les blocs qui

en ont été extraits mesuraient environ 3 m de haut. Après l'arrêt des exploitations, les carrières-caves de Savonnières ont continué de subir l'assaut des eaux d'infiltration. Saturées en bicarbonate, elles se décomposent au contact de l'air et abandonnent leur carbonate insoluble au gré des parois. Le dépôt de calcaire est exceptionnellement rapide dans les Grottes de Savonnières : ailleurs il est de 1 cm par siècle, ici il atteint 1 cm par an.

Sur votre chemin → Il serait dommage de passer si près du château de Villandry sans aller visiter son exceptionnel jardin potager. Mondialement célèbre, il est organisé en 9 carrés dans lesquels se répartissent 45 000 plants. Deux plantations y sont faites dans l'année, l'une en mars, l'autre en juin. Ces dernières relèvent d'une grande intelligence paysagère et botanique ainsi que de beaucoup de sensibilité. Aussi, si vous avez l'occasion de passer et de repasser à Villandry, vous ne retrouverez que tous les trois ans les mêmes agencements de plans. Ainsi, tomates et poireaux, betteraves et céleris forment avec beaucoup d'autres un ballet légumier unique en France et en Europe.

Situation *à 1 km du Château de Villandry, 14 km de Tours et 100 km d'Angers.*

Accès *par l'autoroute A 10, sortie Saint-Avertin (22) et suivre Villandry par la D 7.*

Ouvert *du 6/02 au 20/12. Visite payante.*

Niveau *F1, visite accessible à tous, 1 h environ. Dégustation de vin.*

Sites complémentaires

ARDENNES

Dames de Meuses (Laifour)

Grottes de Nichet (Fromelennes)

Roche à Sept Heures (Monthermé)

Roche de Laifour (Laifour)

AUBE

Fontaine aux Oiseaux (Forêt d'Orient)

MARNE

Hêtres Tortillards (Forêt de la Traconne)

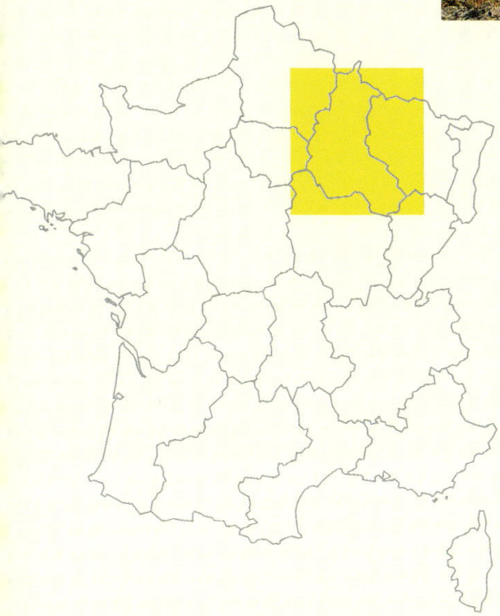

Champagne-Ardenne

• **COMITÉ DÉPARTEMENTAL DU TOURISME DE LA CHAMPAGNE-ARDENNE,** 5, RUE JÉRICHO, 51013 CHÂLONS-EN-CHAMPAGNE CEDEX, 03 26 70 31 28 • **COMITÉ DÉPARTEMENTAL DU TOURISME DE LA MARNE,** 13 BIS, RUE CARNOT, 51006 CHÂLONS-EN-CHAMPAGNE CEDEX, 03 26 68 37 52 • **COMITÉ DÉPARTEMENTAL DU TOURISME ET DU THERMALISME DE LA HAUTE-MARNE,** 40 BIS, AV. FOCH, 52000 CHAUMONT-SUR-MARNE, 03 25 30 39 00

⋆⋆La Cascade d'Étufs

Une cascade pétrifiante à ciel ouv

Peu après le petit village de Rouvres-sur-Aube, un parking annonce la proximité de la plus belle cascade pétrifiante de la région. C'est au bout d'une large allée bordée d'arbres centenaires qu'elle se dévoile à ses visiteurs. La proximité d'une propriété privée donne un peu l'impression de « rentrer chez les gens » mais le site est bel et bien public. Fragile édifice de mousse pétrifiée, la Cascade est encerclée d'un grillage protecteur ; le court sentier qui le longe permet tout de même d'admirer les couleurs et les formes. Ici, la Cascade semble principalement végétale. Pourtant omniprésente, l'eau s'y fait parfois des plus discrètes en serpentant dans les digitations moussues comme dans une éponge. Ses ruissellements en perdent leur écho si bien qu'il faut tendre l'oreille pour l'entendre chanter les multiples cascatelles. Si pure et si limpide, on la devine bien plus qu'on ne la voit dans ces vasques en gradins qui font toute l'élégance de l'édifice. L'atmosphère ouatée qui s'en dégage en fait un site très agréable et assez inhabituel. Ne quittez pas Rouvres-sur-Aube sans jeter un œil à ce tilleul multicentenaire aux dimensions impressionnantes (7 m de tour de taille !).

Le plateau de Langres → Cette immense table calcaire de la Champagne crayeuse prolonge les terrains de la Bourgogne et achève le Bassin Parisien au sud-est. Les terrains ont été déposés au fond de la mer chaude du Jurassique. Les épaisseurs déposées ont été colossales et les hauts reliefs de ce vaste plateau soumis à des millions d'années d'érosion sont là pour en témoigner. Sources, cascades pétrifiantes et grottes constituent le modèle karstique de la Champagne : c'est le nom que l'on donne aux paysages calcaires modelés par l'eau. La roche calcaire, bien que massive et compacte en apparence, devient, dès qu'elle est fracturée par les compressions de la croûte

terrestre, extrêmement perméable : ainsi, le plateau de Langres est l'un des plus importants réservoirs d'eaux phréatiques de France. C'est après un long cheminement souterrain que l'eau se charge en carbonates et qu'elle les restitue en ressortant à l'air libre. Au niveau de la Cascade d'Étufs, ces derniers se sont fixés à la mousse pour créer d'admirables vasques.

Sur votre chemin → Dans cette région de Barrois et Montagne, les vastes forêts ne manquent pas pour découvrir cerfs, chevreuils et sangliers. Véritable paradis des randonneurs et des amoureux de la nature, les rives de l'Aube et de l'Aujon sont également des endroits enchanteurs où l'on peut s'émerveiller de l'authenticité de la Haute-Marne. Nous conseillons aux naturalistes en herbe de partir à l'aventure sur le marais de Chalmessin : ce site classé réserve naturelle abrite une diversité de paysages et d'espèces exceptionnelle. Le long d'un sentier balisé, jalonné de panneaux explicatifs, on y rencontre des espèces originaires du sud comme des plantes aromatiques et des espèces montagnardes telle l'aconit casque de Jupiter.

Situation
à Rouvres-sur-Aube, à 16 km d'Auberive et à 33 km de Chaumont.

Accès
par l'autoroute A 31, sortie Langres Sud, rejoindre Auberive par la D 428 puis Rouvres par la D 20.

Visite *libre toute l'année.*

Niveau
F0, une courte allée mène au site.
5 min.

Conseil Photo
Ces cascades sont entourées de barrières : compensez ce handicap par l'utilisation d'un zoom ou d'un téléobjectif (200 à 300 mm) pour isoler des détails. Le vert intense de la mousse sera particulièrement flatteur après une averse ou par temps humide.

★★★ La Cascade de la Tuffière

L'incroyable allianc du végétal et du minéral

Concurrente directe de la Cascade d'Étuf, celle de la Tuffière n'a rien à envier à sa rivale. ➜ **Très bien indiquée depuis le village de Rolampont** et remarquablement aménagée, elle aurait même notre préférence. Ses larges sentiers, ses escaliers, ses plates-formes d'observation et ses panneaux pédagogiques permettent l'une des plus agréables promenades de Haute-Marne. ➜ **C'est dans un site forestier soigné** que les eaux de la Tuffière font des prouesses en ruisselant le long de gradins mi-roche mi-mousse. Cristallines, elles trouvent ici une place de choix aux creux de larges vasques superposées en gradins et s'écoulent avec patience au gré de multiples cascades. ➜ **À la Tuffière,** le temps semble s'arrêter, la douce pénombre qui baigne le site ne fait que renforcer la quiétude qui en émane. L'eau est le plus grand artiste de cette œuvre, mais les coussinets de mousses et autres touffes d'herbes luxuriantes y sont également pour beaucoup. Si vous désirez vous attarder un peu plus longtemps, suivez le petit sentier menant à la source…

La formation du tuf ➜ La recette est simple : de l'eau, de l'air, du calcaire et des mousses. L'eau de pluie, au contact de l'atmosphère, se charge en CO_2 ; originellement neutre, elle devient acide et modifie en tombant sur le sol tous les minéraux qu'elle rencontre. Au contact du calcaire, elle se charge en carbonates dissous. Confluant en rivières et parfois, comme ici, en cascades, c'est au contact de la végétation que se poursuit l'ultime étape. Les mousses ont à la fois besoin de lumière et de CO_2 pour réaliser leur photosynthèse : le soleil fournit la première et l'eau apporte le gaz dissous. C'est une fois déchargée de son dioxyde de carbone (CO_2) que l'eau restitue son carbonate en encroûtant les mousses au passage.

Situation *à Rolampont, à 14 km de Langres et à 22 km de Chaumont.*

Accès *par l'autoroute A 31, sortie Langres nord (7) et prendre la N 19 direction Chaumont. Rejoindre Rolampont par la D 1, continuer sur la D 254 et suivre les panneaux.*

Visite *libre toute l'année.*

Niveau *de F1 à F2, sentier très bien aménagé (marches, rampes, panneaux). 1 h minimum.*

Conseil Photo

Le site est largement à l'ombre : prévoyez du 200 ISO. Bien qu'entourée de barrières, la Tuffière reste très bien visible ; utilisez cependant un zoom pour les plans rapprochés. Ici aussi la pluie rendra le site encore plus brillant et vert. Faites bien le tour complet de la Tuffière, cela en vaut la peine.

Sur votre chemin → La Haute-Marne est surnommée la « Terre aux orchidées ». Ces fleurs que l'on associe souvent aux destinations exotiques foisonnent dans ce département champenois. Au total, ce sont plus de 40 espèces différentes dont la plus mythique et la plus fragile, le sabot de Vénus avec sa gorge jaune et ses pétales carmin. La plus originale reste l'orchis bouc, avec sa désagréable odeur de... pieds et la palme de la ruse revient aux ophris qui se parent d'un déguisement pour attirer les insectes, et assurer ainsi leur fécondation. Toutes ces plantes sont très fragiles et ne supporteraient pas d'être cueillies : certaines sont d'ailleurs protégées par décret (cueillette interdite).

☆ Le Cul du Cerf

Le plus vaste éboulis actif de la plaine française

À proximité immédiate de la route, le Cul du Cerf ne saurait passer inaperçu. ➜ **L'endroit est impressionnant.** Ici, l'horizon s'efface et plonge subitement dans les profondeurs d'un vaste gouffre de 200 m de diamètre et 65 m de profondeur. On pourrait tout aussi bien le prendre pour un gigantesque tire de mine ou pour une ancienne carrière à ciel ouvert. Mais le site est naturel et c'est là toute son originalité. ➜ **Les parois sont de véritables tapis mouvants,** attirant inexorablement le sol vers ses profondeurs. Quelques pas pour s'approcher de l'entonnoir suffiront à s'en rendre compte, l'endroit est vertigineux de tant d'instabilité. ➜ **Un chemin aménagé** de marches en rondins permet de rejoindre lentement le fond du « cratère » et sa rivière souvent à sec. ➜ **Une fois arrivé en bas,** le spectacle n'est pas ordinaire : au pied du vaste amphithéâtre, là où la coulée se fait plus sombre et plus moussue, l'orifice de la source temporaire de la Manoise est dissimulé. Quand elle ne coule pas, la roche fraîche et l'air qui s'en échappe trahissent les entrailles souterraines de son lit : 70 m de circulation souterraine… Face à ces abîmes cachés, le vertige pousse alors souvent à remonter illico presto. Courage !

Dans les entrailles du Cul du Cerf

➜ Cette vaste région champenoise fait partie de l'imposante structure du Bassin Parisien : un empilement parfaitement horizontal alternant des couches de calcaire et d'argile. Ces dernières sont parcourues par un grand nombre de cours d'eau qui trouvent là un terrain très propice aux déambulations souterraines. Au Cul du Cerf, c'est la Manoise qui sourd et jaillit en accidentant le terrain. En effet, en s'écoulant à travers une couche de calcaire perméable puis sur

une couche argileuse imperméable, la Manoise a grignoté son substrat jusqu'à creuser une voûte. Mais un beau jour, cette dernière devenue trop fine s'est affaissée pour former la large dépression que nous observons aujourd'hui et l'un des plus vastes éboulis actifs français.

Sur votre chemin → La Haute-Marne est un lieu d'accueil privilégié pour les oiseaux : si vous êtes pour plusieurs jours dans le département nous vous conseillons d'aller jusqu'au lac du Der-Chantecoq, où l'on en recense quelque 270 espèces. Le lac constitue une escale pour 30 à 70 % des oiseaux migrateurs. En octobre, ce sont plus de 40 000 grues cendrées, parties de Suède, qui y font une halte afin d'aller passer l'hiver en territoire espagnol. Elles repartiront avant la fin du mois et repasseront plus brièvement au printemps lors de leur retour.
Pour plus d'informations sur le site et les visites accompagnées, vous pouvez consulter la Maison de l'Oiseau et du Poisson à Outines, où un espace d'initiation et de découverte des milieux naturels du Der vous y attend.

Situation *à Orquevaux, à 33 km de Chaumont et à 35 km de Langres.*

Accès *par la N 74 entre Chaumont et Neufchâteau puis par la D 16 Saint-Blin-Semilly vers Orquevaux.*

Visite *libre toute l'année.*

Niveau *de F1 pour le point de vue depuis le parking à F3 pour la descente au Cul du Cerf.*

Conseil Photo
La tentation est grande de se risquer sur les pentes du site pour mieux le photographier : faites très attention, c'est un vrai toboggan et la glissade peut être longue et douloureuse. Il est plus sage de descendre par le sentier et de faire quelques clichés, vus d'en bas. Depuis le haut, le cratère est trop vaste pour tenir dans le viseur.

Situation *à 15 km de Reims, 3 km de Châlons-en-Champagne, 155 km de Paris.*

Accès *par l'autoroute A 4 sortie Reims- Cormontreui[l] puis suivre Châlons par la N 44. Après 12 km prendr[e] à droite la D 34 jusqu'à Verzy, suivre « les Faux ».*

Visite *libre toute l'année.*

Niveau *F1, sentier flèché. 15 min aller.*

Conseil Photo
Les Faux sont entou[-] rés de barrières et leur feuillage est dense : pas facile d[e] photographier leur[s] branches noueuses. Quelques arbres offrent néanmoins un bon angle. Pour [de] bonnes photos il v[ous] faudra un objectif grand angle, un fla[sh] ou un pied. Baissez[-] vous et prenez-les par-dessous, comm[e] des parasols.

☆☆☆☆ Les Faux de Verzy

Première réserve mondiale de hêtres tortillards

C'est après avoir traversé les prestigieuses vignes de Champagne et le petit village de Verzy que la route s'élève en direction des Faux. ➜ **Après avoir garé votre véhicule au parking aménagé,** le sentier de découverte des mystérieux hêtres débute après la barrière forestière, sur la route goudronnée. Certains spécimens sont visibles dès le premier virage (à droite). ➜ **Ensuite,** un large fossé en limite volontairement l'accès, pour aboutir enfin à la principale aire de vision aménagée. ➜ **Le parcours s'étale sur 8 km,** mais nul n'est besoin de faire la totalité du circuit pour se laisser impressionner par les contorsions des troncs et des branches, tels des tentacules figées dans leur mobilité, ou bien encore des tire-bouchons naturels en pleine croissance. ➜ **La forêt de la Montagne de Reims** est aussi fragile qu'insolite : le tassement de la terre par piétinement asphyxie les racines et porte atteinte à la longévité des Faux ; pour cela il est recommandé de ne pas pénétrer sous les arbres et de rester derrière les barrières.

Des hêtres qui se « tortillent » ➜

« Fau » vient du latin *fagus* et désigne une forme d'arbre aux contorsions multiples et inhabituelles. Magie des formes végétales, véritables parasols de verdure, les faux ont alimenté bien des légendes. Les arbres « monstrueux » aux troncs faits de genoux et de coudes désarticulés ont soulevé d'autant plus d'énigmes qu'ils se sont implantés dans les anciens jardins des moines de l'abbaye bénédictine de Saint-Basles : malédictions divines et sorcellerie ont fait place à des explications plus scientifiques mais pas toujours fondées. On mit en cause la teneur élevée du sol en fer ainsi que le passage d'une rivière souterraine, mais bien que l'incertitude demeure encore, on préfère actuellement retenir la thèse de la mutation génétique par un virus, une bactérie ou bien encore… une météorite radioactive. Malgré bien des hypothèses le mystère reste entier. Les hêtres communs atteignent une hauteur voisine d'une trentaine de mètres mais les Faux ne dépassent jamais la dizaine de mètres, condensant leur feuillage en une sorte de parasol.

Sur votre chemin ➜

Les Faux sont la plupart du temps des hêtres, mais les chênes et les châtaigniers peuvent être, dans des proportions bien moindres, touchés par la déformation. Vous pourrez admirer le très beau chêne fau qui s'élève près du Hêtre de Saint-Basles sur le sentier qui s'échappe sur la droite de la route goudronnée en arrivant près de la grande pépinière. Les Faux ne sont pas les seuls « monstres » qu'abrite la forêt. En empruntant le sentier de la Forêt Royale et en vous enfonçant en sous-bois dès l'arrivée de l'automne, vous ne manquerez pas de tomber sur le troisième trésor après les Faux et le champagne : des cèpes de Bordeaux aux chapeaux mesurant en moyenne 20 cm de diamètre !

☆Les Gorges de la Vingeanne

Canyon du plateau de Langres

« Austère pays que ce plateau de Langres », entend-on bien souvent. Isolé aux confins de la Champagne, il est en effet des plus sévères mais aussi des plus féconds en eaux vives. ➜ **La Vingeanne** n'a jamais eu l'ambition des grands fleuves mais ses gorges conservent un rien de mystère. L'endroit n'est pas aisé à trouver : on y accède soit par la D 141 entre Aprey et Aujeurres en guettant le petit sentier de randonnée marqué « Aprey 4 km », soit par le petit village de Villiers-lès-Aprey, en empruntant le chemin de terre qui conduit à travers champs vers un massif forestier. ➜ **Une pancarte** indique enfin, entre les parcelles 116 et 117, les « Sources de la Vingeanne : 0,5 km ». Ensuite, il suffit de suivre le balisage rouge. Ici, point de hautes falaises : la roche forme des aplombs n'excédant pas une dizaine de mètres, mais l'originalité est ailleurs. On se croirait dans les dédales d'un vieux temple aztèque. La pénombre des sous-bois, la végétation luxuriante des parois, le calme serein… tout y appelle au dépaysement. Plus loin, le silence est doucement rompu par les clapotis de la Vingeanne sortant de terre.

Haute-Marne, capitale sourcière

➜ C'est à l'extrémité est du Bassin Parisien que s'étend la Champagne. Champagne crayeuse ou humide, Barrois ou plateau de Langres, ses terrains sont tous nés de la mer. C'est durant les ères secondaire et tertiaire (-65 à -2 MA) qu'une épaisseur colossale de sédiments va se déposer : calcaires, sables et argiles s'empilent en auréoles concentriques (comme une pile d'assiettes). Les couches calcaires donneront naissance à des plateaux tels que celui de Langres, s'élevant à plus de 500 m d'altitude et quelques chapes isolées comme celle

Situation *à Aprey, à 18 km de Langres et à 60 km de Dijon.*

Accès *par l'autoroute A 31, sortie Langres sud (6). Prendre la D 428 en direction de Langres puis tourner à droite sur la D 141 jusqu'à Aprey.*

Visite *libre toute l'année.*

Niveau *F1, promenade en forêt balisée en rouge. 1 h minimum aller-retour.*

de la Vingeanne. Surmontant une puissante couche d'argiles imperméables, ces plateaux sont d'intarissables réservoirs d'eaux phréatiques. C'est dans leurs galeries souterraines qu'un grand nombre de grands fleuves prennent leur source : tels la Seine, la Meuse, l'Aube, la Marne, quelques affluents de la Saône, issus du Plateau de Langre.

Sur votre chemin ➜ Entre les différents massifs forestiers haut-marnais encore en place, les pelouses rases et les broussailles présentent ailleurs tous les stades de la dynamique préforestière. En outre, avec l'altitude relativement importante de certains plateaux, la Haute-Marne s'enorgueillit de quelques espèces intéressantes. Ainsi, on y compte quelque trente espèces rares et en voie de disparition. Dix sont protégées par décret, dont le crépi rouge, le sabot de Vénus, le theson des Alpes, la gentiane jaune ou le céphalanthère rouge. Côté faune, quelques oiseaux remarquables investissent le département mais restent relativement difficiles à observer. C'est le cas du pouillot siffleur, du pic (cendré et noir), du cincle plongeur près des rivières et du milan royal. Les anfractuosités rocheuses des sous-bois hébergent également quelques chauves-souris dont le murin à moustaches.

Conseil Photo *Les Gorges sont sombres : prévoyez 200 ISO au moins. Pour de belles photos des petites falaises avec les exubérantes scolopendres en premier plan, l'idéal est d'avoir un trépied et d'adopter une petite ouverture (f22) : faites la mise au point sur le premier plan.*

Situation *à 5 km de Monthermé, 28 k de Charleville-Mézières et 15 km de la frontière belge*

Accès *par la D 989 depuis Charleville-Mézières, jusqu'à Monthermé puis la D 31 vers Le Roc.*

Visite *libre toute l'année.*

Niveau *F1, un sentier accessible à tous mène en 5 m au Roc.*

Conseil Photo
Ce site prend une toute autre dimension lorsque le beau temps succè à la pluie : l'évapora-tion fait monter une brume du fond de la vallée qui arriv au pied des rochers on se croirait en Écosse... Si vous n'avez pas l'opportu-nité d'attendre un t moment, choisissez la fin de journée pour faire vos phot

★★★ Le Roc de la Tour *Des fantômes de pierre*

Situé à quelques kilomètres de la rive droite de la Meuse, c'est depuis la séduisante vieille ville de Monthermé qu'une petite pancarte indique le chemin du Roc de la Tour. Après quelque 5 km de montée sur une petite route forestière, une large allée s'ouvre sur la droite. ➜ **C'est le départ d'un chemin de grande randonnée (GR)** qui mène à un vertigineux promontoire dominant la vallée de la Semoy. Après avoir admiré le point de vue sur l'enfilade des vallées, les rochers qui ont donné leur nom au site apparaissent sur la gauche : il s'agit de deux colonnes démantelées, se tenant mutuellement en équilibre, on ne sait ni comment ni pour combien de temps. Les deux monuments surplombent, outre la forêt de sapins, un gigantesque chaos de rochers que les plus hardis pourront parcourir de bloc en bloc. ➜ **Au Roc de la Tour,** c'est sans nul doute au soleil couchant que l'ambiance est la plus magique, quand les rochers prennent des allures fantomatiques et qu'à l'horizon se dessinent, dans une légère brume, les masses arrondies de l'Ardenne.

Les Ardennes au cœur de l'histoire

➜ L'Ardenne, région naturelle, s'étend principalement sur le sud-est de la Belgique et le Luxembourg, n'occupant en France que le nord du département des Ardennes. Le massif de l'Ardenne est un ancien relief montagnard aplani par une longue érosion, mais accidenté, en France, par des vallées telles que la Semois (ou Semoy) et la Meuse. C'est un territoire-frontière, dont vallons et forêts constituaient une ancienne Marche du royaume de France. Sa position stratégique l'inscrivit très vite dans l'histoire. Nombreuses sont les fortifications qui témoignent encore de luttes sanglantes. La place forte de Rocroi, toujours debout, évoque la victoire du duc d'Enghien contre les Espagnols en 1643 et la lutte de 45 jours de siège prussien en 1815. Mézières (unie à Charleville en 1966), dont le latin *maceriae* signifie muraille, n'en a hélas conservé que peu de vestiges : jadis fief des comtes de Rethel, elle vit les exploits du chevalier Bayard, résistant à 28 jours de siège contre les Impériaux. Mais la cité ploya sous les bombardements des Prussiens en 1815. Il faudra attendre la IVe République pour que naissent les régions : les Ardennes, la Marne, la Haute-Marne et l'Aube forment alors la Champagne-Ardenne.

Sur votre chemin ➜ Sur les hauteurs de la Meuse, nombreux sont ces roches et rochers affublés de noms que seules la légende et l'Histoire peuvent expliquer. Tout proche du Roc de la Tour, on trouve les deux roches surplombant Monthermé : La Longue Roche et la Roche à Sept heures. En prenant la direction de Thilay, on accède à la Roche aux Corpias, puis vers Nouzonville aux Rochers des Grands Ducs. Sans oublier les célèbres Dames de Meuse, vers Revin. Mais les plus légendaires restent les Rochers des Quatre Fils Aymon, du nom de ces quatre chevaliers qui, avec leur cheval Bayard, luttèrent contre les troupes de Charlemagne.

Sites complémentaires

Arche de Padule (Gorges du Tavignano, Corte)
Cascade de Ghjancu (Ravin de Spurtellu, Evisa)
Cascade de Piscia di Gallo (Forêt de l'Ospédale, Zonza)
Cascade de Rivetu (Ravin de Fiumicelli, Solenzara)
Cascades de Bavella (Zonza)
Pozzines du Lac de Nino (Monte Tozzo, Evisa)
Sentier des Falaises de Bonifacio (Bonifacio)
Vasques de la Richiusa (Bocognano)

Corse

• **AGENCE DU TOURISME DE LA CORSE,** 17, BD ROI JÉRÔME, BP 19, 20176 AJACCIO CEDEX, 04 95 51 77 77

CALANCHE DE PIANA

POZZINES DU PLATEAU DE COSCIONE

★★★★★ Les *Calanche* de Piana

Les falaises rouges du Golfe de Porto

Depuis Ajaccio ou Calvi, il faut compter 1 h 30 de voiture pour rejoindre le Golfe de Porto et ses fameuses *Calanche*. Classé d'intérêt mondial par l'UNESCO, le site est bel et bien à la hauteur de sa renommée. ➜ **C'est tout d'abord depuis la route côtière,** entre Porto et Piana (D 81) que les Calanche se révéleront aux visiteurs motorisés : lacet après lacet, le paysage ne cesse d'émerveiller par ses couleurs et ses formes. Ici, quand les aiguilles et les *tafoni* (concavités creusées par le vent et l'eau) de granite rouge se détachent sur un fond de ciel bleu, le spectacle est inoubliable. Pour se plonger plus encore dans ce décor de rêve, de nombreux sentiers sillonnent les *Calanche* de Piana. ➜ **Nous vous conseillons deux randonnées d'1 heure** (passez prendre le plan à l'office du tourisme de Piana) : celle de l'ancien sentier muletier aussi appelé « Sentier de Piana à Ota » et celle de la « Tête de Chien ». ➜ **La première,** qui débute côté montagne, après le pont de Mezzanu (balisage orange), est remarquable pour les magnifiques points de vue qu'elle offre depuis les crêtes ; une partie de la randonnée s'effectue sur un chemin dallé, soutenu par un admirable mur de pierres sèches. ➜ **La seconde,** plus bas, côté mer sur la route de Porto, mène au « Château Fort » (balisage bleu), un belvédère surplombant la mer où il fait bon s'attarder au coucher du soleil. Un site d'exception à découvrir absolument…

Les *Calanche* chères à Maupassant

➜ Qui d'autre mieux que lui a su évoquer leur beauté ? Quelques lignes suffisent à nous donner envie de partir dans l'instant pour l'île de Beauté : « Je m'arrêtais d'abord stupéfait devant ces étonnants rochers de granite rose, hauts de quatre cents mètres, étranges, torturés, courbés, rongés par le temps, sanglants sous les derniers feux du crépuscule et prenant toutes les formes comme un peuple fantastique de contes féeriques, pétrifié par quelque pouvoir surnaturel. J'aperçus alternativement deux moines debout,

Situation *à 12 km de Porto, 72 km d'Ajaccio et 73 km de Calvi.*

Accès *par la N 194 depuis Ajaccio ou par la N 197 depuis Calvi, puis la D 81 jusqu'à Piana.*

Visite *libre toute l'année.*

Niveau *de F0 pour la vue depuis la route à F2 pour les différents sentiers. 1 h minimum. Prévoir de l'eau et de bonnes chaussures de randonnée.*

Conseil Photo *On ne sait où donner de la tête tant le site est magnifique et diversifié. Prévoyez assez de pellicules ! Ne manquez pas le coucher de soleil qui rend les roches rouge sang. Si vous avez un peu de temps, promenez-vous sur le chemin muletier : les points de vue sont superbes. Quoiqu'il en soit, garez votre voiture à l'entrée des calanques et faites la route à pied.*

d'une taille gigantesque ; un évêque assis, crosse en main, mitre en tête ; de prodigieuses figures, un lion accroupi au bord de la route, une femme allaitant son enfant et une tête de diable curieuse, cornue, grimaçante, gardienne sans doute de cette foule emprisonnée en des corps de pierre ».

De quoi sont faites les *Calanche* ?

➜ Elles sont constituées de roches magmatiques comme le granite, cristallisées au fur et à mesure de leur ascension à travers la croûte terrestre. Le granite rouge que les géologues appellent porphyre a été, à Piana, sculpté par l'érosion pour former un paysage à la fois si hirsute (aiguilles riches en silice) et si courbe (tafoni).

Sur votre chemin

➜ Ne quittez pas le Golfe de Porto sans embarquer pour la réserve naturelle de Scandola, « l'un des plus purs joyaux de la nature insulaire ». Depuis le port de Porto, des balades en mer (payantes) vous feront découvrir un paysage côtier également classé au patrimoine de l'humanité par l'UNESCO : grottes marines, falaises d'orgues volcaniques et eau turquoise en font un site inoubliable. Mais outre ses paysages incontournables, Scandola rassemble également une faune et une flore d'exception. La réserve abrite puffins et coraux, cormorans et mérous, mais le seigneur incontesté en reste le balbuzard pêcheur. Ce majestueux rapace au corps blanc et aux ailes marron y est aujourd'hui représenté par une vingtaine de couples.

★★★ Les Pozzines du Plateau de Coscione

Sur les berges moelleuses des ruisselets de montagne

Depuis Zicavo, charmant village perché dans les montagnes du centre de l'île, c'est en prenant la route d'Aullène (D 69) sur 10 km puis à gauche la D 428 sur 7 km que l'on rejoint la Chapelle Saint-Pierre. La route s'achève à l'ombre des pins : laissez-y la voiture. ➜ **Un sentier balisé en jaune** (à suivre fidèlement !) monte derrière la chapelle (ne cherchez pas de clocher, la chapelle est une petite maison de pierre) et mène en 1 h 30 au Plateau de Coscione. De faible dénivelé et accessible à tous, la randonnée s'effectue au milieu des ânes, chevaux et autres cochons sauvages dans un environnement rendu dès lors insolite. ➜ **Après une petite demi-heure de marche** le sentier jaune débouche sur un gros chemin carrossable ; l'emprunter en montant jusqu'à retrouver le balisage jaune sur la gauche. Les premiers joyaux du Plateau de Coscione sont en vue : de petits ruisselets coulant aux creux de berges rebondies sur un moelleux tapis d'herbe rase, les pozzines. En continuant le sentier, le spectacle s'interrompt le temps de franchir un petit monticule et recommence de plus belle. La marche se poursuit au rythme des ruisseaux, se perdant parfois dans le sol et rejaillissant de nulle part dans de petits bassins. ➜ **Le sentier jaune finit par rejoindre le GR 20** (balisage blanc et rouge) : l'emprunter pendant quelques minutes, jusqu'à une croisée de chemins. ➜ **Suivre alors la direction « Zicavo »** pour le retour (large chemin carrossable qui mène jusqu'au début du sentier jaune de l'aller). Si d'aventure vous ne trouvez pas ce chemin, faites demi-tour et revenez par le sentier jaune.

Que sont les pozzines ?

➜ Pozzine vient du corse *pozzi* qui signifie puits et désigne un ensemble de petits trous d'eau claire reliés par un réseau de ruisseaux aériens ou souterrains. Les pozzines se mettent en

Situation *à 17 km de Zicavo, 30 km d'Ajaccio et 80 km de Corte.*

Accès *par la N 196 depuis Ajaccio (direction Bonifacio) puis la D 83, après le Col de Saint-Georges vers Santa-Maria-Siché et Zicavo.*

Visite *libre toute l'année.*

Niveau *de F2 à F3, compter 1 h 30 de montée depuis le parking de la Chapelle Saint-Pierre, balisage jaune.*

place dans des pâturages à l'herbe rase sur un sous-sol imperméable. Celles que l'on compare souvent à des tourbières se mettent en place comme elles dans des vallées glaciaires. Bien que cela ne soit pas le cas sur le Plateau de Coscione, elles sont souvent en relation avec un lac. Parfois à sec en été, c'est au début du printemps qu'elles sont à leur maximum de remplissage, quand la fonte des neiges ennoie les pâturages. S'y promener à cette période est admirable si l'on ne craint pas d'être dans l'eau jusqu'à mi-mollet…

Sur votre chemin → Entre les 750 m d'altitude de Zicavo et les 1 400 du Plateau de Coscione, une mosaïque de milieux rendent cette excursion particulièrement propice à l'observation de la nature corse. Jusqu'à 1000 m, l'étage méditerranéen est représenté par le maquis. Les cistes, myrtes, et autres bruyères qui le composent fleurissent presque toutes au printemps. On y rencontre également de nombreux chênes-lièges, châtaigniers et oliviers. Au-dessus, l'étage montagnard se pare d'arbustes plus habitués à l'altitude comme le genévrier. Côté faune, la marche vers les pozzines vous donnera l'occasion de rencontrer la faune semi-sauvage de Corse, tels ces vaches, brebis, porcs coureurs, mules et chevaux qui errent en liberté au milieu des chemins et des routes.

Conseil photo *Pour réussir vos photos des Pozzines, suivez le cours des petits ruisseaux au milieu du « gazon » et choisissez un endroit où se forme une mare : cela vous donnera un premier plan pour habiller votre photo. Ne centrez pas la ligne d'horizon (2/3 de terre et 1/3 de ciel).*

Sites complémentaires

DOUBS

Cascade de Syrathu, gorges de Nouailles (Mouthier-Haute-Pierre)

Gouffre de Poudrey (Étalans)

Grotte du Trésor (Défilé d'Entre-Roches)

Grottes d'Osselle (Osselle)

JURA

Cascade de la Queue de Cheval (Saint-Claude)

Cirque et gorges de Flumen (Septmoncel)

Grotte de l'Ermitage (Forêt de la Serre)

Grotte et reculée des Planches (Arbois)

Tourbières de Prénovel (Prénovel)

HAUTE-SAÔNE

Sabot de Frotey (Vesoul)

Tourbières du Roësly (Plancher-les-Mines)

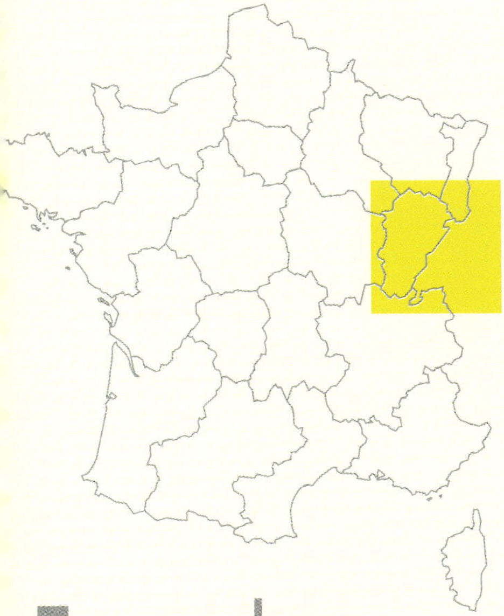

Franche-Comté

• **COMITÉ DÉPARTEMENTAL DU TOURISME DU JURA,** 8, RUE LOUIS ROUSSEAU, 39000 LONS-LE-SAUNIER, 03 84 87 08 77 • **COMITÉ DÉPARTEMENTAL DU TOURISME DE HAUTE-SAÔNE,** MAISON DU TOURISME, 70002 VESOUL CEDEX, 03 84 97 10 70 • **AGENCE DE DÉVELOPPEMENT ÉCONOMIQUE DU DOUBS,** HÔTEL DU DÉPARTEMENT, 7, AV. DE LA GARE D'EAU, 25031 BESANÇON CEDEX, 03 81 65 10 00 • **OFFICE DU TOURISME DU TERRITOIRE DE BELFORT,** 2 BIS, RUE G. CLÉMENCEAU, 90000 BELFORT, 03 84 55 90 90

CASCADE DE BAUME-LES-MESSIEURS

CASCADE DE LA BILLAUDE

CASCADES DU RUMMEL, SAUT DE LA TRUITE

CASCADES DU HÉRISSON, ÉVENTAIL ET GRAND SAUT

CHAPEAU DE GENDARME

CIRQUE DE CONSOLATION

GORGES DE LANGOUETTE

GROTTE DE LA GLACIÈRE

GROTTE DES MOIDONS

SAUT DE L'OGNON

SAUT DU DOUBS

SOURCE DE L'AIN

SOURCES DU LISON

TILLE DE BRACON

Situation *à 10 km de Voiteur, 15 km de Lons-le-Saunier e 70 km de Pontarlier.*

Accès *par la D 471 entre Champagnole et Lons-le-Saunier puis par la D 70 vers Baume-les-Messieurs.*

Visite *libre toute l'année.*

Niveau *F1 à F2, différents sentiers balisés. 15 min minimum.*

Conseil Photo
Afin d'amplifier l'ef de robe de mariée de la Cascade, utilis une pose lente (de 1/15 à plusieurs secondes) : en s'éco lant, l'eau paraîtra plus diffuse, plus blanche, presque brumeuse sur la photo. Bien sûr, un trépied est indispensable et il faut que votre appareil permette ce genre de réglage.

★★★★ La Cascade de Baume-les-Messieurs

Au sein de l'une des plus belles reculées du Jura

Dès votre arrivée dans le village de Baume-les-Messieurs, classé parmi les plus beaux villages de France, vous aurez le sentiment d'être dans un endroit d'exception. ➜ **Les falaises majestueuses** protègent, comme dans un écrin, une multitude de sentiers. Les destinations ne manquent pas pour passer, dans ce bout du monde, une journée inoubliable.

Ses 400 m de largeur, 1 500 de longueur et 200 de profondeur en font la plus belle reculée de la vallée de la Seille, qui en compte trois, disposées en patte d'oie. C'est peut-être du belvédère des Roches de Baume (accès par la D 471) que l'on observe au mieux le vaste hémicycle. ➜ **Reprenez la route** pour y descendre et découvrir la magnifique Cascade de tuf de Baume : ses eaux tombent en multiples rebonds moussus qui forment comme une robe de mariée. Un subtil mélange de vert et de blanc immaculé rend cette cascade fascinante. Mais pour mériter ce spectacle vous devrez faire cette visite hors période sèche ; en plein été, il ne coule généralement qu'un mince filet d'eau…

Qu'est ce qu'une reculée ? ➜ Il s'agit de la haute vallée d'un cours d'eau entaillant profondément le bord d'un plateau calcaire. Ses formes sont celles d'un amphithéâtre appelé cirque ou encore « bout du monde ». Elle résulte, la plupart du temps, de l'érosion des couches les plus basses par une rivière souterraine, puis progressivement de l'écroulement des plus hautes.

Les bouts du monde ont longtemps fait peur : bas-fonds envahis par une végétation luxuriante, culs-de-sac plongés dans une pénombre inquiétante, ils ont longtemps servi de support à toutes sortes de légendes. Seuls capables d'exorciser le maléfice, c'est le plus souvent les moines qui prirent possession des reculées et de leurs terres fertiles. Ce fut donc un religieux irlandais qui édifia au VIe siècle l'Abbaye de Baume. Pour la petite histoire, originellement baptisé « Baume-les-Moines », le village s'anoblit au XIVe siècle en même temps que les chanoines et devint Baume-les-Messieurs.

Sur votre chemin ➜ Les reculées et leurs falaises sont des endroits très propices à l'observation des rapaces et autres oiseaux. C'est en Franche-Comté que la population de faucons pèlerins est la plus importante de France. Ils nichent la plupart du temps dans les anfractuosités de la roche ou dans les anciens nids d'autres oiseaux comme la corneille. Ce puissant animal qui peut atteindre une quarantaine de centimètres attrape ses proies (pigeons, canards, perdrix…) en fondant sur elles à près de 200 km/h et en les assommant à coups de patte. Une fois tombée à terre, la proie est généralement morte et il n'a plus qu'à la ramasser. Les cirques sont également fréquentés par une avifaune plus petite, comme les bruants (ortolan ou fou), les pouillots de Bonelli et beaucoup plus rarement les élégants tichodromes (le dessous de leurs ailes est rouge).

☆☆☆ La Cascade de la Billaude

28 mètres de chute au milieu des cyclamens

C'est à 300 m du chalet des cyclamens que descend le sentier qui mène à la Cascade. ➜ **Son approche est un peu sportive** puisque c'est par un escalier d'une centaine de marches en lacets que l'on accède aux rives de la Lemme. L'effort est cependant récompensé par la beauté de la chute : dans un petit cirque boisé, la rivière fait deux bonds avant de se précipiter dans un nuage d'écume au creux d'une large vasque. ➜ **Après 28 m de chute,** la Lemme poursuit fougueusement son chemin au pied d'un étroit dominé par les sapins. Quelle que soit la saison, le spectacle est toujours au rendez-vous. Au printemps, la fonte des glaces sur les plateaux environnant transforme la Billaude en un torrent écumeux dont la puissance s'estime aisément au vu des troncs d'arbres qui occupent le cours d'eau ; en été, cette véhémence s'atténue et le site devient, comme pour beaucoup des cascades du Jura, un lieu de baignade rafraîchissant. Comme le nom du chalet l'indique, la descente à la Cascade est d'autant plus agréable que le site reçoit certains étés les délicates fragrances du cyclamen.

La Franche-Comté entre dans l'histoire ➜ L'histoire de la région commence au IVe siècle avant J.-C. avec les Séquannes, peuple originaire de la Haute-Seine. Aux côtés de Jules César, ils combattent les assaillants germains puis se font terrasser à Alésia auprès de Vercingétorix. Le peuple périclite sous le joug des Burgondes, les plus évolués des barbares de l'époque. L'Empire romain sera démantelé et la Burgondie conquise par les rois francs. Au Xe siècle, les Carolingiens se partagent l'empire ; ducs et comtes y exercent l'autorité. La Bourgogne comprend alors le « Duché » et la « Comté ». En 1032, l'empereur d'Allemagne devient suzerain de la Comté jusqu'à ce que Philippe Le Bel

la rachète en 1295. Avec bon nombre de changements d'autorité, ce petit pays qui parlait français et dont l'économie était liée à celle de la France a toujours affirmé son indépendance. Il faudra donc attendre le règne de Richelieu puis celui de Louis XIV pour que la Comté reste définitivement territoire français.

Sur votre chemin → Les cyclamens qui agrémentent le site de la Billaude sont assez faciles à reconnaître. Cette plante basse, de la famille des primevères, a une façon particulière de porter ses fleurs : toutes regardent vers le sol, les pétales tirés en arrière. C'est une plante de montagne, peu commune, qui pousse de juin à octobre sur les terrains calcaires ombragés. Une autre promenade à faire tout près de là : la Perte de l'Ain. À Bourg-de-Sirod, il vous faudra trouver la mairie pour accéder au sentier qui mène en 700 m vers ce torrent vertigineux. L'eau y circule avec force dans des gorges très encaissées. La roche creusée de mille marmites transforme le site en un labyrinthe de pierre dont seule l'eau connaît les moindres recoins. L'Ain y disparaît en partie pour un parcours sous un chaos rocheux, d'où son nom.

Situation *à 10 km de Champagnole, 12 km de Saint-Laurent-en-Grandvaux et 40 km de Saint-Claude.*

Accès *par la N 5 entre Champagnole et Saint-Laurent-en-Grandvaux puis la D 279 en direction de Syam. Suivre les panneaux.*

Visite *libre toute l'année.*

Niveau *F2, escalier à marches hautes, pénibles à remonter. 40 min aller-retour.*

Conseil Photo
Cette cascade peut être photographiée du bas, en descendant jusqu'au lit de la rivière par les escaliers, ou bien du haut, depuis le belvédère, près de la buvette. Dans ce dernier cas, il vous faudra néanmoins un petit zoom (100 à 200 mm) pour cadrer la Cascade dans le fond des gorges.

☆☆ Les Cascades du Rummel et le Saut de la Truite

Les plus belles cascades du parc régional des Ballons des Vosges

Laissez votre véhicule au niveau du restaurant *Le Saut de la Truite*, en dehors du parking réservé à la clientèle. Du petit pont qui enjambe la route on peut admirer le saut, petite Chute de la Savoureuse jaillissant d'une fissure rocheuse à l'ombre des hêtres et des sapins. Nombreux sont les passages qui permettent de s'approcher, mais le site nous semble plus à son avantage vu de la gauche. ➜ **Le sentier balisé** débute, lui, à droite du pont. Il s'élève en sous-bois et serpente le long de la rivière. ➜ **Des promontoires naturels** surplombant le torrent ponctuent une promenade bien agréable. Le sentier traverse un chemin forestier qui conduit à l'étang des roseaux. Malgré le manque d'indication, on accède aux Cascades du Rummel en longeant la rive droite de la Savoureuse. ➜ **Un belvédère est** aménagé à l'aplomb des cascades, formées par la confluence de deux petits cours d'eau. Les plus courageux poursuivront jusqu'à l'étang des Petits Hauts (ci-dessus), jolie étendue d'eau ensoleillée. Recouvertes de sapins, les pentes boisées se reflètent dans ses eaux bleues et offrent un spectacle dépaysant digne des plus beaux paysages canadiens.

Les ballons des Vosges ➜ Pour les géologues, qui dit ballon dit roche magmatique. C'est en effet du granite qui forme, aux Cascades du Rummel, de remarquables gorges aux parois parfois abruptes. Contrairement aux roches sédimentaires (calcaires, grès, argiles...), les roches magmatiques se sont formées à l'état liquide, dans les profondeurs de l'écorce terrestre. Elles apparaissent à l'affleurement parce qu'elles ont été remon-

tées en surface après une intense érosion et les jeux de l'écorce terrestre. Ici, c'est la rencontre du continent européen et du continent africain qui favorisa la surrection des Alpes, et avec elle le soulèvement du Jura et des Vosges. Fracturé et faillé par ce bouleversement, le granite est investi par l'eau qui creuse des gorges.

Sur votre chemin → Les Cascades du Rummel font partie du parc naturel régional des Ballons des Vosges qui s'étend sur 300 000 ha. Ce dernier a été créé en juin 1989 afin de protéger une nature très riche. Il est couvert de forêts où dominent les résineux. Sa diversité climatique permet tout aussi bien l'installation d'une flore méditerranéenne sur les sols calcaires (orchidées), qu'une flore plus alpine de hêtraie-sapinière (digitales). Côté faune, les chevreuils, sangliers, cerfs et chamois sont si nombreux qu'on établit des plans de chasse afin de réguler les populations. Le lynx, réapparu dans les Vosges suite à des lâchers en territoire suisse, constituera, s'il parvient à se reproduire en nombre, un prédateur un peu plus naturel.

Situation *à 14 km de Giromagny, 26 km de Belfort et 52 km de Gérardmer.*

Accès *par la D 465 depuis Belfort, dite « Route des Ballons d'Alsace ».*

Visite *libre toute l'année.*

Niveau *F0 pour le Saut de la Truite ; F2 pour la Cascade et l'Étang, sentier balisé, 1 h aller.*

Conseil Photo
Même par beau temps, le sous-bois est sombre : attention au bougé en photographiant les chutes. Grimpez jusqu'à l'étang des roseaux : les arbres qui se reflètent dans les eaux sombres se prêtent à de jolies photos.

Situation *à 8 km de Doucier, 21 km de Clairvaux-les-Lacs et à 30 km de Lons-le-Saunier.*

Accès *par la N 78 entre Lons-le-Saunie et Saint-Laurent-en-Grandvaux. Au nive de Clairvaux-les-Lac prendre la D 27 jusqu'à Doucier, puis la D 326.*

Visite *libre toute l'année.*

Niveau *F2, sentier parfois raide, 3,7 km 3 h aller-retour.*

Conseil Photo

Toutes les Cascades du Hérisson ont leu charme, mais les plu grandioses sont les deux plus grandes : l'Éventail et le Gran Saut. Même s'il y a beaucoup de monde vous ferez de jolies photos car ces deux cascades sont gigan tesques. La fin d'après-midi offre la plus belle lumière (surtout l'été).

★★★★ Les Cascades du Hérisson, l'Éventail et le Grand Saut

Le sentier aux trente et une cascades

Une fois dans la ville de Doucier, il vous faudra emprunter la petite D 326 pour rejoindre le parking et le départ du Sentier des Cascades. Il rejoint en 3,7 km le Chalet des Cascades, sur la commune d'Ilay, à l'autre extrémité du parcours. ➜ **Nous avons choisi le sentier qui est au départ de Doucier** car il permet de découvrir très vite les deux plus belles chutes du Jura. C'est en effet après 400 m que vous pourrez admirer la très célèbre Cascade de l'Éventail, chutant d'une hauteur de 65 m en plusieurs bonds. ➜ **Le Grand Saut,** quant à lui, est visible au prix d'une marche éprouvante, sur un sentier assez raide ; mais le spectacle est au rendez-vous puisqu'il précipite ses eaux de 60 m de haut en un seul saut. ➜ **Pour ceux qui souhaitent partir à la découverte des 29 autres chutes,** la promenade peut durer 3 heures (retour compris) ; vous découvrirez alors le Gour Bleu, le Saut de la Forge, le Saut du Moulin et le Saut Girard. ➜ **Le circuit** étant en ligne droite, il vous faudra revenir à votre point de départ par le même chemin.

Eaux de plein-air

➜ Contrairement aux eaux souterraines du Lison, celles du Hérisson naissent et circulent en surface. C'est au sortir du Lac de Bonlieu, à 805 m d'altitude, que prend naissance la rivière. En 3 km, elle rejoint le Plateau de Doucier situé 280 m plus bas. C'est couche après couche que l'eau y a creusé les bancs horizontaux les moins résistants, et glissé sur les bancs de calcaires plus durs pour former la structure en gradins qui fait aujourd'hui la notoriété des gorges. Au niveau de la célèbre cascade de l'Éventail, les eaux s'étalent en panache en rebondissant sur des petits massifs de tuffs (mousses et algues encroûtées par des dépôts carbonatés) alors qu'au niveau du Grand Saut un accident tectonique a créé une marche que les eaux franchissent d'un seul bond.

Sur votre chemin

➜ Outre la richesse faunistique et floristique de la région, le département du Jura jouit d'un vignoble de qualité. Les vins jaunes et autres vins de paille ont des fumets uniques au monde car inhabituels. Il en va de même pour la charcuterie et le fromage. Comté, emmental, cancoillotte, brési, saucisse de Morteau… sont des mots qui parleront aux gourmands.

Le moins connu est sans doute le brési, une viande de bœuf fumée au feu de cheminé constituée à partir de viande maigre. Il s'agit d'un produit de qualité, souvent comparé à la viande des grisons, qui se déguste également en fines lamelles mais est plus sombre et plus parfumée.

Situation à 5 km de Saint-Claude, 45 km de Gex et 70 km de Lons-le-Saunier.

Accès par la D 470 depuis Lons-le-Saur jusqu'à Saint-Claud puis la D 436 en direction du Col de la Faucille ou Ge

Visite libre toute l'année.

Niveau de F0 pour la vue depuis la route, à F2 pour monter au chapeau 10 min aller.

Conseil Photo La meilleure vue, vous l'aurez depuis la route ; plus vous chercher à vous approcher moins le chapeau sera bien dessiné. Seul un zoom ou un téléobjectif vous sera utile pour bien cadrer le pli rocheux. Le soleil éclaire le site le matin.

☆☆ Le Chapeau de Gendarme

Un surprenant pli rocheux

Situé dans les derniers virages, après le village de Septmoncel, sur la gauche de la route qui quitte Saint-Claude en direction de Genève, un magnifique pli contorsionne la roche calcaire. Si la vue de ce mille-feuilles minéral semble reléguer la roche au niveau de la guimauve, quant à sa dureté et à sa résistance, la structure est bel et bien solide. Pour aller s'en assurer, un petit sentier rocailleux se faufile à travers la végétation buissonnante jusqu'au pied de la cascade. Les plus courageux pourront longer la falaise jusqu'à la base du pli, naturellement évidée en une petite caverne. De là, on découvrira une belle vue sur la Vallée et les Gorges de Flumen. La nature nous permet d'observer, ici, un très bel aspect de la montagne jurassienne, préservée de l'érosion mais creusée par la vallée. Le Chapeau de Gendarme est, du fait de son accessibilité, un modèle du genre, un cas d'école mondialement connu.

Plie mais ne rompt pas ➜ Les géologues appellent cette structure en forme de A un anticlinal. Tous les anticlinaux sont constitués d'une alternance de couches dures et de couches molles.
Les couches dures sont, dans le Jura, des bancs de calcaires déposés dans les profondeurs de la mer, alors que les couches molles marquent son retrait progressif et le passage à une lagune recevant les argiles arrachées au continent. La mer est donc venue recouvrir le Jura au moins autant de fois que l'on observe un banc de calcaire. La juxtaposition des marnes et des calcaires ne forme pas une structure très résistante dans le temps (plusieurs millions d'années : soumise à des déformations très lentes elle se déforme plus qu'elle ne casse. Soumise durant l'ère tertiaire au soulèvement des Alpes et du Jura, elle a glissé sur les flancs des montagnes et a pris lentement la forme d'un chapeau de gendarme de l'Empire.

Sur votre chemin ➜ Le Chapeau de Gendarme fait partie du parc naturel régional du Haut-Jura. Depuis la rive gauche de l'Ain, jusqu'à la frontière suisse, le parc décline ses richesses sur un territoire recouvert à 60 % de forêt : les feuillus comme le hêtre, l'érable, le charme ou le sorbier, occupent vallées et plateaux, mais l'épicéa reste l'essence la plus prisée.
Le grand tétras, ou grand coq de bruyère, qui se réfugie dans les paisibles forêts d'altitude, y jouit d'une mesure de protection. Il côtoie la petite chouette de Tengmalm, le merle à plastron et le pic noir, tous garants de la qualité de l'espace.
Le long des lisières, chevreuils et chamois ont appris à se méfier du lynx, de retour dans le Haut-Jura depuis une vingtaine d'années.

☆☆☆Le Cirque de Consolation

Un parc enchanteur au milieu des falaises

C'est en suivant « Chapelle Notre-Dame-de-Consolation » que l'on accède au parc enchanteur du Cirque de Consolation. En préambule, vous découvrirez sur la droite de la route la jolie cascade issue de la Source du Dessoubre puis la cheminée des fées que l'on aperçoit à l'extérieur du cirque, perchée sur les pentes boisées qui surplombent la rivière. Remarquablement bien aménagé, le cirque est occupé par les jardins de l'abbaye de Notre-Dame. Dans le respect de la nature, un itinéraire balisé mène en 20 min à la grande cascade. Mais le but de la promenade est ici un prétexte car le spectacle est partout. ➜ **De discrets petits ponts enjambent la rivière** aux eaux tumultueuses d'une paradoxale quiétude. Ici, le calme est un maître mot et tous les éléments s'accordent à rendre l'endroit des plus accueillants. Les mousses et les arbres entretiennent des liens de complicité rares. ➜ **En suivant le balisage jaune et bleu** vous découvrirez la très belle Cascade du Tabourot qui coule en toute saison, mais il vous faudra beaucoup de chance pour voir couler la Grande Cascade du haut de ses 47 m. Elle jaillit de la grande grotte au cœur d'un vaste hémicycle avec une élégance d'autant plus belle qu'elle est rare. Quelle que soit l'affluence des eaux, la promenade dans ce cirque au calme religieux vous laissera assurément un souvenir tout particulier. N'hésitez pas à revenir, car chaque saison est différente.

La Grande Cascade : un débit irrégulier ➜ Issue de la source de Saint-Louis, la Cascade du Lançot, contrairement aux Sources du Dessoubre et du Tabourot, ne coule pas toujours : on la dit intermittente. L'épaisse couche de calcaire dans laquelle s'est formé le cirque est en fait percée de nombreux boyaux qui permettent la circulation d'un grand volume d'eaux souterraines. Dans ce dédale de pierre, l'eau doit passer un siphon pour pouvoir se déverser vers l'extérieur. Il faut donc attendre que le réseau soit noyé par les eaux récoltées sur un vaste bassin d'alimentation pour que l'eau passe le porche de la grotte. En crue, elle peut

débiter 5 m^3/s. Au vu des dimensions de l'hémicycle, on devine qu'en d'autres temps (au cours des glaciation du début de notre ère, surtout) l'eau y a été ravageuse.

Sur votre chemin → Le Cirque de Consolation est un havre de paix pour un grand nombre d'espèces jurassiennes. Omniprésente sur l'ensemble du site, l'eau exerce son pouvoir fertilisant en entretenant une flore exceptionnelle. On dénombre pas moins de 600 plantes différentes. Le lys martagon à 38 fleurs en est le fleuron, mais la plus impressionnante est sans doute la digitale à grandes fleurs qui côtoie l'œillet de Grenoble, l'aconit napel et les élégantes orchidées.
Côté faune, il n'est pas rare de surprendre le vol du cincle plongeur ou celui de l'élégant martin pêcheur. Les hauteurs du cirque abritent quant à elles une trentaine de chamois et très épisodiquement le lynx.
Plus facilement observable, nous avons surpris un orvet engourdi par la fraîcheur matinale. Ce petit lézard de la famille des anguidés ressemble à s'y méprendre à un serpent. Totalement inoffensif, sa seule parade de défense est l'abandon de sa queue. Il peut vivre jusqu'à 50 ans.

Situation *à 22 km de Morteau, 50 km de Besançon et 55 km de Pontarlier.*

Accès *par la D 461 depuis Morteau en direction de Besançon (Route du Comté). Après 12 km, guetter la petite route qui mène à Consolation-Maisonnettes.*

Visite *libre toute l'année.*

Niveau *de F1 à F2 selon les différents sites, sentiers aménagés dans le parc. 1 h minimum.*

Conseil Photo
Une des choses les plus typiques à photographier ici est la mousse quasi tropicale. Pour bien en faire ressortir le vert profond, adoptez une pellicule bien saturée, type 50 ou 100 ISO. L'idéal est de prendre les photos juste après la pluie.

☆☆☆Les Gorges de Langouette *L'Amazonie jurassienne*

C'est en suivant les panneaux menant à l'auberge que vous trouverez le petit pont qui franchit la rivière et, tout de suite après, le parking. Les gorges se découvrent à travers un circuit aménagé pour la sécurité de tous. ➜ **Trois belvédères et sept tables d'interprétation** rendent la promenade agréable et instructive. Vous admirerez le travail acharné de la Saine qui a creusé des gorges sur 47 m de profondeur et 4 m seulement de large. Le résultat est très dépaysant puisqu'on s'y croirait plongé dans un gouffre tropical : les fougères et mousses qui tapissent les longues parois rocheuses sont baignées dans la pénombre et l'humidité. ➜ **Après la grande cascade** qui précipite ses eaux écumeuses dans 15 m de vide, vous découvrirez les restes de l'ancienne scierie qui utilisait jusqu'au début du siècle les eaux vives de la Saine. ➜ **Le circuit** permet également de traverser le petit village. Le retour au parking se fait par le même chemin.

Les gorges et les cascades du Jura

➜ Déposé à l'horizontal au cours de l'ère secondaire par la même mer qui baignait le Bassin Parisien, ce n'est qu'après la disparition des dinosaures, il y a 63 millions d'années, que le Jura se plissa. À cette époque, le rapprochement de l'Europe et de l'Afrique bouleverse la croûte en soulevant les Alpes et les Pyrénées. Une série de creux (synclinaux) et de bosses (anticlinaux) compose désormais le paysage du Jura. Bien qu'à une échelle de temps infiniment grande le calcaire apparaisse aussi mou que de la pâte à modeler, les poussées ont entraîné au niveau de certains anticlinaux des cassures en V : l'exemple de la gomme que l'on plie entre deux doigts est assez parlant. Formant alors de véritables gouttières, les eaux de ruissellement y élisent

Situation *à 2 km des Planches-en-Montagne, 15 km de Champagnole et 35 km de Pontarlier.*

Accès *par la N 5 entre Champagnole et Saint-Laurent-en-Grandvaux. Prendre la D 16 à Pont-de-la-Chaux puis la D 127 vers Les Planches-en-Montagne, suivre les panneaux.*

Visite *libre toute l'année.*

Niveau *F1, sentier fléché. 3 km de circuit, 1 h.*

Conseil Photo *Le pont qui enjambe le bas du circuit pédestre est le seul endroit d'où l'on puisse faire une photo des gorges vues du haut : cadrez dans le sens de la hauteur et calez-vous bien pour ne pas bouger. Il y a peu de lumière mais n'activez pas votre flash, il serait complètement inefficace car le site est trop vaste.*

domicile et continuent de creuser la roche fragilisée. Le phénomène s'accentue avec les variations climatiques qui marquèrent l'ère quaternaire, surtout lors de la fonte des glaciers qui libéra de très grandes quantité d'eau.

Sur votre chemin ➜

Les Gorges de Langouette sont le lieu de prédilection des fougères et autres végétaux adaptés à des conditions de fraîcheur et d'humidité intenses. Sur les parois des Gorges, pas de réelles rivalités, chacune des espèces végétales s'est installée à son étage préféré. Sur les falaises exposées au nord, c'est une fougère de montagne humide et calcaire, la scolopendre, qui domine. Ses caractéristiques lui ont valu des surnoms tels que « langue-de-bœuf » pour la forme de ses feuilles, ou encore « mille-pattes » pour la disposition de ses spores sur la face interne des feuilles.

☆☆ La Grotte de la Glacière *Un congélateur naturel*

Unique grotte de glace en France, la Glacière a de quoi impressionner. À longueur d'année, cette imposante cavité à ciel ouvert abrite des colonnes de neige et de glace pouvant atteindre jusqu'à 20 m de haut. Elle est l'une des dernières cavités statiques à phénomène glaciaire de basse altituded'Europe. ➜ **La visite** débute par la découverte d'une collection de minéraux et fossiles, puis se poursuit par celle de la cavité en trois temps. ➜ **Un point de vue sur le gouffre,** histoire d'en prendre toutes les dimensions : 35 m de haut, 40 m de roche au-dessus des têtes et 68 m de dénivelé entre la première et la dernière marche. ➜ **Un arrêt au contact de la glace :** ici, l'air est proche de 0 °C en plein été et peut atteindre les -20 °C en hiver. Un dernier arrêt dans la partie grotte proprement dite vous fera découvrir de belles stalactites aux formes évocatrices, ainsi que le frigo où l'on conservait autrefois les viandes qui ne se fumaient ou ne se salaient pas. Une visite très complète, qui ne manquera pas de vous rafraîchir.

Descente dans un congélateur ➜

Creusée dans le calcaire jurassique par une rivière qui s'insinua dans un siphon, c'est un effondrement de la voûte qui ouvrit la cavité face au nord-est. Soustraite ainsi aux rayons du soleil et soumise à la pénétration des vents froids, les conditions sont idéales pour faire de l'endroit un véritable congélateur. L'air froid, plus dense que l'air chaud, prend perpétuellement possession des bas-fonds de la cavité pour ne plus jamais les quitter (à moins qu'un courant encore plus froid ne vienne l'en chasser). Les températures négatives de l'hiver ont donc tendance à persister jusqu'à l'été. L'apport en eau au sein de la grotte a pour origine les infiltrations. L'eau qui précipite sur le plateau est en partie évaporée, l'autre partie s'infiltrant dans le sol. La quantité d'eau qui n'est pas absorbée par la végétation s'écoule alors à travers les fissures de la roche et suinte de la voûte. À des températures inférieures à 0 °C, la goutte d'eau se congèle et forme de hautes colonnes de glace. C'est durant le printemps, après la fonte des neiges, que l'eau est la plus abon-

dante, c'est donc pendant cette période que la réserve de glace se fait. Il faut attendre le mois de septembre pour la voir fondre : l'eau qui tombe de la voûte est alors trop chaude pour se transformer en glace.

Sur votre chemin ➜ La forêt joue ici un rôle essentiel dans le phénomène de glaciation. Le feuillage des arbres protège l'entrée du gouffre du réchauffement solaire et répartit les précipitations à la surface du sol. Un déboisement, même partiel, pourrait compromettre la formation de la glace.
Outre la présence de cette forêt, l'entrée même du gouffre accueille sur ses parois une végétation caractéristique. Pas facile d'élire domicile dans un endroit pareil : une roche nue, très peu de luminosité et des températures très basses. Il n'y a que les mousses qui puissent s'adapter à un tel régime. Très faiblement gourmandes en luminosité, 0,1 % de la lumière solaire suffit à leur photosynthèse. Elles sont, à l'inverse, très exigeantes en humidité : certaines d'entre elles peuvent stocker jusqu'à 40 fois leur propre poids.

Situation *à 10 km de Vercel-Villedieu-le-Camp, 30 km de Besançon et 50 km de Pontarlier.*

Accès *par la D 464 entre Besançon et Maîche puis par la D 120 (21 km après Besançon) vers Orsans. Suivre les panneaux.*

Ouvert *de mars à novembre, visite payante.*

Niveau *F2, accès à la Grotte par de nombreuses marches accessibles à tous. Visite : 1 h.*

Conseil Photo *La glace n'est pas facile à photographier : trop sombre pour une photo à main levée, la grotte est trop vaste pour qu'un flash soit efficace. Le plus intéressant est de prendre l'énorme entrée de la caverne, depuis l'intérieur, avec un grand angle : on se croirait alors dans un gouffre ou le cratère d'un volcan.*

☆☆La Grotte des Moidons

Les plus belles stalactites du Jura

C'est au cœur de la forêt jurassienne que s'ouvre la Grotte des Moidons, inconnue de tous il y a encore quelques années. ➜ **La cavité,** découverte en 1966 au milieu des 800 autres gouffres qui minent le plateau, ne fut en effet ouverte au public qu'en 1989. La petite chatière longtemps obstruée par un bouchon d'argile permit un jour de découvrir la plus vaste salle du département : 45 m de large, 80 m de long et 15 m de haut, soit quelque 54 000 m^3. ➜ **La visite,** commentée par des guides spéléologues passionnés, vous entraîne aujourd'hui dans ce monde captivant et spectaculaire. Constamment à une température de 11 °C pour un taux d'humidité de 98 %, la grotte n'a eu de cesse de fonctionner depuis sa formation ; l'eau y bâtit encore stalactites et stalagmites ou s'attarde parfois dans des bassins turquoise. ➜ **Les merveilleuses concrétions** prennent toutes leurs dimensions dans la dernière partie de la visite : les plus grandes stalactites du Jura sont ici traitées comme des stars sous les feux de la rampe d'une animation son et lumière.

La formation de la Grotte ➜

C'est à la fin de l'ère tertiaire, il y a 2 ou 3 millions d'années, que le Jura acheva son soulèvement suite à la formation des Alpes. Dès lors, l'eau et la glace qui arrivèrent en masse avec l'ère quaternaire se chargèrent de remodeler le paysage. Le glacier du Rhône se chargea de raboter la roche calcaire en plateaux, et l'eau de fonte, très corrosive, d'y creuser des cavités. En s'infiltrant, elle fragilisa les strates et entraîna la formation de vastes salles par l'effondrement des plafonds.
Aujourd'hui, le climat a changé et la forêt qui s'est installée sur le plateau favorise la concrétion : l'eau qui traverse la couche d'humus puis s'infiltre dans les failles du calcaire joue dorénavant un rôle édificateur. Variant de quelques millimètres à quelques centimètres par siècles, le dépôt de calcite contenu dans les eaux s'effectue deux fois par an : à l'automne et au printemps. La goutte d'eau est alors collectée par une rivière souterraine qui

débouche dans la Reculée des Planches à quelques kilomètres.

Sur votre chemin ➜ La Grotte des Moidons offre le gîte à plusieurs dizaines de chauves-souris durant l'hiver. Il s'agit d'espèces hibernant dans les cavités, on dit aussi troglophiles, comme le petit et le grand rhinolophe. Durant les périodes de vol ou de chasse, les chauves-souris utilisent un sixième sens, l'écholocation : des ultrasons de 10 à 120 kHz sont émis par le larynx, par la bouche ou par une feuille nasale comme c'est le cas chez les rhinolophes. L'écho renvoyé par un obstacle ou une proie est capté par des oreilles souvent démesurées. L'hiver, l'animal entre en léthargie : son rythme cardiaque passe de 400 à 15 puls/min, sa respiration devient irrégulière, avec des apnées de 50 min, et sa température corporelle s'abaisse à celle du gîte. Le dérangement par l'homme provoque un réveil qui, s'il est renouvelé, peut provoquer la mort par inanition.

Situation *à 10 km d'Arbois, 15 km de Champagnole et 25 km de Salins-les-Bains.*

Accès *par la D 469 en venant d'Arbois direction Champagnole ou par la N 5 depuis Champagnole en direction de Dijon puis à Montrond prendre la D 469 vers Arbois.*

Ouvert *de Pâques à fin septembre. Visite payante.*

Niveau *F1. 45 min de visite.*

Conseil Photo *À défaut de pouvoir faire des photos dans la grotte, rendez-vous au Cirque de la Reculée des Planches : du belvédère, vous aurez une très belle vue sur la vallée.*

☆☆Le Saut de l'Ognon *Une lame d'eau magnifique*

Une fois arrivé à Servance, trouver le Saut de l'Ognon est un jeu d'enfant puisqu'il suffit de suivre les panneaux. ➜ **Après avoir stationné sur le petit parking en terre,** 10 min suffiront pour rejoindre la plus élégante chute d'eau du département. ➜ **L'Ognon** serpentant en amont au gré des pentes du Ballon de Servance franchit ici un à-pic discrètement renforcé de main d'hommes. L'eau, si paisible avant sa chute, franchit la muraille en une lame écumeuse et se précipite 15 m plus bas dans une gorge aux parois verticales. Son drapé et ses eaux bleues en font un site très photogénique. ➜ **De part et d'autre du Saut,** les sentiers longent brièvement la rivière en sous-bois et ne permettent pas de grandes promenades.

Le langage de l'eau ➜ Bien que les apparences soient trompeuses, les rivières sont peu nombreuses en Franche-Comté. Le Doubs, la Loue, l'Ain et leurs affluents s'écoulent majoritairement vers l'ouest et le sud, c'est-à-dire vers la Saône et le Rhône. Quand elles sont aériennes, elles s'orientent parallèlement aux plis mais les traversent parfois au niveau de clues : leur tracé est alors dit en bayonnette. L'un des grands principes des rivières est qu'elles s'enfoncent avec le temps. Les sources jaillissent au niveau le plus bas : les exurgences (ex : Source du Doubs), sont des sources dont les eaux ont toujours circulé en profondeur ; les résurgences (ex : Source du Lison), par contre, réapparaissent à l'air libre après s'être perdues dans les calcaires.
Les plateaux sont parfois creusés de dollines, de petites dépressions circulaires dont le fond est tapissé d'argile ; elles communiquent souvent avec des gouffres situés sur le trajet des réseaux souterrains.

Sur votre chemin ➜ Avis au gourmands : Fougerolles, petit village situé à une vingtaine de kilomètres du Saut,

Situation *à 18 km de Lure, 35 km de Belfort et 45 km de Gérardmer.*

Accès *par la D 486 entre Lure et Gérardmer jusqu'à Servance.*

Visite *libre toute l'année.*

Niveau *F1, sentier aménagé sans dénivelé. 15 min aller-retour.*

Conseil Photo
Cette chute se photographie depuis le petit belvédère aménagé qui la surplombe. Pour bien traduire la puissance des eaux qui se déversent, adoptez la vitesse la plus rapide possible (de 1/350 à 1/1 000) : cela figera l'eau sur la photo, comme une cascade de glace.

est la capitale comtoise du kirsch. Ses terrains argilo-gréseux sont particulièrement propices à l'installation de plusieurs variétés de cerisiers : la Jean-Blanc, très précoce (fin juin), la Béchat et la Marie-Jean Diaude, plus tardive (mi-juillet). Quand l'heure de la récolte sonne, les guignes sont mises à fermenter dans de grands tonneaux avant de bouillir dans les alambics. Une fois distillée, l'eau de vie vieillira en « chambre à goutte ». Bonne dégustation…

☆☆☆Le Saut du Doubs *Un vrai petit Niagara*

De nombreuses navettes proposent de vous y amener en bateau (traversée payante), mais il est possible de s'y rendre en voiture. ➜ **La route forestière** qui descend sur les rives du Lac de Chaillexon étant interdite à la circulation, la descente se fait à pied depuis le petit parking à gauche de la route. Pour plus de confort, nous vous conseillons d'emprunter la route plutôt que le sentier de randonnée. ➜ **En 15 min, vous découvrirez le Lac** et en 15 autres, le long du Doubs, vous surplomberez l'imposant Saut dans un vacarme tonitruant. Bien que l'on puisse approcher le Saut par la droite ou par la gauche, nous vous conseillons, en période de hautes eaux, de choisir le sentier côté rive gauche, passant devant L'Hôtel de la Chute. Vous aurez alors accès à plus de sentiers secondaires et il vous sera possible de contourner le Saut pour le voir de face. ➜ **Le Doubs** tombe ici d'un escarpement rocheux pour aller rejoindre son cours normal 27 m en contrebas. Le spectacle est magnifique et vaut largement le difficile retour à pied.

Le chemin du Doubs ➜ Le Saut du Doubs s'est installé dans les calcaires du jurassique (crétacé inférieur), au creux d'un vaste synclinal (couches parallèles disposées en cuvette). Le Doubs se jette dans le Lac des Brenets, en Suisse, et dans le Lac de Chaillexon, en France. Formant des gorges encaissées dans sa partie avale, la rivière chute au niveau du Saut grâce à la présence d'une masse éboulée que les eaux puissantes franchissent en cascade éblouissante. L'événement tectonique est survenu au cours de l'ère secondaire, lors de la surrection des Alpes.

Sur votre chemin ➜ Nul ne saurait quitter le Saut du Doubs sans faire un petit crochet par Morteau situé à une douzaine de kilomètres. Dans les cuisines d'antan, les viandes étaient conservées toute l'année.

Situation *à 5 km de Villers-le-Lac, 10 km de Morteau et 3 km de la frontière suisse.*

Accès *par la route du Comté, la D 461 entre Besançon et Morteau. Rejoindre Villers-le-Lac près de Morteau puis suivre « Le Pisoux ».*

Visite *libre toute l'année.*

Niveau *F3 (remontée pénible). 30 min aller, 1 h retour. F1 par le bateau sur le Lac de Chaillexon.*

Conseil Photo
Le meilleur endroit pour photographier cette grande chute est sans doute le point de vue, en face de la cascade, sur la berge opposée de la rivière : on y accède en poursuivant le chemin principal de la rive gauche. Deux autres belvédères, juste au-dessus du saut, offrent une vue impressionnante mais qui manque de recul.

Elles étaient fumées dans une vaste cheminée en pyramide, où l'on brûlait surtout du sapin agrémenté parfois de genévrier. Les odeurs de fumée imprégnaient alors lentement jambon, lard et saucisses. C'est avec les meilleurs morceaux de viande, de gras et de boyau que l'on confectionnait la saucisse de Morteau. Elle parfumait soupes et potées dans lesquelles elles cuisaient pendant des heures. Aujourd'hui, seuls les charcutiers la fabriquent encore ; elle se mange chaude ou froide.

Situation *à 4 km de Nozeroy, 15 km de Champagnole et 40 km de Pontarlier.*

Accès *par la D 471 depuis Champagnol en direction de Pontarlier, après 10 km rejoindre Nozeroy. Là, prendr la D 17 puis la D 28 en direction de Con et de la Source.*

Visite *libre toute l'année.*

Niveau *F1, sentie aménagé, panneau explicatifs. 10 min aller.*

Conseil Photo

Si la Source est à se vous pourrez faire d'étonnantes photo de la gueule béante de la résurgence : attention si vous approchez, les chut de pierres y sont fréquentes. Si l'eau est là, allez faire un tour du côté de la cascade (le Sa des Maillys), à quelques centain de mètres en aval, accessible depuis le chemin qui longe la rivière.

★★La Source de l'Ain

Une résurgence bien plus impressionnante à sec

Il faut suivre la petite route jusqu'au bout pour parvenir au parking de la dite Source. ➜ **Le sentier s'élève sur la gauche** et mène en quelques pas à une étendue d'eau paisible en période de pluie ou bien à un gouffre béant en période sèche. Les deux visages de la Source ne sont intéressants que l'un par rapport à l'autre : il faudra revenir ! ➜ **En absence d'eau,** le site prend un aspect vertigineux : un entonnoir aux parois verticales s'enfonce dans l'obscurité souterraine, sous une épaisse dalle de calcaire. Face à lui, beaucoup auront peine à croire que l'eau arrive du fond et poursuit sa route derrière, vers l'extérieur. C'est pourtant ce qui se produit et parfois en 15 min seulement quand une pluie s'abat sur le plateau de Nozeroy. Une fois la galerie noyée, plus rien ne laisse transparaître de l'existence de cet abîme.

L'Ain, eau de source intermittente

➜ En effet, la Source de l'Ain ne coule pas toujours. Si l'Ain eut de « tout temps » une résurgence ici, ce n'est que depuis « peu » qu'elle est intermittente. Le gouffre fut, il y a plusieurs milliers d'années, l'unique exutoire des eaux recueillies sur le plateau de Nozeroy ; mais l'eau qui érode continuellement le calcaire a fini par se creuser un chemin plus bas. Et avec le temps, le niveau même de circulation des eaux souterraines s'est abaissé. C'est désormais à la Source de la Papeterie, à quelques kilomètres en aval, que coule en permanence la rivière. L'actuelle résurgence ne sert plus que de trop plein, mais des débordements puissants de la Source de la Papeterie peuvent engendrer un débit de 60 m^3/s. C'est durant les périodes d'intenses sécheresses (1959 et 1964) que les spéléologues ont pu s'engager dans le gouffre et parcourir une grande partie du cours souterrain de l'Ain, levant ainsi bien des mystères. L'Ain reste une rivière pérenne (qui coule tout le temps), c'est pourquoi l'absence d'eau à la source n'induit pas une sécheresse de tout son lit. On trouvera toujours la Perte de l'Ain en eaux torrentueuses (à quelques kilomètres de là, sur la commune de Bourg-de-Sirod).

Sur votre chemin ➜ Sur la route venant à la Source, peut-être aurez-vous remarqué le sentier qui descend sur la gauche, à la hauteur d'un panneau pédagogique. Il mène en 5 min à une jolie cascade, le Saut des Maillys (ci-dessus). C'est un crochet qui vaut le détour. Là encore, c'est durant les périodes de basses eaux que vous pourrez profiter au mieux du site puisque émergent alors des formes et des dédales magnifiques. Le spectacle est des plus enchanteurs, l'eau jaillit dans un petit hémicycle pour se jeter dans une vasque aux couleurs exotiques. C'est sur ses rives que pousse l'admirable campanule à grandes feuilles, inondant le paysage de fleurs en forme de cloches violettes et plus rarement blanches.

Situation à 1,5 k
de Nans, 15 km
de Salins-les-Bains
et 30 km
de Pontarlier.

Accès par la D 49
depuis Salins-les-Ba
direction Pontarlie.
Après 14 km prend
la D 477 vers Nans-
sous-Sainte-Anne.

Visite libre
toute l'année.

Niveau F2, accès
aisé à la Source ma
descente périlleuse
dans le Creux.
1 h aller-retour.

Conseil Photo
La seule petite
difficulté réside
dans le fait que
la chute est souver
à l'ombre. Un petit
zoom vous sera uti
pour avoir la casca
plein cadre. Une
des meilleures plac
est de se poster
légèrement en ava
de la chute, le long
de la rivière.

☆☆☆ La Source du Lison

Un passage obligé pour les amateurs de nature

Au départ du large chemin, vous découvrirez que le site des sources comprend en fait la Grotte Sarrazine, la Source du Lison proprement dite, et le Creux Billard. Une promenade qui compte parmi les plus remarquables du Jura. ➜ **Sur la droite, un petit sentier mène en 15 min à la Grotte Sarrazine** : haute de 90 m, elle s'ouvre dans la falaise par un porche naturel qui abrite, en période humide, la résurgence d'une des branches du Lison. L'abondance des eaux est alors époustouflante. En période sèche, le décor est bien différent et il est alors possible de s'avancer plus profondément dans la grotte. ➜ **200 m plus loin, le sentier mène à la Source du Lison.** Une large nappe d'eau s'échappe d'une caverne et tombe en double cascade dans un bassin aux eaux claires. Ici, l'eau coule toute l'année et c'est, après la Loue, la plus puissante résurgence du Jura (jusqu'à 600 l/s). ➜ **C'est ensuite par un sentier boisé** en lacets que l'on accède à la féerie du Creux Billard. Ce cirque aux falaises impressionnantes s'ouvre, à 50 m en contrebas, sur le cours souterrain du Lison. La lumière qui parvient au cœur de ces murailles rocheuses confère au lieu une ambiance toute particulière...

Une multitude de cascades et de sources

➜ Naguère recouvert par la mer du jurassique, le département est aujourd'hui massivement constitué de calcaires. C'est le retrait de la mer et la surrection des Alpes qui les ont fait émerger. Les reliefs ainsi formés sont la proie des glaciers pour les zones hautes et des eaux courantes dans les zones basses. Les glaciations ont eu beaucoup d'effets dans le Jura, du fait de la fragilité même des calcaires. Leur action principale fut de creuser des vallées mais aussi et surtout d'engendrer un important réseau hydrographique, majoritairement souterrain.

Au Lison, les eaux réapparaissent à l'air libre après s'être perdues dans les dédales du calcaire. C'est une résurgence.

Sur votre chemin

➜ Les sites d'eau constituent toujours de bons lieux d'observation de la faune et de la flore sauvages. D'autant plus que, dans le Jura, sources et cascades se situent en forêt. Cette dernière couvre près de 40 % de la Comté, et induit une diversité des espèces exemplaire.

Bien que très riche, la flore n'est pas exceptionnelle (saponaires, gentianes, narcisses, cyclamens, lys martagon...) mais la faune est très bien représentée avec de très nombreux oiseaux (grand tétras, gélinotte, busard cendré, milan royal, cincle plongeur...). La vie foisonne également dans l'eau avec un grand nombre d'amphibiens tel le crapaud sonneur ou la salamandre tachetée.

Ne quittez pas la Source du Lison sans aller admirer le Gros Chêne, à une quinzaine de minutes à gauche de la Source. Cet adolescent de 250 printemps est déjà un arbre remarquable puisqu'il atteint les 4,80 m de circonférence.

☆☆ Le Tille de Bracon

Un tronc de 18 mètres de circonférence !

Une fois traversé le petit village d'Ivory, des panneaux indiquant « Le Tille » vous mèneront à bon port. Aussi appelé Tille de Bracon, ou bien encore Le Téméraire, l'arbre a de quoi impressionner. Modestement haut, c'est plutôt dans la largeur que ce tilleul affiche sa démesure. Les sinuosités du tronc rendent les mesures assez incertaines mais toutes donnent un tour de taille entre 15 et 20 m. Après avoir contemplé son allure extérieure et caressé avec respect le grain de son écorce, vous ne tarderez pas à trouver le passage qui conduit à l'intérieur. De là, l'emprise au sol laisse augurer un réseau de racines bien plus édifiant encore, capable d'aller puiser l'eau à des profondeurs inestimables. Est-il formé d'un tronc unique, éclaté par les mystères de la croissance végétale, ou bien de plusieurs ? Le doute persiste. Quoi qu'il en soit, sa ramure est généreuse et semble vouloir s'inscrire encore davantage dans la durée : les arbres de son espèce ont un potentiel de vie qui frôle le millénaire.

Histoire d'un arbre fabuleux ➜ Le tilleul d'Ivory est un monument historique bien insolite puisqu'il devait inscrire dans la postérité un mariage princier. C'est en 1477 que Charles le Téméraire, duc de Bourgogne, fait planter le tilleul en l'honneur de l'union de sa fille, Marie de Bourgogne, avec Maximilien d'Autriche. Mort l'année suivante, l'arbre negarda de son initiateur que le sobriquet, Le Téméraire.

Comment expliquer de telles dimensions ? ➜ Le tilleul d'Ivory n'est pas exceptionnel par son âge puisque le demi-siècle est chose courante chez les sujets du genre *tilla*, mais plutôt par sa corpulence. Il doit ses 18 m (environ) de circonférence à l'éclatement de son tronc aux alentours de son centième anniversaire. Chez d'autres, l'événement aurait été fatal. Le Tille vit plutôt là une chance de renaître, et en plusieurs exemplaires. Dès lors, on ne sut plus dire s'il y avait un

ou plusieurs troncs. Quoi qu'il en soit, tous restent unis en un seul individu pour supporter une ramure imposante.

Sur votre chemin → Les amateurs de vin ne pourront s'empêcher de faire un crochet par la toute proche localité d'Arbois. Principale ville viticole de Franche-Comté, elle est le berceau de la viticulture puisque c'est ici que Louis Pasteur effectua ses recherches sur les phénomènes liés à la vinification et à la fermentation. Les vins rouges d'Arbois sont issus de la vinification d'un cépage à peau claire, le poulsard, mais aussi du pinot noir ou du trousseau. Les blancs proviennent le plus souvent de Chardonnay mais le savagnin donne le célèbre vin jaune au goût de noix. Depuis 1995, on a vu également apparaître le crémant du Jura qui ravira tous les amateurs de pétillant.

Issu d'une tradition pastorale millénaire, le comté les accompagne à merveille. Il est fabriqué à partir du lait des vaches montbéliardes et sa qualité est protégée par une appellation d'origine contrôlée. Il est fabriqué par meules de 50 kg et affiné pendant 6 mois en caves, dans les 200 fruitières qui restent dans la région.

Situation *à 5 km de Salins-les-Bains, 30 km de Champagnole et 45 km de Dole.*

Accès *par la D 467 à partir de Salins-les-Bains en direction de Champagnole. À la sortie de Salins-les-Bains, prendre à droite la D 94 jusqu'à Ivory.*

Visite *libre toute l'année.*

Niveau *F0, visible depuis la route.*

Conseil Photo

Seul sur une photo, le géant ne paraîtra pas si gros que ça... Pour donner une échelle de référence, faites poser quelqu'un à côté de l'arbre. Vous pouvez aussi demander à la personne d'entrer dans le tronc creux, en laissant dépasser sa tête : effet bizarre garanti.

Sites complémentaires

OISE

Mer de Sable (Ermenonville)

SEINE-ET-MARNE

Chêne Jupiter (Forêt de Fontainebleau)

Gorges de Franchard (Arbonne-la-Forêt)

Les Trois Pignons (Noisy-sur-École)

YVELINES

Falaises de l'Hautil (Triel-sur-Seine)

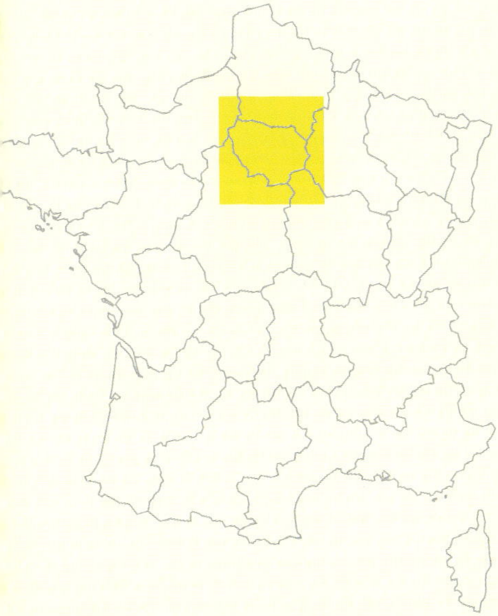

Ile-de-France

• **COMITÉ DÉPARTEMENTAL DU TOURISME DE SEINE-ET-MARNE,** 11, RUE ROYALE, 77300 FONTAINEBLEAU, 01 60 39 60 39 • **COMITÉ DÉPARTEMENTAL DU TOURISME DES YVELINES,** HÔTEL DU DÉPARTEMENT, 2, PLACE A. MIGNOT, 78012 VERSAILLES CEDEX, 01 39 07 76 49

CHAOS DE LA DAME JOUANNE

ÉLÉPHANT D'APREMONT

VAUX DE CERNAY

★★★ Le Chaos de la Dame Jouanne

Le plus haut rocher des environs de Paris

Si vous aimez les gros cailloux, cet endroit ne vous laissera pas indifférent. ➜ **Du parking,** au pied de la buvette, marchez quelques mètres en longeant le chemin de sable. C'est en serpentant à travers un dédale de roches et de racines de pins que vous accéderez au sommet du plateau qui surplombe toute la région. ➜ **L'écrin de la Dame Jouanne** est un grand rocher de 16 m qui trône au milieu du chaos environnant, vers le haut du plateau. Ici, le grès règne en maître : du sable immaculé du chemin à l'ocre brune de certaines parois, en passant par le bleu-gris des énormes blocs, c'est un régal pour les yeux. On se surprend à vouloir trouver un chemin rien qu'à soi, que d'autres n'auraient pas encore empruntés, au milieu de toutes ces roches. ➜ **Les enfants adorent !** Quant aux adultes, nombre d'entre eux s'adonnent à la varappe dans ce paradis des grimpeurs. À noter que depuis longtemps des alpinistes de renom viennent s'entraîner ici. La Dame Jouanne est sans nul doute l'un des plus remarquables chaos rocheux de France.

Comment s'est formé le Chaos ?

➜ Infime portion de la couche de grès à laquelle il appartient, le rocher basculé est planté sur la pente sableuse dans une posture que l'on pourrait croire provisoire. Le massif de Fontainebleau tire son originalité de cet environnement dunaire admirablement exotique pour la région parisienne. C'est à l'ère tertiaire, (-33 MA) qu'un courant marin intense déposa entre 30 et 60 m de sable pur (99 % de silice). Le climat désertique (comparable à celui du Tchad actuel) qui suivit le retrait de la mer entraîna la formation d'une douzaine de dunes orientées nord-est - sud-ouest. Ce n'est qu'au quaternaire que les glaciations sculptèrent la plate-forme et la disloquèrent en blocs épars. À la fonte des glaces, d'importantes quantités d'eau circulèrent

Situation *à 10 km de Nemours, 25 km de Fontainebleau et 88 km de Paris.*

Accès *par l'autoroute A 6 sortie Nemours, puis prendre la D 16 direction Larchant (près de la gare). Suivre « Dame Jouanne » sur la droite dans Larchant. Continuer jusqu'à la buvette dans la forêt.*

Visite *libre toute l'année.*

Niveau *F1. 30 min minimum.*

dans les dépressions interdunaires. Au rythme du réchauffement climatique, les eaux chargées de silice dissoute remontèrent par capillarité vers le haut de la dune. Après évaporation de l'eau, c'est la forte concentration de la silice sur les crêtes qui explique l'agglutination des grains de sables en un ciment dur. Le sable de Fontainebleau, très pur en silice, est utilisé pour faire du verre, mais il fut autrefois utilisé pour tout autre chose : on le mélangeait à une plante, la saponaire, pour fabriquer de la lessive.

Sur votre chemin → C'est sur le sable, dans les anfractuosités des rochers et dans les buissons secs, que le lézard vert préfère évoluer et c'est la plupart du temps sa fuite qui permet de le localiser. Relativement peu farouche, les pas des randonneurs ne l'éloignent que de quelques centimètres et il reste facilement observable à qui sait scruter les broussailles. Pouvant atteindre une quarantaine de centimètres, il fut longtemps associé à la vipère et inspira donc bien des méfiances. Même s'il est vrai que le lézard peut mordre fortement quand il est attaqué, il n'est nullement venimeux. Au printemps, durant la saison des amours, les mâles arborent des teintes très vives bien inhabituelles sous nos climats : leur corps est d'un vert quasi-fluorescent et leur gorge bleu turquoise.

Conseil Photo

Si vous voulez faire une photo du point de vue sur la région, tout en haut du plateau, n'oubliez pas de cadrer une roche ou un arbre en premier plan pour donner une échelle de profondeur.

★★ L'Éléphant d'Apremont *Plus vrai que nature*

La Forêt de Fontainebleau est célèbre pour ses innombrables rochers ; beaucoup portent des noms étranges, reflets des formes les plus variés. Mais dans tout ce bestiaire fantastique, l'Éléphant d'Apremont est sans doute le plus beau spécimen. On a même du mal à croire que seule la nature soit à l'origine d'une telle sculpture : la ressemblance avec un vrai pachyderme (surtout la tête) est flagrante. ➜ **Ce rocher massif,** de 2 m sur 5 environ, semble s'être « égaré » au milieu de tous les autres, tant on a l'impression qu'il est vivant et qu'il pourrait se déplacer. ➜ **On le rejoint rapidement en suivant le Sentier Denecourt n° 6** (balisage bleu), juste à la sortie du célèbre village de Barbizon. Il débute après le night-club, sur la droite de la route forestière. Il vous faudra longer les belles habitations voisines sur 50 m, puis prendre sur la gauche (toujours balisage bleu). ➜ **Environ 300 m plus loin,** l'éléphant vous attend, sur le chemin. L'aspect du rocher change radicalement d'un côté à l'autre : en fait, vous aurez deux éléphants en un seul…

Pourquoi de telles formes ? ➜

Le rocher est en grès : du sable que le temps a tassé et que l'eau a cimenté. C'est la répartition inégale des pressions et de l'eau qui a favorisé par endroits la consolidation de la roche en formes aléatoires. L'érosion fait le reste.

Qui était Denecourt ? ➜

Claude-François Denecourt fut un drôle de personnage. Après une carrière militaire, il s'établit à Fontainebleau vers 1830 et tomba aussitôt sous le charme de la forêt. Il n'aura de cesse d'en découvrir chaque recoin et de la parcourir de long en large jusqu'à la fin de sa vie. Il faut dire qu'à cette époque, la Forêt de Fontainebleau était vierge de presque tout sentier de promenade ; Denecourt, lui, voulut faire partager ses itinéraires au plus grand nombre. En 1839, il édite son premier guide ; il tracera son premier sentier trois ans plus tard.

C'est près de 150 km qui seront ainsi aménagés par ses soins. Denecourt officiait souvent de nuit pour ne pas être pris par les autorités forestières ; il donnait un nom à chaque caverne, chaque arbre remarquable chaque rocher curieux, comme cet « éléphant ».

Sur votre chemin → Le secteur de Barbizon fourmille de choses à découvrir, comme cette plaque à l'effigie des peintres Millet et Rousseau, tous deux symboles de la célèbre « école de Barbizon ». À la fin du XIXe siècle, de nombreux artistes viennent chercher ici une inspiration que seule la forêt de Fontainebleau semble pouvoir leur donner. Aujourd'hui encore, les nombreuses galeries de peintures témoignent de cet engouement. Le village est toujours très prisé des artistes.

Ne partez pas sans passer par le point de vue des Gorges d'Apremont, auquel on accède en suivant la route forestière de Sully : après la côte (en venant de Barbizon), une grande aire de stationnement apparaît sur la gauche. En marchant quelques minutes à travers la lande à bruyères, vous déboucherez sur un magnifique panorama : les Gorges d'Apremont et leurs multiples chaos rocheux...

Situation *à Barbizon, à 9 km de Fontainebleau et à 70 km de Paris.*

Accès *par l'autoroute A 6, sortie Cély-en-Bière puis rejoindre Barbizon par la N 37.*

Visite *libre toute l'année.*

Niveau *F1, sentier facile sans dénivelée. 20 min aller.*

Conseil Photo

Cet éléphant de pierre est une aubaine : beau et immobile.
Un rocher à l'étonnante forme de champignon géant est distant de quelques mètres. Pour ce dernier comme pour l'éléphant, prenez soin de vous baisser le plus possible pour renforcer le côté gigantesque des rochers.
Un grand angle vous sera salutaire.

Situation *à Cerna[y-]la-Ville, à 12 km de Rambouillet et à 40 km de Paris.*

Accès *par l'autoroute A 10, sortie Dourdan, rejoindre Limours par la D 98, puis Cernay-la-Ville par la D 24.*

Visite *libre toute l'année.*

Niveau *F1, sentier des cascade[s] accessible à tous. 30 min minimum.*

Conseil Photo
Bien que très agréables, les cascades sont loin d'ê[tre] impressionnantes ; pour vos photos, il faudra surtout jo[uer] sur l'ambiance fore[s]tière et les chaos rocheux. Au niveau de l'eau, la pause lente (1 seconde mi[ni]mum) peut donner de bons résultats a[vec] un trépied. Ne négl[i]gez pas l'Étang de Cernay, en amo[nt] des cascades : les arbres s'y reflètent à merveille.

★★ Les Vaux de Cernay *Les cascades de la forêt de Rambouillet*

Depuis Cernay-la-Ville, de nombreuses pancartes vous mèneront à bon port. ➜ **La route monte en sous-bois** et passe une petite retenue d'eau sur la droite, le Moulin des Roches. Garez-vous au niveau du Chalet des Cascades, 50 m plus loin. ➜ **Le Sentier des Cascades** commence là, à gauche du cabanon de bois. Un petit pont en rondins permet de traverser la rivière pour découvrir les cascades : dans une gorge étroite, les eaux dévalent en multiples cascatelles à travers un chaos de grès. On longe la rive gauche jusqu'au buste du peintre Pelouse, entouré d'arbres tricentenaires, puis on arrive à l'Étang de Cernay, créé par les moines de l'abbaye. ➜ **Un large chemin** permet de continuer la promenade sur la droite au bord de l'eau, ou sur la gauche en sous-bois. ➜ **Le retour** se fait par le même chemin. Le site permet une promenade très agréable et assez dépaysante tout près de Paris.

Comment s'est formé le Bassin Parisien ?

➜ Le Bassin Parisien s'étend bien au-delà de Paris puisqu'on considère qu'il couvre une grande partie du nord de la France. C'est une vaste cuvette limitée au nord par les Adennes, à l'est par les Vosges et le Jura, au sud par le Massif central et à l'ouest par le Massif armoricain. On le compare souvent à une pile d'assiettes car les couches qui le composent sont horizontales. Cette disposition s'explique par la formation même du bassin : durant l'ère secondaire, les massifs anciens que nous venons de citer limitaient un vaste golfe occupé par la mer. Celle-ci déposa durant toute l'ère qui suivit de nombreuses couches de sédiments. Ses va-et-vient sont nombreux ; calcaires, sables, marnes, gypses se succèdent en s'empilant. Parmi eux, le sable de Fontainebleau dont la surface se transforme en grès, forme un étage important. On le trouve à Fontainebleau mais aussi à Rambouillet. Quand la mer se retire, les rivières achèvent de donner la physionomie actuelle du bassin. Les sables de Fontainebleau sont le plus souvent emportés et ne subsistent que sous forme de chaos rocheux, comme aux Vaux de Cernay.

Sur votre chemin

➜ Les Vaux de Cernay font partie du parc naturel régional de la Haute Vallée de Chevreuse, créé en 1984. Il est étonnant du fait de sa proximité avec la capitale, mais ici la nature est sauvegardée. Véritable poumon du parc, la Forêt de Rambouillet recèle de grands gibiers : cerfs, daims, chevreuils, sangliers. On y recense également 37 espèces végétales protégées dont 6 au niveau national et plus de 160 rares ou très rares pour l'Île-de-France. 70 espèces d'oiseaux dont 4 rapaces nocturnes ont élu domicile au sein du parc. Près des Vaux, vous pourrez également découvrir le parc floral du château de Dampierre ou le jardin du château de Breteuil, riche de plus de 150 espèces d'arbres. Pour voir quelques animaux en semi-liberté, il vous faudra parcourir les sentiers de l'Espace Rambouillet (100 rapaces, cerfs, sangliers, biches, daims, aurochs…).

Sites complémentaires

AUDE

Gorges de Saint-Georges (Quillan)
Gouffre de l'Œil Doux (Gruissan)
Grotte du Limousis (Limousis)
Grottes de L'Aguzou (Fontanès-de-Sault)
Trou de la Crouzade (Gruissan)

GARD

Cirque de Navacelle (Blandas)
Concluses (Lussan)
Gouffre des Espélugues (Collias)
Grotte de la Cocalière (Courry)
Grotte de Trabuc (Mialet)
Source de Lafoux, Gorges de la Vis (Vissec)

HÉRAULT

Canyon du Diable (Saint-Jean-de-la-Blaquière – Montpellier)
Chaos de Camp Rouch (Pégairolles-de-l'Escalette)
Cirque de Mourèze (Clermont-l'Hérault)
Gouffre du Cerisier, Gorges d'Héric (Mons-La-Trivalle)
Grotte de Clamouse (Saint-Jean-de-Fos)
Grotte de la Devèze (Courniou)
Grottes de Fauzan (Minerve)
Pic Saint-Loup (Saint-Martin-de-Londres)
Ravin des Arcs (Notre-Dame-de-Londres)

LOZÈRE

Cascades des Runes et de la Lozerette (Le-Pont-de-Montvert)
Gorges de la Jonte (Meyrueis)
Grotte de Dargilan (Meyrueis)
Grotte et Cascade de Deroc (Nasbinals)
Rocher du Capluc (Le Rozier)

PYRÉNÉES-ORIENTALES

Grotte de Fontrabiouze (Mont-Louis)
Grotte des Grandes Canalettes (Villefranche-de-Conflent)
Lac des Bouillouses (Mont-Louis)
Torrent de la Têt (Capcir)

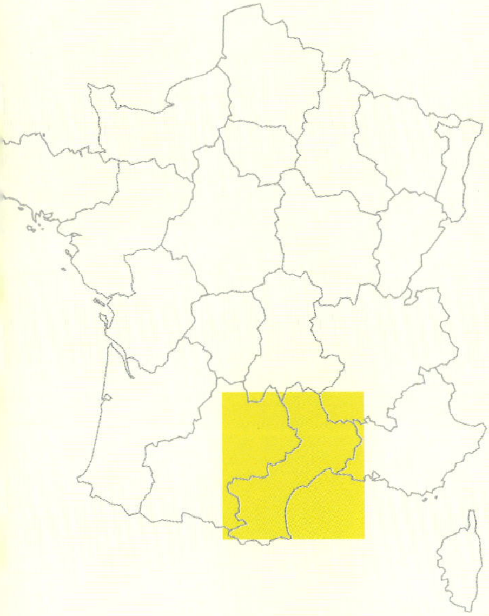

Languedoc Roussillon

• **COMITÉ DÉPARTEMENTAL DU TOURISME DE L'AUDE,** CENTRE ADMINISTRATIF DÉPARTEMENTAL, CHEMIN MOULIN DE LA SEIGNE, 11855 CARCASSONNE CEDEX 9, 04 68 11 66 00 • **COMITÉ DÉPARTEMENTAL DU TOURISME DU GARD,** 3, PLACE DES ARÈNES, 30010 NÎMES CEDEX 04, 04 66 36 96 30 • **COMITÉ DÉPARTEMENTAL DU TOURISME DE LA LOZÈRE,** 14, BD HENRI BOURRILLON, 48001 MENDE CEDEX, 04 66 65 60 00 • **COMITÉ DÉPARTEMENTAL DU TOURISME DE L'HÉRAULT,** AV. DES MOULINS, 34034 MONTPELLIER CEDEX 01, 04 67 67 71 71 • **COMITÉ DÉPARTEMENTAL DU TOURISME DES PYRÉNÉES-ROUSSILLON,** 7, QUAI DE LATTRE DE TASSIGNY, 66005 PERPIGNAN CEDEX, 04 68 34 29 94

ABÎME DE BRAMABIAU

AVEN ARMAND

BAUME DU GARDON

CASCADE DU SAUTADET

CHAOS DE NÎMES-LE-VIEUX

DÉTROITS DU TARN

GORGES DE GALAMUS

GORGES DE LA FOU

GORGES DE LA FRAU

GROTTE DES DEMOISELLES

MER DES ROCHERS DE SAUVE

ORGUES D'ILLE-SUR-TÊT

PONTS NATURELS DE MINERVE

Situation *à 17 km de Meyrueis, 40 km du Vigan et 50 km de Millau.*

Accès *par la D 986 entre Meyrueis et le Vigan.*

Visite *payante ; ouvert d'avril à mi-novembre.*

Niveau *F2, visite de l'Abîme accessib à tous, petite march (15 min) en sous-bo pour rejoindre l'entrée. Visite : 50 min.*

Conseil Photo

Par beau temps, ne manquez pas la belle chute d'eau à l'entrée de l'Abîm À l'intérieur, il fait rapidement très sombre et les imposantes dimensions des salles rendent l'efficacité du flash assez aléatoire. Les meilleures phot sont à faire à l'entr du site, de l'intérieu vers l'extérieur ; on peut ainsi cadre le torrent qui sort par l'énorme faille, vers le jour.

☆☆☆ L'Abîme de Bramabiau *Le palais du Bonheur...*

Bramabiau n'a pas la modestie d'une entrée discrète. ➜ **La vaste crevasse** dans le Plateau de Camprieu ne saurait passer inaperçue. Les billets d'entrée se prennent au niveau du parking, le long de la D 986. Puis, c'est en cheminant en sous-bois, que l'on se rend sur place : un hémicycle vivifié par la Résurgence du Bonheur, torrent plus ou moins impétueux suivant les saisons. La visite commence ici, au pied des 80 m de falaise, véritable symphonie d'ocres brunes et d'argiles versicolores. ➜ **Après la majestueuse entrée** voûtée en cathédrale gothique de 37 m de haut, on entre sous terre pour découvrir 700 m de galeries. Tantôt sur la rive droite, tantôt sur la rive gauche, les corniches surplombent de multiples cascades au plus profond de la Grande Diaclase. ➜ **Après avoir franchi un petit lac,** les escaliers mènent au Chaos Rocheux du Pas-du-Diable, fantastique d'équilibre. L'ensemble du parcours est à couper le souffle. Bramabiau n'est décidément pas une grotte comme les autres.

Dans les arcanes de Bramabiau ➜

Même si quelques traces préhistoriques montrent que l'Abîme eut de très anciens visiteurs, rares sont les téméraires qui eurent la velléité de s'y aventurer avant le XVIIIe siècle. Redoutant la survenue de quelques maléfices, nul ne se serait risqué à franchir les portes de l'enfer.

Tout a commencé au fond d'une mer lagunaire, il y a 250 millions d'années, par l'accumulation en couches successives de quelque 150 m de calcaires.

Cependant, les plus observateurs remarqueront que c'est du granite qu'ils ont traversé dans le sous-bois en arrivant.

L'explication de cette étonnante juxtaposition est simple : entre les deux roches court une grande faille d'une trentaine de kilomètres de longueur, dont le décalage d'un bord à l'autre est de l'ordre de 300 m. Conjointement à cette faille majeure, d'autres failles plus petites se sont formées et ont été très vite surcreusées par les rivières dès que la mer s'est retirée.

Parmi elles, le Bonheur s'insinua au plus profond du Plateau de Camprieu pour y former un véritable canyon souterrain.

Sur votre chemin ➜

C'est dans les sous-bois qui mènent à l'abîme que les plus naturalistes seront comblés. La dualité du sol (granite-calcaire) permet à une large palette de végétaux de voir le jour. Au total, ce sont plus de 70 espèces de plantes qui y ont été recensées. Autour de Camprieu, les animaux les plus divers vivent paisiblement, n'étant dérangés par aucune vraie pollution et trouvant leur nourriture en abondance.

Cependant, beaucoup d'espèces ont été éradiquées. C'est le cas des vautours qui nichaient encore par centaines dans un porche de l'abîme en 1893 et qui furent sauvagement exterminés dans les années 30 ; le loup était encore présent il y a 50 ans dans la forêt de l'Aigoual, l'ours brun disparut vers le XVe siècle, et le grand cerf fut éradiqué au XVIIIe siècle. Depuis, l'homme tente de se racheter une conduite en réintroduisant grands cerfs, chevreuils et vautours fauves.

☆☆☆☆☆ L'Aven Armand

Rêve des mille et une nuits dans une forêt minérale

C'est sous l'immensité désertique du Causse Méjean que cette merveille souterraine rivalise avec les plus grands sites de renommée internationale. Qui pourrait deviner que le fantastique spectacle de désolation de la surface fait place, en profondeur, à une telle féerie des formes ? Pour que chacun puisse s'émerveiller, c'est le funiculaire qui remplace la descente en corde par la cheminée verticale de 75 m, autrefois seule voie d'accès à l'aven. Les dimensions y sont complètement irréelles : avec ses 197 m de profondeur, la salle pourrait aisément contenir Notre-Dame de Paris ! Les éblouissantes concrétions se sont édifiées dans cette salle unique pour former une véritable forêt de palmiers pétrifiée. Certains peuvent atteindre 3 m de diamètre et s'élever jusqu'à 25 m de hauteur. Toutes rivalisent de fantaisie et d'inventivité aléatoire pour être plus étincelantes que leurs 400 congénères minérales. Mais une chose est sûre, elles sont toutes aussi scintillantes dans ce « rêve des mille et une nuits ».

Aux frontières du réel ➜ L'Aven porte le nom de son découvreur, Louis Armand, serrurier au Rozier. Le 18 septembre 1897, il revient du Causse Méjean en vociférant « Je suis tombé par hasard sur un maître trou, c'est certainement un des meilleurs. » Le lendemain c'est la caravane de E.-A. Martel qui l'accompagne, avec plus de 1 000 kg de matériel. « Superbe, magnifique [...] une vraie forêt de pierre » déclare-t-il en découvrant l'Aven. Il en est depuis le propriétaire originel. Ce ne fut toutefois qu'en juin 1926 que les travaux d'aménagement commencèrent.

Le travail de l'eau ➜ Ce sont les eaux de ruissellement voulant rejoindre le niveau de la nappe souterraine qui ont initié la corrosion du Causse en surface puis en profondeur. L'élargissement progressif des fissures finit par former quatre cheminées voisines. Dessous, une vaste salle se creuse au gré du ruissellement des eaux et un puits conduit l'eau toujours plus près de la nappe. En partie

Situation *à 13 km de Meyrueis, 20 km de Sainte-Énimie et 55 km de Millau.*

Accès *par la D 996 entre Millau et Florac. À Meyrueis prendre la D 986 vers Sainte-Énimie, après 8 km tourner à gauche vers l'Aven.*

Visite *payante ; ouvert du 31 mars au 3 novembre.*

Niveau *F1, funiculaire, marches et rampes accessibles à tous. Visite : 45 min.*

fragilisée, sa voûte s'effondre jusqu'à boucher le puits à 197 m de profondeur. Dès lors, c'est sur les éboulis que va se mettre en place une profusion de concrétions, par dépôts de carbonate de calcium sur la voûte et le sol.

Sur votre chemin ➜ Ce n'est pas dans ces antres de pénombre que « foisonnent » la faune et la flore cévenoles, quoique le climat y soit moins rude qu'en surface. Nous sommes sur le Causse Méjean, entre 500 et 1 000 m d'altitude, théoriquement à l'étage des chênes à feuillage caduc et du châtaignier. Malheureusement, le Causse n'en a gardé que peu de traces. Le châtaignier, qui recherche les sols acides, n'y est pas représenté puisque la roche est calcaire, et le chêne pubescent n'y subsiste que localement. Malgré l'apparente pauvreté du milieu, le Causse recèle en outre une grande diversité de plantes à fleurs telles l'anémone pulsatile, l'adonis printanière, la carline à feuille d'acanthe ou encore les cheveux d'anges. L'avifaune y est également très riche : on y surprend les vols du traquet motteux, de l'alouette lulu, de la pie grièche, de la perdrix rouge ou du pipit des prés qui y est hivernant.

⋆⋆La Baume du Gardon

Une grotte-tunnel au milieu des Gorges du Gardon

Plusieurs itinéraires sont possibles pour pénétrer au cœur des Gorges du Gardon. Bien que leur découverte soit assez exceptionnelle depuis un canoë, c'est à pied que nous vous mènerons jusqu'à cet original antre de pénombre : la Baume du Gardon. N'oubliez pas de vous munir d'une lampe car, sans elle, vous seriez bloqué à mi-parcours. ➜ **C'est sur la place du village de Sanilhac** que nous vous recommandons de garer votre véhicule (ne vous risquez pas à économiser vos pas en allant vous garer dans les vignes car les voitures y sont systématiquement dépouillées). ➜ **Le sentier part à travers les vignes,** prendre à gauche puis à droite le chemin qui monte. De temps en temps, un balisage rouge, pas toujours très repérable, indique la direction des gorges. ➜ **Jusque là assez large, le parcours devient plus étroit** et assez accidenté. Il zigzague dans la garrigue jusqu'à la grotte-tunnel. Même très puissants, les rayons du soleil ne viendront pas à bout de l'obscurité qui règne en ces lieux, et il vous faudra rapidement allumer votre torche pour trouver la sortie. ➜ **De l'autre côté,** le chemin descend jusqu'à un moulin en ruine, au bord des eaux limpides et calmes qui invitent à la baignade.

Les Gorges du Gardon ➜ Il y a 200 millions d'années, une mer tropicale identique à la Polynésie actuelle baigne la région. Des coraux visités par une faune riche favorisent le dépôt de puissantes couches de sédiments. C'est à la fin du crétacé (-96 MA) que la mer se retire provisoirement et qu'émergent quelques massifs : garrigues et plateaux se dessinent. Bien après (il y a 20 millions d'années), la mer revient, investissant toutes les zones basses et les massifs de garrigue. Il faudra finalement attendre la surrection des Alpes pour qu'émerge définitivement le sol gardois. Alors soumises à une très intense érosion (ruis-

Situation *à Sanilhac-Sagriès, à 6 km d'Uzès et à 20 km de Nîmes.*

Accès *par la D 979 depuis Nîmes, direction Uzès, tout de suite après l'indication Pont-Saint-Nicolas tourner à droite vers Colias.*

Visite *libre toute l'année.*

Niveau *de F2 à F3, sentier à fort dénivelé, certains passages vertigineux non dangereux. 1 h 15 aller.*

sellement des eaux, vents...), les gorges sont taillées comme à l'emporte-pièce et de larges réseaux souterrains sont creusés. Le Gardon primitif s'installe dans les puissants calcaires urgoniens et en 6 millions d'années parvient à trouver sa voie actuelle au rythme de 2,5 cm par siècle. En 4 millions d'années, le Gardon s'est donc enfoncé d'une centaine de mètres et ce n'est qu'un début...

Sur votre chemin ➜ Site classé en 1982 au titre des sites naturels remarquables, les Gorges du Gardon s'étendent dans un écrin de garrigue. Autrefois boisée de chênes verts et de pins d'Alep, la forêt a été complètement détruite par l'homme. Ceux qui permettaient la formation d'un sol de terre végétale n'existent plus, et rares sont les endroits où la roche n'a pas été mise à nu par l'érosion. De-ci, de-là quelques chênes kermès, cistes, genêts épineux ou asphodèles accompagnent encore les plantes aromatiques dans ces montagnes arides brûlées par le soleil. Certaines inflorescences parviennent cependant à résister. C'est le cas des coronilles, des chèvrefeuilles, des iris et autres cyclamens des Baléares. Près de 148 espèces d'oiseaux sont régulièrement observées dans les Gorges dont certaines assez rares comme le vautour percnoptère, l'hirondelle de rivage et l'aigle de Bonelli.

Conseil Photo *Par beau temps, la réverbération sur la roche est très importante ; surexposez de 1 IL si vous faites de la diapo. L'intérieur de la grotte n'est pas très photogénique ; il est plus intéressant de photographier le paysage extérieur, vu par les portes d'entrée de la grotte.*

Situation *à la Roque-sur-Cèz à 12 km de Bagnol sur-Cèze et 25 km de Barjac.*

Accès *par la N 86 depuis Bagnols-sur-Cèze en direction d Pont-Saint-Esprit pu bifurquer à droite, s la D 980 en directio de Barjac jusqu'à la D 166 qui mène à la Roque-sur-Cèze*

Visite *libre toute l'année.*

Niveau *F1, sentie sur rives parfois un peu escarpés, accessibles à tous. 10 min aller.*

Conseil photo
Le site peut être tr photogénique, pou peu que vous long la rivière, sur les rochers. Sous le so la roche blanche d vous inciter à surex ser vos diapos de 1 Un filtre jaune (81 peut être utile pou adoucir la lumière. Attention, en été il vous sera presqu impossible d'éviter la foule...

★★ La Cascade du Sautadet *La Cèze dans son écrin de roche*

Une fois parvenu au village de la Roque-sur-Cèze, c'est en suivant les indications ou la rivière que l'on accède sur le grand domaine du Sautadet. Noir de monde durant les chaleurs estivales, c'est en dehors de cette période que l'on apprécie pleinement le site. L'endroit est digne des plus grands paysages de rivière du Gard, la Cèze file, bondit, stagne ou déambule de méandres en cuvettes dans un labyrinthe de pierre blanche. Ici, recoins et petites falaises invitent aux plongeons et à la baignade dans une eau sombre mais chaude. ➜ **Ce gigantesque terrain de jeu aquatique** ravira tous les amoureux des rives sauvages et accueillantes du Gard. Outre la baignade, il est possible de parcourir les bords de la Cèze jusqu'à la Cascade du Sautadet, en bout de parcours. ➜ **La chute** n'est pas grandiose mais ce saut d'une dizaine de mètres de hauteur dynamise la Cèze en d'autres endroits plus calmes. Ici, il arrive que les eaux se déchaînent, comme en témoignent les rondins de bois abandonnés sur les rives. Mieux vaut donc rester prudent et respecter les consignes de sécurité.

La Cèze à travers les ères ➜ La Cèze qui coule ici et forme ce site somptueux, a un destin étroitement lié à celui du Rhône, coulant un peu plus à l'est. Elle entaille le large plateau calcaire du Gard avant de le rejoindre au niveau de Montfaucon. Pour se frayer un chemin au plus profond de la roche, l'eau aura dû œuvrer pendant près de 30 millions d'années. La très faible pente du plateau à permis à cette dernière de prendre son temps et de dessiner ces méandres devenus si beaux et si ludiques aujourd'hui. Pour tracer son chemin, la Cèze aura profité de la faiblesse de la roche, fragilisée et faillée par les mouvements de la croûte terrestre lors du soulèvement des Alpes. Depuis lors, l'eau rogne irrémédiablement, toujours plus profondément dans la verticalité.

Sur votre chemin ➜ Le paysage botanique du Gard est classiquement nord-méditerranéen. Les chênes verts tendent un peu à disparaître au profit de l'épineux chêne kermès et autres genévrier oxycèdre, phénicie, aubépine ou paliure austral. C'est plutôt sur les taillis de bord de friche qu'apparaissent une multitude de plantes basses et d'herbacées tels le fragon, le chèvrefeuille, le cyclamen des Baléares ou encore les orchidées. Ils sont habités par l'impressionnant lézard ocellé mesurant près d'un mètre de long et la coronelle girondine, un serpent inoffensif. Dans les gorges, le changement est radical. Il s'y développe une ripisylve et une forêt-galerie discontinue, où les peupliers blancs et noirs s'imposent aux frênes fusains et cornouillers sanguins. Elles hébergent un hôte très discret, le castor.

★★★Le Chaos de Nîmes-le-Vieux *Un labyrinthe de rochers ruiniformes*

C'est sur le Causse Méjean, entre les hameaux de l'Hom et de Veygalier que se cachent les plus authentiques rochers ruiniformes de la région des Grands Causses. Bien que récemment aménagé (parcours balisé en jaune et plaques pédagogiques), l'endroit est plus sauvage que Montpellier-le-Vieux, sur le Causse Noir. Dans une immensité complètement dénudée, on serpente dans un labyrinthe de pierre comme dans les rues d'une ville fossile. L'eau, naguère très abondante, brille dorénavant par son absence. Mais les formes torturées qu'elle a sculptées en ces lieux sont des plus exceptionnelles. Atteignant 10 à 50 m de haut, certains rochers sont bien plus impressionnants par leur allure que par leurs dimensions. On s'étonne de certains équilibres, on s'émerveille de quelques ressemblances animalières… Ici, l'immensité impose sa loi, celle du silence, que seuls quelques bêlements de brebis ou quelques tintements de cloches viennent rompre.

Nîmes, le joyau du Causse Méjean

➜ Des Grands Causses, le Causse Méjean est le plus près des étoiles : il s'étage de 800 à 1 247 mètres. Il est séparé du Causse de Sauveterre, au nord, par les Gorges du Tarn et du Causse Noir, au sud, par celles de la Jonte. Il tire son nom de sa position par rapport aux autres causses, Méjean vient de l'occitan et signifie « du milieu ». C'est aussi celui qui connaît le climat le plus rude ; ses hivers très rigoureux lui coûtent d'être presque complètement dépeuplé avec moins de 2 habitants/km². Le Chaos de Nîmes-le-Vieux doit ses formes à la nature dolomitique de la roche. Proche du calcaire, la dolomie en est une variante plus résistante. Le calcium du calcaire, remplacé par du magnésium dans la dolomie, rend la roche moins soluble dans l'eau. C'est ainsi que le ruissellement a fait disparaître une bonne épaisseur du causse pour ne laisser en relief que les parties plus dures. Issu d'un

Situation *à 18 km de Meyrueis, 20 km de Florac et 60 km de Millau.*

Accès *par la D 907 depuis Florac, direction Millau puis au hameau Vebron prendre la petite route qui mène à Nîmes-le-Vieux via Villeneuve et Veygalier.*

Visite *libre toute l'année.*

Niveau *de F1 à F2, sentiers balisés. Parcours : 1 h 30.*

Conseil Photo
Évitez le milieu de journée car la lumière est trop dure. Dans un paysage comme celui-ci, les choses changent en fonction de notre angle de vue : n'hésitez pas à vous retourner fréquemment et à faire le tour complet d'un rocher pour dénicher son meilleur profil. C'est sur les hauteurs de Veygalier que vous trouverez le plus étonnant rocher en équilibre.

calcaire déposé sous la mer du jurassique, le calcaire des causses fut riche en fossiles. Ce n'est pas dans les rochers ruiniformes que l'on pourrait en observer puisqu'ils ont été dissouts. À leur emplacement ne subsiste que le vide ; les scientifiques les qualifient de fossiles fantômes.

Sur votre chemin ➜ Dans ces rochers, le lichen orangé a un rôle prépondérant puisqu'il conditionne l'arrivée d'autres plantes. En tapissant la roche, il favorise la formation de microfissures qui s'agrandissent avec le gel. À force d'érosion, la roche libère des minéraux qui génèrent un sable où les mousses et graminées peuvent s'installer. Ce sont elles qui retiendront l'eau et permettront à des plantes à fleurs de voir le jour. C'est le cas de la potentille caulescente, de la saxifrage des Cévennes ou de la carlines (ci-contre) que l'on ne trouve qu'ici. C'est collées au rocher que de telles fleurs arrivent à subsister : elles diminuent leur prise au vent et par conséquent leur consommation d'eau . La présence de petits poils à la surface des feuilles optimise le captage de l'humidité. L'avifaune est beaucoup plus diversifiée ; on y croise le traquet motteux, l'alouette lulu, la pie grièche, la perdrix rouge. Mais c'est la buse variable qui reste la plus visible du printemps à l'automne.

Situation entre Le Rozier et Sainte-Énimie, à 21 km de Millau et 21 km [de] Séverac-le-Château.

Accès par la N 9 depuis Millau, direction Saint-Flour, la D 907 direction Florac, puis la D 907bis qui parcou[rt] les Gorges.

Visite libre toute l'année.

Niveau de F1 à F3, l'ensemble des Gor[ges] se parcourt en voit[ure] ou en canoë. 1 h minimum.

Conseil Photo

Pour cette petite expédition aquatiq[ue] l'idéal est d'avoir un appareil compac[t] « tout temps », qui craint pas les éclaboussures. À défau[t] les loueurs de cano[ë] fournissent des caissons étanches : n'hésitez pas à y ranger votre matér[iel] photo dès que vous pagayez. En été, mieux vaut partir v[ers] 10h30 de La Malène avant, pas assez de soleil, et après il y a trop de mond[e].

☆☆☆ Les Détroits du Tarn *Merveilles des Gorges du Tarn*

C'est au départ de La Malène que vous pourrez louer canoës ou kayaks pour découvrir l'un des plus sensationnels sites des Gorges du Tarn : les Détroits. Si voguer sur les eaux vives vous effraie ou si vous visitez les gorges entre les mois d'octobre et d'avril, vous pourrez toujours les parcourir en voiture, ou bien encore emprunter le sentier des hautes corniches du Causse Méjean. Quel que soit le moyen de transport employé, l'endroit est enchanteur ; inchangée depuis des siècles, la nature y est restée authentique et les eaux limpides. Parcourir le fond des gorges au fil de l'eau permet de découvrir, méandre après méandre, d'insoupçonnées petites criques de galets au pied des abrupts. Entre les multiples formes et teintes, aucune monotonie ne s'instaure : le spectacle y est sans cesse renouvelé. ➜ **Les Détroits** constituent la partie la plus resserrée du canyon. On les découvre après avoir passé la Grotte de la Momie au pied d'immenses falaises atteignant 400 m de haut. Ensuite, la vallée s'élargit sur le magnifique Cirque des Baumes. La navigation s'arrête peu après, mais on aura passé un moment inoubliable.

Dans le mystère des Gorges ➜ Le Tarn prend sa source au Mont Lozère à 1 575 m d'altitude. Après une descente tumultueuse, il pénètre dans la région des Causses, au niveau de Florac où son cours est guidé par une série de failles élargies en canyon. Les hautes murailles calcaires n'auront laissé aucun affluent arriver jusqu'au Rozier, du moins aucun qui ne soit aérien. Par contre c'est plus d'une quarantaine de résurgences souterraines, venues du Causse Méjean et du Causse de Sauveterre, qui se précipitent dans le Tarn. Constitué de calcaire, de marnes et de dolomie, le canyon a été modelé par les eaux en profils très différents : abrupts, chaos, chicots rocheux, talus… D'un bout à l'autre, les gorges atteignent des dimensions impressionnantes. Dans le bas, elles sont larges de 30 à 500 m, alors qu'au sommet les corniches sont espacées de 1 à 2 km. À le voir si calme en période estivale, nul ne soupçonnerait que le Tarn continue inlassablement d'élargir le canyon. En périodes humides, les crues chargées de sédiments montrent bien que l'érosion est encore très active.

Sur votre chemin ➜ Les Gorges du Tarn sont sous la protection du parc national des Cévennes. C'est, par son étendue, le deuxième des six parcs nationaux français. Sur les causses situés à une altitude proche des 1 000 m, le climat est aride et très rigoureux en hiver. Ces causses sont recouverts d'une steppe herbeuse, de buissons à genêts, de genévriers et de quelques arbres (pins sylvestres, hêtres, chênes…). Dans les gorges, les conditions moins rigoureuses entretiennent une flore particulièrement riche. Côté faune, le parc permet l'observation de nombreux rapaces tels le faucon crécerelle, le milan royal, la bondrée apivore ou encore le hibou grand-duc. Dans les gorges, on peut croiser deux espèces de vautours, le percnoptère d'Égypte et le vautour fauve.

Situation *à 10 km de Saint-Paul-de-Fenouillet, 33 km d'Axat et 40 km de Perpignan.*

Accès *par la D 117 depuis Perpignan direction Quillan. À Saint-Paul-de-Fenouillet prendre à droite la D 7 qui mène aux Gorges.*

Visite *libre toute l'année.*

Niveau *F1 pour la descente à l'Ermitage (15 mi[n] aller) et F3 pour descendre au nivea[u] de l'eau (30 min all[er]*

Conseil Photo
Le site est vaste et charmant ; aucune difficulté côté phot[o]. Vous pouvez prend[re] des vues générales depuis le parking, puis marcher jusqu'[à] l'Ermitage pour une photo rapprochée. Ne négligez pas de vous balader le long de la route très étroite (attenti[on] aux voitures) qui domine les Gorges : le canyon y devient très profond et vou[s] ferez de belles pho[tos] avec un petit zoom.

★★★ Les Gorges de Galamus *Impressionnantes et méconnues*

Dans ce pays où le roc est roi, les Gorges de Galamus sont bien trop majestueuses pour ne pas être reines. Astucieux mariage de la pierre et de l'eau, elles offrent aux départements qu'elles traversent, l'Aude et les Pyrénées-Orientales, matière à sublimer, à impressionner et à amuser. ➜ **On descend dans ce petit paradis** à partir du parking, sur la gauche, au tout début des Gorges (en venant de Saint-Paul). ➜ **Ces murailles rocheuses** qui, aux alentours, supportent tant de forteresses cathares, abritent ici l'ermitage Saint-Antoine. Fréquenté depuis le VIIe siècle, ce havre de paix constitue l'âme des gorges. C'est dans un calme religieux que le petit sentier mène à sa grotte-chapelle. ➜ **Les plus intrépides choisiront plutôt de rejoindre l'Agly** coulant tout au fond des Gorges. Pour découvrir l'eau claire, ses marmites de géants et ses toboggans naturels, le chemin est périlleux : il est d'ailleurs indiqué comme dangereux… C'est donc avec une extrême prudence qu'il convient de s'y aventurer.

L'incessant travail de l'eau ➜ En parcourant les Gorges de Galamus d'un bout à l'autre, on croise des paysages très diversifiés. Au nord, les argiles et les grès dominent pour former des reliefs vallonnés recouverts de chênes blancs et de hêtres. Dans les Gorges elles-mêmes, les calcaires et les dolomies forment les escarpements rocheux qui font le succès de Galamus. C'est là que les gorges prennent l'aspect d'un profond canyon où les « marmites de géants » sont parcourues par les eaux claires et tumultueuses de l'Agly. Elles seront rejointes, à la sortie des Gorges, par la Résurgence de la Tirounère. Au sud, dans la Vallée de Saint-Paul, les marnes forment des coteaux recouverts de vignes et de garrigue.

L'ermitage Saint-Antoine ➜ Nul ne sait depuis quand les ermites sont venus s'installer dans les grottes naturelles de Galamus mais les premiers écrits datent du XVe siècle. Entre 1482 et 1560, l'Ermitage est aux mains des Franciscains. En 1791, il devient bien national et est vendu aux enchères publiques. Mais il faudra attendre 1843 et l'arrivée du père Joseph Chiron pour qu'il retrouve la tradition franciscaine.

Sur votre chemin ➜ Partagées entre deux départements, les Gorges de Galamus constituent également un véritable tampon entre les domaines catalan et occitan. C'est dans le massif des Fenouillèdes, non loin des Corbières, qu'elles ont creusé leur lit, dans une région où la viticulture est particulièrement importante. Bien que l'Agly coule au fond du ravin, le paysage reste aride ; les rocailles sont envahies de cyprès et de buissons épineux, mais aussi de chênes verts, de genévriers de Phénicie, de térébinthes, de filaires et de buis. En juin, un buisson épineux, l'alysson à gros fruits, sort son apparat d'été et illumine la garrigue de ses petites boules blanches.

Situation *à 7 km d'Amélie-les-Bains, 17 km de Prats-de-Mollo-La-Pereste et 40 km de Perpignan*

Accès *par l'autoroute A 9, sortie Le Boulou (43), puis prendre la D 115 direction Amélie-les-Bains puis Prats-de-Mollo-La-Preste.*

Visite *payante ; ouvert d'avril à octobre.*

Niveau *F1, passerelles, port du casqu obligatoire (prêt gratuit). 1 h aller-retour.*

Conseil Photo

Le site se prête mal à la photo : beaucou trop étroit et sombre... Vous pourrez quand mêm faire quelques jolies photos avec un gra angle, en jouant sur les perspectives La flore très particu lière qui pend sur les parois peut auss être intéressante : zoom et flash nécessaires.

☆☆☆ Les Gorges de la Fou *Les plus étroites du monde*

Situées à 2 km d'Arles-sur-Tech, ces gorges aux dimensions uniques (200 m de haut et moins d'1 m de large par endroits) se vivent comme une aventure. ➜ **C'est muni d'un casque que l'on pénètre sur les passerelles métalliques** qui traversent les 1 500 m visitables du canyon. Suspendues à quelques mètres au-dessus de l'eau, elles s'insinuent au gré des méandres dans un hallucinant défilé. ➜ **Le torrent** tout menu qui coule au fond de l'abîme a donné son nom aux gorges : la Fou vient d'un vieux mot catalan signifiant précipice. Elle y a naguère sculpté des marmites de géants et s'y précipite aujourd'hui en cascades. ➜ **Un grillage très sécuritaire** accroché au bas des parois masque un peu le paysage, mais la promenade reste des plus insolites et des plus rafraîchissantes en été (16 °C à l'intérieur). Certains blocs se sont vus arrêtés net dans leur chute et demeurent prisonniers des étroites falaises de marbre calcaire.

Les mystères du fond de l'abîme ➜ Ce site dantesque a longtemps alimenté la rumeur populaire : ces vertigineux abîmes étaient, dit-on, l'habitat des sorcières et génies hostiles. Après eux, ce sont les trabucayres du siècle dernier qui vinrent occuper les gorges. Ces détrousseurs de diligences, qui écumaient les routes catalanes, se cachaient au fond du canyon pour échapper aux soldats. C'est dans le Valespir, à quelques pas du Canigou, que les eaux de la Fou se donnent en spectacle. En 50 km de distance, l'altitude passe de 1 500 à 120 m. La Fou se charge alors de mille particules agressives et dévore sans peine les centaines de mètres d'épaisseur de marbre.

Qu'est-ce que le marbre ? ➜ On utilise parfois l'appellation marbre pour toute roche qui peut prendre un beau poli. Mais le marbre au sens strict ne concerne que les roches calcaires. C'est sous l'action de la chaleur et de la pression (le métamorphisme) que ces dernières se transforment en marbre. Le marbre est donc du calcaire recristallisé en calcite. C'est en principe l'enfouissement et l'écrasement qui génèrent cette transformation.

Sur votre chemin ➜ À l'abri du mont Canigou, le Vallespir se situe dans une zone de transition. Ici se termine la montagne et commencent les plateaux. L'endroit est le paradis des cerisiers, des mimosas et des chênes-lièges. Au creux des vallées, l'accumulation de sédiments argileux très fertiles fournit un substrat de choix pour les vignes (Corbières et Minervois). Entre Arles-sur-Tech et la frontière espagnole, s'étend le massif des Albères, réputé pour son apéritif de Banyuls. Dans les châtaigniers, chênes-lièges et autres micocouliers, quelques oiseaux remarquables nichent, tel cet unique couple d'aigles de Bonelli, ou quelques circaètes Jean-le-Blanc. Sur le versant oriental du massif, la réserve naturelle de la Massane abrite la belle forêt de Coulomates et ses arbres tricentenaires. Les arbres morts fournissent le gîte et le couvert à quelque 1 250 espèces de coléoptères dont le joyau est le splendide carabe aux reflets métalliques : chrysotribax rutilans.

Situation *à 7 km de Fougax-et-Barrineuf, 20 km de Lavelanet et 48 k de Foix.*

Accès *par la N 20 depuis Foix puis la D 117 vers Quilla... À Bélesta prendre à droite la petite D jusqu'au bout.*

Visite *libre toute l'année.*

Niveau *F1 à F2, sentier large, bien marqué, en montée 1 h minimum.*

Conseil Photo
Deux points stratégiques pour photog... phier les Gorges : à 300 m, sitôt que se dressent les immenses parois de chaque côté du sentier, et 300 m pl... loin encore, lorsque le sentier grimpe au-dessus des arbre... et domine un peu les Gorges. La fin d'après-midi est la meilleure heure. Sous le soleil d'été, il fait très chaud da... ces gorges : ne vous chargez pas trop.

☆☆Les Gorges de la Frau *Un air de « bout du monde »*

Perdu au fond du Pays d'Olmes, c'est non loin de la Fontaine de Fontestorbes que s'élèvent les impressionnantes Gorges de la Frau. Comme d'un coup de hache, elles entaillent le Plateau de Sault sur 5 km de long et près de 300 m de profondeur. ➜ **Le sentier débute au bout de la D 5,** qui stoppe soudain sa course au pied des Gorges. Le chemin s'élève au creux des hautes falaises calcaires, dans un environnement aride où l'eau ne s'aventure que très rarement. Pourtant, son lit est tracé et son cheminement aménagé, mais la source n'investit les lieux que durant les rares et courtes saisons humides. ➜ **Ces murailles verticales,** véritables frontières entre les départements de l'Ariège et de l'Aude, n'ont eu de cesse d'impressionner les paysans. De ses craintes ancestrales, les Gorges gardèrent leur nom : les Gorges de la Frau, c'est-à-dire de la peur en occitan. Les plus courageux pourront aller jusqu'à la source ou bien jusqu'au lac situé au sortir des Gorges.

300 mètres de murailles calcaires

➜ Investie il y a plus de 250 millions d'années par une gigantesque chaîne de montagnes, puis rabotée par 200 millions d'années d'érosion, la région des Pyrénées a dû vivre ses heures les plus calmes durant l'ère secondaire. C'est lors de cette période d'immersion prolongée dans les eaux chaudes de l'océan que s'est déposée cette masse de calcaire.

Des dépôts de plusieurs centaines de mètres

➜ Le fait qu'il y ait du calcaire dans l'eau n'étonne plus personne, mais on peut se demander comment il y est arrivé. Le calcaire, ou carbonate de calcium ($CaCO_3$), résulte de l'action de l'eau et du gaz carbonique sur un métal, le calcium. Le calcaire est très abondant chez tous les êtres vivants, de l'algue microscopique au poisson en passant par les mammifères, aquatiques ou non. Les animaux représentent autant de carapaces, de coquilles, de squelettes qui vivent et meurent dans les océans et donc autant de quantité de calcaire qui reste dans l'eau. Jusqu'à 4 000 m de profondeur, celui-ci n'est pas dissous, il chemine longuement dans l'eau et se dépose sur le fond des océans.

Sur votre chemin

➜ Située au cœur du Plateau de Sault, qui tire son nom de *saltus*, paysage de forêt, ce sont bel et bien les arbres qui dominent et notamment les sapins qui poussent là où le climat est trop froid pour les feuillus. Nous ne sommes pas en haute montagne, mais les plateaux restent des étendues au climat rigoureux. C'est plus précisément le sapin de l'Aude qui fait la noblesse des domaines forestiers du plateau. L'espèce est robuste et s'est adaptée au sol calcaire comme au climat venteux du pays. Il faut dire que le sapin n'est pas un gringalet : c'est l'un des plus grands arbres de la montagne. Son écorce grise et ses aiguilles plates disposées en peignes permettent de ne pas le confondre avec l'épicéa. Une autre différence : le sapin porte ses cônes toujours dressés et non pendants.

Situation *à 5 km de Ganges, 22 km du Vigan et 40 km de Montpellier.*

Accès *par la D 95 depuis Montpellier, direction Ganges, via Saint-Martin-de-Londres et Saint-Bauzille-de-Putois ; là prendre à droite la petite D 108e.*

Visite *réglement ouvert toute l'ann*

Niveau *F1, funiculaire et quelques marches. Visite : 1 h environ*

☆☆☆☆ La Grotte des Demoiselles *Le royaume des fées*

Depuis l'adorable petit village de Saint-Bauzille-de-Putois, c'est par la route en lacets que l'on accède au parking. ➜ **À gauche, la magnifique Vallée de l'Hérault** (ci-contre), à droite, la montagne dans laquelle est creusée la Grotte des Demoiselles. C'est en funiculaire que débute la visite. ➜ **On découvre d'abord une petite série de couloirs** et de salles d'intérêt modeste en comparaison des merveilles qui vont suivre. Le spectacle débute dès que l'on a rejoint l'ouverture naturelle de l'aven. La lumière du jour révèle une grande voûte aux cristallisations impressionnantes. C'est en s'enfonçant sous la montagne que l'on découvre la salle qui a valu à la grotte le nom de « cathédrale souterraine ». ➜ **Là, une profusion de colonnes** gigantesques orne une salle de 120 m de long, 80 m de large et 52 m de haut. Le silence et la légère brume qui flottent dans ces immensités ont quelque chose de magique. Après avoir contemplé toutes ces richesses depuis un parcours en colimaçon, le retour en funiculaire achève la visite.

Un haut lieu de l'histoire ➜ Connue depuis toujours par les gens du pays comme le domaine des fées (ou demoiselles), la Grotte est également chargée d'histoire. Elle servit de refuge aux camisards durant la révolte protestante sous Louis XIV, ainsi qu'aux révolutionnaires. Bien plus tard, c'est le célèbre E.-A. Martel qui dévoilera ses richesses.

Qu'est-ce qu'un aven ? ➜ C'est un gouffre creusé à la verticale par des eaux infiltrées dans les roches calcaires. Le calcaire est une roche imperméable, mais elle perd toute résistance dès qu'elle est faillée ou fissurée. À la surface d'un plateau calcaire, l'eau s'insinue dans les fissures et les agrandit inlassablement. L'écoulement augmentant avec la taille du trou, c'est une rivière entière qui va se perdre dans la roche. Face à l'action corrosive et abrasive de l'eau, un véritable dédale souterrain se met en place. L'eau va stopper son trajet vertical dès qu'elle rencontrera une couche plus résistante et poursuivra son chemin à l'horizontal.

Sur votre chemin ➜ À l'extérieur, des jardins méditerranéens en terrasse ont été plantés dès les années 30 et ne cessent d'être enrichis de nouvelles espèces. Vous y trouverez des pins d'Alep, des micocouliers, ou encore des cyprès florentins. 250 variétés d'essences ont été répertoriées, tels le faux poivrier, le camphrier ou le frêne à fleurs.
Aux alentours, la végétation n'est que vignobles et maquis méditerranéens. La région est particulièrement propice à l'observation de nombreux oiseaux : des pies-grièches, des gobe-mouches, des rolliers et des loriots d'Europe, ainsi que la splendide huppe fasciée. En continuant sur la D 25 jusqu'au cirque de Navacelles, vous entrerez dans la zone d'habitat du cochevis huppé, du rouge-queue et de nombreuses autres espèces. La rencontre avec l'aigle de Bonnelli n'est pas impossible.

Situation à 9 km de Saint-Hyppolyth du-Fort, 32 km d'Al et 40 km de Nîmes.

Accès par l'autoroute A 9, sortie Nîmes ouest (25). Rejoindre Sauve pa la D 999 direction Saint-Hyppolyte-du-Fort.

Visite libre toute l'année.

Niveau de F2 pour le sentier bali en jaune, à F3 pour le parcours semi-sportif balisé en bleu. Parcours de 2 h 30 environ.

Conseil Photo

La réverbération es très intense sur le site : prévoyez une surexposition volon taire de 1 IL si vous faites de la diapo. Les meilleures phot se feront parfois ho sentier : n'hésitez p (en restant prudent à vous aventurer su les lapiaz, surtout s la droite au début du site. Un filtre po risant peut s'avérer du plus bel effet par beau temps. Un filtre UV peut aussi être utile, ains qu'un grand angle.

★★★★ La Mer des Rochers de Sauve

Dans l'immensité d'un labyrinthe de lapiaz

Star incontestée des paysages de pierre gardois, la Mer des Rochers est de ces sites qui impressionnent de tant d'unicité. ➜ **Vaste faubourg naturel** de la petite ville médiévale de Sauve, c'est en parcourant ruelles et garrigues que l'on commence à découvrir ses lapiaz monumentaux : des tours aux formes acérées que l'on escalade avec prudence en suivant le parcours acrobatique balisé en bleu. ➜ **Un point, une flèche qui monte,** qui tourne, qui descend, sont autant de consignes à repérer puis à exécuter par les plus habiles pour découvrir de façon amusante les moindres recoins de la Mer de Rochers. Aiguisées comme des couperets, les arêtes sculptent chaque centimètre carré de roche en œuvre d'art unique. Pour les adeptes d'une randonnée plus paisible, le balisage jaune serpente dans le dédale, entre d'anciennes murettes pastorales, pour un périple tout aussi insolite. ➜ **À quelques pas du chemin,** la pierre s'est dérobée pour former un aven de taille impressionnante. Pour le retour, la boucle permet de retrouver le chemin de départ et le petit sentier de pierres qui mène au village.

Les lapiaz ou l'œuvre de la glace

➜ La Mer des Rochers de Sauve est un formidable champ de lapiaz. Lapiaz, lapiés, lapiez, trois mots issus du latin *lapis* et qui désignent ancestralement la pierre.
De nos jours, lapiaz le nom que l'on donne à ces sculptures rocheuses aux formes acérées comme des rasoirs. Elles sont l'œuvre du ruissellement incessant des eaux sous les glaciers. On les retrouve à chaque fois que la glace recouvre ou a recouvert pendant un temps une roche calcaire horizontale et permis le ruissellement lent mais régulier. On reconnaît bien, sur les rochers, les multiples rigoles rongées par le passage de l'eau. C'est l'œuvre des glaciers du quaternaire qui étaient encore chez nous il y 18 000 ans.

Sur votre chemin

➜ À une vingtaine de kilomètres au nord se trouve une forêt étonnante : la bambouseraie de Prafrance. Pour vous y rendre, rejoignez Anduze depuis Sauve. Sur 40 ha, elle reste tout à fait unique en France et en Europe. Les pousses de bambou viennent directement de Chine et ont demandé un aménagement considérable avec la fabrication d'un barrage et le creusement de 5 km de canaux d'irrigation pour amener l'eau du Gardon. Au total, ce sont plus de 70 000 pieds d'une centaine d'espèces différentes qui forment aujourd'hui une forêt dense. Dans ce biotope tout à fait exceptionnel pour la région se sont installés des arbres tropicaux rares tel le palmier de Chine, le séquoia, le tulipier de Virginie et le ginkgo-biloba, véritable fossile vivant apparu sur terre il y 250 millions d'années.

Situation à 2 km d'Ille-sur-Têt, 19 km de Prades et 25 km de Perpignan.

Accès par la N 11 entre Prades et Perpignan puis prendre la D 2 vers Bélesta à Ille-sur-Têt.

Visite payante ; ouvert toute l'année.

Niveau F1, promenade facile mais réverbération importante. Visite : 1 h 30.

Conseil Photo

Bien que le circuit ne soit pas très grand, les occasions sont innombrables pour faire de belles photos. Pour compenser la forte luminosité des Orgues, surexposez de 1 IL. Toutes les focales peuvent être utiles, mais le grand angle vous permettra de beaux effets de perspective depuis la base des Orgues. Le milieu de matinée est une bonne heure ; un filtre polarisant fera des merveilles si le temps est clément.

☆☆☆☆☆ Les Orgues d'Ille-sur-Têt

La Cappadoce au cœur du Roussillon

C'est en remontant le cours du Têt depuis Canet-en-Roussillon, que l'on traverse la petite ville de plaine d'Ille-sur-Têt. On aperçoit les couleurs lumineuses des Orgues avant même les portes de la ville. ➜ **Il faut franchir le pont** et prendre à droite pour atteindre le parking. Le chemin d'accès emprunte le lit d'une petite rivière, à sec durant une grande partie de l'année. Il conduit en 10 min à l'un des chefs-d'œuvre de la nature. ➜ **De magnifiques cheminées des fées** aux teintes jaunes étincelantes se détachent à plus de 30 m de haut, sur un ciel bleu azur. Souvent comparées à Brice Canyon aux États-Unis, ou à la Cappadoce turque, les Orgues d'Ille-sur-Têt font partie des plus belles créations d'une nature prodigue. ➜ **Le chemin forme un circuit** à travers le petit cirque. L'ombre y est rare et la réverbération rend les rayons du soleil et la chaleur à peine supportables ; chapeau et lunettes sont donc recommandés. Un site à ne manquer sous aucun prétexte…

Ces éphémères cheminées des fées

➜ Le terme « orgues » est ici injustement employé puisqu'il ne s'agit pas du tout de formations basaltiques comme on en rencontre dans les régions volcaniques du Massif central (Bores-les-Orgues, le Mont-Dore…). Ici, les formations sont en argile (un sable fin déposé entre -4,5 et -3,8 MA). Il provient de l'érosion des gneiss du mont Canigou et des granites du plateau de Montalba. Une dernière période recouvrit les argiles d'une couverture protectrice de galets. Le façonnage des pyramides date de l'ère quaternaire. À cette époque très humide, les eaux ont sculpté les reliefs en creusant des ravins. Les galets protégèrent assez durablement les argiles de l'impact destructeur des gouttes et du ruissellement, mais leur résistance à l'eau a aussi ses limites : beaucoup ont déjà disparu, emportés par le ruissellement. Là où ils sont encore présents, les galets continuent de protéger les argiles volatiles et donnent ces formes caractéristiques que l'on appelle cheminées des fées ou demoiselles coiffées.

Sur votre chemin

➜ Pour découvrir la flore régionale, vous aurez le choix entre les jardins botaniques de Serrabone et les quatre réserves naturelles autour de Prades. Les premiers sont situés à une quinzaine de kilomètres des orgues, dans le parc du prieuré roman de Serrabone (D 618, direction Amélie-les-Bains). Vous y découvrirez une végétation riche et variée, un conservatoire des fruitiers de la région et aussi une vigne de 500 pieds dont on tire chaque année la « cuvée de Serrabone ». Les réserves naturelles se situent quant à elles à 20 km d'Ille-sur-Têt, autour des torrents de Nohèdes, Py, Prats-de-Mollo-La-Preste et Mantet. La variété géologique des sols y génère une multitude d'espèces végétales. Parmi elles, l'alysson des Pyrénées, unique au monde.

☆☆☆Les Ponts naturels de Minerve *Tunnels mystérieux et sauvages*

Perdue au milieu des vignes, la petite cité de Minerve a été construite sur un éperon rocheux isolé entre deux cours d'eau, la Cesse et le Briant. ➜ **La ville et ses charmantes ruelles de pierres sont réservées aux piétons.** Il vous faudra donc stationner en périphérie. ➜ **Le Petit et le Grand Pont,** classés d'intérêt national, sont situés tout en bas de la cité, au niveau du lit de la rivière qui les a creusés : on y accède en suivant le lit, en direction du vrai pont artificiel. Invisibles depuis la ville, ce sont plutôt des grottes que des arches. ➜ **Les traverser reste une aventure insolite mais plutôt inconfortable** : les gros galets, peu visibles dans la pénombre, ne facilitent pas la marche. Toutefois, le plaisir d'errer dans ces grottes-tunnels, de 250 et 110 m de long, reste entier. Délaissée en été par les eaux qui disparaissent dans un réseau souterrain situé plus en amont, la totalité du lit aérien de la Cesse peut se parcourir à pied au milieu des figuiers et autres espèces de terres arides. ➜ **Ne quittez surtout pas Minerve sans aller admirer le profond méandre** entaillé dans le causse du Minervois par la Cesse. C'est également un site admirable, une autre prouesse de la nature.

Minerve à travers les âges

➜ Taillé dans des calcaires déposés par une mer chaude et peu profonde durant l'éocène, il y a 52 millions d'années, ce n'est que durant le quaternaire (entre -70 000 et -15 000 ans) que les eaux de la Cesse ont creusé ce canyon et percé les grottes-tunnels. Auparavant, la Cesse occupait les méandres bien visibles aujourd'hui. Mais depuis sa rencontre avec le Briant, les

Situation *à 10 km d'Olonzac, 30 km de Narbonne et 42 km de Béziers.*

Accès *par la D 11 depuis Béziers direction Carcassonne ou par la D 607 depuis Narbonne direction Ginestas. Poursuivre sur la D 607 en direction de Saint-Pons puis rejoindre Minerve par la petite D 10.*

Visite *libre toute l'année.*

Niveau *F1, ponts accessibles à tous. 15 min aller.*

Conseil Photo *La meilleure façon de photographier ces tunnels est probablement de le faire de l'intérieur : par exemple, mettez-vous un peu en retrait de l'entrée et cadrez l'orifice de lumière avec quelqu'un devant, en ombre chinoise. Certains tunnels sont beaucoup moins longs et éclairés sur toute leur longueur. Ne négligez pas d'aller faire un tour sur le sentier qui longe les falaises de la ville (à contresens des tunnels) : il y a de très belles vues.*

eaux se sont unies pour attaquer le plateau minervois fragilisé par un important réseau de failles. Les grottes-tunnels qui en résultent atteignent des dimensions impressionnantes ; elles ont naguère été plus longues qu'aujourd'hui, mais les voûtes se sont effondrées.

Minerve et l'Histoire ➜

Minerve constitua une place forte redoutable au XIIe siècle, pendant la croisade des Albigeois, adeptes de la religion cathare. En Languedoc, tout fut mis en œuvre par le trône pontifical pour extirper l'hérésie. Partout, les représentants du Saint-Siège tentèrent d'enrayer le catharisme. Sans effet, on leva une armée de croisés et on procéda à des massacres effroyables : à Minerve, on tua une centaine de « parfaits » qui refusaient d'abjurer la foi cathare.

Sur votre chemin ➜

Sur les bords de la Cesse se sont installés des arbres à feuillage caduc vert tendre, les ripisylves. De part en part, quelques peupliers parviennent à puiser l'eau rare aux côtés des érables de Montpellier, plus sobres. Entre eux se mêlent également quelques chênes kermès, adeptes des sols arides, ainsi que les thyms et romarins. Ailleurs, quand la garrigue calcaire fait place à des étendues marneuses, ce sont les vignobles du Minervois qui dominent.

Après les vendanges, durant le mois d'octobre, les vignes rougeoyantes peuvent abriter des colonies de cailles et de perdrix qui viennent chercher ici un peu d'ombre mais profiter également des derniers grains de raisin que les récoltes ont épargnés ou des insectes dont elles nourrissent leurs petits.

Sites complémentaires

CORRÈZE

Grotte de Lamouroux (Brive-la-Gaillarde)

Orgues de Bort-les-Orgues (Bort-les-Orgues)

Saut de la Saule (Bort-les-Orgues)

Tourbières de Longéroux (Meymac)

CREUSE

Cascade de Jarreaux (Saint-Martin-Château)

Cascade des Moulines (Anzême)

Gorges du Verger (Bourganeuf)

HAUTE-VIENNE

Cascade du Saut de la Brame (Thiat)

Circuit des Mégalithes (Cinturat — Oradour-sur-Glane)

Rochers de Puychaud (Blond)

Tourbières des Dauges (Saint-Léger-la-Montagne)

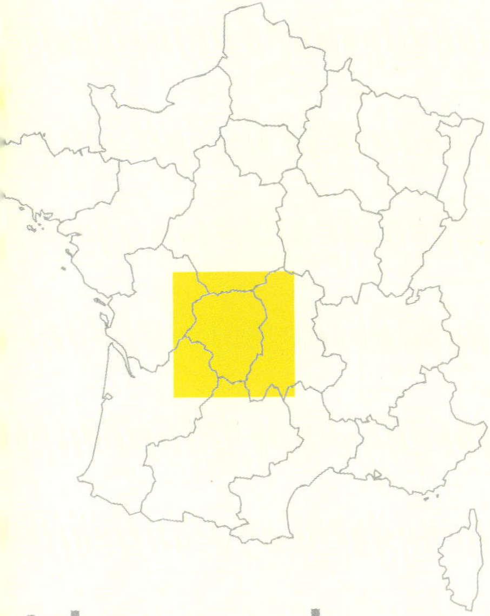

Limousin

CASCADES DE GIMEL

CASCADES DE MUREL

CHAOS ET ROCHER DES FÉES

PANS D'ARDOISE DE TRAVASSAC

PIERRES JAUMÂTRES

• **COMITÉ DÉPARTEMENTAL DU TOURISME DE LA CREUSE,** 43, PLACE BONNYAUD, 23005 GUÉRET CEDEX, 05 55 51 93 23 • **COMITÉ DÉPARTEMENTAL DU TOURISME DE LA CORRÈZE,** QUAI BALUZE, 19000 TULLE, 05 55 29 98 78 • **COMITÉ DÉPARTEMENTAL DU TOURISME DE LA HAUTE-VIENNE,** 4, PLACE DENIS DUSSOUBS, 87031 LIMOGES CEDEX, 05 55 79 04 04

Situation à 10 kr
de Tulle, 36 km
de Brive-la-Gaillard
100 km d'Aurillac.

Accès par la N 89
depuis Tulle en dire
tion d'Égletons. Ap
11 km prendre à dr
la D 53 jusqu'à Gim
les-Cascades.

Visite payante ;
ouvert du 1/03
au 31/10.

Niveau F2, itinéra
aménagé de march
et de rampes.
Circuit : 1 h minimu

Conseil Photo

La lumière du mati
prête particulièrem
bien à la photo de
site. Les belvédères
aménagés sont tou
de bons emplace-
ments. L'idéal est
de faire une fois
le circuit complet p
repérer les meilleur
points de vue, et d
faire vos photos
au retour en passa
par les mêmes
endroits. Pour resti
tuer les dimensions
la Cascade de la
Queue de Cheval,
faites poser
quelqu'un au bout
du chemin qui mèn
à son pied.

★★★ Les Cascades de Gimel

Un saut de 143 mètres en trois cascades

À Gimel-les-Cascades, petit village historique juché sur son promontoire rocheux, la vie tourne autour du parc Vuillier, célèbre pour ses cascades. En l'absence de parking à proximité immédiate du site, le stationnement se fait en ville. ➜ **Deux entrées permettent d'accéder au parc** ; toutes deux mènent d'abord au Grand Saut qui chute de 45 m. Baigné dans un halo d'écume, ce n'est pas, malgré son nom, la plus haute des trois cascades, mais c'est certainement la plus jolie. ➜ **Quelques marches à descendre** et l'on arrive à la Redole (38 m). ➜ **Une passerelle** permet de franchir le torrent afin d'observer de face cette deuxième cascade. Il faut ensuite revenir sur ses pas et bifurquer sur la droite pour découvrir la plus impressionnante des chutes : la Queue de Cheval plonge de 60 m dans les gorges, avant de se jeter dans le Gouffre de l'Inferno. ➜ **Ces trois cascades,** toutes plus magnifiques les unes que les autres, sont en eaux toutes l'année. Une opulence qui leur vaut d'être classées parmi les plus belles de France.

Les granites corréziens

➜ Les Cascades de Gimel s'écoulent sur les granites du célèbre Plateau de Millevache. Cette vaste région qui s'étend sur 150 km de long et 40 km de large est le plus bel ensemble de leucogranites de France. Ces derniers datent de –360 millions d'années et sont des produits de fusion de schistes et de granites antérieurs. La roche semble être contemporaine du processus hercynien d'âge carbonifère, c'est-à-dire de la surrection d'une très ancienne chaîne de montagnes durant l'ère primaire. Leur mise en place s'est effectuée à la manière de dômes plastiques montant à travers une série sus-jacente en la rebroussant, l'étirant ou l'écrasant selon les endroits.

Sur votre chemin

➜ Ce site grandiose n'a pas échappé aux légendes. On raconte que dans le Gouffre de l'Inferno, au bas de la dernière Cascade de la Queue de Cheval, un village entier aurait été englouti. Malgré le tumulte de l'eau on entendrait encore parfois sonner les cloches de son église…

Le parc de Vuillier, très vert, n'est pas un jardin botanique : les espèces y sont sauvages mais sans grand exotisme. Le cadre est essentiellement boisé et c'est le châtaignier qui domine très largement. Cet arbre de la famille des hêtres peut atteindre 30 m de hauteur. Il fleurit en juillet et perd ses fruits globuleux et épineux en octobre.

Situation *à 2 km de Forgès, 15 km d'Argentat et 23 km de Tulle.*

Accès *par la N 120 depuis Argentat en direction de Tulle puis à Forgès prend à gauche la petite D 113e.*

Visite *libre toute l'année.*

Niveau *F1, sentier bien marqué 15 min aller.*

Conseil Photo *Bien que l'ambiance soit assez sombre, aucune difficulté particulière pour photographier ces cascades. En fait il faut savoir s'attar der sur chacune d'entre elles et prendre le temps de bien composer son image. Un trépi peut s'avérer utile pour éviter tout bougé et pouvoir travailler en pose lente.*

☆☆ Les Cascades de Murel *Un havre de paix corrézien*

Les cascades sont suffisamment rares en Corrèze pour que l'on retienne celles de Murel parmi les sites à visiter. C'est au bout d'une charmante route forestière que l'on accède au petit parking. ➜ **Le sentier débute dans le prolongement de la route** et mène en 5 min à une première chute de hauteur modeste mais au panache joliment étalé. ➜ **En remontant les gorges escarpées** et boisées de la Franche-Valeine, une seconde cascade ponctue la promenade, elle est plus imposante et se déverse en trombes dans un bassin aux eaux sombres et fraîches. Il est possible de rejoindre le haut de cette dernière chute par un sentier qui s'élève à droite, ce qui corse quelque peu cette courte promenade mais permet d'avoir une jolie vue sur l'amont et l'aval de cette paisible Vallée de la Souvigne. L'endroit, bien que convoité par quelques baigneurs locaux, ne saurait être envahi par des hordes de touristes ; les eaux qui dévalent la roche sombre ne sont jamais bleu azur… ➜ **Le Sentier des Cascades** fait partie de ces coins de nature encore sauvage qui appelle au calme et à la détente.

La Corrèze, plaine de roches anciennes ➜ La Corrèze, un des trois départements du Limousin, occupe la partie nord-ouest du Massif central. Tel un promontoire rocheux, ses terrains cristallins très anciens séparent le Bassin aquitain des pays de la Loire. Épargnée par les bouleversements géologiques des ères tertiaire et quaternaire, la Corrèze apparaît comme un plateau homogène.

Les reliques d'une ancienne chaîne de montagnes qui occupait durant l'ère primaire (de -340 à -225 MA) la quasi-totalité de la France, sont ici mises à nu. Cette pénéplaine hercynienne se caractérise par une surface mollement ondulée, usée jusqu'à l'horizontalité. Quelques failles et quelques talus ont forcé le cheminement des eaux en rivières et en cascades. Le Limousin constitue l'un des plus riches ensembles de roches primaires de France. Ce sont surtout des granites, des micaschistes et des gneiss. À Murel, de très beaux gneiss œillés sont observables le long de la Souvigne. Ils sont formés par fusion dans les profondeurs de la croûte et sont constitués de feuillets de mica, de quartz et de feldspath. Ce sont les cristaux de ce dernier minéral, en forme d'yeux, qui donnent leur nom à la roche.

Sur votre chemin ➜ Nombre d'espèces animales et végétales trouvent en Corrèze de quoi vivre plus que confortablement. Le calme et le climat de ce département augurent une profusion de vie. Côté faune, les rives corréziennes de la Dordogne et de ses affluents abritent notamment la très rare loutre. Ce mustélidé, qui peut atteindre 1,30 m de long, a longtemps été persécuté ; depuis il est nocturne et reste extrêmement discret…

Situation *à 2 km de Cieux, 28 km de Rochechouart et 35 km de Limoges.*

Accès *par la N 14[illegible] depuis Limoges en direction de Bellac, puis à gauche la D en direction de Saint-Junien.*

Visite *libre toute l'année.*

Niveau *F2, sentier bien marqu[illegible] accessible à tous. 30 min aller.*

Conseil Photo

Le Rocher des Fées en lui-même n'est [illegible] très photogénique. En revanche, le cha[illegible] et le ruisseau qui serpente dans le vallon sont beau-coup plus séduisan[illegible] en suivant le fond du val dans le sens du courant, vous verrez réapparaître l'eau dans une peti[illegible] mare sableuse : les rochers s'y reflè-tent et l'endroit est très photogénique. Les arbres filtrent la lumière et il fait un peu sombre : munissez-vous d'un trépied ou d'une pellicule de 200 ou 400 ISO.

☆☆☆ Le Chaos et le Rocher des Fées

Un lieu enchanté entre mousses et roches

Depuis Cieux en s'engageant sur la D 204 en direction de Montrol et en suivant l'indication « autres mégalithes », on accède au discret parking du Rocher, à gauche de la route, après l'étang de Fromental. ➜ **Le sentier part sur la droite** et parcourt 1 km en sous-bois avant de longer un petit plan d'eau : on le contourne légèrement avant de récupérer le sentier sur la gauche et de parvenir au pied du Rocher des Fées. ➜ **Ce gros champignon** aux dimensions impressionnantes est un lieu de légende puisqu'il est le territoire des fées : tantôt à l'abri sous le Rocher, tantôt allongées au soleil sur la vaste dalle toute proche, elles semblent toujours hanter la forêt. Après avoir parcouru le Rocher, vous pourrez descendre le long de l'immense dalle de granite et rejoindre le Chaos près du ruisseau en contrebas. Le bruissement de l'eau qui court puis disparaît sous les blocs, la mousse épaisse qui recouvre pierres et arbres, tout ici est enchanteur. C'est un petit coin de nature qui rappelle les légendes de Bretagne.

Les fées et les rochers ➜

Depuis la nuit des temps, les forces de la terre sont associées aux esprits de la nature. Dans la tradition celte et dans le druidisme, certains points de la terre correspondent à des portes par lesquelles transitent les énergies de la terre et du cosmos. Pour que ces forces puissent circuler, il leur faut un canal : comme les arbres attirent la foudre, certains rochers concentrent l'énergie de la nature. Les fées sont des entités spirituelles qui ont besoin de se recharger en forces vitales : elles fréquentent donc ces endroits-clés. Les rochers sont une source de bien-être ainsi qu'un sanctuaire parfois difficilement accessible aux hommes. En échange, les fées veillent sur ces lieux sacrés et éloignent les curieux au cœur impur.

La météorite de Rochechouart ➜

Le sol de la région est surtout constitué de granites, qui sont les restes d'une très ancienne chaîne de montagnes. Une anecdote vint marquer la région, il y a 165 millions d'années : une météorite de plusieurs milliards de tonnes s'écrasa à 4 km à l'ouest de Rochechouart, creusant un cratère de 20 km de diamètre. Sa vitesse a été estimée à 20 km/s et l'énergie dissipée équivalait à celle libérée par 300 000 mégatonnes de TNT !

Sur votre chemin ➜

Pour découvrir la flore du Limousin en un temps record, faites un crochet par le jardin botanique de Limoges. Situé au pied de la cathédrale, il rassemble quelque 1 800 espèces végétales différentes. Outre les plantes condimentaires, aromatiques ou médicinales, vous y découvrirez les cinq grands milieux naturels du Limousin : la chênaie-charmaie avec ses sous-bois de lamiers jaunes, d'anémones Sylvie, d'arums et de pulmonaires ; la hêtraie à houx des plateaux acides (granite et sables) et ses myrtilles ; les iris, osmondes et roseaux des cours d'eau ; la lande à bruyères ; la tourbière des hauts plateaux et ses douces violettes des marais, droseras et molinies.

☆☆☆ Les Pans d'Ardoise de Travassac

Un filon aux teintes exceptionnelles

Depuis la petite ville de Donzenac, trouver les Pans Ardoisiers de Travassac est un jeu d'enfant. On est bien loin des teintes sombres et lugubres que l'on s'attendrait à trouver dans ces anciennes carrières à ciel ouvert. Bien aménagé, le parcours sillonne des pans admirables de grandeur, de rectitude et de couleurs. Ici, la roche s'habille de verts intenses et d'orange vifs dans des dégradés époustouflants. ➜ **Entre passerelles suspendues** au-dessus d'un puits en eau, sentiers et balcons perchés aux flancs des filons, tout est fait pour que vous puissiez apprécier au mieux la majesté et l'ampleur du site. Sensations fortes garanties... ➜ **Après l'impressionnant filon de la Puyboene** avec ces pans de 60 m de hauteur, vous découvrirez la reconstitution d'un ancien chantier ardoisier semblable à ceux qui existaient au début du siècle. ➜ **Après vous être essayé à la taille de l'ardoise** avec un maître ardoisier, la visite se poursuit par la descente au fond du filon de la Jeanguinotte par un escalier de 120 marches. ➜ **En retournant vers le parking,** le Saut de la Girale ponctue admirablement la visite.

Plus de trois siècles d'exploitation

➜ C'est au XVIIe siècle que débute l'exploitation des ardoises de Travassac : sept filons parallèles, orientés nord-sud et longs de 2 km, séparés les uns des autres par six hautes parois très dures. Ce sont les fameux pans encore en place aujourd'hui. Chaque fois que les ardoisiers rencontraient ces filons inutilisables, ils creusaient des percées transversales jusqu'au filon d'à côté. L'exploitation a atteint une profondeur maximale de 60 m. Rien ne les arrêta, pas même l'eau, puisque les hommes utilisèrent les premières pompes électriques du XXe siècle pour aller cher-

Situation *à 1 km de Donzenac, 10 km de Brive-la-Gaillarde et 85 km de Limoges.*

Accès *par l'autoroute A 20, sortie Donzenac nord (47). Rejoindre Donzenac par la D 920, puis prendre à gauche la D 25 jusqu'à Travassac.*

Visite *payante ; ouvert du 1/05 au 31/10.*

Niveau *F1, visite libre ou guidée. 1 h minimum.*

Conseil Photo *Ce site est une sorte de labyrinthe géant dans lequel il est intéressant de jouer avec les perspectives des parois d'ardoise. Pour se faire, un grand angle (28 mm maximum) est le bienvenu. Ne manquez pas d'aller jusqu'au belvédère (Saut de la Girale) qui domine tout le site, en haut du parking : il y a une belle photo à faire.*

cher l'ardoise au plus profond du sol. De cette rencontre avec la nappe phréatique, il reste désormais trois puits : le plus profond, celui de la Fayotte, atteint une centaine de mètres.

Qu'est-ce que l'ardoise ? → C'est une ancienne roche sédimentaire quartzo-argileuse compressée sous le poids d'autres dépôts. En s'enfonçant dans le sol, température et pression augmentent jusqu'à transformer chimiquement les minéraux. Si le quartz ne se modifie pas, l'argile, elle, se transforme en mica noir et donne à la roche son caractère fissile.

Sur votre chemin → La Corrèze constitue le premier obstacle montagneux que rencontrent les perturbations venues de l'Atlantique, elle est donc le siège d'abondantes précipitations. Véritable réservoir d'eau, le département est surnommé le « Pays des Mille Sources » et ses paysages sont, en conséquence, très verts. Cette abondance est propice aux prairies et à la forêt. Avec un taux de boisement atteignant 45 % de sa superficie, la Corrèze est l'un des départements les plus boisés de France. C'est un phénomène nouveau, puisque, au siècle dernier, l'exploitation agricole réduisait ce même taux à 7 %. Côté faune, les grands mammifères abondent ; c'est également le cas de la mordorée, bécasse au plumage couleur de feuilles mortes. Discrète, elle fait cependant des forêts de Corrèze une des aires d'hivernage les plus importantes de France.

☆☆☆ Les Pierres Jaumâtres

Le chaos rocheux rendu célèbre par George Sand

Depuis la D 67, le fléchage mène aisément au petit parking des Pierres Jaumâtres. Le sentier qui s'élève à travers bois mène en moins de 15 min au sommet du mont Barlot à une altitude de 602 m. C'est là que trônent ces étranges amoncellements de blocs granitiques aux formes arrondies et aux postures souvent équilibristes. On en compte une quarantaine, posés les uns sur les autres, éparpillés en trois chaos réunis par un sentier bien marqué. Le second est remarquable par une superposition de deux blocs ressemblant à un gigantesque champignon et le troisième par un très beau point de vue sur le Berry, au nord, et sur les bocages vallonnés de la Marche, au sud. « Ce lieu est austère, découvert et imposant, sous un ciel vaste et jeté au sein d'une nature pâle et dépouillée... » écrivait George Sand, dans son roman *Jeanne*. Si la rigueur de l'hiver donne aux rochers, il est vrai, un peu trop de sévérité, la clarté des beaux jours en fait un lieu magique où les formes souples de la roche emplissent cette lande à bruyère d'une quiétude apaisante.

Les Pierres Jaumâtres et leurs mystères ➜ Bien des énigmes demeurent encore sans réponse, à commencer par celle de leur nom. Le mot jaumâtre vient-il du gaulois *jo-mahr* qui signifie faire couler le sang ? Ou bien faut-il plutôt s'orienter vers les matres romaines qui étaient les déesses-mères et rapprocher jaum du mot *galm* qui signifie pierre en germain ? De ce fait, les jaumâtres seraient les pierres des déesses-mères ou les pierres des fées. Cette deuxième version est la plus satisfaisante et la moins macabre. Leurs formes mêmes ont longtemps intrigué, car de tous les rochers que l'on connaissait en Creuse, aucun n'avait ces allures surprenantes et ne semblait à ce point défier les lois de l'équilibre. Aujourd'hui, ce mystère n'est plus et l'on sait que les Pierres Jaumâtres

sont en granite. Ce sont des roches issues d'un magma qui aurait pu donner naissance à un volcan s'il avait pu atteindre la surface du sol. Mais cela n'a pas été le cas, le magma ne s'est pas transformé en lave, mais s'est refroidi dans une poche souterraine sous forme de granite. C'est ensuite l'érosion des terrains par l'eau et le vent qui a permis à ce dernier d'apparaître en surface et de s'user en formant des boules.

Sur votre chemin → Pour découvrir la nature creusoise, nous vous conseillons de passer un peu de temps sur les rives de l'étang des Landes. Il se situe à 20 km des Pierres Jaumâtres, sur la commune de Lussat. Étendu sur 120 ha, il constitue une zone d'observation ornithologique remarquable (surtout la partie sud de l'étang) au cours des périodes de migration d'automne et de printemps. Au total, ce sont plus de 120 espèces nicheuses : busard des roseaux, grand butor, grèbe castagneux et huppé... À la transition hiver-printemps (février-mars) on y aperçoit oie cendrée, sarcelle d'hiver, fuligule milouin, héron pourpré, balbuzard pêcheur, cigogne noire et de très nombreux canards (colvert, pilet, souchet, siffleur...).

Situation *à 5 km de Boussac, 35 km de Montluçon et 42 km de Guéret.*

Accès *par la N 145 entre Guéret et Montluçon. À Gouzon, prendre la D 997 en direction de Boussac puis guetter sur la gauche la petite D 67 vers les Pierres Jaumâtres.*

Visite *libre toute l'année.*

Niveau *F1, sentiers de 800 m bien marqués accessibles à tous. 15 min aller.*

Conseil Photo
Il en va de la photo de ces rochers comme de la photo d'architecture : priorité à la forme, aux perspectives, aux détails... Tout est dans le regard du photographe : c'est votre sensibilité qui fera la différence sur ce site. En un mot, il faut soigner votre cadrage. Prenez votre temps et observez les blocs sous toutes les coutures, en en faisant le tour complet. Le grand soleil n'est pas forcément le meilleur allié : un ciel bien gris, voire orageux, peut donner plus de modelé à la roche.

Sites complémentaires

ARIÈGE

Cascade d'Ars (Aulus-les-Bains)
Grotte de Bédeilhac (Bédeilhac-et-Aynat)
Grotte de l'Aguzou (Usson-les-Bains)
Grotte de Lombrive (Tarascon-sur-Ariège)
Grotte de Niaux (Niaux)

AVEYRON

Cascade de Déroc (Laguiole)
Gorges de la Dourbie (Millau)
Lac des Rives (Caylar — Millau)
Pavé des Géants (Laguiole)

HAUTE-GARONNE

Cascade du Lac d'Espingo (Bagnères-de-Luchon)
Fontaine de la Pique (Bagnères-de-Luchon)
Lac d'Oô (Bagnères-de-Luchon)

HAUTES-PYRÉNÉES

Cascade du Garet (Bagnères-de-Bigorre)
Cirque de Troumouse (Gèdre)
Grotte de Médous (Asté)
Lac Bleu (Bagnères-de-Bigorre)

LOT

Chemin de Halage du Lot (Saint-Cirq-Lapopie)
Fontaine de la Pescalerie (Cabrerets)
Gouffre de Padirac (Padirac)
Grotte de Bellevue (Marcilhac-sur-Célé)
Grotte de Cougnac (Payrignac)
Grotte de Lacave (Lacave)
Grotte de Presque (Saint-Médard-de-Presque)
Grotte des Merveilles (Rocamadour)
Grotte du Pêche-Merle (Cabrerets)

TARN

Cascade d'Arifat (Arifat-Réalmont)

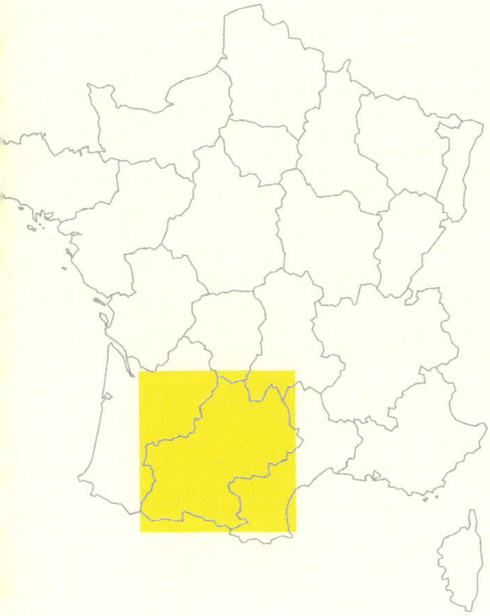

CASCADE ET GOUFFRE D'ENFER

CASCADES DE CAUTERETS

CHAOS DE MONTPELLIER-LE-VIEUX

CIRQUE DE GAVARNIE

FONTAINE DE FONTESTORBES

GROTTE DE BÉTHARRAM

GROTTE-TUNNEL DU MAS-D'AZIL

PEYRO-CLABADO

RIVIÈRE SOUTERRAINE DE LABOUICHE

SAUT DE LA TRUITE

Midi-Pyrénées

• **COMITÉ DÉPARTEMENTAL DU TOURISME D'ARIÈGE-PYRÉNÉES,** 31 BIS, AV. DU GÉNÉRAL DE GAULLE, 09004 FOIX CEDEX, 05 61 02 30 70 • **COMITÉ DÉPARTEMENTAL DU TOURISME DE L'AVEYRON,** 6, PLACE JEAN JAURÈS, 12008 RODEZ CEDEX, 05 65 75 55 75 • **COMITÉ DÉPARTEMENTAL DU TOURISME DE LA HAUTE-GARONNE,** 14, RUE BAYARD, 31015 TOULOUSE CEDEX, 05 61 99 44 00 • **HAUTES-PYRÉNÉES TOURISME ENVIRONNEMENT,** 6, RUE EUGÈNE TÉNOT, 65000 TARBES, 05 32 56 48 00 • **COMITÉ DÉPARTEMENTAL DU TOURISME DU TARN,** 81006 ALBI CEDEX, 05 63 77 32 10

☆☆☆La Cascade et le Gouffre d'Enfer *Le toboggan du Diable*

Depuis Bagnères-de-Luchon, c'est en empruntant la route de Superbagnères que l'on rejoint la verte Vallée du Lys. ➜ **L'auberge du Lys est le point de départ** de cette belle randonnée qui débute par un petit tronçon de route goudronnée et s'échappe rapidement sur la droite (avant le relais EDF). Comme dans beaucoup d'endroits où l'eau est vive et abondante, une centrale électrique défigure un peu le paysage mais une courte ascension suffit à l'effacer. ➜ **Le petit sentier zigzague** à travers bois jusqu'à un premier pont de pierre et une première cascade. Le spectacle est plaisant mais ce n'est que plus haut que vous découvrirez les grandioses cascades et le Gouffre d'Enfer. Après environ 15 min de marche, c'est dans un écrin de forêt que l'eau se fait démoniaque, tombant sans vertige d'une paroi qu'elle sculpte sans répit. ➜ **Tout au long du ru d'Enfer,** les teintes de la roche conjuguées à la limpidité azur du torrent de montagne créent une ambiance des plus insolites ; mais c'est en rejoignant le petit pont qui enjambe le sommet de la Cascade que l'on prendra conscience de toute la démesure du site.

Records en Vallée de Luchon ➜

Situé à mi-chemin entre l'océan Atlantique et la mer Méditerranée, le Luchonnais est la seule vallée française qui compte 13 sommets culminant à plus de 3 000 m. Ses hautes crêtes constituent la frontière avec l'Aragon espagnol, et c'est d'ailleurs en Espagne que se trouve le plus haut des sommets des « 3000 » : l'Aneto qui culmine à 3 404 m. Les dimensions exemplaires de ces 13 sommets ne tardent pas à ouvrir la voie aux courses d'altitude et autres aventures de l'extrême. Ce sont, pour la plupart, des aiguilles granitiques remontées des profondeurs de la croûte terrestre, lors de la surrection des Pyrénées. Le matériau est dur, il pro-

Situation *à 12 km de Bagnères-de-Luchon, 50 km de Montréjeau et 100 km de Tarbes.*

Accès *par la N 117 puis la N 125 depuis Toulouse ou par la D 935, la D 918 au Col d'Aspin puis la D 618 depuis Tarbes. À Bagnères-de-Luchon prendre la D 46 vers Superbagnères.*

Visite *libre toute l'année.*

Niveau *F2, sentier en forte montée. 1 h 15 aller.*

Conseil Photo *Le premier pont de pierre est très photogénique, mais plus à son avantage si vous descendez en sous-bois jusqu'au petit barrage pour le prendre de profil avec la chute dessous. Photographiez la Grande Cascade depuis le belvédère aménagé avec quelqu'un sur le pont du sommet pour donner une échelle de grandeur. En bas, ne négligez pas les chutes d'eau derrière la centrale EDF.*

vient d'un magma souterrain de l'ère primaire, il y a quelque 250 millions d'années. À cette période, l'immense montagne hercynienne émergeait des eaux. Par la suite démantelée, elle se transforma en vaste pénéplaine que la mer recouvrit. Au gré de la dérive des continents, les Pyrénées se trouvèrent incluses dans une zone très instable. C'est durant ces périodes d'affrontement entre plaques (africaine et européenne) que l'ensemble des matériaux se trouvèrent élevés jusqu'à 3 000 m.

Sur votre chemin ➜ La Vallée du Lys n'est que l'une des merveilles naturelles de la Vallée de Luchon. Quatre autres, disposées en éventail autour de Bagnères, se partagent la vedette. Si vous avez le temps de n'en découvrir qu'une (après celle du Lys) choisissez la Vallée du Larboust. Depuis Castillon, prendre la petite route menant à Oô puis aux Granges d'Astau. Un sentier, autrefois parcouru à dos de mule, mène au magnifique Lac d'Oô : 40 ha et 70 m de profondeur. Ses eaux bleu-nuit reflètent les pics enneigés alentour. Il est relié au Lac d'Espingo par une impressionnante cascade de 273 m de dénivelé. Les plus courageux pourront monter jusqu'au Lac du Portillon ou redescendre aux Granges afin d'accéder au Val d'Esquierry, renommé pour la richesse de sa flore.

Situation à 25 km d'Argelès-Gazost, 30 km de Luz-Saint-Sauveur et 40 km de Lourdes.

Accès par la N 21 depuis Lourdes, direction Argelès, puis la D 920 jusqu'à Cauterets.

Visite libre toute l'année.

Niveau de F0 à F1, sentiers balisés accessibles à tous. Possibilité de prend des remontées mécaniques pour la Cascade du Pont d'Espagne.

Conseil Photo

Chacune de ces chu a ses charmes ; ce qu'il faut retenir, c'est que les plus grandes ne sont pas forcément les plus photogéniques. Les plus aisées à photographier so celles du Lutour et du Pont d'Espagn Pour bien traduire le gigantisme de ce cascades, cadrez quelqu'un dans l'image pour donne une échelle de référence.

★★★★ Les Cascades de Cauterets

Un enchaînement de cascades étourdissantes

La Vallée de Cauterets est l'une des plus admirables des Hautes-Pyrénées. Elle tire son franc succès d'une surprenante enfilade de cascades toutes plus vigoureuses les unes que les autres, mais également de son thermalisme. ➜ **Approchant Cauterets,** on commence par sentir la forte odeur soufrée de l'eau avant même de l'apercevoir. La ville est en effet le siège d'une résurgence d'eaux chaudes sulfurées. C'est du parking des thermes que débute le magnifique Sentier des Cascades qui relie les cinq chutes. Il est également possible de les découvrir en voiture, mais le stationnement par étapes reste problématique. ➜ **La première Cascade** est celle du Lutour (ci-contre), une chute en quatre bonds que l'on peut rejoindre en 10 min depuis le parking. ➜ **Les Cascades du Cérisey, du Pas de l'Ours et de Boussès** lui font suite, non loin de la route, et les sentiers sont nombreux qui conduisent à leur pied. La dernière est aussi la plus connue. Elle se situe au bout de la route qui longe le gave et bénéficie d'un parking payant. 300 m de marche au sein d'un site protégé suffiront pour rejoindre la chute : glissant longuement sur la roche, elle s'engouffre avec violence sous le Pont d'Espagne (page de gauche) qui lui a donné son nom.

Les vertus des eaux de Cauterets

➜ Leurs vocations sont inscrites dans le nom de la ville : Cauterets vient du patois bigourdan *caoutares* qui signifie *sources d'eaux chaudes*. Les vertus curatives de ces eaux ont été exploitées dès la période gallo-romaine. Ce sont ensuite les moines de Saint-Savin qui prirent possession de la vallée et y édifièrent le premier village, au XIe siècle. C'est à la suite d'une visite royale de Marguerite de Navarre que Cauterets prit tout son essor. Renommées pour le traitement des maladies respiratoires et rhumatismales, les eaux de Cauterets auraient également des vertus fertilisantes : on les surnomme « Fontaines d'Amour ». C'est leur composition sulfurée-sodique ou sulfatée qui est responsable de tant de vertus. Quant aux eaux du Pont d'Espagne, leur origine n'est nullement souterraine, bien au contraire, elles sont au confluent de deux gaves celui de Marcadau et celui de Gaube, issus des sommets du Vignemale culminant à 3 298 m d'altitude.

Sur votre chemin

➜ Cauterets se trouve dans le parc national des Pyrénées occidentales. La Maison du parc est située près du parking du Puntas, au Pont d'Espagne. Ce sanctuaire s'étend sur 45 700 ha. L'ensemble du parc se situe à plus de 1 000 m d'altitude, dans des terres vierges de toute habitation. Au cœur de cette nature préservée, 400 espèces de fleurs endémiques ont été recensées, ainsi que des espèces animales rares comme le gypaète barbu, le percnoptère d'Égypte ou le desman des Pyrénées, sans compter l'ours et le loup, trop souvent sous le feu des projecteurs. Les derniers ours vivent près de Cauterets, dans les vallées d'Aspes et d'Ossau, mais on peut désormais les compter sur les doigts d'une main. Restent peut-être encore Papillon, sa femelle Cannelle et leur ourson Pyren ainsi que Chocolat et Camille, mais c'est sans doute tout.

☆☆☆Le Chaos de Montpellier-le-Vieux

Les rochers ruiniformes du Causse Noir

C'est sur le Causse Noir, sur les hauteurs de Millau, que s'étendent les superbes rochers ruiniformes de Montpellier-le-Vieux. ➜ **Une seule route** mène jusqu'au poste d'accès et la file de voitures est parfois longue en été pour prendre son billet. Mais tout ceci sera oublié sitôt découverts les multiples sentiers de randonnée qui sillonnent le site. ➜ **Une carte vous sera remise à l'accueil** et vous permettra de choisir votre itinéraire en fonction du temps dont vous disposez ; le labyrinthe s'étend sur 120 ha et une journée entière n'est pas de trop pour tout voir. Cet univers insolite, où la sécheresse impose la sévérité à l'ensemble du plateau, recèle également une infinité de formes aux noms évocateurs : l'amphore, le lapin, le sphinx, la tête de chien, le chameau. Mais le rocher le plus emblématique est sans nul doute la porte de Mycènes, une arche naturelle de 12 m de haut, véritable incursion au cœur de la Grèce antique. ➜ **De nombreux belvédères** permettent de dominer l'ensemble du site et de s'orienter dans ce labyrinthe rocheux. Un endroit unique et inoubliable.

Montpellier-le-Vieux, ville ruinée

➜ Longtemps envahi par une forêt aussi dense qu'impénétrable, ce ne fut qu'en 1870 que l'on découvrit ce formidable chaos. Ce sont les bergers languedociens qui lui auraient donné son nom par analogie avec une grande ville en ruine (rues, portes, donjons…).

Les rochers de Montpellier-le-Vieux sont nés du ruissellement des eaux à la surface du causse Noir, sur une roche appelée dolomie. Cette roche associe carbonate de calcium (calcaire) et carbonate de magnésium (dolomite). Le premier étant très soluble, contrairement au second, les formes issues de l'érosion sont tout à fait particulières :

Situation *à 12 km du Rozier, 18 km de Millau et 30 km de Meyrueis.*

Accès *par la D 991 depuis Millau vers les gorges de La Dourbie puis la D 110 à la sortie de Millau.*

Visite *payante ; ouvert de mars à novembre.*

Niveau *de F1 à F2. 1 h 30 minimum. Bonnes chaussures recommandées.*

Conseil Photo
N'oubliez pas votre pare-soleil et munissez-vous d'un filtre UV. Attention, il fait très chaud l'été ! Veillez à charger et décharger vos pellicules à l'ombre. Un filtre jaune (81B) réchauffera avantageusement les lumières dures de la journée.

seules les parties riches en carbonate de magnésium sont restées en relief.
Les dolomies sont, selon les cas, soit des roches sédimentaires déposées dans des lagunes côtières de pays chauds, soit des roches issues de la transformation chimique d'un vieux calcaire.
En se décomposant, la roche devient argile et constitue un sol fertile investi par une végétation sauvage qui contribue à la beauté du site.

Sur votre chemin → Autrefois les causses étaient recouverts de forêts et peuplés de bêtes sauvages. Ainsi, le Chaos de Montpellier-le-Vieux était considéré par les paysans et les bergers comme une « cité maudite », le repaire même du diable. Les brebis qui s'y aventuraient n'en revenaient jamais, happées par les nombreux loups et autre « bête du Gévaudan ». Aujourd'hui, la forêt disparue a emporté avec elle toute présence malfaisante et a fait place à une végétation plus accueillante. On compte encore quelques couples de vautours fauves, mais c'est surtout le grand corbeau, le crave à bec rouge ou encore l'outarde canepetière qui hantent à présent les hauteurs du plateau. Plus bas, les pins sylvestres et les chênes verts protègent des rayons du soleil, mais abritent également les tendres couleurs de l'arnica des montagnes, de la digitale pourpre et de l'anémone pulsatille.

Situation à 20 kr
de Luz-Saint-Sauve
39 km d'Argelès-Gazost et 63 km de Bagnères-de-Bigorr

Accès par la N 21 depuis Tarbes en direction d'Argelès puis prendre la D 921 jusqu'à Luz-Saint-Sauveur e rejoindre le cirque de Gavarnie.

Visite libre toute l'année.

Niveau de F3 à F4 promenade longue et éprouvante, poss bilité de « louer » âne ou cheval. 2 h aller minimum.

Conseil Photo

Le site prend toute sa dimension sous le soleil ; méfiez-vo du brouillard, fréquent dans le cirque par mauva temps. Munissez-vo de plusieurs pellicules. De très belle photos sont à faire tout le long du chemin, surtout l'automne. Si vous n'aimez pas les photos de foule bannissez les après midi de juillet-août Un zoom pourra vo être utile, de même qu'un filtre UV et/o polarisant.

☆☆☆ Le Cirque de Gavarnie *Fabuleux « bout du monde »*

Le Cirque de Gavarnie est l'un de ces joyaux que la nature a pris soin d'isoler. ➜ **Depuis la ville commerçante de Gavarnie,** il ne vous faudra pas moins de 2 heures pour rejoindre le cœur du cirque, et au moins autant si vous voulez y déambuler et découvrir toutes ses merveilles. Le jeu en vaut bien la chandelle : unique de par ses dimensions et sa beauté, il est classé patrimoine mondial par l'UNESCO. ➜ **D'un diamètre de 800 m à la base et de 4 km au sommet,** cette formidable arène est dominée par quatre montagnes de plus de 3 000 m. En plein été, la neige est encore présente dans le fond du Cirque, faisant des ponts de glace au-dessus des cours d'eau qu'alimentent d'innombrables cascades. La plus belle du Cirque est aussi la plus haute d'Europe ; à partir du mois de mai, les Glaciers du Marboré et du Mont Perdu laissent s'échapper les eaux de la Grande Cascade et ses 440 m : un fracas d'embruns que l'immensité réduit au silence. ➜ **Tout autour, les parois se donnent en spectacle,** exhibant leurs terrasses ondulées et les crêtes enneigées d'une montagne magique que l'on ne se lassera jamais de contempler.

La formation des cirques

➜ Le Cirque de Gavarnie a de tout temps fasciné ; les mystères de sa formation ont donné lieu à bien des interprétations pour beaucoup invraisemblables. On y vit le résultat d'une catastrophe sismique, des vestiges de grottes sous-marines ou bien encore un cratère de volcan. Très vite ce vagabondage s'arrêta et les naturalistes du Siècle des lumières vinrent chercher à Gavarnie la clef du mystère : fonds marins à leurs toutes premières « heures », les sommets qui dominent le cirque se sont vus soulevés par une force tectonique considérable durant l'ère tertiaire. Situés originellement au niveau zéro de la mer de l'époque, ils se sont élevés à des altitudes bien plus considérables qu'aujourd'hui. Ce sont les glaciations qui se chargèrent ensuite de remodeler le paysage : les glaciers n'ont pas eu, dans les Pyrénées, l'ampleur de ceux qui ont investi les Alpes à la même période, mais leur efficacité a été suffisante pour raboter le calcaire. Leurs actions successives ont commencé il y a 2 millions d'années et leurs traces sont encore visibles au niveau des quatre gradins qui étagent les murailles du cirque.

Sur votre chemin

➜ Le Cirque est l'emblème du parc naturel national des Pyrénées occidentales. La flore y est d'une grande richesse avec pas moins de 400 espèces endémiques dont les rares valérianes et lys des Pyrénées, le chardon bleu ou la célèbre gentiane de Koch. Les fleurs y poussent jusqu'à très haute altitude, et ce malgré la brièveté de l'été. Le parc détient le record des plus hautes forêts d'Europe. Côté faune, c'est également sur son territoire que l'on trouve le plus grand nombre d'espèces rares (60) en France. Parmi elles, le fameux desman des Pyrénées : c'est un petit mammifère aquatique avec une trompe. On y a recensé également quelque 4 000 isards ainsi que 200 colonies de marmottes. Cette dernière avait totalement disparu et si on l'observe à nouveau aujourd'hui, c'est qu'elle a été réintroduite. Au sein même du Cirque de Gavarnie vous pourrez admirer quelques rapaces dont les plus prestigieux restent l'aigle royal et le vautour fauve.

Situation *à 2 km de Bélesta, 30 km de Quillan et 37 km de Foix.*

Accès *par la N 20 depuis Foix puis la D 117 vers Quilla. À Bélesta prendre à droite la petite D jusqu'à la Fontaine de Fontestorbes.*

Visite *libre toute l'année.*

Niveau *F0, visible depuis la route.*

Conseil Photo

L'inconvénient du s. c'est qu'il est presq toujours à l'ombre : équipez-vous donc d'un pied ou d'une pellicule de 400 ISO La source n'est pas bien grande et il y a trois points de vue principaux : depuis l'intérieur de la pet. grotte (flash conseillé), de côté, au niveau du dépar de la passerelle, et depuis le pont, face aux chutes. Testez les trois possibilités.

⋆⋆La Fontaine de Fontestorbes

Une curiosité hydrologique unique au monde

C'est aux abords de Bélesta que sourd la Fontaine Intermittente de Fontestorbes, curiosité naturelle connue depuis la plus haute Antiquité. Parmi la vingtaine de sources intermittentes que l'on connaît avec précision à travers le monde, celle-ci est incontestablement la plus importante. Fontestorbes demeure également le seul exutoire qui présente le phénomène d'intermittence avec autant de régularité : entre les mois de juillet et novembre, le débit est périodique. Le niveau des eaux monte pendant 20 min et redescend pendant 40 min jusqu'à se tarir complètement. C'est durant les niveaux bas que vous pourrez pénétrer dans la grotte située au pied d'une haute falaise calcaire. Bien que le débit en été ne soit nullement dangereux, les eaux sont plutôt fraîches et il est recommandé de bien surveiller sa montre. Les eaux jaillissant à travers des blocs qui obstruent le fond de la cavité constituent alors une véritable rivière qui se jette dans l'Hers, situé à quelques mètres en contrebas.

Les mystères de Fontestorbes →

Le mystère s'amorce dès l'origine du nom. Fontestorbes : vient-il de *fons turbatus*, fontaine dérangée, de *fontes orbi*, fontaine sans eau ou bien de l'occitan *fount estorbo*, source encombrée ?

Au fil des siècles, nombreux sont les scientifiques qui se sont penchés sur ce phénomène d'intermittence aussi régulier qu'un métronome. La source qui, durant la période des pluies, voit son débit varier normalement en fonction des apports d'eau, présente au contraire, durant les périodes de basses eaux, des fluctuations de débit, qui cette fois sont périodiques. La date de la première intermittence se situe en général au mois de juillet (très rarement août) et cesse dès la première forte pluie, à l'approche de l'hiver (novembre-décembre). C'est l'existence conjuguée d'un siphon et d'une prise d'air qui est à l'origine de ce phénomène : un débit insuffisant provoque le désamorçage du siphon et l'arrêt de l'écoulement. Pendant ce temps, l'eau s'accumule en amont, dans le réservoir, puis remplit complètement le siphon et donc réamorce la pompe. C'est le principe du mouvement perpétuel…

Sur votre chemin →

Outre la présence légendaire *des encantadas*, ces fées qui, la nuit venue, lavaient leur linge dans la source avec des battoirs d'or, la vie n'a que peu de confort à tirer de ces lieux.

Elle se rencontre plutôt au-dessus, sur le majestueux plateau calcaire de Sault recouvert des grandes forêts domaniales de Bélesta et Sainte-Colombe (sault vient du mot *saltus* qui signifie espace boisé). Ces vastes forêts aux arbres séculaires auraient fourni la matière première pour la construction de la flotte de Louis XIV. Les sapins de Bélesta faisaient, dit-on, de très bons mâts… La végétation qui s'y est installée est de type préméditerranéen ; elle compte une infinité de couleurs qui font le bonheur de nombreux papillons tel le grand porte-queue, appelé aussi machaon.

☆☆☆☆ La Grotte de Bétharram

La plus grande grotte de l'Hexagone

Une fois sur la route du gave de Pau, ce sanctuaire souterrain n'est pas difficile à trouver : il suffit de suivre les flèches. L'endroit est des plus touristiques et la visite de la grotte est une attraction aux allures de fête foraine qui ravira les plus jeunes. Outre cet aspect ludique, les Grottes de Bétharram, étendues sur cinq étages, forment l'un des plus vastes réseaux souterrains visitables du monde ; ce sont aussi les plus curieuses. ➜ **Chaque salle offre une profusion de concrétions** aux formes subjectives que l'on n'a pas manqué de transformer en bestiaire : le morse, l'éléphant, le rhinocéros ou encore la coquille d'huître. ➜ **Après une longue marche** dans la grande salle ornée d'un plafond somptueux, dans la magnifique salle des lustres, puis dans la galerie, la visite se poursuit en drakkar, une barge à proue de dragon ! La traversée a ceci d'original qu'elle permet aux visiteurs de naviguer sur un lac sous 800 m de roches. On enchaîne avec une nouvelle marche au-dessus de la rivière souterraine. ➜ **La visite s'achève en petit train,** jusqu'au point de départ, après 1h30 de visite magnifique...

La formation de la Grotte ➜

Ouverte au public depuis 1902, elle est assurément la pionnière du tourisme pyrénéen. Elle fut creusée par l'enfoncement progressif d'un cours d'eau souterrain. S'infiltrant toujours plus profondément dans la roche, la grande salle représente son premier lit et le cinquième sous-sol son dernier. Le travail de l'eau a laissé une œuvre de toute beauté sur le plafond de la première salle. Un méandre fossile y a sculpté la roche en une infinité de molaires, et inscrit par cette seule originalité la salle parmi les plus remarquables de France. Le cours d'eau s'est insinué au

Situation *à 2 km de Saint-Pé-de-Bigorre, 10 km de Lourdes et 35 km de Pau.*

Accès *par la D 938 depuis Pau, direction Lourdes, puis la D 937 jusqu'à Bétharram.*

Ouvert *des Rameaux à la mi-octobre, visite payante.*

Niveau *F1, quelques marches, promenade en drakkar et petit train. Visite : 1 h 30.*

fil d'un temps infiniment long à l'échelle humaine, dans les couches les plus tendres du sous-sol.

C'est l'action conjuguée de l'érosion mécanique et de la dissolution chimique le long des zones de fracture qui a permis à la rivière de se frayer un chemin jusqu'à un étage inférieur. Aujourd'hui l'affluence de l'eau n'est plus ce qu'elle était et une grande partie du réseau ne fonctionne plus. Les trois étages supérieurs sont des galeries mortes, seule une lente infiltration des eaux de surface permet à quelques concrétions de poursuivre lentement leur croissance.

Sur votre chemin → Bétharram se situe à quelques pas de la ville mariale de Lourdes ; la proximité force donc la curiosité. L'endroit est des plus insolites et nous avons cédé à la tentation d'une petite incursion en Pays Saint.

Lourdes doit sa renommée aux dix-huit visions de Bernadette Soubirous. Depuis, les visiteurs asphyxient la ville. Elle est le deuxième centre mondial de pèlerinage et par conséquent la deuxième ville hôtelière de France. Elle accueille 5 millions de visiteurs par an, dont 1 million de diocésains et 70 000 malades, en provenance de 150 pays. Les rues de la ville sont animées de plus de 400 boutiques, toutes vendant des objets du culte (surtout des statuettes) et autres effigies de la Sainte Vierge. Les pèlerins les plus assidus sont les Français et les Italiens. Tous viennent pour l'eau miraculeuse de la source de Massabielle. Sur plus de 3 000 guérisons extraordinaires depuis 1858, 65 ont été reconnues comme miraculeuses par l'Église et le bureau médical situé au pied de la basilique.

Le budget annuel des sanctuaires atteint les 100 millions de francs.

⋆⋆La Grotte-Tunnel du Mas-d'Azil

Un impressionnant tunnel naturel

Sans être éblouissant, le Tunnel du Mas-d'Azil mérite un détour. Cette cavité a ceci d'exceptionnel qu'elle se découvre surtout en voiture. ➜ **Outre la rivière d'Arize** qui y a creusé son lit, l'immense porche de 80 m de haut et 60 m de large est traversé par la D 119 : sur une longueur de 500 m, la route y fait deux lacets sous le massif du Plantaurel. ➜ **La Grotte-Tunnel et ses abords** peuvent aussi se découvrir à pied : afin d'éviter de respirer les gaz d'échappement, nous vous conseillons un petit circuit insolite en extérieur. ➜ **Un maigre sentier** démarre du parking, juste à la sortie de la Grotte. Après avoir franchi le portillon, prendre le premier raidillon qui grimpe sur la gauche. Il monte en lacets, puis longe la vaste voûte de pierre qui surplombe la rivière. De là-haut, une vue plongeante et magnifique s'offre à vous. Bien qu'impressionnant, ce sentier à flanc de roche n'est pas vraiment dangereux (attention toutefois si vous avez de jeunes enfants). ➜ **Plus loin, il rejoint le haut plateau** qui coiffe la Grotte : le balisage y est un peu désuet mais la balade est agréable. Le mieux est de revenir par le même chemin.

Un haut lieu de l'histoire et de la préhistoire ➜ Les traces d'une occupation préhistorique ne manquent pas en Ariège, mais celles du Mas-d'Azil ont été particulièrement riches d'enseignements. Les deux rives de l'Arize ont fait l'objet de fouilles dès 1887.

Les Aurignaciens, Solutréens, Magdaléniens et Aziléens occupèrent ce porche très facile d'accès entre -30 000 et -8 000 ans. Tous s'y succédèrent en laissant des quantités de vestiges, transformant la grotte en un véritable sanctuaire. Certains de ces vestiges sont tellement exceptionnels qu'ils ont permis de découvrir une nouvelle civilisation jusqu'alors inconnue. La découverte de galets peints a

alors justifié la reconnaissance par les paléontologues d'une nouvelle période préhistorique : comme le veut la coutume, cette période prit le nom de la localité : l'Aziléen (-8 000 ans). La visite des galeries secondaires où sont exposés des outils, des ossements d'ours et de mammouths, est couplée avec celle du musée de la Préhistoire situé en ville. Vous y découvrirez, entre autres, ces fameux galets peints et le propulseur au faon, redoutable arme préhistorique.

Sur votre chemin ➜ L'Ariège, c'est plus de 3 000 km de cours d'eau et un millier d'hectares de plans d'eau dont 64 lacs très poissonneux qui constituent un véritable paradis pour les pêcheurs. Les eaux froides et très oxygénées sont peuplées principalement de salmonidés (truites fario et arc-en-ciel, saumon de fontaine ou omble chevalier) ; ailleurs on peut taquiner le gardon, la tanche, la carpe, le brochet, la perche, le black-bass et même le silure. Sur la terre ferme, un autre animal, propre à la région, élance sa silhouette robuste et majestueuse dans quelques prairies ariégeoises : le mérens, ce petit cheval noir, barbu et rustique. En estive, vivant sans clôture ni gardien, il retrouve toute sa liberté jusqu'aux premières neiges.

Situation *à 2 km du Mas-d'Azil, 24 km de Saint-Girons et 33 km de Foix.*

Accès *par la D 117 depuis Saint-Girons direction Foix puis la D 119 jusqu'au Mas-d'Azil.*

Visite *libre du Tunnel toute l'année. Visite guidée et payante d'avril à novembre.*

Niveau *de F0 à F1, traversée du tunnel en voiture ou à pied.*

Conseil Photo
De l'extérieur, l'entrée de la Grotte est plus à son avantage côté parking (fin de matinée). Par contre, à l'autre extrémité, la rivière passe un joli déversoir : allez-y à pied car on ne peut pas stationner de l'autre côté. Vous pouvez aussi faire une belle photo en vous enfonçant de 50 m dans la Grotte et en prenant l'énorme entrée, vue de l'intérieur. Sur le surplomb, un grand angle vous permettra d'exagérer davantage le côté vertigineux du sentier.

☆☆☆ La Peyro Clabado *La star du Sidobre*

C'est à quelques pas de Lacrouzette, charmante et vivante cité, que s'étend le Sidobre. Véritable berceau du métier des tailleurs de pierre, le Sidobre offre un paysage unique en France : de-ci, de-là, la nature a abandonné des boules de granite aux formes impressionnantes. Leur mascotte, la Peyro Clabado défie toutes les lois de la gravité en maintenant 780 tonnes de roche en équilibre sur un socle d'un mètre carré. ➜ **Depuis le parking, un petit sentier aménagé de quelques marches** permet de s'en approcher. L'endroit est magique et si vous croyez aux légendes faites un vœu, jetez une pierre au sommet du rocher, si elle reste dessus celui-ci sera exaucé… ➜ **Non loin de là, le sentier continue jusqu'à une table d'orientation,** la vue depuis le sommet n'apporte pas grand chose, nous vous conseillons plutôt de reprendre la voiture et de poursuivre votre découverte du Sidobre par le Roc de l'Oie, les Trois Fromages ou encore la très belle Cascade du Saut de la Truite.

Le Sidobre, cœur de granite ➜ Ici plus qu'ailleurs la planète a donné toute sa puissance pour former l'un des plus importants gisements de granite d'Europe. Il s'est mis en place il y a 300 millions d'années, par un magma en fusion enfoui à plusieurs dizaines de kilomètres de profondeur, sous une énorme chaîne de montagnes (chaîne hercynienne).
De ces montagnes, il ne subsiste plus que le sud du Massif armoricain, une partie des Vosges, quelques sommets alpins et pyrénéens, et surtout le Massif central dont le Sidobre fait partie.
Refroidi puis durci durant 15 millions d'années, le magma se cristallise, les éléments chimiques s'associent pour former trois minéraux principaux : le quartz, le mica et le feldspath. C'est ensuite l'érosion de la chaîne qui va alléger la croûte continentale et faire remonter le granite

comme un bouchon jusqu'à la surface de la terre. Aujourd'hui, le Sidobre représente un gisement de 10 km de long, de large et de profondeur. L'eau qui s'infiltre dans le sol s'insinue dans les fissures du granite qui se décompose alors en sable et sculpte des boules.

Sur votre chemin → Nous sommes ici, dans le parc naturel régional du Haut-Languedoc, créé en 1973 dans le but de protéger une nature éventrée par l'exploitation du granite. L'érosion du granite en sable (arénisation) fournit un sol acide très apprécié des bouleaux, chênes, hêtres et autres châtaigniers. Très fortement boisé, le Sidobre regroupe toutes les espèces forestières préméditéranéennes. Quand il n'est pas entouré de forêts, le Sidobre se couvre de fougères, de landes à ajoncs et de tourbières. Côté faune, le massif est peuplé d'oiseaux avec quelques passereaux comme les rares merles bleus et merles des roches, mais également quelques rapaces comme les hiboux grand-duc et petit-duc et l'aigle de Bonelli. Ce dernier est malheureusement en voie d'extinction, dérangé par les varappeurs et les chasseurs inconscients.

Situation *à 2 km de Lacrouzette, 18 km de Castres et 37 km de Lacaune.*

Accès *par la D 622 depuis Castres, direction Lacaune. Après 15 km tourner à gauche vers Lacrouzette.*

Visite *libre toute l'année.*

Niveau *de F0 à F1, roche visible depuis le parking, sentier balisé, escalier. 5 min aller.*

Conseil Photo

Veillez simplement à ne pas cadrer le parking et ses voitures en contrebas : la pierre peut suffire à cacher le tout, vue d'un certain angle. N'oubliez pas d'inclure quelqu'un dans votre image pour donner une échelle de grandeur.

Situation à 6 km de Foix, 50 km de Saint-Girons et 85 k de Toulouse.

Accès par la D 11 depuis Foix, en direction de Sai Girons puis à la sor de Foix prendre à droite la petite D

Visite payante toute l'année.

Niveau F1, traver en barque à fond p et quelques escalie Visite : 1 h 15.

☆☆☆ La Rivière souterraine de Labouiche

Une Venise souterraine

Pour atteindre l'une des principales curiosités géologiques de l'Ariège, il vous suffit de suivre les pancartes. La visite est inoubliable : à plus de 50 m sous terre, des barques déambulent sur le plus long cours d'eau souterrain navigable d'Europe. Tirées à la force des bras par des guides acrobates, elles parcourent 1 500 m de rivière et cachent de nombreux trésors. Vous découvrirez, méandre après méandre, des formes aux noms évocateurs comme le Temple d'Angkor, la Salle Phœbus, le Pont du Diable, le Lac des Nénuphars, la Cascade Casteret et enfin la Cascade Salette qui constitue le terme de votre visite. Le réseau comprend cinq étages dont trois principaux, séparés par des siphons ou des voûtes mouillantes. La visite ne peut se faire que par étapes, avec des parties à franchir à pied et des changements de barque. C'est dans ces parties de transition que vous découvrirez de merveilleuses concrétions telle la Pagode chinoise ou la Cathédrale qui dresse son imposante stature à près de 30 m de haut.

Une exploration difficile ➜ Elle fut découverte totalement par hasard par le docteur Dunac, en 1908, parti à la recherche de son chien caché dans les buissons de buis (*labouiche* en patois fuxéen). C'est en s'engageant sous la voûte d'Aiguo-Perdent (eaux perdues) et en suivant le Fajal jusqu'à un confluent, qu'il découvre la Rivière souterraine de Labouiche. Dès lors, les expéditions se multiplient et les plus grands noms de la spéléologie viennent faire reculer le mystère de Labouiche. Certaines finissent mal : le cours d'eau est rapide, entrecoupé de lames d'érosion, de gours sur lesquels les canots pneumatiques crèvent les uns après les autres… Face à l'hostilité de la rivière, les premières équipes se découragent. Il faudra attendre 1935 pour que les opérations reprennent et qu'un aménagement touristique voit le jour en 1938. Parallèlement, d'autres spéléologues progressent jusqu'au terminus actuel, une voûte mouillante très exiguë et profonde de plus de 20 m. Au total ce seront 3 800 m de galeries qui auront été découverts. La température de l'air y est de 13 °C et celle de l'eau de 11 °C. La profondeur moyenne de la rivière est de 1,50 m.

Sur votre chemin ➜ Bien que l'on y ait retrouvé un grand nombre d'ossements d'ours des cavernes et de bisons, la rivière souterraine n'a jamais été un paradis caché. Une certaine vie cavernicole a bien dû s'y développer mais il n'en reste aujourd'hui que de bien rares survivants. À proximité des entrées, la présence de chauves-souris est assez commune. Plus remarquable par contre est celle de l'euprocte des Pyrénées : au dernier virage avant la cascade Salette vivent ces petits batraciens appartenant à la famille des salamandridés. Ces animaux ressemblent à des tritons et mesurent jusqu'à 16 cm ; ils vivent d'ordinaire dans des lacs d'altitude mais leur goût pour l'obscurité leur fait également apprécier le calme des grottes.

☆☆☆ Le Saut de la Truite *Les Seychelles en plein Sidobre*

En venant de Castres, c'est peu après Burlats, un paisible village blotti dans un écrin de verdure au pied du Mont Paradis, que jaillit la magnifique cascade du Saut de la Truite. On peut également y accéder depuis le Sidobre en reprenant la D 30 sur la gauche et en empruntant la première route sur la droite vers Campselves. ➜ **Sur la petite route forestière,** pas vraiment de parking, il faut donc stationner sur le bas-côté et prendre le petit sentier qui monte à travers bois. ➜ **Marches et rampes** conduisent en un rien de temps à un paysage de rêve : les eaux limpides, les formes arrondies des rochers, le ciel bleu du Tarn… Tout ici n'est pas sans rappeler les Seychelles, le sable fin et les cocotiers en moins bien sûr. La comparaison peut paraître audacieuse mais même si le Lignon n'est pas l'océan Indien, le Saut de la Truite a tout de même un petit goût d'exotisme. ➜ **La cascade** tombant de part et d'autre d'un imposant bloc de granite fait une chute d'une quinzaine de mètres avant de s'écraser sur un chaos rocheux et de rejoindre l'Agoût, principale rivière du Tarn.

Du granite au sable ➜ Issus d'une poche magmatique mise en place à plusieurs dizaines de kilomètres sous la surface du sol, c'est au cours d'un refroidissement lent que les cristaux apparaissent et que le magma devient granite.

La taille des cristaux est fonction de ce temps de refroidissement ; plus il est long, plus les cristaux ont le temps de se former et par conséquent plus les grains du granite sont gros. Après le temps de la construction, les poches de granite, que l'on appelle aussi pluton, finissent par remonter à la surface. Arrive alors l'heure de la destruction : attaqués par les intempéries, les différents constituants du granite vont se désolidariser.

Les grains de quartz vont libérer de la silice pour former des sables ; le mica et le feldspath qui contiennent de l'aluminium vont se désagréger et être transportés

Situation *à 2 km de Lacrouzette, 14 km de Castres et 38 km de Lacaune.*

Accès *par la D 89 depuis Castres, puis après 5 km prendre à droite direction Burlats puis Lacrouzette.*

Visite *libre toute l'année.*

Niveau *de F0 à F1, cascade très vite visible, sentier balisé, escalier. 10 min aller.*

Conseil Photo
Le point de vue aménagé étant très bien situé, le cadrage ne pose pas de problème. Cette cascade se prête très bien à l'effet de filé que l'on obtient en pose longue : il vous faut un trépied et régler votre exposition sur la vitesse la plus lente possible (au moins 1 seconde). Le résultat sera très esthétique car l'eau fera des drapés blancs sur la pierre brune. Un filtre polarisant renforcera les contrastes et vous permettra d'accéder à un temps de pose encore plus long.

au fond des lacs et des mers pour former des couches argileuses.
C'est au niveau des fractures que les premières dissolutions interviennent. Elles sont, bien entendu, dues à l'eau qui creuse, et dissolvent jusqu'à former ces boules d'érosion très caractéristiques : c'est l'arénisation.

Sur votre chemin → Les excursions dans le Sidobre sont nombreuses. Si vous avez le temps, nous vous conseillons d'aller faire un tour du côté de Saint-Salvy. Vous y découvrirez le fantastique Chaos de la Balme avec sa grotte du Loup et ses rochers aux formes pittoresques. Dans la région, on dit que Jupiter y aurait fait pleuvoir en ces lieux pour écraser les deux voleurs Albion et Berjion.
Près de Lacrouzette, non loin de la Peyro Clabado, une multitude de rochers vous attendent : le Roc de l'Oie, les Trois Fromages ou le Rocher tremblant de Sept-Faux. En passant sur la D 30, découvrez le Lac du Merle, alimenté par les eaux du Lignon. Les nombreux blocs arrondis qui en émergent lui donnent un charme tout particulier.

Sites complémentaires

CALVADOS

Gorges de la Vire (Pont-Farcy)

Méandre de Hom (Thury-Harcourt)

Pain de Sucre (Clécy)

MANCHE

Les Moines et l'Eléphant (Îles Chausey)

Rocher de Ham (Torigni-sur-Vire)

Rochers de Castel-Vandon (Beaumont-Hague)

ORNE

Fausse Arthour (Lonlay-l'Abbaye)

Rocher aux fossiles du Vaudobin (Trun)

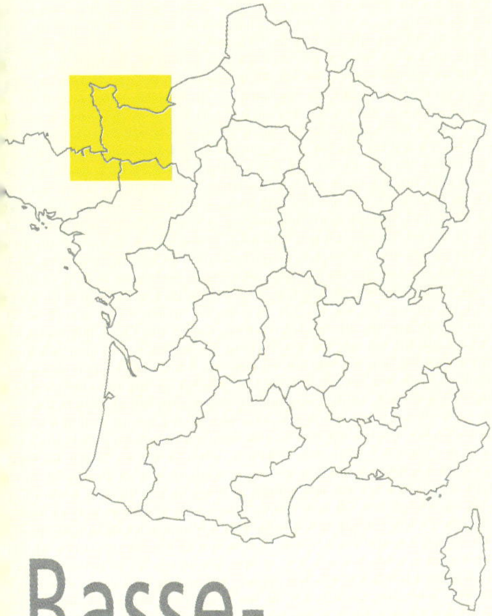

Basse-Normandie

• **COMITÉ DÉPARTEMENTAL DU TOURISME DU CALVADOS,** PLACE DU CANADA, 14000 CAEN, 02 31 27 90 35 • **COMITÉ DÉPARTEMENTAL DU TOURISME DE LA MANCHE,** MAISON DU DÉPARTEMENT, 50008 SAINT-LÔ CEDEX, 02 33 05 98 70 • **COMITÉ DÉPARTEMENTAL DU TOURISME DE L'ORNE,** 88, RUE SAINT-BLAISE, 61002 ALENÇON CEDEX, 02 33 28 88 71

☆Le Banc des Hermelles de Champeaux *La barrière récifale du Mont-Saint-Michel*

Au fond de l'immense baie du Mont-Saint-Michel, entre les jolies petites villes balnéaires de Champeaux et de Carolles, la mer découvre deux fois par jour le mystérieux site que l'on nomme ici Sol Roc. C'est en descendant vers la pêcherie qu'apparaît ce qui ressemble à un récif corallien. ➜ **Le Banc des Hermelles** en est très proche puisque les étranges buissons qui semblent, de-ci, de-là, sortir du sable sont construits par des vers marins. Bien qu'étant très rares à la surface de la terre, on compte, dans la baie, trois stations d'hermelles : celle de Saint-Broladre, la plus vaste (4 km^2), celle de Saint-Jean-le-Thomas, constituée des plus hauts massifs (1,50 m) et celle de Champeaux, plus modeste mais qui reste la plus accessible. Elle permet de découvrir sans difficulté, et surtout sans aucun danger, des bancs de 50 cm de haut à proximité immédiate de la pêcherie. ➜ **Ces petits récifs de sable couleur fauve** ont quelque chose d'exotique qui rend la promenade sur la plage des plus insolites. Mais attention à ne pas marcher dessus, car le sommet des massifs est vivant et très fragile.

La formation des récifs d'hermelles ➜ L'hermelle est un ver marin de la famille des annélides. Elle vit dans un tube qu'elle construit avec du sable capté à marée haute en même temps que sa nourriture. Les tubes sont accolés les uns aux autres pour mieux résister aux courants. C'est en s'édifiant sur les générations mortes que les hermelles parviennent à constituer de véritables barrières récifales. Leur rythme de croissance est très variable. Il est à son maximum aux plus fortes températures et nul en hiver. On estime une moyenne de 12 cm/an contrebalancée par une érosion active. À l'origine, les vers se fixent sur un substrat solide et stable. En baie du Mont-Saint-Michel cela peut être d'anciens gisements d'huîtres, des platiers

rocheux ou bien, comme c'est le cas à Champeaux, d'anciens murs de pêcherie. Le tube des hermelles est entièrement constitué de sable lié par un ciment organique à base de phosphore, calcium et magnésium. L'animal prélève de préférence des débris coquillés : ces particules biogènes ont une plus grande surface que les grains de quartz et peuvent se chevaucher à la manière d'un toit.

Sur votre chemin ➜ Pour vivre heureux, vivons cachés. La devise s'applique à merveille au peuplement des plages de sable. À première vue, outre ces hermelles, l'endroit paraît désert. La vie y est pourtant bien là, enfouie sous quelques centimètres de sédiments. Le sol littoral peut parfois renfermer jusqu'à 300 grammes de biomasse animale par mètre carré, soient 3 tonnes par hectare. Le chiffre est colossal et c'est 10 fois plus que sur les fonds marins. Inutile par contre d'espérer trouver les algues qui forment ailleurs de gigantesques forêts sous-marines : n'étant pas pourvues de racines mais de crampons et de disques adhésifs, elles ne peuvent se fixer dans les sables meubles. Non, ici la vie est animale, les coques peuvent se rassembler à raison de 2 000 individus par mètre carré et à côté d'elles une quantité importante d'autres vers fouisseurs.

Situation *à 11 km de Granville, 18 km d'Avranches et 82 km de Rennes.*

Accès *par la route de la Liberté et des Abbayes, la N 175 entre Pontorson et Caen. À Avranches, prendre la route côtière D 911 en direction de Granville.*

Accessible *à marée basse.*

Niveau *de F0 à F1, visible depuis la pêcherie de Champeaux. 10 min aller.*

Conseil Photo

Évidemment, il faudra attendre la marée basse. Les hermelles sont plus une curiosité naturelle qu'un merveilleux sujet photo. Mais cela peut être l'occasion de faire des photos de type « macro » pour s'approcher des tubes d'hermelles, ou simplement de vous mettre à plat ventre pour les prendre comme s'il s'agissait de constructions géantes : avec un grand angle, l'effet sera encore plus accentué.

☆☆La Brèche du Diable *Les falaises du bocage normand*

En plein cœur de la forêt normande, au sortir du petit village de Soumont, un petit chemin en terre rejoint le parking de la Brèche et le panneau explicatif du Mont Joly. ➜ **De chaque côté du Laizon,** de hautes parois escarpées forment un canyon. On est bien loin ici des vastes bocages qui caractérisent le reste du pays normand. On peut tout simplement parcourir le sentier en bord de rivière ou bien choisir de gravir acrobatiquement les pentes boisées de la Brèche pour rejoindre le haut du plateau. ➜ **Les voies d'accès** sont très glissantes, mais les terrains usés par le passage montrent que beaucoup les empruntent. ➜ **De là-haut,** le paysage s'ouvre et certains éperons rocheux font d'excellents belvédères. Sauvages et non aménagés, la prudence y est de mise. Les adeptes de l'escalade trouveront par contre des parois préparées pour des ascensions plus ou moins vertigineuses. ➜ **Une fois au sommet,** nombreux sont les sentiers qui redescendent vers la rivière.

Loin des falaises calcaires de Normandie ➜ Rien ne rappelle ici la relative proximité de la mer. Rien mise à part la roche dans laquelle s'est ouverte la Brèche du Diable. Ses falaises sont en effet constituées de grès redressés pris dans le creux du pli synclinal d'Urville-Soumont. Ce sont de très anciennes roches déposées il y a 400 millions d'années sous forme de sable et transformées en grès et schistes sous la pression d'une chaîne de montagnes naissante : la chaîne hercynienne. Redressées à la verticale puis faillées, il faudra attendre les ères tertiaire et quaternaire pour les voir réapparaître en surface. Dès lors, le Laison va s'insinuer dans une zone de roche fragilisée et y creuser son lit. Aujourd'hui une gorge profonde et sauvage, fleurie d'ajoncs, se dissimule dans le bocage normand.

Le tombeau de Marie Joly ➜ Au sommet de la Brèche, dans une prairie bordée de lande, un bosquet de lilas abrite un

mausolée, c'est le tombeau de Marie Joly, une actrice de la Comédie-Française très appréciée durant la Révolution. Elle mourut en 1798 suite à une infection pulmonaire contractée dans les prisons de la Terreur.

Sur votre chemin ➔ Paysage rudement sculpté de grès, vêtu sur ses flancs de vastes forêts, la Brèche du Diable contraste avec l'image que chacun peut avoir de la Normandie. Ici, non loin des pâtures bien vertes, la forêt prospère. Elle est essentiellement constituée de chênes pédonculés, trouvant au sein du Laison l'humidité qui leur est nécessaire. En montant sur le plateau, une pelouse épaisse de canches et fétuques sépare ajoncs et genêts, bruyères cendrées et callunes, pour former un paysage de landes plus ouvert. Des écrits du capitaine de cavalerie, N.F. du Mollay, l'époux de Marie Joly, montrent qu'il y avait autrefois bien d'autres espèces forestières comme les pins, les saules et les cyprès. Le parc naturel régional de Normandie-Maine se situe à moins d'une trentaine de kilomètres au sud de Falaise. Sa richesse est surtout forestière : sa hêtraie-chênaie de plus de 45 000 ha abrite environ 600 cerfs et 150 chevreuils.

Situation *à Soumont-Saint-Quentin, à 8 km de Falaise et 25 km de Caen.*

Accès *par la N 158 entre Caen et Falaise, sortie 9 puis prendre la D 261e jusqu'à la Brèche.*

Visite *libre toute l'année.*

Niveau *F1, pour le sentier qui longe la rivière, F3 pour monter sur les hauteurs. 20 min minimum.*

Conseil Photo
Il fait assez sombre dans ce vallon ; l'idéal est d'utiliser un film de 200 ou 400 ISO et d'avoir un grand angle pour saisir toute la dimension des parois rocheuses. Un sentier sur la droite du ruisseau (en le remontant) mène sur les hauteurs d'où l'on domine les arbres et un village tout proche : une jolie photo est à faire en cadrant aussi les éperons rocheux de ces hauteurs.

Situation *à 25 k*
de Vire, 42 km
d'Avranches et 86 k
d'Alençon.

Accès *par la N 17*
depuis Caen directi
Avranches. Peu apr
Villers-Bocage,
prendre à gauche
la D 577 vers Vire
puis Mortain.

Visite *libre*
toute l'année.

Niveau *F1, sentie*
aménagé de quelq
marches, accessible
à tous. 10 min aller.

Conseil Photo
Vous ferez de belle
photos depuis le pe
pont de bois.
En restant prudent,
le point de vue que
l'on a sur la grande
cascade depuis le h
de la butte, non loi
du départ du sentie
près de la route, es
également à exploi
On peut également
s'approcher du pie
de la cascade en lo
geant les rives :
attention, les pierre
sont glissantes.
La petite cascade es
plus encaissée mais
tout aussi photogé-
nique. C'est vers m
que vous aurez
la meilleure lumière

★ Les Cascades de Mortain *Une oasis de fraîcheur*

Sur la route Caen-Rennes, la ville historique de Mortain est une très agréable halte. ➜ **Depuis ses hauteurs,** un des points culminants de Normandie (323 m), la vue s'ouvre jusqu'au Mont-Saint-Michel. Bâtie au flanc d'une colline, elle domine les gorges boisées de la Cance et du Cançon qui forment deux belles cascades. ➜ **La Petite et la Grande Cascade de Mortain** comptent, en effet, parmi les plus admirables du Nord-Ouest de la France. Pour les rejoindre, la route de l'Abbaye Blanche conduit à un petit parking au bord de la route. ➜ **Un sentier très bien indiqué** descend jusqu'à un petit pont en bois, au pied de la Grande Cascade. La Cance y fait une chute de 20 m avant de poursuivre son chemin vers la Sélune puis vers la mer. La promenade est des plus agréables et peut se prolonger jusqu'à la Petite Cascade de dimension plus modeste mais d'ambiance comparable. On peut également s'en rapprocher en voiture, par la première route à droite après l'Hôtel de la Poste.

Premiers fossiles en vue ➜ Née il y a 4,6 milliards d'années, la Terre fabrique sa propre croûte. C'est au cœur du Massif armoricain que l'homme a pu identifier les plus anciennes roches terrestres. Se créant une croûte à force d'explosions volcaniques, le sol fut tout d'abord constitué de roches cristallines (granites, basaltes...). Cette période sans fossiles est appelée le précambrien et marque la base de l'échelle des temps géologiques. Cette dernière étant édifiée au rythme de l'apparition visible de la vie sur terre, c'est avec les traces des premiers animaux marins munis d'une partie dure fossilisable que l'on a posé le premier barreau de l'échelle : l'ère primaire (-540 à -245 MA). C'est de cette époque que datent les grès armoricains (Ordovicien : -500 MA) des Cascades de Mortain. Ils se sont déposés à proximité du littoral et caractérisent la première invasion des continents par la mer. Le premier fossile vient d'apparaître, c'est le trilobite ; on le trouve dans les schistes du Pissot situé à proximité de la gare de Mortain. Il s'agit d'un arthropode dont les dimensions varient entre quelques millimètres et un mètre. L'animal qui lui ressemble le plus aujourd'hui est le cloporte ou la limule.

Sur votre chemin ➜ Mortain est aux portes du parc naturel régional Normandie-Maine qui s'étend sur quatre départements (Manche, Mayenne, Orne et Sarthe). Le but principal de ce parc est de préserver le milieu naturel riche que constitue le bocage normand, paysage de prés et de champs séparés par des haies sur talus, semés de bosquets, de pommiers ou de poiriers. Dans les vallons et les gorges coulent des rivières très poissonneuses. Malgré un grand nombre de sites d'accueil, les rapaces y restent rares. On peut apercevoir toutefois quelques éperviers, bondrées apivores et autres faucons crécerelles. La hêtraie-chênaie qui couvre 45 000 ha du parc s'enorgueillit de la présence du pic cendré, et les bocages de celles de l'alouette lulu et de la très rare pie-grièche grise.

☆☆☆ Les Demoiselles de Fontenailles

Les trois sœurs du Chaos de Longues

Depuis le village de Longues-sur-Mer, c'est en prenant la petite route marquée « Le Mesnil » après le cimetière, que l'on rejoint la corniche. ➜ **Les Demoiselles** apparaissent sur la gauche, un tant soit peu inaccessibles. ➜ **Un petit sentier descend** vers la plage. Le meilleur moyen de rejoindre le Chaos est de la parcourir à marée basse. Les sources y sont nombreuses et les eaux sont en grande partie canalisées. ➜ **Les trois pitons calcaires,** abandonnés là par une ancienne falaise en 1760, sont dressés tels des monuments face à la mer qui les a sculptés. Aujourd'hui, leur teinte orangée tranche avec celle de la végétation rase qui protège la côte. Mais ici, toute protection semble vaine, et le chaos qui gît au pied des Demoiselles montre bien que la mer a gagné la bataille depuis longtemps. Loin d'être un paysage désolé, le Chaos de Longues offre ainsi l'impression d'être toujours en mouvement, sans cesse renouvelé. C'est au soleil couchant qu'il révèle toute sa beauté.

La mer a eu raison des Demoiselles

➜ Avant de parler du Chaos de Longues, on parlait des Demoiselles de Longues. À la place de l'éboulis qui gît aujourd'hui au pied des falaises, deux magnifiques piliers de calcaire se dressaient en mer. Inlassablement sapées par le va-et-vient des marées, la Grande Demoiselle atteignant 25 m de hauteur a disparu en 1902 et la Jeune en 1939. Édifiée dans les calcaires du jurassique, la côte du Bessin est une continuité géologique du Bassin Parisien. Ces calcaires, déposés sous la mer entre -225 et -70 millions d'années sur une très vaste étendue en cuvette, alternent avec les couches de marnes et d'argiles qui fragilisent certaines portions de la côte. Il faudra attendre l'ère tertiaire (-70 à -4 MA) pour que la mer se retire et que, par compensation de poids, les côtes se soulè-

vent de 150 m. Ainsi soumise aux rudes assauts de l'ère glaciaire, la mer va sculpter les côtes telles que nous les connaissons. Mais après avoir construit, la mer s'attache à tout détruire à une vitesse moyenne de 10 à 20 cm par an. Les fossiles y sont nombreux et peuvent atteindre une taille importante. Attention, la collecte est strictement interdite.

Sur votre chemin → L'incessant va-et-vient de la mer soumet le rivage à des alternances d'immersion et d'émersion. Tantôt privés d'oxygène et soumis aux courants, tantôt exposés au milieu aérien et son cortège déshydratant, les animaux doivent faire face plusieurs fois par jour à des changements brutaux (température, vent, salinité). Pour résister, certains s'enfouissent dans le sable ou la vase, sous les algues ou les rochers. Les uns profitent de la marée basse pour chasser, tel le crabe bien adapté à la marche. Les autres se protègent dans une coquille où les conditions de la haute mer sont reconstituées durant quelques heures (bigorneaux, moules, littorines). D'autres encore, vivant au gré des courants ou bien au-dessous de la zone de balancement des marées, ne se retrouvent que très rarement hors de l'eau. C'est parfois le cas de quelques étoiles de mer échouées sur le sable.

Situation *Longues-sur-Mer, à 5 km de Port-en-Bessin et 42 km de Caen.*

Accès *par la N 13 depuis Caen en direction de Bayeux, puis la D 6 jusqu'à Port-en-Bessin-Huppain puis à droite sur la D 514 jusqu'à Longues-sur-Mer.*

Visite *libre toute l'année.*

Niveau *F0 depuis la Batterie, F2 par la plage à marée basse et le sentier. 40 min aller.*

Conseil Photo

Le site est très photogénique, à plus juste titre par beau temps. Avec un filtre polarisant, l'orange de la pierre et le bleu du ciel trancheront davantage.

Grand angle conseillé pour des photos depuis le pied des Demoiselles.

Ne dérangez pas les petites abeilles sauvages qui habitent les trous de la roche.

☆☆Les Falaises des Vaches Noires *Des falaises aux trésors*

C'est à marée basse, depuis les plages de Houlgate ou de Villers-sur-mer, que vous découvrirez, après une bonne marche d'une heure, les Falaises tourmentées des Vaches Noires. Ici, les blanches falaises normandes ne sont plus, l'argile noire parcourue par des eaux retournant à la mer les recouvre comme un nappage. ➜ **Dans le Chaos,** les quelques quartiers de calcaires éboulés montrent qu'elles ne sont pas bien loin : ce marbrage noir et blanc, que l'on dit ressembler à un troupeau de vaches, a d'ailleurs donné son nom à cette portion de côte. ➜ **De part et d'autre de ce Chaos**, les Falaises des Vaches Noires atteignent 100 à 120 m de hauteur dont le front instable s'éboule régulièrement. Bien que quelques sentiers serpentent jusqu'en haut des falaises, ces fragiles murailles de vases sombres ne sont guère praticables, tout comme la surface très accidentée du Chaos recouverte de varech. Mieux vaut donc observer ce paysage insolite depuis la plage. Le retour se fait par le même chemin, attention à la marée…

Le trésor des Vaches Noires ➜

Désormais placées sous la protection du Conservatoire du Littoral, il n'est plus possible de se lancer à la recherche des trésors cachés des falaises. Elles sont en effet d'excellents gisements de minéraux et de fossiles : dans les torrents, par exemple, il n'est pas rare de trouver de beaux cristaux de pyrite, autrefois appelée l'or du fou pour sa ressemblance avec le précieux métal. De grosses empreintes d'ammonites sont également assez courantes dans les calcaires du jurassique, mais le plus spectaculaire reste la découverte de fossiles de grands vertébrés préhistoriques dans le chaos, ainsi que celle d'un crâne de crocodile.

Qu'est-ce qu'une ammonite ? ➜

C'est un fossile qui apparut dans de nombreuses mers du globe dès le trias (-245 MA) et

Situation *entre Houlgate et Villers-sur-mer, à 32 km de Caen et 230 km de Paris.*

Accès *par l'autoroute A 13, sortie Dozulé (29), rejoindre Cabourg par la D 400 puis Houlgate par la D 513.*

Visite *libre toute l'année.*

Niveau *F2, choisir de passer sur la plage de sable depuis Houlgate. 1 h aller.*

Conseil Photo

Vous ne ferez pas forcément des photos exceptionnelles dans ce site : tout dépendra du temps. Un lourd ciel d'orage serait idéal... À marée basse, intéressez-vous particulièrement aux gros blocs de roche sombre qui gisent sur la plage, « les pieds dans l'eau » ; le crépuscule vous offrira de belles images.

disparut comme de nombreuses espèces à la fin du crétacé (-65 MA). Il s'agit d'un céphalopode, comme la seiche actuelle, avec une coquille le plus souvent enroulée en spirale. Ses dimensions sont très variables, de quelques millimètres à deux mètres de diamètre.

Sur votre chemin → Dans ce décor de sable, de vent et de sel, la vie végétale apparaît comme une véritable lutte. Rares sont les plantes qui résistent à ces conditions. Seule une végétation de pelouse, dite aéro-haline, colonise le littoral. La véritable richesse des côtes est animale. La vie y est omniprésente et étonnement diversifiée. Si les cris perçants des mouettes et goélands caractérisent généralement les bords de mers, ils cachent d'autres espèces plus discrètes comme le cormoran huppé, l'huîtrier pie, ou l'avocette qui y nichent également toute l'année. D'autres viennent s'y abriter cycliquement entre août et novembre, venus de Scandinavie ou de Sibérie, des îles britanniques voire du Canada. Pour la plupart, les côtes normandes ne sont qu'une étape avant d'atteindre les quartiers d'hiver d'Europe méridionale ou d'Afrique tropicale.

★★ Le Marais du Grand Hazé *Une très belle zone humide*

Le départ du sentier sur pilotis n'est pas bien indiqué, et pour cause : les sorties les plus intéressantes doivent se faire avec un guide-animateur. Seuls l'observatoire ornithologique et le Sentier du Breuil sont en libre accès, mais ils n'autorisent qu'une approche très superficielle du marais. Nous vous conseillons donc de téléphoner à l'office de tourisme et de vous joindre à l'une des nombreuses visites guidées (n'oubliez pas vos bottes). Vous aurez alors le plaisir de découvrir ce marais dans son intimité, au milieu des roseaux, des joncs et des lentilles d'eau. Les marais « sauvages » se font de plus en plus rares en raison d'assèchements et d'aménagements divers : celui du Grand Hazé échappe encore à cette logique et permet de découvrir un univers infiniment calme et mystérieux. Une paire de jumelles peut vous être utile pour observer les oiseaux migrateurs et sédentaires de cette très belle zone humide : le rendez-vous idéal pour une paisible journée nature.

Le plus grand marécage de l'Orne → Le Marais du Grand Hazé occupe une vaste dépression à l'ouest de Briouze. Cette cuvette a été creusée par l'action des rivières, dans un très ancien substrat schisto-gréseux hérité de l'ère précambrienne (-600 MA). Colmatée par des argiles bleues imperméables, l'eau y est pérenne et circule dans un vaste réseau hydrographique. Tourbes, mares, marais, canaux et prairies humides sont autant de milieux qui créent un paysage sauvage, dernier refuge de nombreuses espèces en voie de disparition. L'équilibre y est extrêmement fragile. Les actions ne sont pas faciles à mener et n'aboutissent pas forcément aux résultats escomptés. Pour exemple, le creusement de canaux et de mares entraîne un assèchement estival permettant l'installation d'arbres et arbustes. L'évapotranspiration qu'ils génèrent à partir du printemps, pour leur croissance, abaisse le niveau de la nappe d'eau. Face à ce constat, une des solutions pourrait être d'introduire des bovins rustiques du type highland castle. Tout un programme…

Sur votre chemin → Dans cet univers mi-terre mi-eau, l'ambiance est trompeuse-

Situation *à Briouze, à 30 km d'Argentan et à 60 km d'Alençon.*

Accès *par la N 158 depuis Alençon, direction Caen. À Argentan prendre la D 924 jusqu'à Briouze.*

Visite *libre toute l'année, visites guidées à certaines dates.*

Niveau *F1, sentiers sur pilotis, accessibles à tous. 1 h 30 minimum.*

Conseil Photo

Outre les photos de paysage, le Marais autorise maintes approches naturalistes : plantes, libellules, grenouilles et oiseaux sont autant de sujets possibles (de préférence par beau temps). L'idéal est alors de se munir d'un objectif macro (ou de bagues-allonges) et d'un téléobjectif. À défaut, les ambiances brumeuses sont toujours très photogéniques dans les marais.

ment calme. Les ondoiements paisibles des marais cachent, en réalité, un foisonnement de vie non encore totalement inventorié. Les tourbes du marais s'enorgueillissaient autrefois de prestigieuses associations végétales. Aujourd'hui, l'assèchement amorcé, ce sont les aulnaies à sphaignes et les moliniaies tourbeuses qui prédominent. Autour d'elles, une végétation marécageuse subsiste dans les prairies humides. Après inventaire, seules trois espèces intéressantes ont été recensées : la linaigrette, la violette des marais et le comaret palustre. Côté avifaune, on note la présence du phragmite des joncs au vol ondulé et sonore, et du farouche héron cendré ; les quelques couples de courlis qui peuplaient autrefois le marais ont déserté. Les libellules sont très abondantes et fournissent le couvert à un bon nombre de passereaux.

☆☆☆☆ Les Marais Salants du Mont-Saint-Michel

Promenade au pays des moutons de prés-salés

L'endroit n'est pas très aisé à trouver mais c'est de là que le Mont-Saint-Michel apparaît encore sauvage et que l'on prend toute la mesure de sa baie. **➜ À 5 km à l'est du Mont,** le hameau des Bas-Courtils se situe à l'intersection de la D 75 et de la D 43. C'est au niveau de cette patte d'oie qu'une petite route en cul-de-sac s'enfonce vers l'intérieur de la baie et rejoint un petit parking. **➜ Une fois franchie la barrière** qui empêche la fuite des moutons, vous pourrez gambader entre les méandres, les enjamber le cas échéant ou bien les contourner. Mieux vaut choisir une visite à marée basse car les gués sont alors plus facilement franchissables. **➜ Les Marais Salants** offrent un paysage de plaine grandiose, haut en couleur, surtout quand on les parcourt en fin d'après-midi. Les lumières rasantes font alors scintiller une multitude de toiles imprégnées de sel qui donnent presque l'impression de marcher sur un nuage. Au couchant, le soleil se joint au Mont-Saint-Michel pour un duo crépusculaire de grande qualité et baigne la baie et ses méandres de mille nuances cuivrées. Spectacle inoubliable…

Richesses du monde ➜ Le Mont-Saint-Michel et sa baie sont inscrits par l'UNESCO sur la liste des sites du Patrimoine Mondial Culturel et Naturel.

Sorti des entrailles de la terre il y a 20 millions d'années, le Mont-Saint-Michel domine 25 000 ha de grèves. L'envasement de la baie a débuté il y a 6 500 ans. Depuis ce temps-là, deux fois par jour, la mer recouvre les sables et deux fois par jour elle les découvre : c'est la marée, née de l'attraction conjuguée de la lune et du soleil sur l'eau de nos océans. Certains jours de mars et de septembre, les grandes marées peuvent élever le niveau de la mer d'une quin-

Situation *à 9 km de Pontorson, 23 km d'Avranche et 73 km de Dinan.*

Accès *par la route de la Liberté (N 175) depuis Caen, direction Avranche puis Pontorson. Là prendre la D 976 jusqu'au Mont-Saint-Michel.*

Visite *libre toute l'année.*

Niveau *F2, marche non balisée sur les marais salants, attention à la marée. 10 min minimum.*

Conseil Photo *Une seule recette : être là pour le coucher du soleil. Postez-vous près d'un bras d'eau, face au Mont. Les lumières du ciel se refléteront dans l'eau et vous ferez la photo de votre vie ! Un zoom (200-300 mm) sera nécessaire si vous voulez le Mont en gros plan.*

zaine de mètres. Dès que le coefficient de marée est supérieur à 100, la mer, en montant dans les estuaires, forme un mascaret, vague d'un demi-mètre de hauteur, qui s'avance en grondant. Pour l'observer il faut venir 1h15 avant l'heure de la pleine mer.
Charriant près d'un million de tonnes de sédiments par an, l'eau envahit la baie à une vitesse moyenne de 10 km/h (on est loin des 60 km/h du cheval au galop !). Ces sables grisâtres proviennent des coquilles et des squelettes de milliards d'animaux marins, broyés de plus en plus finement par les vagues, jusqu'à former une immensité de vases, la tangue.

Sur votre chemin → Depuis le Moyen-Âge, on élève les moutons sur les prés-salés. Aujourd'hui, 8 000 brebis y paissent quotidiennement, exceptés les quelques jours par mois durant lesquels la mer recouvre ce que l'on appelle ici l'herbus. La cinquantaine d'espèces de plantes à fleurs et d'herbes qui poussent là, sont habituées à ce sol salé. C'est le cas de la fétuque rouge, de la salicorne, de la glycérie maritime et autre obione. De nombreux oiseaux migrateurs viennent séjourner dans la baie. Ici, la nourriture est abondante et le climat tempéré en fait un refuge pour la reproduction de nombreuses espèces. En bandes immenses, ce sont plus de 100 000 oiseaux qui viennent animer l'estran.
Mais les oiseaux ne sont pas les seuls à opérer des migrations, beaucoup de poissons migrateurs reviennent frayer dans leur rivière natale, la Sélune. En novembre, les soles et les poissons plats, nés dans la baie, partent vers le large à la rencontre des saumons atlantiques qui viennent se reproduire, après un voyage insensé au large de l'Amérique.

Situation à 3 km de Jobourg, 3 km de la Hague et 27 k de Cherbourg.

Accès par la D 901 depuis Cherbourg puis la D 401 jusqu'au Nez de Jobou

Visite libre toute l'année.

Niveau F0 pour le point de vue, F2 pour le GR, accessi à tous. 30 min aller.

Conseil Photo

L'appel du grand la et l'impressionnant profil de ce « nez » incitent à la photo. À n'en pas douter, de la fin de journée jusqu'au crépuscule la lumière donne encore une bien meilleure ambiance N'hésitez pas à vou approcher de la ba du Nez de Jobourg par le petit sentier c'est de là qu'il mé le mieux son surno

☆☆☆ Le Nez de Jobourg *Une magnifique pointe littorale*

Au bout du Cotentin, ultime extrémité continentale avant la haute mer, le Cap de la Hague et le Nez de Jobourg se partagent la vedette. Des deux, le Nez de Jobourg est celui qui se prête le mieux à la promenade. Sans doute parce qu'il est le plus impressionnant et le plus sauvage. ➜ **L'imposant promontoire** domine les écueils à 128 m d'altitude et apparaît comme un « bout du monde » battu sans trêve par l'assaut des vagues. ➜ **Depuis l'Auberge des Grottes,** le point de vue est intéressant : le Nez de Jobourg apparaît à gauche, le phare et le Cap de la Hague à droite et les îles anglo-normandes d'Aurigny, Jersey, Guernesey et Sercq au large. ➜ **Un sentier en surplomb** de la petite anse de Sennival rejoint le Nez de Jobourg en 30 min. La promenade est paisible, revitalisante, et permet d'observer, dans le plus grand calme, les oiseaux de la réserve ornithologique. Retour par le même chemin.

Les roches les plus vieilles de France

➜ C'est dans le Cotentin que l'on trouve les plus anciens terrains de France. Il s'agit des granites de la Pointe de la Hague, mis en place durant le précambrien il y a 2 milliards d'années, quand tous les continents ne formaient encore qu'un bloc unique, la Pangée. Les granites de la Hague sont des gneiss en tous points identiques à ceux que l'on trouve sur certaines côtes africaines de Mauritanie, de Côte d'Ivoire et du Burkina-Faso. Cette particularité géologique permet de penser que ce morceau de France a été arraché à l'Afrique lors de la séparation des différents continents. Ailleurs, comme au Nez de Jobourg, les granites ont été formés par une puissante activité intra-plaque au cours de l'ère primaire. L'activité volcanique était alors très intense et a entraîné la formation de tous les autres granites de Normandie. Les granites sont des roches mises en place dans une chambre magmatique à l'intérieur de la croûte, à une profondeur de 60 à 400 km. Ne parvenant jamais à la surface pour former un volcan, le magma, dont la température s'échelonne entre 1 000 et 1 500 °C, cristallise et ne sera visible qu'après des millions d'années d'érosion.

Sur votre chemin

➜ Le Cap de la Hague est investi par un insolite troupeau de chèvres sauvages qui crée l'événement. Le Nez de Jobourg abrite, lui, 2,5 ha de réserve ornithologique. Là, nichent en toute tranquillité le cormoran huppé, le traquet pâtre, l'huîtrier pie et le rare grand corbeau. Ce dernier peut atteindre 64 cm de long ; c'est le plus grand des corvidés mais également le plus grand des passereaux. Côté flore, les escarpements rocheux recèlent des anfractuosités favorables à l'installation des plantes. Le peu d'humus qui s'y accumule permet l'installation d'une flore diversifiée. C'est le cas de l'orpin d'Angleterre qui est le premier à coloniser ce genre d'endroit. Mais citons également les très discrets isoètes épineux et ophioglosses, deux espèces protégées. Entre les pointes rocheuses s'étendent de vastes étendues de landes à bruyères, véritables garde-manger des oiseaux.

Situation *à Saint-Philbert-sur-Orne, à 7 km de Falaise et à 45 kr de Caen.*

Accès *par la D 511 depuis Falaise, en direction de Vire. Après 10 km prendr à gauche la D 18 et suivre Saint-Philbert-sur-Orne.*

Visite *libre toute l'année.*

Niveau *F0, point de vue après 3 min de marche.*

Conseil Photo
Outre le vaste paysage, la grande attraction photogra phique du site est la roche en forme de visage. Pour la découvrir, il faut descendre légèreme sur la partie droite du belvédère ; à gauche, un énorme visage, vu de profil, regarde l'horizon. Pour le cadrage, pensez à décentrer le visage sur la gauc de l'image en lui laissant du champ sur la droite : on au alors davantage l'impression qu'il « regarde » au loin.

☆☆La Roche d'Oëtre

Les falaises de la Suisse normande

Point besoin d'efforts démesurés pour atteindre l'un des plus beaux paysages de la Suisse normande puisque, depuis le parking, 50 m de marche suffisent. ➜ **L'escarpement rocheux surplombe la Rouvre** de plus de 118 m et présente des à-pics inhabituels en de telles étendues bocagères. Au vu de ces reliefs accidentés, on comprend alors mieux le rapprochement avec les régions alpines. ➜ **Suspendue au-dessus de la forêt,** la roche prend parfois des allures intéressantes comme ce visage sculpté dans la falaise par Dame Nature. Le site ne se prête que peu à la randonnée, mais les adeptes de l'escalade trouveront ici une multitude de voies à maîtriser. ➜ **Aux flancs des parois,** peut-être découvriront-ils alors la « chambre des fées », une grotte qui servit de refuge aux faux-monnayeurs et aux chouans. Une randonnée en forêt de Saint-Philbert permet également d'apercevoir les rochers d'Oëtre et la cavité depuis le bas.

Terres brûlantes et Alpes normandes ➜ Appréciée comme « l'un des plus beaux coins de France » par le Président Coty, la Roche d'Oëtre offre un relief assez insolite en Normandie ; de là à y voir les Alpes, il n'y a qu'un pas. Son nom d'origine, *Oëtre*, signifie terre aride, brûlante, exposée aux vents du sud. Au même titre que la comparaison avec les alpages et les reliefs suisses, ces termes méridionaux semblent un peu exagérés. Le promontoire, qui semble véritablement jaillir de terre, est une arête de roche très dure et très ancienne, mise en place au début de l'ère primaire, il y a près de 500 millions d'années. Les granites et les schistes qui le composent sont nés dans les profondeurs de la terre à des températures pouvant atteindre plus de 1 000 °C. À cette époque, les continents étaient en formation. Tous unis en un seul, leur séparation entraîna une abondance de phénomènes volcaniques. Les magmas qui n'atteignaient jamais la surface de la terre devenaient granite et ceux qui y parvenaient se transformaient en coulées de lave et volcans. Les terrains préexistants se trouvèrent alors profondément modifiés par les compressions et fusions partielles ; ils devinrent schistes.

Sur votre chemin ➜ Ici, le vert des prairies et des bocages normands fait place à celui des sapins. Sans doute pour donner un petit air montagnard au site, quelques résineux ont en effet été plantés au sommet de la roche d'Oëtre. Mais loin d'être le peuplement dominant, ici, c'est davantage les chênes, fougères, mousses et lichens qui habillent la roche de mille nuances végétales. Les arbres restent rares sur les pentes, mais les fougères y voient par contre un milieu très favorable. Huit espèces sont ainsi représentées, dont l'osmonde royale et le capillaire noir. Dans les sous-bois clairsemés, les premiers rayons de soleil printanier font apparaître une myriade de fleurs. Les jacinthes des bois, anémones Sylvie et autres jonquilles forment des tapis aux teintes et senteurs admirables.

Sites complémentaires

SEINE-MARITIME

Cap d'Antifer (Étretat)

Ifs de La Haye de Routot (Forêt de Brotonne)

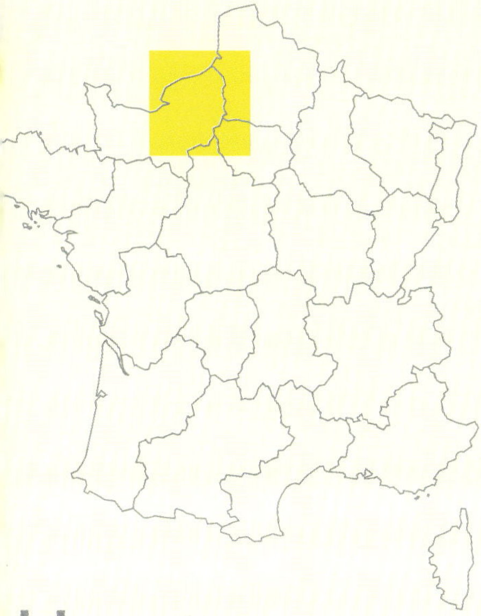

Haute-Normandie

• **COMITÉ DÉPARTEMENTAL DU TOURISME DE L'EURE,** BD GEORGES CHAUVIN, 27003 ÉVREUX CEDEX, 02 32 31 51 51 • **COMITÉ DÉPARTEMENTAL DU TOURISME DE SEINE-MARITIME,** 6, RUE COURONNÉ, 76420 BIHOREL, 02 35 12 10 10

CHÊNE D'ALLOUVILLE-BELLEFOSSE

FALAISES D'ÉTRETAT

FALAISES DES ANDELYS

☆☆Le Chêne d'Allouville-Bellefosse

Un arbre millénaire aménagé en chapelle

Il est impossible de traverser ce petit village normand sans remarquer ce chêne millénaire qui trône sur la place de l'église. ➜ **Ses 15 m de circonférence** et ses 25 m de haut attirent toute l'année une foule internationale. Mais ce sont moins ses impressionnantes dimensions que son aménagement qui forcent aujourd'hui l'admiration. Les éléments ont tenté à maintes reprises d'avoir raison de lui : étêté et éventré par la foudre, cet unique survivant d'une rangée entourant naguère le cimetière est investi depuis trois siècles par Notre-Dame-de-la-Paix. ➜ **Le fût, ouvert en ogive** au rez-de-chaussée de l'arbre, abrite en effet une chapelle pouvant contenir cinq personnes. ➜ **Se visitant de fond en combles,** l'arbre est de surcroît ceinturé d'un escalier en colimaçon qui mène à une seconde caverne végétale, lieu de recueillement plus exigu. Aujourd'hui aidée et soutenue pour faire face aux maux dus à son grand âge, la ramure du chêne retrouve un peu de sa jeunesse. Les glands qu'il sème encore chaque automne attestent que ses dernières heures n'ont pas encore sonné.

Biographie d'un millénaire ➜ Qui peut dire si le Chêne d'Allouville-Bellefosse fut autrefois plus prestigieux qu'aujourd'hui. Réduit à 25 m par la foudre, il paraît qu'on y tenait, avant cela, à 2 134 sous son feuillage. Son unicité ne date, pas d'hier, il est vrai, puisque l'arbre se conforta une assise fort stable dès le XVIIe siècle. Peut-être est-ce de là que le chêne tire toute sa robustesse. En tout cas, c'est de là qu'il a su attirer la sympathie et d'abord celle de l'abbé du Détroit, qui aménage en 1696 l'arbre creux en chapelle. Désormais lieu de culte, l'arbre sort de l'anonymat végétal et est épargné lors de la Révolution par la pancarte « Ici, temple de la raison ». Ainsi soustrait à toute mutilation, il franchit aisément l'épreuve des âges et ce

Situation *à 6 km d'Yvetot, 30 km de Fécamp et 42 km de Rouen.*

Accès *par l'autoroute A 29, sortie Yvetot ouest. Rejoindre Allouville-Bellefosse par la D 926, direction Yvetot puis la D 33.*

Visite *libre toute l'année.*

Niveau *F0, visible depuis la route sur la place de l'église. Possibilité de monter sur l'arbre par un escalier en colimaçon.*

Conseil Photo *Les meilleures photos sont à faire depuis la petite place, avec un grand angle. N'hésitez pas à faire le tour complet de l'arbre pour choisir votre angle préféré ; la vue depuis « l'entrée », face à la chapelle, semble la meilleure. Une personne montant par l'escalier sera la bienvenue pour donner une échelle de grandeur.*

n'est qu'en 1854 que l'office y est célébré pour la première fois. Si l'homme assure sa pérennité, il ne saurait le protéger du déchaînement des éléments : la foudre le touche à nouveau en 1912 mais il reste debout. Des travaux de soutien sont effectués à grands coups d'échafaudages intérieurs et extérieurs. Pimpant et revigoré, le millénaire confirme son talent devant les caméras en devenant star de cinéma en 1980. Longue vie à lui…

Sur votre chemin ➜ Le Chêne d'Allouville-Bellefosse est un chêne pédonculé qui fait partie de la grande famille des hêtres. Les individus peuvent atteindre 50 m de hauteur pour une longévité de 800 ans, le tout est de les laisser pousser en paix.

Il est depuis 1974 protégé par la bienveillance du parc naturel régional de Brotonne qui a pris le nom de sa plus grande et sa plus belle forêt. La forêt de Brotonne représente à elle seule plus de la moitié du capital forestier du parc, soit 7 000 ha. Le hêtre et le chêne y dominent très nettement mais on peut y croiser quelques ifs, seule espèce poussant là spontanément. Les pins d'Orégon, Douglas et sylvestres ont été, quant à eux, plantés de mains d'hommes.

Côté faune, le grand gibier est très bien représenté avec une population assez importante de sangliers, cerfs et autres chevreuils. On rencontre aussi le blaireau et de nombreux pics.

Situation *à 16 k[illegible] de Fécamp, 28 km du Havre et 227 km de Paris.*

Accès *par l'autoroute A 29, sortie Bolbec. Rejoindre Fécamp v[illegible] Goderville par la D 910 puis la D 925. Là, prendre la D 94[illegible] jusqu'à Étretat.*

Visite *libre toute l'année.*

Niveau *de F2 pou[illegible] le sentier des douaniers sur la corniche (45 min aller-retour), à F3 (échelle) pour atteindre la crique à marée basse (40 [illegible] aller-retour).*

Conseil Photo
Étretat est magique par tous les temps [illegible] qu'il pleuve, qu'il vente ou que le so[illegible] brille, les Falaises gardent leur majes[illegible] Vue d'en haut, une très belle photo est [illegible] faire depuis la deuxième avancée sur la mer, après le terrain de golf. Vue d'en bas, la rece[illegible] est simple et effica[illegible] il faut combiner ma[illegible] basse et coucher de soleil. Les Falaises se teintent d'orang[illegible] et l'endroit devient encore plus merveilleux : un mome[illegible] rare que vous n'oublierez pas.

★★★★★ Les Falaises d'Étretat

Un rempart de craie, à 110 mètres au-dessus de la mer

Côte d'Albâtre : quel doux nom pour ces 140 km de falaises immaculées. Admirable sur toute son étendue, c'est sans nul doute à Étretat que le décor confine le plus au grandiose. Ici, l'architecture de la côte est divine. Pour vous plonger dans cet univers majestueux, vous pourrez emprunter le traditionnel sentier des douaniers, perché sur la corniche, ou bien opter pour l'aventure en franchissant le tunnel qui se découvre à marée basse. Dans le premier cas, il vous faut rejoindre le haut des falaises par l'escalier situé à gauche de la jetée. Vaste panorama qui embrasse les flots infinis, la Porte d'Aval, immense arche taillée dans le roc, apparaît rapidement. **➜ Au large, l'Aiguille d'Étretat,** le repaire d'Arsène Lupin, est isolée par les flots. Mais la plus majestueuse des sculptures reste la Manneporte, cette arche de 90 m de haut que l'on peut franchir à marée basse par notre second itinéraire : **➜ en empruntant la plage de galets** jusqu'à son extrême gauche, un vaste porche muni d'une échelle marque le début d'un tunnel creusé dans le roc. Il débouche en quelques secondes sur une crique isolée au bas de la Manneporte. Le spectacle y est magnifique et peu connu des touristes…

Qu'est-ce que la craie ? ➜ Les falaises que nous admirons aujourd'hui sont nées sous la mer, où se sont accumulés environ 1 600 m de sédiments en 200 millions d'années. La craie est une roche constituée des restes de petites algues unicellulaires, les coccolites, ainsi que de très rares restes d'animaux à coquille calcaire. À l'échelle de la planète, c'est une roche extrêmement rare. Les silex, dont on reconnaît les bancs noirs réguliers, concentrent les restes d'organismes à test (coquille ou squelette) siliceux comme les éponges. L'érosion des falaises libère ces rognons et entraîne la formation de la plage de galets.

Sur votre chemin ➜ Dans le Pays de Caux, l'homme a toujours été en harmonie parfaite avec le littoral. Lui apportant ses galets de silex pour édifier ses maisons et ses eaux pour y pêcher à foison, il lui fournissait le gîte et le couvert. Les hommes exploitèrent également sa flore spécifique et il n'est pas étonnant qu'aujourd'hui les légumes les plus répandus aient une parenté directe avec les plantes du littoral. Le chou en est le meilleur exemple. Choux de Bruxelles, choux-fleurs, choux de Milan ou brocolis, tous ont pour ancêtre le chou qui colonisait les substrats crayeux du Pays de Caux. Toutes les variétés de betteraves dérivent de la betterave maritime qui pousse au pied des falaises, fertilisée par le guano, mais également, l'oseille, la carotte et le céleri.

☆☆Les Falaises des Andelys

Une corniche perché à 100 mètres au-dessus de la Sein

En suivant les boucles de la Seine et Le Petit Andely, les Falaises apparaissent sur la droite, blanches immaculées dans un écrin de forêt. ➜ **Ici commence la Normandie,** dans ce paysage grandiose d'eau et de pierre. En grande partie sur des terrains privés, les accès sont rares. C'est par le belvédère de Notre-Dame-de-Bellegarde à La Roquette que vous pourrez partir à l'aventure de ces hautes murailles de craie. ➜ **Un sentier (GR) monte jusqu'au belvédère.** La vue y est déjà admirable mais les plus courageux se faufileront sur un petit chemin dissimulé sur la droite. Il mène en quelques minutes à un réseau de galeries vertigineuses creusées à flanc de falaises. Aucun aménagement n'étant prévu pour assurer la sécurité de tous, une extrême prudence s'impose. Située à plus de 100 m au-dessus des méandres de la Seine, la vue y est exceptionnelle sur l'enfilade des Falaises et le Château Gaillard au loin. Sensations garanties à quelques kilomètres de Paris.

1 Petit-Andely + 1 Grand-Andely = Les Andelys ➜ Haut lieu de l'histoire, Le Petit Andely porte une forteresse qui se voulait, à l'époque (1197), imprenable : celle de Richard Cœur de Lion, roi d'Angleterre et duc de Normandie. L'enjeu était de savoir si la Normandie resterait française grâce à Philippe Auguste ou deviendrait anglaise via Richard puis Jean sans Terre, son successeur. C'est en 1203 que Philippe Auguste, bloqué sur la route de Rouen, cité appartenant au roi d'Angleterre depuis deux siècles, décida de donner l'assaut. Le siège dura un an et réduisit les occupés à la famine. L'estocade fut portée le 6 mars 1204, par l'adresse de cinq soldats qui parvinrent à se hisser le long de la muraille et rendirent ainsi Rouen au roi de France. Un peu plus en retrait de la Seine, la reine Clotilde, épouse de Clovis, avait, six siècles plus tôt (511), fondé un monastère près de la ville gallo-romaine d'*Andelaum*. Par antériorité, ce quartier a aujourd'hui pris

le nom de Grand Andely. Du Petit et du Grand naquit ainsi un pluriel, Les Andelys, où seules les ruines de la forteresse subsistent. Elle fut démantelée en 1603 par Henri IV qui en céda les pierres au cardinal de Bourbon pour son château.

Sur votre chemin → Exposées plein sud, les Falaises des Andelys sont le refuge d'espèces d'insectes plus méridionales, telle la mante religieuse au corps grêle et à la tête en forme de cœur. La vallée de la Seine s'inscrit dans le vaste bassin Seine-Normandie très réputé pour sa richesse en oiseaux d'eau. À lui seul, il abrite les trois quarts des espèces d'oiseaux nichant en France et 80 % des hivernants. La raison en est simple : six des dix couloirs migratoires de l'hexagone passent par là. Sur ces couloirs, les zones humides tels que le cours de la Seine, les marais intérieurs et plus près des côtes, le littoral, sont autant de haltes pour des milliers de migrateurs. Beaucoup sont menacés, essentiellement des espèces inféodées aux roselières tels le butor étoilé ou le phragmite des joncs. Mais c'est également le cas de la bécassine des marais attachée aux prairies humides, de la bernache nonnette et du hibou des marais chez les hivernants.

Situation *à 36 km d'Évreux, 55 km de Rouen et 90 km de Paris.*

Accès *par l'autoroute de Normandie (A 13), sortie Gaillon (17). Rejoindre Les Andelys par la D 316. Suivre la D 313 vers Le Petit-Andely puis la D 126 jusqu'à La Roquette.*

Visite *libre toute l'année.*

Niveau *de F2 pour le sentier qui mène au belvédère à F3 pour celui de la corniche. De 20 min à 1 h aller-retour.*

Conseil Photo

Pour les photos de paysage, du haut des falaises, aucun problème.
Pour photographier les Falaises elles-mêmes, surexposez légèrement si vous faites de la diapo (en raison de leur blancheur).
À la belle saison, prêtez attention aux insectes qui peuplent les hautes herbes : un objectif macro ou une bague allonge serait utile.

Sites complémentaires

NORD

Terril Sabatier (Raismes)

Tourbières de Vred (Vred)

PAS-DE-CALAIS

Dunes de Slack (Wimereux)

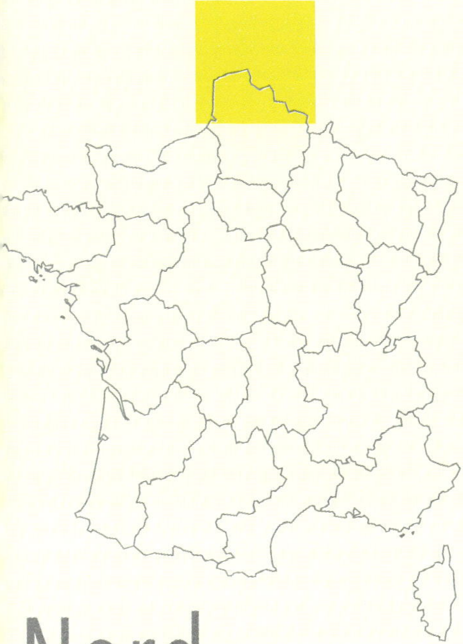

Nord-Pas-de-Calais

• **COMITÉ DÉPARTEMENTAL DU TOURISME DU NORD,** 6, RUE GAUTHIER DE CHÂTILLON, 59013 LILLE CEDEX, 03 20 57 59 59 • **COMITÉ DÉPARTEMENTAL DU TOURISME DU PAS-DE-CALAIS CÔTE D'OPALE,** 24, RUE DÉSILLE, 62204 BOULOGNE-SUR-MER CEDEX, 03 21 83 32 59

CAP BLANC-NEZ

CAP GRIS-NEZ

TERRIL DU MONT DE L'ERMITE

☆☆☆ Le Cap Blanc-Nez

Les plus hautes falaises de la Côte d'Opale

Dans ce lieu hautement touristique mais rarement surpeuplé, les indications ne manquent pas pour vous mener à bon port, en l'occurrence le Cran d'Escalles. De là vous pourrez choisir entre le sentier des douaniers et la plage. Les deux versions offrent de beaux points de vue mais c'est toutefois depuis le bas que les falaises restent les plus belles. ➜ **La plage de sable fin** qui s'étend à perte de vue permet de mieux jauger les hautes murailles immaculées qui agrémentent cette partie de la Côte d'Opale. Éclatantes de lumière, elles s'élèvent à plus de 130 mètres au-dessus du niveau de la mer et apparaissent aussi fragiles que colossales. De là et par temps dégagé, l'horizon dessine le liseré blanc des côtes de l'Angleterre, leur réplique exacte. ➜ **Au gré de votre promenade** sur la plage, peut-être apercevrez-vous ces nombreux fossiles (ammonites, éponges, oursins…) ou bien encore cet étonnant visage sculpté clandestinement dans la craie. Mais le site est protégé et tout prélèvement est strictement interdit. Si vous avez beaucoup de courage, vous pouvez tenter de rejoindre le Cap Gris-Nez, situé à 12 km au sud.

Des falaises de craie ➜ La craie, malgré ce que l'on pourrait croire en voyant l'épaisseur des côtes d'Opale et d'Albâtre (Étretat), est une roche très rare à la surface du globe. Sa genèse est, il est vrai, des plus insolites puisqu'elle est constituée à 90 % des dépouilles calcaires de petites algues unicellulaires : les coccolites. Les 10 % restants sont des coquilles ou des squelettes d'autres animaux. L'individu ne mesure que quelques microns et il pourrait paraître tout à fait inconcevable qu'il y ait eu, à une époque (-90 millions d'années : crétacé supérieur), une telle surpopulation de ces algues. Quoi qu'il en soit, elles se sont bien entassées sur des centaines de mètres. La craie, composée d'éléments juxtaposés les uns aux autres sans aucune liaison chimique

Situation *à Escalles, à 19 km de Calais et à 130 km de Lille.*

Accès *par l'autoroute A 16, sortie 10 puis rejoindre Escalles par la D 243.*

Visite *libre toute l'année.*

Niveau *F1, site accessible depuis la corniche par le Sentier des Douaniers ou bien par la plage. 30 min aller-retour minimum.*

Conseil Photo
Rendez-vous sur la plage à marée basse : elle est alors immense, ce qui vous permettra de prendre le recul nécessaire. Attendez plutôt la fin d'une journée ensoleillée pour prendre vos photos. En haut des falaises, faites attention de ne pas trop vous approcher du bord : le sol peut céder à tout moment. De la plage, les falaises sont très lumineuses par beau temps : si vous faites de la diapo, surexposez de 1 IL.

apparente, reste donc une roche très poreuse. Elle peut ainsi constituer un formidable réservoir d'eau, mais elle est également très fragile ; c'est pourquoi les assauts répétés de la mer et surtout l'infiltration des eaux de pluie lui sont fatals. Le recul des falaises est quasiment inexistant à l'échelle humaine, il est en moyenne de 9 m par siècle au cap Blanc-Nez.

Sur votre chemin ➜ Le Cap Blanc-Nez est avec son voisin, le Cap Gris-Nez, un véritable repaire pour les oiseaux migrateurs. À partir du mois d'avril, on peut y observer la plus forte concentration d'oiseaux européens en provenance de Belgique, des Pays-Bas et de Scandinavie, soit près de 250 espèces. Parmi elles, on dénombre quelques espèces très rares comme le jaseur boréal, la fauvette passerinette, le roselin cramoisi ou le gobe-mouche nain. Plus fréquemment, ce sont les goélands argentés, les pétrels fulmar, les choucas des tours, les mouettes rieuses et autres fous de Bassan qui sont plus facilement observables. Devant cette affluence de volatiles, on a un peu tendance à oublier que les plages et le bas des falaises abritent de nombreux petits mammifères et batraciens comme le crapaud des sables.

⋆⋆Le Cap Gris-Nez *Un champ de roches étonnant*

Situé à une douzaine de kilomètres du Cap Blanc-Nez, le paysage du Gris-Nez n'en reste pas moins très différent. ➜ **Il est possible de rejoindre la plage par la route** située entre le Cap Gris-Nez et Courte-Dune. Ici, les falaises n'excèdent pas 50 m de hauteur, et la blancheur éclatante a fait place à des blocs de roches gris orangé aux allures d'« épaulards ». ➜ **Parcouru par le Sentier des Douaniers,** il est également possible de s'aventurer sur le haut de la plage pour déambuler parmi les blocs, mais mieux vaut alors être bien chaussé car le terrain est boueux. Le jeu en vaut toutefois la chandelle car ici les rochers sculptés par des siècles d'érosion font immanquablement penser à de gros gâteaux ou à des météorites mous, tombés là sur la plage, selon la sensibilité de chacun. ➜ **C'est ici le plus court chemin vers l'Angleterre :** Douvres n'est plus qu'à 28 km. C'est également le détroit le plus fréquenté du monde avec plus de 500 bateaux par jour.

Le Cap Gris-Nez : détroit du Pas-de-Calais. ➜ Le détroit s'est créé lors d'un soudain effondrement de terrain survenu il y a 500 millions d'années. Mais ce n'est qu'il y a 5 000 ans, après la fonte des derniers glaciers, que la mer envahit définitivement le large fossé qui nous sépare de l'Angleterre. Au Cap Gris-Nez, les blanches falaises crayeuses ont fait place aux formes arrondies des grès. Déposées il y a près de 150 millions d'années, ses couches résistantes sont restées en relief après avoir subi un long modelage marin. Les arêtes rocheuses sculptées ont été surnommées par les marins de la région, les « épaulards » : leurs formes allongées et les jets d'écume jaillissant aux marées montantes évoquent des cétacés. Comme au Cap Blanc-Nez, les fossiles sont abondants : huîtres, cardium, trigonies et ammonites se sont trouvés figés dans le sable (leur collecte est interdite). Entre les deux caps, le village de Wissant a bien du mal à résister aux assauts de la mer. Ses habitations avaient été ensablées pour

Situation *à 9 km de Wissant, 20 km de Boulogne-sur-Mer et 145 km de Lille.*

Accès *par l'autoroute A 16, sortie Marquise (7) puis rejoindre le Cap par la D 191.*

Visite *libre toute l'année.*

Niveau *F1 par temps sec, F2 par temps de pluie. Possibilité de s'approcher de la plage en voiture, 30 min aller-retour.*

moitié en 1738 puis totalement en 1777. Aujourd'hui, la côte continuerait de reculer de 25 m par siècle si elle n'avait pas été fixée par un important massif dunaire.

Sur votre chemin ➜ Comme au Cap Blanc-Nez, les ornithologues sont nombreux à guetter ici les milliers d'oiseaux migrateurs en transit vers le sud. Eiders à duvet, goélands argentés ou macreuses se répartissent tout le long de la Côte d'Opale. Entre les deux caps, une flore très typique se met en place sur les pelouses calcaires. Il s'agit pour la plupart d'espèces halophiles, dominées par les fétuques des sables, les silènes, le gazon d'Olympe et les lotiers corniculés. Sur les argiles qui dominent très nettement au Cap Gris-Nez, on trouve davantage de fétuques rouges, de troscarts et de glaux maritimes. Profitant de quelques ruissellements d'eau douce, on rencontre également des céleris, espèce maritime à l'origine de la version agricole actuellement cultivée.

Conseil Photo

Ici, les sujets de prédilection sont les roches arrondies qui bordent la plage. L'idéal est d'y aller après une averse, lorsque la pierre est encore mouillée : cela donnera plus de relief et de brillant aux photos. Munissez-vous de préférence d'un grand angle ; baissez-vous pour avoir une belle roche arrondie au premier plan et adoptez une petite ouverture (f16 à f22) pour un maximum de profondeur de champ. Un pied est conseillé pour ne pas bouger.

★★Le Terril du Mont de l'Ermite

Un « volcan » au pays des gueules noires

La nature n'avait pas doté le Nord de montagnes, mais les « ch'timis », comme on les appelle ici, en ont édifiées un peu partout. ➜ **Les terrils sont artificiels,** mais une vie 100 % naturelle s'y est installée depuis l'arrêt de l'exploitation minière. Si la plupart des 300 collines encore en place invitent rarement à la rêverie et encore moins au dépaysement, on ne peut pas en dire autant de la végétation et des teintes rougeoyantes du Mont de l'Ermite. ➜ **C'est dans la petite ville de Raismes** que ce petit terril d'une trentaine de mètres de hauteur est redevenu un lieu de promenade. Ne cherchez pas à le repérer de loin, il est recouvert d'arbres et se fond dans les bois environnants. ➜ **Le sentier débute juste avant le cimetière** (du même côté). Tout d'abord pavé, il s'enfonce en forêt et s'élève rapidement (sur la droite) à flanc de colline, au milieu des bouleaux et d'énormes blocs de ce que l'on pourrait prendre pour de la lave. Ici, les teintes vont du pourpre à l'orangé comme au cœur d'un volcan. ➜ **Au sommet,** la vue se dégage sur un horizon sans fin, au-dessus de vastes forêts. Différents sentiers redescendent, mais mieux vaut reprendre le même chemin qu'à l'aller.

Le charbon, une longue aventure humaine ➜ Vers la fin de l'ère primaire, au carbonifère (entre -345 et -280 MA), de vastes forêts luxuriantes s'étendent sur la région. Ce règne végétal sera de courte durée ; les terrains compressés par les jeux de l'écorce terrestre, puis immergés lors des transgressions (montées) marines, vont entraîner l'enfouissement progressif de l'ensemble du couvert végétal sous une importante épaisseur de sédiments. Alors, soumis à de très fortes températures, ils vont subir les effets d'une carbonisation qui les transformera en une roche noire et cassante, le charbon. L'épaisseur du minerai est considérable puisqu'elle atteint 6 000 m par endroits ; l'exploitation minière qui débuta en 1716 et dura deux siècles et demi ne fit

que grignoter une infime partie de ces forêts fossiles. Pour l'anecdote, on a retrouvé des filons carbonifères en plein milieu du pôle Nord : une forêt recouvrait donc le pôle il y a environ 300 millions d'années. Cela montre que le climat n'y a pas toujours été glaciaire et qu'à une époque, le Groenland voguait sous des latitudes plus clémentes.

Sur votre chemin → Les 300 monticules qui agrémentent le paysage du Nord sont constitués de roches « stériles » c'est-à-dire des déchets miniers ne contenant pratiquement plus de charbon. Ces reliefs atteignant parfois 100 m de hauteur sont aujourd'hui investis par une flore pour le moins exceptionnelle. La température au milieu d'un terril peut atteindre 1 000 °C (on parle alors de « fermentation » minérale). Il n'est donc pas étonnant que la combinaison de la chaleur et de l'humidité favorise l'apparition d'une végétation plutôt exotique. Entre des mousses parfois exubérantes, on trouve le pourpier, le séneçon d'Afrique et bien d'autres espèces thermophiles. Côté faune, cette nouvelle végétation induit quelques présences animales tout aussi insolites : c'est le cas par exemple du lézard des murailles, du criquet à ailes bleues ou du machaon, papillon originaire d'Afrique.

Situation *à Raismes, à 10 km de Valenciennes et à 40 km de Lille.*

Accès *par l'autoroute A 23, sortie Raismes (6) puis rejoindre Raismes par les D 269 et D 169.*

Visite *libre toute l'année.*

Niveau *F1, court sentier en montée, accessible à tous. 40 min aller-retour.*

Conseil Photo *N'hésitez pas à vous promener un peu partout pour trouver les plus jolies ambiances (mais attention, les pentes sont très glissantes). Optez si possible pour une journée ensoleillée, ou carrément pluvieuse : la roche y sera plus à son avantage. Grand angle conseillé, de même qu'un trépied.*

Sites complémentaires

LOIRE-ATLANTIQUE

Grotte des Korrigans (Le Croisic)

Marais de Goulaine (Nantes)

MAINE-ET-LOIRE

Cirque de Couroussé (La Chapell- Saint-Florent)

MAYENNE

Grottes et Canyon de Saulges (Vallée de l'Erve)

SARTHE

Source de l'Hermitière (Jupilles)

VENDÉE

Trou de l'Enfer (l'Île d'Yeu)

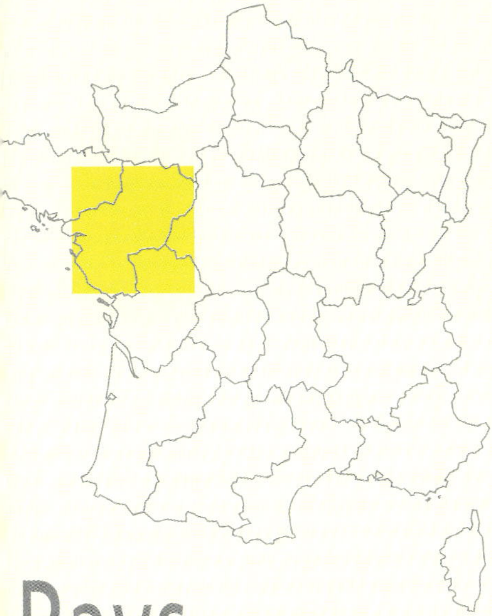

Pays de Loire

• **COMITÉ DÉPARTEMENTAL DU TOURISME DE LA SARTHE**, 40, RUE JOINVILLE, 72000 LE MANS, 02 43 40 22 50

FORÊT DE BERCÉ

VALLÉE DE LA MISÈRE

☆ La Forêt de Bercé *La Fontaine de la Coudre et le Chêne Boppe*

Ici, la nature est reine. L'un des joyaux de la forêt française se trouve dans la Sarthe, tout près du Grand-Lucé. ➜ **C'est la Forêt de Bercé,** magnifique chênaie de renommée européenne. Richement diversifiée, vous pourrez profiter de la fraîcheur de ses sources et fontaines, ou bien déambuler dans la forêt à la recherche des arbres remarquables qui peuplent la forêt, certains depuis une éternité. ➜ **Entre Saint-Hubert et Jupilles,** la Fontaine de la Coudre reste la plus intéressante. L'eau y sourd sur la rive droite du Dinan, petit affluent du Loir, et alimente deux bassins aux eaux paisibles. L'endroit est infiniment reposant et les feuillages exotiques des cyprès chauves, tulipiers et autres chênes d'Amérique en font un lieu très agréable. En reprenant la voiture en direction de Jupille, passez le Rond Vaulot puis le Rond du Volumiers. ➜ **La route forestière** mène alors, 15 km plus à l'est, vers la futaie des Clos. Les ramasseurs de champignons y sont nombreux ; il faut dire que les arbres qui les environnent sont des plus nobles : le Rouleau de la Roussière et les deux chênes Boppe (l'ancien et le nouveau).

Les chênes qui ont fait la renommée de Bercé

➜ Cette forêt, avec celle de Tronçais, est la plus belle chênaie de France, voire même d'Europe. Elle couvre quelque 5 500 ha et est peuplée d'arbres géants, dépassant parfois une quarantaine de mètres. Elle fut plantée sur l'ordre de Colbert. Contrôleur des finances puis secrétaire d'État à la maison du roi et à la marine, il exigea du bois de qualité pour les vaisseaux de la marine royale. La forêt n'a de cesse, depuis, de fournir les plus beaux arbres d'Europe. Aujourd'hui encore, certains spécimens, vendus sur pied à maturité, c'est-à-dire entre 240 et 350 ans, s'arrachent à prix d'or (100 000 F.). Mais inutile de vouloir soustraire à ce cheptel le Rouleau de la Roussière qui atteint 350 ans et 43 m de haut, ou bien le nouveau Chêne Boppe avec ses 313 ans (en l'an 2000). Ceux-là ne

seront jamais coupés. Sauf si, par malheur, ils étaient enclins aux aléas de la vie, comme ce fut le cas de l'ancien Chêne Boppe, foudroyé en 1934. Aujourd'hui sa mémoire est respectée et sa souche de 4,77 m de circonférence est conservée bien à l'abri sous un appentis.

Sur votre chemin ➜ Bien que plantés dans un mouchoir de poche, les vignobles de la Vallée du Loir offrent de belles vendanges. Qu'ils soient du Vendômois, du Janières ou des coteaux du Loir, ils ont tous un fer de lance. À Vendôme, on cultive le chenin et le pineau d'Aunis, duquel on tire le « gris vendômois » très frais pour l'été. Le Janières est une AOC, il est issu d'un cépage de chenin et donne un vin blanc sec, demi-sec, ou légèrement fruité selon les années. C'est la mascotte de la vallée du Loir avec son fameux goût de « pierre à fusil ». Les coteaux de Loir, également une AOC, s'élèvent en rouges et en rosés à partir de cépages de pineau d'Aunis. Ils développent une petite note poivrée. On y travaille également le chenin pour obtenir un vin blanc dont le bouquet reste assez proche du Janières. On note également quelques vins pétillants et, de novembre à janvier, le gamay primeur.

Situation *à 10 km du Grand-Lucé, 30 km du Mans et 50 km de Tours.*

Accès *par la D 304 entre Le Mans et Tours puis au Grand-Lucé prendre la D 13 qui traverse la Forêt.*

Visite *libre toute l'année.*

Niveau *F0 pour la Fontaine de la Coudre ou le Chêne Boppe, proximité immédiate du parking.*

Conseil Photo
Au niveau de la source, le plus intéressant est de jouer avec l'effet de miroir de l'eau où les arbres se reflètent : dans ce cas, essayez de centrer la ligne d'eau au milieu de la photo. Du côté des chênes, approchez-vous tout près du tronc et essayez de cadrer toute la hauteur de l'arbre : grand angle conseillé pour accentuer l'effet de perspective.

⋆⋆ La Vallée de la Misère *Sur les pentes des Alpes Mancelles*

C'est depuis Saint-Léonard-des-Bois, petite commune des Alpes Mancelles, que l'on part à la découverte de cette insolite Vallée de la Misère. Nous vous conseillons de vous garer sur la place de l'église, de vous armer de bonnes chaussures, d'une gourde bien fraîche et d'entreprendre votre randonnée par la petite route grimpant à droite du café *Au Bon Laboureur*. Les premiers balisages ne tardent pas à apparaître. ➜ **Le sentier monte sur la droite** vers le Rocher de l'Engouloir, un somptueux belvédère surplombant la Sarthe, et se poursuit plus à plat au-dessus des maisons du village. ➜ **À partir de là,** les possibilités de parcours sont multiples : impossible de louper la Vallée de la Misère pourvu que l'on tourne autour du parc animalier par les sentiers 2, 4 ou 1. Tous mènent à un paysage d'exception, un gigantesque pierrier. Soit depuis le sentier en surplomb, soit depuis le fond de la vallée, l'impressionnant éboulis offre un spectacle haut en couleur. Les plus agiles pourront emprunter le chemin qui serpente sur les pierres.

➜ **Pour ne pas revenir par le même chemin,** nous vous conseillons de continuer le sentier 1 qui contourne le parc animalier. Il offre une formidable vue sur la Sarthe et une authentique bâtisse sarthoise.

Dans l'exotisme des Alpes Mancelles

➜ Le nom des Alpes Mancelles remonte au VIIe siècle. La légende raconte qu'il est le fruit de deux frères partis de Rome pour rejoindre la Gaule. Après avoir traversé les Alpes, ils décidèrent d'arrêter leur marche sitôt les prochains paysages alpestres rencontrés. Aussi surprenant que cela puisse paraître à certains, ce fut là, dans la Sarthe, qu'ils les reconnurent, perchés à 220 modestes mètres d'altitude. Quelques siècles plus tard, nombreux furent les premiers touristes qui s'étonnèrent de cette ressemblance.

Il est vrai que malgré la faible altitude des Alpes Mancelles, les paysages de collines et d'escarpements rocheux sont, il faut bien le reconnaître, bien plus montagnards que normands.

Les pierriers des Alpes Mancelles

➜ Les Alpes Mancelles font partie du socle granitique et gréseux qui forma le massif armoricain durant l'ère primaire (-600 à -200 MA). Mais après des millions d'années d'érosion, il faudra attendre les rigueurs glaciaires du quaternaire (-2 MA) pour qu'éclatent les sols, transformant quelques versants des Alpes Mancelles en gigantesques éboulis naturels.

Sur votre chemin

➜ L'exceptionnelle nature préservée des Alpes Mancelles est placée sous la surveillance du parc naturel régional Maine-Normandie. Elle est marquée au niveau de la Vallée de la Misère par une forte concentration de bruyères et d'ajoncs qui subliment de mauve les versants escarpés des pierriers. Ne quittez pas la région sans avoir parcouru les méandres de la Sarthe, restés sauvages dans le secteur des Alpes Mancelles. La rivière offre, par la multitude de ses paysages, des aspects très contrastés. Vers Saint-Léonard-des-Bois, elle ressemble à un cours d'eau de montagne puis devient, en seulement 2 km, paisible et langoureuse. Pour mieux la découvrir, nous vous invitons à louer un canoë à l'Espace Haute Nature à Saint-Léonard-des-Bois.

Situation *à Saint-Léonard-des-Bois, à 20 km d'Alençon et à 60 km du Mans.*

Accès *depuis Alençon par la N 138 en direction du Mans. À La Hutte, prendre à droite la D 310 vers Fresnay-sur-Sarthe et suivre l'indication « Alpes Mancelles » jusqu'à Saint-Léonard-des-Bois.*

Visite *libre toute l'année.*

Niveau *de F1 à F2, balisage, sentiers accessibles à tous. 1h30 minimum.*

Conseil Photo

Le beau temps est presque indispensable pour donner la pleine mesure du site ; de plus, le ciel bleu donnera un peu de couleur à ce décor lunaire. Sous le soleil, la réverbération sur les pierres est forte : n'oubliez pas de surexposer vos diapos de 1 IL. Choisissez plutôt la lumière de fin d'après-midi.

Sites complémentaires

AISNE

Source de l'Escaut (Le Catelet)

Source de la Somme (Fonsommes)

OISE

Le Fringolet et Les Quatre Frères (Forêt de Compiègne)

SOMME

Pointe du Ourdel (Saint-Valéry-sur-Somme)

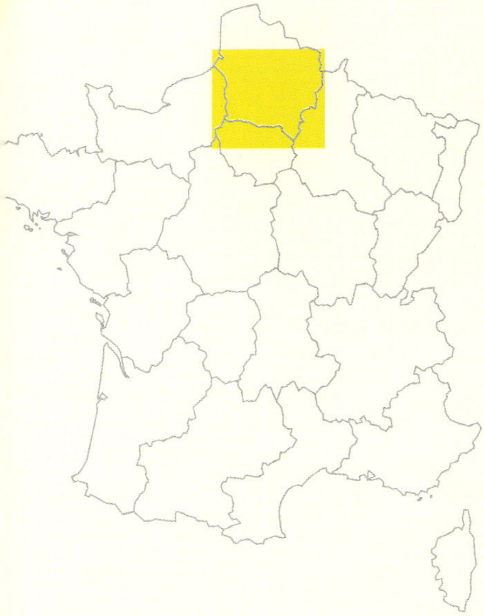

Picardie

• **COMITÉ DÉPARTEMENTAL DU TOURISME DE L'AISNE,** 24-28, AV. CHARLES DE GAULLE, 02005 LAON CEDEX, 03 23 27 76 76 • **COMITÉ DÉPARTEMENTAL DU TOURISME DE L'OISE,** 19, RUE PIERRE JACOBY, 60008 BEAUVAIS CEDEX, 03 44 45 82 12 • **COMITÉ DÉPARTEMENTAL DU TOURISME DE LA SOMME,** 21, RUE ERNEST CAUVIN, 80000 AMIENS, 03 22 71 22 71

CASCADE DE BLANGY

FALAISES D'AULT-ONIVAL

HORTILLONNAGES D'AMIENS

HOTTÉE DE GARGANTUA

Situation à Hirso
à 45 km de
Charleville-Mézières
et à 55 km de Laon.

Accès par la N 43
depuis Charleville-
Mézières ou Cambra
ou bien par la N 2
depuis Laon puis
la D 963 à Vervins,
direction Hirson.

Visite libre
toute l'année.

Niveau F0, visible
depuis la route.

Conseil photo
Le débit souvent
modeste de l'eau
permet de s'appro-
cher très près
de la Cascade ; il es
même possible
de s'aventurer sur
le déversoir. Ici,
l'enjeu est plutôt
d'essayer d'isoler
un détail de la chut
avec un petit zoom,
plutôt que d'englob
tout le paysage :
on peut alors créer
une ambiance presq
tropicale en exploi-
tant les mousses
et les herbes
pendantes du site.

☆ La Cascade de Blangy *Un havre de tranquillité*

C'est en suivant la direction de l'Étang et de la Cascade de Blangy que vous déboucherez sur cette très agréable cascade aux portes de la ville d'Hirson. ➜ **La petite route en sous-bois** débouche sur un vaste parking au pied du site. En amont des chutes, un étang laisse s'échapper son trop plein sans cesse renouvelé par l'Oise, qui le traverse et serpente dans la région. ➜ **La Cascade de Blangy** est un petit havre de tranquillité, à condition de ne pas vous y rendre en plein week-end. En semaine, surtout si le temps est grisonnant, tout juste croiserez-vous quelques pêcheurs… C'est sans doute ces jours-là que la Cascade est la plus à son avantage. ➜ **Les berges sont aménagées d'un petit sentier** et de barrières de bois. Ne vous attendez pas à découvrir des chutes déchaînées au vacarme assourdissant : Blangy est plus modeste, mais il en émane un charme particulier auquel les plus poètes d'entre-vous ne resteront pas insensibles. Un lieu sympathique pour pique-niquer.

Du roc au pays des bocages ➜

Au sud d'Hirson, les paysages sont ceux de la Normandie, une plaine vallonnée très peu accidentée. Au nord, l'environnement change du tout au tout et se fait plus rocheux, plus « montagnard ». Hirson et sa Cascade de Blangy se situent entre deux grands ensembles : le Bassin Parisien et ses assises planes de roches sédimentaires (calcaires, argiles, marnes, grès…) et le massif ardennais constitué de roches dures très anciennes (granites, schistes, quartzites…). Les Ardennes constituent un massif ancien datant de l'ère primaire (-540 à -250 MA). Elles sont formées de roches granitiques héritées d'une colossale chaîne de montagnes aujourd'hui disparue : la chaîne hercynienne. Celle-ci atteignait près de 3 000 m d'altitude durant le Carbonifère, il y a 350 millions d'années. Depuis, tout a disparu et le relief ardennais ne dépasse que rarement les 300 m d'altitude. Mais il reste tout de même par endroits, comme à Blangy, ce que l'on appelle le socle : il s'agit de la racine de cet ancien massif.

Sur votre chemin ➜

Hirson se trouve aux portes de la Thiérache, célèbre région bocagère de l'Aisne où il flotte un parfum de Normandie. Dans ces douces vallées parcourues de rivières qui serpentent entre les massifs forestiers et les haies de bocage, la faune et la flore sont bien représentées. Pour les observer, nous vous conseillons une petite randonnée autour de Bucilly (accès par la N 43 depuis Hirson puis la D 74). Deux itinéraires pédestres vous y attendent, le premier en direction du champ de l'Abbaye, le second vers la Poterie. Ils permettent de surprendre quelques rapaces comme le busard cendré, la buse variable ou le faucon crécerelle ainsi que le cincle plongeur le long des ruisseaux. Seuls les plus discrets pourront apercevoir quelques hérons cendrés et martins-pêcheurs. Côté flore, les abords du chemin sont colorés de chicorée sauvage, de centaurée scabieuse et de molène.

Situation entre Ault et Mers-les-Bai
à 35 km d'Abbeville
80 km d'Amiens.

Accès par l'autoroute A 16 ou A 28, sortie vallée de la Bresle (5p). Rejoind
Eu par la D 1015 pu
Ault par la D 940.

Visite libre toute l'année.

Niveau F1, marche
sur la plage. 20 min
minimum aller.

Conseil Photo

*À marée basse, vou
aurez davantage de recul. Il est préfé-
rable d'attendre la
d'après-midi, le déb
de soirée ou mieux encore les premiers rayons de soleil apr
une averse. Faites attention de ne pas trop vous approche
des parois, les chute
de pierres sont fréquentes.*

Le contraste entre le vert des algues sur les rochers et la blancheur des Falaises en arrière-plan est à exploiter.

Les Falaises d'Ault-Onival *La craie de la Baie de Somme*

Situées au sud du Hable d'Ault, entre Ault-Onival et Mers-les-Bains, ces blanches falaises s'étendent sur 7 km et se parcourent d'un bout à l'autre de la plage. ➜ **Nombreux sont les sentiers qui accèdent à la mer,** mais celui du Bois de Cise nous semble le plus intéressant, d'une part parce que la route qui y mène fournit un merveilleux panorama sur l'ensemble de la côte, mais aussi parce que marches et rampes permettent de descendre sur la plage en quelques minutes. Ici, les Falaises immaculées aux dimensions titanesques s'étendent à perte de vue. ➜ **Premiers remparts de la Normandie,** ces reliefs saillants tranchent vivement avec le reste du paysage de la Baie de Somme et c'est là toute leur beauté. ➜ **Au pied des murailles** qui brillent comme un soleil (même par mauvais temps, dit-on…), on comprend que des milliers d'oiseaux migrateurs en vol vers l'Afrique y fassent escale. L'endroit est très venteux, couvrez-vous.

Qu'est-ce que la craie ? ➜ Les Falaises d'Ault-Onival sont nées sous la mer du crétacé, où se sont accumulés environ 1 600 m de sédiments en 200 millions d'années. La craie est une roche constituée des restes de petites algues unicellulaires, les coccolites, ainsi que de très rares restes d'animaux à coquille calcaire. À l'échelle de la planète, c'est une roche extrêmement rare. Les silex, dont on reconnaît les bancs noirs réguliers, concentrent les restes d'organismes à test (coquille ou squelette) siliceux comme les éponges. L'érosion des falaises libère ces rognons et entraîne la formation de la plage de galets.

Toute jeune Baie de Somme ➜ Au début du quaternaire, il n'y avait là que des marais d'eau saumâtre entrecoupés de méandres car la mer se trouvait alors plusieurs centaines de mètres plus loin. C'est grâce à l'accumulation des alluvions que de petits monticules se formèrent. Ils portent aujourd'hui les villes d'Ault et de Cayeux, mais ce bout de côte picarde qui relie Le Crotoy au Touquet n'existait pas il y a encore une soixantaine d'années !

Sur votre chemin ➜ Véritable temple de l'ornithologie, la Baie de Somme draine, aux périodes de migration, une quantité impressionnante d'observateurs. Le parc du Marquenterre y est un site véritablement unique en Europe avec les 315 espèces d'oiseaux sauvages qu'on a pu y observer d'année en année. Dans cette vaste prairie humide, on peut observer les animaux de très près. Les bosquets de saules abritent quelques passereaux comme le pouillot fitis, la rousserolle verderolle ou le rossignol philomèle. Mais outre des espèces nicheuses comme le tadorne de Belon, les hérons ou l'avocette, le plus gros des effectifs arrive en automne et au printemps : chevalier gambette, courlis cendré, bécasseau maubèche, pluvier doré et argenté, bécassine des marais… Le parc est intéressant à visiter à toutes les saisons.

☆☆ Les Hortillonnages d'Amiens

Au cœur de la Venise picarde

De ces lieux calmes et sereins, on ne pourra découvrir qu'une infime partie : les bateaux à cornet, au départ de la Maison des Hortillonnages, ne parcourent en effet qu'un vingtième des 300 ha de ce dédale de canaux. Pendant une trentaine de minutes, rieux après rieux, les jardins potagers ou fleuris se donnent en spectacle dans une débauche de couleurs. ➜ **Situés en plein cœur de la cité d'Amiens,** les Hortillonnages sont un formidable coin de nature domestiquée qui peut également se découvrir à pied. ➜ **De part et d'autre de la Maison des Hortillonnages,** les chemins de halage permettent une promenade agréable. À gauche, un sentier longe le rieux Malaquis et le rieux aux Galets où passent les barques. À droite, la promenade est plus longue, elle longe les bords de la Somme et est ponctuée de passerelles privées adorables. ➜ **Au n° 42, l'accès est autorisé aux piétons :** une passerelle mène à une parcelle publique et permet l'observation de quelques très beaux jardins. Les plus courageux continueront le long des rives de la Somme vers l'étang, les autres reviendront par le même chemin.

Des Hortillonnages creusés ➜ Leur existence remonte avant l'époque romaine. Leur nom dérive du latin *hortus* qui signifie jardin et fut donné par les soldats de César aux jardins de ces lieux. À l'époque, la Somme alimentait un marais s'étendant au-delà de la cathédrale. Les Hortillonnages n'avaient pas le même aspect qu'aujourd'hui. Il s'agissait d'une immense tourbière qui fut longtemps exploitée. La tourbe y était extraite à l'endroit même des canaux actuels ; amalgamée, puis séchée au soleil, elle servait ensuite de combustible aux citadins.

L'exploitation a cessé depuis bien longtemps et aujourd'hui ce sont trois écluses qui régulent le niveau des eaux dans quelque 55 km de canaux, isolant une multitude de jardins fleuris ou maraîchers. Le site est pittoresque

mais également très fragile, son entretien est délicat et besogneux : les propriétaires et l'association des Hortillonnages se démènent à longueur d'année pour entretenir les berges et remonter les alluvions.

Sur votre chemin → Ornithologues en herbes et passionnés de nature, ne quittez pas la Somme sans admirer sa formidable et richissime baie. Depuis Amiens, prendre l'autoroute A 16 vers Boulogne et sortir à Rue pour rejoindre le parc du Marquenterre. Là, les dunes plantées d'oyats, les pelouses parées du bleu des thyrses, du jaune des anémones des sables et du violet des chardons forment des étendues sauvages de toute beauté. C'est dans cet environnement que le conservatoire du littoral a implanté les 169 ha du parc ornithologique du Marquenterre. Là, ce sont 150 espèces d'oiseaux de marais qui nichent ou font escale durant les grandes périodes migratoires. Le long de l'itinéraire d'initiation, on peut ainsi observer, à marée haute, de petits échassiers comme le courlis ou l'huîtrier-pie ou bien encore les avocettes et autres hérons cendrés qui y nichent toute l'année. L'oiseau d'exception reste le tadorne de Belon, palmipède mi-oie, mi-canard qui trouve refuge dans les terriers de lapins.

Situation *à 43 km d'Abbeville, 70 km de Cambrai et 130 km de Paris.*

Accès *par l'autoroute A 16, sortie Amiens centre. En centre-ville, suivre « Hortillonnages ».*

Visite *payante, libre toute l'année sur les chemins de halage.*

Mini-croisières *sur les canaux du 1/4 au 31/10.*

Niveau *de F0, depuis les barques (30 min) à F1 pour les chemins de l'halage. 1h minimum.*

Conseil photo *Si les barques vont parfois trop vite pour bien cadrer ses photos, c'est pourtant le meilleur moyen de découvrir le site (location possible). À pied il y a d'excellentes photos à faire en longeant les rives fleuries par les jardiniers (surtout l'été). À ne pas louper : le marché sur l'eau en juin.*

Situation à Molinchard, à 7 k
de Laon et à 65 km
de Reims.

Accès par l'auto-
route A 26, sortie
Laon (13). Rejoindre
Laon par la N 2 puis
Molinchard par la
N 44 et la D 7.

Visite libre
toute l'année.

Niveau F1, sentier
balisé accessible
à tous. 20 min aller
retour minimum.

Conseil Photo

Comme pour beaucoup de sites rocheux, la pierre prend un plus bel aspect lorsqu'elle est mouillée juste après une averse, même par temps gris, vos photos seront plus belles. Un grand angle vous sera utile car on manque souvent de recul. N'hésitez pas à faire le tour complet du chaos rocheux pour en apprécier tous les angles.

★★La Hottée de Gargantua *Une féerie de rochers*

Arrivé à Molinchard, il faut rejoindre la place de la Mairie et emprunter la petite route qui part sur sa gauche. Là, un chemin agricole monte jusqu'à un petit bosquet. ➜ **Le balisage jaune et noir** est très discret, mais les sentiers qui montent vous mèneront tous à bon port. ➜ **C'est là que se cache la Hottée de Gargantua,** un chaos rocheux d'une dizaine de mètres de hauteur aux formes surprenantes. Certains blocs ont des allures animales, d'autres des profils d'énormes gâteaux à la crème pétrifiés, mais tous donnent l'impression d'avoir figé le mou en dur. ➜ **Un petit circuit balisé en rouge** permet d'errer dans ce labyrinthe de grès. Le site est peu étendu mais la promenade est plaisante et la présence de ces rochers au milieu des champs est insolite. Les petits y verront un excellent terrain de jeu. ➜ **Le retour se fait à travers bois,** par le même chemin qu'à l'aller.

Comment s'est formé le chaos ?

➜ Les rochers de la Hottée de Gargantua ne sont qu'une infime portion de la couche de grès à laquelle ils appartiennent. C'est à l'ère tertiaire qu'un courant marin intense déposa une puissante épaisseur de sable sur la Picardie. Le climat désertique qui suivit le retrait de la mer entraîna la formation de dunes mais il faudra attendre l'ère quaternaire pour que les glaciations sculptent la plate-forme et la disloquent en blocs épars. À la fonte des glaces, d'importantes quantités d'eaux circulèrent dans les dépressions interdunaires. Au rythme du réchauffement climatique, ces eaux chargées de silice dissoute remontèrent par capillarité vers le haut de la dune pour s'évaporer. Concentrant ainsi la silice au niveau des crêtes, l'évaporation entraîna l'agglutination des grains de sable en un ciment dur : le grès était formé. Quant aux formes arrondies des rochers, c'est la répartition inégale des pressions et de l'eau qui a favorisé par endroits la consolidation de la roche en formes aléatoires. L'érosion a ensuite fait le reste. La légende elle, raconte que Dame Nature n'y est pour rien mais que Gargantua vida là sa hotte…

Sur votre chemin

➜ Pour apprécier la diversité de la faune et de la flore laonnoise, nous vous conseillons une petite marche sur les sentiers thématiques du Domaine de la Solitude à Laon. Dans cette zone humide d'une quarantaine d'hectares prospèrent quelque 170 espèces végétales (aconites, orchidées, nivéoles…), 175 espèces d'oiseaux (pics noirs, martins-pêcheurs, hérons cendrés…) ainsi que sangliers, chevreuils, ratons-laveurs, putois et autres fouines.

Autre site naturel, le Marais de Cessières, à 3 km de Molinchart. Deux sentiers permettent de découvrir des biotopes différents : la tourbière par le sentier de la Bruyère de Roc et les pelouses calcaires par celui des Coteaux. On y observe une vingtaine d'espèces végétales protégées (osmondes, orchidées, anémones pulsatilles) et des oiseaux assez rares (autours des palombes, râles des genets…). Silence et jumelles de rigueur.

Sites complémentaires

CHARENTE-MARITIME
Dunes de l'Île d'Oléron (Île d'Oléron)
Dunes de l'Île de Ré (Île de Ré)
Forêt de la Coubre (La Tremblade)
Grottes du Régulus (Meschers-sur-Gironde)

VIENNE
Grottes de Norée (Biard)

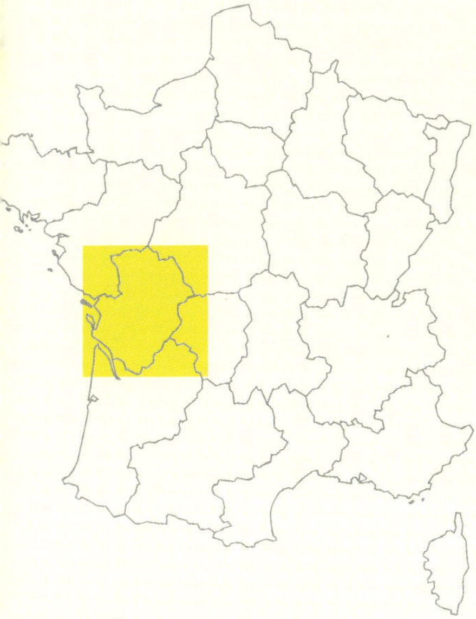

Poitou-Charentes

FOSSE DE L'ERMITAGE

GROTTE DU QUÉROY

MARAIS POITEVIN

PORTES D'ENFER

SOURCE DE LA TOUVRE

• **COMITÉ DÉPARTEMENTAL DU TOURISME DE LA CHARENTE,** PLACE BOUILLAUD, 16021 ANGOULÊME CEDEX, 05 45 69 79 09 • **COMITÉ DÉPARTEMENTAL DU TOURISME DES DEUX-SÈVRES,** 15, RUE THIERS, 79025 NIORT CEDEX 09, 05 49 77 19 70 • **COMITÉ DÉPARTEMENTAL DU TOURISME DE LA VIENNE,** 15, RUE CARNOT, 86007 POITIERS CEDEX, 05 49 37 48 48

☆☆ La Fosse de l'Ermitage *Un petit goût d'Amazonie*

L'endroit n'est pas franchement facile à trouver mais il faut suivre à peu de chose près la Route des Grottes du Quéroy (nombreux panneaux), la D 699. Elle relie Angoulême à Montbron et passe par le hameau de La Brouterie. C'est là qu'il faut tourner à gauche pour rejoindre l'Ermitage ; se garer à l'entrée du bourg. ➜ **Un large chemin s'enfonce sur la droite** dans un petit massif forestier et mène en une vingtaine de minutes à la Fosse. ➜ **Un panneau « Fosse de l'Ermitage à 600 m »** confortera votre itinéraire. Là, une excavation perce le plateau calcaire en un gouffre de 40 m de profondeur. On peut y descendre sans peine par un petit sentier qui serpente sur les flancs de la dépression. L'endroit est assez surprenant car assiégé par une végétation luxuriante qui n'est pas sans rappeler les paysages de la forêt amazonienne. ➜ **Dans la Forêt de Braconne,** nombreuses sont les fosses de ce genre. ➜ **Le circuit des Fosses du Diable** permet d'en découvrir 3 autres autour du champ de tir (balisage : diablotin) : la Grande Fosse, un cirque de 55 m de profondeur et 800 m de tour ; la Fosse Mobile, un ensemble de cavités et de galeries de 65 m de profondeur ; et la Fosse Limousine, vaste doline de 220 m de circonférence et 25 m de profondeur abritant 3 petites grottes sur ses flancs.

Mystérieuses fosses charentaises

➜ Toutes constituaient à l'origine de vastes salles souterraines parcourues par des cours d'eau. Leur plafond s'effondra pour laisser place à des fosses plus ou moins profondes. La Grande Fosse garde encore sur ses parois verticales les traces du travail de l'eau dans les galeries fossiles. Les fosses charentaises sont classées parmi les sites à caractère légendaire et pittoresque. Pour la Grande Fosse, la légende dit qu'en des temps reculés on tenta en vain de la combler. Il suffit alors d'implorer l'aide du diable pour que ce dernier se mît à la tâche en échange de l'âme des habitants. Heureusement, les hottes qu'il vida dans la Fosse furent insuffisantes, elles

Situation *à La Brouterie, à 15 km d'Angoulême et à 110 km de Bordeaux.*

Accès *par la N 10 jusqu'à Angoulême puis la D 699 vers Touvre ou Montbron.*

Visite *libre toute l'année.*

Niveau *F2, site difficile à trouver, compter 1h depuis la route.*

Conseil photo
Dans cette ambiance quasi tropicale, il fait assez sombre : un trépied ou une pellicule 400 ISO sont les bienvenus. N'essayez pas de photographier la Fosse depuis le haut, la végétation est trop abondante et gomme la perspective. En revanche, attardez-vous sur la paroi rocheuse en surplomb (à droite quand on arrive dans la Fosse) et dans les sous-bois au creux de la Fosse : on y découvre de très beaux insectes (matériel macro nécessaire).

forment aujourd'hui le « Fagot du Diable ». La Fosse Mobile tire son nom des variations du niveau de l'eau qui s'écoule dans ses galeries. Mais elle n'échappe pas non plus à la légende qui dit qu'un soir d'orage, un garçon voulu précipiter le corps de son père dans le gouffre. Toute la nuit, refusant de se faire complice du parricide, l'entrée de la grotte se déroba à chacune de ses tentatives.

Sur votre chemin → Dans le fond de ces fosses s'installe un écosystème très particulier : la forêt de ravin. Les versants nord sont dominés de hêtraies-chênaies. On peut y trouver des espèces montagnardes rares, comme le lys martagon ou l'alisier de Fontainebleau protégé au niveau national. Les pentes sud sont occupées par des bosquets épars de chênes pubescents. On y trouve de nombreuses orchidées (limodores, céphalenthères…) ainsi que des espèces méditerranéennes ou montagnardes (campanules à feuilles de pêcher, géranium sanguin…). La plante la plus caractéristique de ces ravins humides et ombragés reste la scolopendre. Cette fougère montagnarde est très facilement reconnaissable à ses longues feuilles luisantes en forme de « langue-de-bœuf ».

Situation à 12 k
de La Rochefoucau
16 km d'Angoulêm
et 55 km de Cogna

Accès par la N 10
jusqu'à Angoulême
puis la D 699 vers
Touvre ou Montbro

Visite payante ;
ouvert d'avril
à octobre.

Niveau F1,
visite accessible
à tous, durée : 45 n

☆☆Les Grottes du Quéroy

Les seules grottes visitables de Charente

C'est à Chazelles que l'on peut découvrir les rares concrétions charentaises. ➜ **Les Grottes du Quéroy** sont modestes mais présentent tout de même un labyrinthe d'une trentaine de chambres et couloirs étendus sur une quinzaine de kilomètres. Durant la visite, vous n'en parcourrez que 1,2 km, répartis en deux grottes. ➜ **Dans la première,** vous découvrirez la salle Lise Bosnot, traversée par un couloir naturel assez étroit, la salle Roger Massonot, la salle de la Table Ronde puis la salle du Cristal, étonnement blanche. Chacune d'entre elles foisonne de stalagmites et stalactites mais aussi d'excentriques dont la formation intrigua longtemps. Ici, l'eau récoltée sur le plateau met de 2 à 4 jours pour arriver dans la grotte, alimentant alors les concrétions qui s'agrandissent de 2 cm/siècle pour les stalactites et de 4 cm/siècle pour les stalagmites. ➜ **Après être descendue à 12 m sous terre** dans cette première grotte, la visite se poursuit à 25 m de profondeur dans une seconde grotte. Là, la température est passée de 12 à 8 °C et le style est un tant soit peu différent. Davantage de draperies ornent les parois mais surtout, nombreux sont les vestiges préhistoriques.

La formation des Grottes ➜ Elles ont été creusées dans les calcaires du secondaire par l'ancienne Résurgence de la Touvre, il y a 12 millions d'années. La rivière qui s'écoule aujourd'hui à 80 m sous la grotte ressurgit à l'air libre au niveau de l'actuelle Source de la Touvre, à Touvre.

C'est en 1892, que Madame Lise Bosnot découvre l'une des deux grottes à la suite d'un banal incident : en agrandissant un trou pour retrouver son chien « Pastille » disparu, croyait-on, en poursuivant un renard. Monsieur Norbert Casteret, l'un des tout premiers spéléologues, fut sitôt appelé à la rescousse. Son équipe sortit de la pénombre et de l'anonymat les richesses de celle qu'on appelait autrefois la Grotte de Barouty. Les concrétions leur apparurent comme « un enchantement dans un décor de rêve ». L'émotion fut bien plus intense encore quand ils y découvrirent des ossements de mammouths, des vestiges d'habitat néolithique, des poteries gallo-romaines… Le trésor se composait de statuettes, de silex taillés en flèches, de mâchoires d'ours des cavernes, de pièces de monnaie, d'aiguilles et autres bois de rennes.

Sur votre chemin ➜ Outre la Forêt de Braconne, nous vous proposons de découvrir un arboretum étonnant dans le petit village de Charras, situé à une dizaine de kilomètres au sud des Grottes. Pour vous y rendre, rejoindre Pranzac en tournant à droite sur la D 699, la D 33 jusqu'à Feuillade puis à droite la D 163 jusqu'à Charras. Là, en lisière de la Forêt de la Motte-Clédou, se trouve l'Arboretum Jean-Aubouin. Un sentier de découverte arpente ses 6 ha de bois exotiques : 36 espèces provenant de tous les continents. Séquoias toujours verts, pins noirs d'Autriche, thuyas géants, cryptomerias du Japon, sapins de Vancouver, pins de Salzmann et bien d'autres, ponctueront votre promenade pendant au moins une heure. Mais vous pourrez y passer tout le temps que vous voudrez, l'accès est libre.

Poitou-Charentes
79 Deux-Sèvres
17 Charente-Maritime
85 Vendée

☆☆☆Le Marais Poitevin *Dans les dédales de la Venise verte*

Le Marais se découvre soit par les cinq boucles du GR du Pays (70 km de randonnées), soit par les canaux (sorties en barque ou location de canoë). Bien que les deux versions aient leur charme, la seconde nous semble plus dépaysante. Pour cela les embarcadères fleurissent un peu partout. Le secteur de la Garette est assez sympathique mais la plupart des loueurs se situent dans les environs de Coulon. ➜ **D'où que vous partiez,** vous tomberez amoureux de cette nature bocagère unique en son genre. Sous des voûtes luxuriantes, vous découvrirez une merveilleuse symphonie de verts. ➜ **Au fil d'une eau toujours paisible,** se succéderont le bel ordonnancement des arbres, la douceur tamisée de leurs ombrages, d'épais tapis de lentilles d'eau, la nonchalance des troupeaux de vaches paissant l'herbe grasse… ➜ **En dépit des apparences, vous trouverez facilement votre chemin** à travers ces 15 000 ha de marais mouillés : les canaux, qui se nomment ici des conches, sont balisés et portent des noms comme les rues : conche à Château, conche Bergère, conche des Cabanes… Alors, à vos cartes, près, ramez !

Le plus vaste des marais atlantiques ➜ En l'an 600 s'étendait à l'emplacement de l'actuel marais Poitevin le golfe des Pictons et la mer poitevine. Lieu de convergence de cinq cours d'eau (le Lay, la Sèvre niortaise, la Vendée, l'Autize et le Mignon), le golfe prit, à son origine, les allures d'un delta limoneux. Largement alimenté en alluvions, il ne fallut pas longtemps pour que les différents cônes de déjection isolent une lagune. De moins en moins sous influence marine, le site devint tour à tour marécage, vasière, saline et enfin prairie modelée par l'homme. Ce fut d'abord la patience et la pugnacité des moines cisterciens (XIe siècle), puis le savoir faire des ingénieurs hollandais (XVIIe siècle)

Situation *à 10 km de Niort, 56 km de La Rochelle et à 115 km des Sables-d'Olonne.*

Accès *par l'autoroute A 10, sortie Niort puis rejoindre Coulon par la D 9 puis la D 1.*

Visite *libre toute l'année.*

Niveau *F2, parcours en barque ou canoë (payant). Parcours pédestre possible (70 km de piste).*

qui se sont fait les alliés de la nature pour soustraire ces terres à la mer. Aujourd'hui ce sont plus de 55 000 ha qui, en plus de dix siècles, ont été conquis et quadrillés par près de 25 000 km de canaux. À présent, l'eau est contenue et son flux maîtrisé dans cette partie du Marais que l'on appelle Humide. Mais le Marais Poitevin comprend également une partie sèche, abandonnée par l'eau, comme son nom l'indique, exploitée pour la culture maraîchère.

Sur votre chemin

➜ Parfois marécage sauvage colonisé par les joncs et les roseaux, c'est plutôt le paysage de sylve humide qui s'impose sur les rives des conches verdoyantes : sveltes trembles et peupliers blancs, saules et aulnes ou frênes têtards, tous sont soigneusement entretenus car garants de la bonne tenue des rives. Sous ces impeccables colonnades, la nature s'en donne à cœur joie. Iris, nénuphars, et autres roseaux viennent s'ajouter aux 545 autres espèces végétales qui colonisent le marais humide. Beaucoup sont protégées et la cueillette est interdite. Cette verdure est un formidable repaire pour les oiseaux : 164 espèces y évoluent en toute sécurité. Certains y résident à l'année, tels le cygne, le milan noir, le faucon crécerelle et le héron (cendré, bihoreau, pourpré et aigrette garzette). Mais beaucoup n'y font qu'une halte durant les migrations comme le courlis corlieu ou le pluvier doré.

Conseil Photo

Le meilleur moyen de faire de belles photos, c'est de louer un canoë (prévoyez 2h minimum) : vous pourrez ainsi vous arrêter où vous voulez, et ne pas être trop pressé par le temps. Bien que l'eau soit d'huile, il sera parfois indispensable de vous agripper à une berge, voire de descendre, pour ne pas bouger : prévoyez donc un copilote pour faciliter les manœuvres.

⋆⋆Les Portes d'Enfer

Dans l'agitation du Val de Gartempe

Après avoir passé Plaisance, la route se fait forestière, longe la Gartempe sur 3 km, puis rejoint un pont. C'est après l'avoir franchi qu'il vous faut stationner car le sentier démarre sur la rive droite. Une marche d'une vingtaine de minutes dans les sous-bois de la Gartempe conduit aux Portes d'Enfer, un chaos de gros blocs granitiques où la rivière se transforme en torrent spectaculaire. Nombreux sont les promontoires d'où l'on peut surplomber le site, mais le plus impressionnant reste le dernier, dominant la rivière d'une trentaine de mètres. C'est là que le nom du site prend tout son sens : deux impressionnants blocs rocheux se font face à la manière d'un portail, celui de l'enfer, dit-on... L'agitation des eaux dans cet environnement rocheux est d'une admirable sévérité et donne un cachet tout à fait unique au site. Après ce dernier panorama vertigineux, le retour se fait par le même chemin.

Formation des Portes d'Enfer →

Les terrains de la région Charente-Poitou sont remarquablement diversifiés. Les calcaires et les granites s'y côtoient, offrant ainsi aux promeneurs des paysages très contrastés.

Aux Portes d'Enfer, ce sont les granites qui s'imposent au creux du lit de la Gartempe. Ils témoignent d'une époque très lointaine, durant laquelle une gigantesque chaîne montagneuse recouvrait une grande partie de la France. Pouvant atteindre parfois jusqu'à 3 000 m d'altitude durant le carbonifère (-350 MA), elle a presque totalement disparu aujourd'hui, mis à part dans quelques régions, comme ici. Ces anciens reliefs, que l'on appelle le socle, se sont trouvés à maintes reprises faillés par les déformations de la croûte terrestre puis entaillés et déformés par les eaux en des gorges profondes et escarpées que nous observons aujourd'hui.

Sur votre chemin → Le Val de Gartempe est un vrai paradis pour les amoureux de la nature. Sur les rives des Portes d'Enfer, ce ne sont pas moins de 335 espèces végétales qui ont été recensées : ophioglosse des Açores, doradille du Nord, isoète épineux, hélianthème à ombrelles, spiranthe d'automne sont autant d'inflorescences qui font de ce site un lieu d'exception. Il faut dire que le val contient à lui seul, 90 % des zones protégées du département.
Côté faune, les blocs rocheux des Portes d'Enfer constituent le dernier site de nidification viennois du cincle plongeur, un petit passereau d'origine montagnarde protégé au niveau national. Mais vous pourrez y apercevoir également le vol du circaète Jean-le-Blanc, du busard Saint-Martin, de la fauvette pitchou, du bruant et de bien d'autres…
Sachez vous faire discrets et n'oubliez surtout pas vos jumelles.

Situation *à Lathus-Saint-Rémy, à 15 km de Montmorillon et à 50 km de Poitiers.*

Accès *par la N 147 depuis Poitiers. 11 km après Lussac-les-C.hâteaux prendre à gauche sur la petite D 12 vers Plaisance.*

Visite *libre toute l'année.*

Niveau *de F1 à F2, sentier facile le long de la rivière. 30 min aller.*

Conseil photo *Le site est facile à photographier. Il faut parfois s'approcher au plus près de l'eau pour avoir le meilleur angle. Le plus important est de vous trouver un premier plan (rocher, arbre, plante) pour donner de la profondeur à votre image. Le beau temps est préférable pour obtenir une bonne luminosité.*

Situation *à Touvr*
à 8 km d'Angoulêm
et à 40 km de
Nontron.

Accès *par la N 10*
jusqu'à Angoulême
puis la D 699 vers
Touvre ou Montbror

Visite *libre*
toute l'année.

Niveau *de F0 à F1,*
proximité immédiat
du parking, accessib
à tous en 5 min.

Conseil photo
Le beau temps est u
condition presque
impérative pour tire
le meilleur parti du
site : avec un filtre
polarisant l'eau pre
alors un très beau
bleu profond.
La végétation dense
à la surface de la
source abrite de non
breux oiseaux d'eau
un téléobjectif
(300-400 mm) est
alors très appréciab

★★ La Source de la Touvre *Une résurgence d'eau turquoise*

Située à proximité immédiate de la ville de Touvre, la source est d'autant plus facile à trouver qu'elle est parfaitement indiquée. ➜ **Depuis le parking,** il vous faudra moins de 5 min pour vous rendre au bord de ce que l'on pourrait prendre pour une étendue d'eau banale. Mais l'originalité de celle-ci est d'abriter la deuxième plus importante résurgence de France (après la Fontaine de Vaucluse). ➜ **Elle compte trois sources principales :** le Bouillant, le Dormant et le Fond de Lussac. Deux des trois sont facilement observables depuis les berges. L'une se situe à l'extrême droite du plan d'eau, dans un renfoncement entouré d'ifs. ➜ **Les eaux y jaillissent,** limpides et turquoise, en tourbillon depuis le fond. L'autre, plus sombre, s'échappe à gros bouillons un peu plus loin sur la gauche, juste au niveau du premier banc. Ses eaux sont captées en profondeur pour la consommation. ➜ **Les deux résurgences** sont vraiment impressionnantes à observer. ➜ **Le bassin** qui recueille les eaux de source, offre, selon les saisons, des allures très contrastées en se recouvrant épisodiquement d'une épaisse végétation aquatique, excepté là où elles bouillonnent.

Au cœur du karst charentais ➜

C'est au pied d'un vaste escarpement calcaire que ressurgit la Touvre. Abondante jusqu'à en être bouillonnante, c'est à la faveur de fragilités rocheuses qu'elle jaillit ici. Les accidents tectoniques ayant disloqué les assises calcaires, les ruisseaux qui convergent dans la dépression de La Rochefoucauld ne peuvent atteindre la Tardoire ou le Bandiat. Leurs eaux s'insinuent alors dans les fissures du karst au profit d'une rivière au parcours souterrain encore mystérieux. Le mot *touvre* explicite lui-même le phénomène puisqu'il signifie gouffre en celtique.

Sur votre chemin ➜

Se parant d'herbes hautes dès le printemps, on ne se rend pas bien compte de la richesse faunistique de la Source de la Touvre à cette saison. Dès le mois de septembre par contre, cette végétation luxuriante s'estompe, c'est un foisonnement de vie qui apparaît alors. Les poules d'eau, grèbes huppés, râles d'eau, cygnes tuberculés, martins-pêcheurs et ragondins se prêtent volontiers à l'observation. Vous pourrez également surprendre la sarcelle d'hiver, le bruant des roseaux ou le phragmite des joncs. Côté flore, le cresson y pousse encore à l'état sauvage. On le surnomme « santé du corps » pour sa richesse en vitamines et en sels minéraux.

Sites complémentaires

ALPES-DE-HAUTE-PROVENCE
Cascade de Costeplane (Le Lauzet-Ubaye)
Cascade de la Lance (Colmars-les-Alpes)
Clue de Carejuan (Castellane)
Clue de Chabrière (Entrages)
Colonnes coiffées (Saint-Paul)
Défilé de la Pierre Écrite (Sisteron)
Gorges du Bachelard (Uvernet-Fours)
Grès d'Annot (Annot)
Lac d'Allos (Allos)
Rocher de la Baume, Barre de Sisteron (Sisteron)

ALPES-MARITIMES
Cascade de Courmes (Gourdon-le-Bosquet)
Cascade de Vens (Saint-Étienne-de-Tinée)
Gorges de Daluis (Guillaumes)
Gorges de la Vésubie (Utelle)
Gorges de Saorge (Saorge)
Grandes Marmites du Pont du Loup
(Gourdon-le-Bosquet)
Grotte de Dozol (Saint-Cézaire)
Ravin de Mal Infernet (Estérel)

BOUCHES-DU-RHÔNE
Digue à la mer (Camargue)
Gorges de l'Infernet (Montagne Sainte-Victoire)
Grotte de la Loubière (Simiane-Collongue)
Val d'Enfer (Baux-de-Provence)

HAUTES-ALPES
Cascade de Dormillouze,
Vallée de la Fressinières (Saint-Crépin)
Cascades de la Vallée de Valgaudemar
(Chapelle-de-Valgaudemar)
Casse déserte (Cervières)
Fontaine de l'Ours (Savines-le-Lac)
Glacier de la Girose (La Grave)
Gorges du Guil et Cascade de la Pisse (Guillestre)

VAR
Gorges et Cascade de Nartuby (Châteaudouble)

VAUCLUSE
Gorges de la Nesque (Monieux)
Grotte de Thouzon (Le Thor)
Mont-Ventoux (Beaumont-de-Ventoux)

PRINCIPAUTÉ DE MONACO
Grotte de l'Observatoire

Provence-Alpes-Côte d'Azur

• **COMITÉ DÉPARTEMENTAL DU TOURISME ET DES LOISIRS DES ALPES-DE-HAUTE-PROVENCE,** 19, RUE DU DOCTEUR HONNORAT, 04005 DIGNE-LES-BAINS CEDEX, 04 92 31 57 29 • **COMITÉ DÉPARTEMENTAL DU TOURISME DES BOUCHES-DU-RHÔNE,** 13, RUE ROUX DE BRIGNOLES, 13006 MARSEILLE, 04 91 13 84 13 • **COMITÉ DÉPARTEMENTAL DU TOURISME DES HAUTES-ALPES,** 5 TER, RUE CAPITAINE DE BRESSON, 05002 GAP CEDEX, 04 92 53 62 00 • **COMITÉ DÉPARTEMENTAL DU TOURISME DU VAR,** 1, BD FOCH, 83003 DRAGUIGNAN CEDEX, 04 94 50 55 50 • **COMITÉ DÉPARTEMENTAL DU TOURISME DU VAUCLUSE,** 12, RUE COLLÈGE DE LA CROIX, 84008 AVIGNON CEDEX, 04 90 80 47 00 • **COMITÉ RÉGIONAL DU TOURISME DE RIVIERA-CÔTE D'AZUR,** 5, PROMENADE DES ANGLAIS, 06011 NICE, 04 93 37 78 78

★★★★ Les Calanques de Cassis

Les criques bleu turquoise de la Méditerranée

Nichée dans un site de charme, Cassis attend tous les amoureux des paysages somptueux. ➜ **Depuis le centre-ville,** tous les chemins partant vers l'ouest mènent aux Calanques. Bien qu'une flottille de bateaux propose de découvrir les trois plus proches calanques par la mer, il est également possible de s'y rendre partiellement à pied. ➜ **Pour les marcheurs, suivre le fléchage** des Calanques jusqu'au petit parking. C'est de là que débutent les sentiers vers Port-Miou, Port-Pin et En-Vau. Très vite, Port-Miou apparaît sur la gauche, la plus ouverte et la plus longue des calanques se termine par un port de plaisance très convoité. Une vingtaine de minutes suffisent ensuite pour se plonger dans la plus étroite, celle de Port-Pin, qui doit son nom aux pins qui lui font encore de l'ombre. ➜ **Et en 1h15 c'est celle d'En-Vau qui s'offrira à vous :** profonde et très encaissée, c'est la plus fascinante et la plus sauvage. Partout les falaises immaculées aux formes tourmentées se reflètent dans les eaux d'une mer turquoise.

Une émeraude dans un écrin de dentelles ➜ Le joyau a pris sa forme « définitive » il y a seulement 6 000 ans, quand le niveau de la mer était 130 m plus bas, à 10 km de la côte actuelle. Mais le début de sa formation est bien plus ancien, puisque ses falaises de calcaire blanc ont été déposées par la mer il y a 114 millions d'années. Consolidés puis faillés lors du soulèvement de la Provence entre -65 et -40 millions d'années, les calcaires sont investis par les eaux de ruissellement. L'abondance de ces dernières a surtout été très marquée durant l'ère quaternaire du fait d'un enchaînement de glaciations-déglaciations. Les Calanques étaient à l'époque des vallées fluviales. Aujourd'hui, ce sont des échancrures étroites et plus ou moins profondes, bordées de falaises abruptes. Elles n'ont été envahies par la mer qu'après la fonte des derniers glaciers. La mer chaude du crétacé regorgeait de vie et il n'est pas rare de trouver des fossiles

Situation *à 22 km de Marseille, 40 km d'Aix-en-Provence et 42 km de Toulon.*

Accès *par l'autoroute A 50, sortie Cassis (9) puis rejoindre Cassis par la D 559.*

Visite *libre toute l'année.*

Niveau *de F0 en bateau à F3 par les sentiers balisés. 1h30 minimum.*

Conseil Photo *Ici, tout est photogénique ; pour faire de belles photos, choisissez les premières lumières du matin : les baigneurs n'ont pas encore envahi le site et les teintes sont plus chaudes. Utilisez un filtre polarisant et une pellicule 50 ou 100 ISO. Un petit zoom peut vous être utile pour isoler un détail.*

dans le calcaire des Calanques, notamment des rudistes, gros mollusques bivalves en forme de cornet torsadé fermé par un clapet.

Sur votre chemin → À la beauté minérale du site s'ajoute l'intérêt d'une flore très variée. Dans la garrigue, le chêne kermès a désormais remplacé le chêne vert, décimé par les incendies. Sur certains versants nord, des espèces nordiques héritées des périodes glaciaires ont réussi à s'adapter au climat méditerranéen. Les flancs sud abritent des espèces africaines arrivées lors des périodes chaudes. Un peu partout s'accrochent les pins maritimes. Sous l'eau, ce sont les herbiers de posidonie qui dominent. Ces prairies sous-marines endémiques à la Méditerranée servent de frayères aux poissons. Avec la surfréquentation des Calanques, certaines espèces sont en voie de disparition. Tel est le cas du corail rouge qui a reculé à 80 m de profondeur, mais aussi du mérou.

☆☆☆La Cascade de Foncouverte *Les eaux du paradis*

Peut-être par égoïsme, mais surtout dans un naïf souci de préservation, nous avons hésité à parler de cette formidable vallée. ➜ **À quelques pas de la frontière italienne,** c'est dans le petit village de Névache que coulent en cascade les eaux limpides de la Clarée. Ici, tout vit à son rythme. ➜ **Cette vallée** incarne tout l'imaginaire de la montagne dans ce qu'elle a de plus pure et de plus authentique. L'automne y est somptueux. Pas de remonte-pente ou de lignes électriques pour défigurer le paysage, tout juste quelques discrets sentiers, comme celui qui mène à la Cascade de Foncouverte. Il démarre sur la gauche de la petite route qui traverse Névache en direction des Chalets de Laval. 10 min suffiront pour rejoindre un splendide torrent de montagne et, un peu plus haut, la Grande Cascade. ➜ **Le sentier** continue de serpenter sur les rives de la Clarée, à l'ombre bienfaisante des mélèzes. C'est un petit paradis à préserver absolument.

Comment les Alpes se sont-elles formées ? ➜ Aussi surprenant que cela puisse paraître, l'histoire des Alpes commence dans un océan : sous l'effet de l'extension des fonds sous-marins par le jeu des dorsales océaniques, un vaste bassin se trouvait, en effet, à l'emplacement de l'actuel domaine alpin. Cette dépression était occupée, à l'ère secondaire (-220 à -37 MA) par une mer peu profonde et relativement chaude.

Mais il y a 100 millions d'années, le tapis roulant s'inversa, les continents européen et africain se rapprochèrent jusqu'à la collision. Puis, il y a 45 millions d'années, les roches s'affrontèrent pour se faire une place dans un mouchoir de poche, se broyant, se plissant, se tassant ou se transformant. Il faudra attendre la grande période glaciaire du quaternaire, il y a 2 millions d'années seulement, pour que les glaciers creusent des vallées comme celle de Névache, et après eux leurs puissantes eaux de fonte.

Pour vous imprégner de l'histoire de la vallée ➜

Lisez *Une soupe aux herbes sauvages*, le récit autobiographique d'Émilie Carles. Vous y partagerez l'aventure de sa vie d'institutrice de montagne et celle de sa lutte pour préserver, encore aujourd'hui, l'authenticité de la vallée de la Clarée.

Sur votre chemin ➜

La vallée de la Clarée est un endroit sauvage où l'on s'attendrait à voir un ours si celui-ci avait recolonisé les Alpes ; mais ce n'est hélas pas encore le cas.

Bien qu'événementiel, vous pourrez par contre avoir l'agréable surprise de surprendre le vol de l'admirable isabelle de France : ce papillon vert apparenté à des espèces tropicales asiatiques atteint 10 cm d'envergure et côtoie les pins sylvestres des Hautes-Alpes.

Baignée de feuillus, la vallée arbore à l'automne les couleurs flamboyantes qui ajoutent à son charme. Sur les bords de la rivière, le sorbier des oiseleurs y mêle les teintes rouges de ses fruits, très appréciés des oiseaux. On s'en servait d'ailleurs autrefois pour les capturer (d'où son nom). Il appartient à la famille des roses, comme le pommier ou le pêcher.

Situation *à 5 km du Col des Échelles, 17 km de Briançon, et 10 km de la frontière italienne.*

Accès *par la N 94 depuis Briançon en direction de Montgenèvre puis N 94G vers Névache, puis la D 301.*

Visite *libre toute l'année.*

Niveau *F1, visible depuis la route mais possibilité d'emprunter un petit sentier. 10 min aller.*

Conseil Photo

Difficile de trouver plus somptueux paysage que cette vallée, en octobre ; c'est un régal pour les yeux et la pellicule. Avec un filtre polarisant, les couleurs prennent une dimension incroyable. N'hésitez pas à prévoir un peu de temps : quand on y est, on n'a qu'une envie, y rester.

☆☆Les Clues de Barles

Quand les mille-feu se font murailles

C'est en quittant Digne-les-Bains par la D 900a et en longeant la Bès que l'on rejoint le surprenant paysage des Clues de Barles. ➜ **La route qui y mène** est déjà un enchantement et un dépaysement. De-ci, de-là, les roches, les couleurs, les formes même sont exceptionnelles. Puis soudain, la terre semble s'ouvrir, se fendre pour accueillir le visiteur. Des vastes paysages que l'on vient de traverser, il ne reste rien. ➜ **Au milieu des hautes parois verticales** ne subsistent que la rivière turquoise et la petite route étroite. L'originalité du site apparaît dans l'étonnant mille-feuilles minéral formant des falaises. Ici plus qu'ailleurs, le mot verticalité prend tout son sens ; sur près de 1 000 m, le sol s'est redressé et pointe désormais le ciel dans une posture que l'on s'attend à voir basculer à tout moment. ➜ **En continuant sur la petite route,** l'authentique *Bistrot de Barles* enchâssé dans la falaise apparaît comme une oasis au pied des hautes murailles de pierre, une halte hors du temps, trait d'union entre les Clues de Barles et les Clues de Verdaches.

Qu'est ce qu'une clue ?

➜ Tantôt appelée cluse ou clue, selon les régions, elle désigne une entaille qui coupe des couches dures perpendiculairement à l'axe de leurs plis. Malgré son étymologie, clue qui vient du latin *clausus* (fermé), désigne dans le haut-pays provençal une ouverture. Celle-ci est étroite et percée en travers d'une barre rocheuse qui verrouille une vallée. C'est bien l'impression que l'on a lorsqu'on aborde la Clue de Barles en venant du village : une muraille se dresse et la route se faufile dans un étroit passage. Ces clues ont longtemps été des obstacles que l'on franchissait en les contournant par les hauteurs. Ici, elles sont creusées dans les calcaires massifs du jurassique supérieur. Déposées en milieu marin voici 130 millions d'années sur une épaisseur variable d'environ 300 m, leur déformation a eu lieu pendant l'ère tertiaire, lors de la formation des Alpes.

Situation *à 16 km de Digne, 16 km de Seyne, et 53 km de Sisteron.*

Accès *par l'autoroute A 51, sortie Peyruis (20), rejoindre Digne par la N 85 puis prendre la petite D 900a vers les Clues de Barles.*

Visite *libre toute l'année.*

Niveau *F0, visible depuis la route.*

Conseil Photo

Cette gorge très encaissée est délicate à photographier : le soleil n'y pénètre qu'en milieu de journée, rendant les lumières et les ombres très dures. Pour pallier cette situation, l'emploi d'un filtre jaune ou polarisant peut s'avérer utile. Un grand angle vous permettra aussi de compenser le manque de recul. En aval des Clues, le paysage est plus ouvert et certains plis rocheux sont remarquables.

Une fois les couches redressées par les compressions, c'est le cours d'eau, le Bès, qui a entaillé la barre en suivant les zones de faiblesse (failles...). Cette œuvre se poursuit encore aujourd'hui au rythme moyen de 25 mm/1 000 ans.

Sur votre chemin ➜ Les Alpes de Haute-Provence sentent bon la lavande. Les montagnes autour de Barles, Bayons ou Barrême étaient, au début du siècle, les principales zones de cueillette et de négoce avec les parfumeries de Grasse. C'est en parcourant les « Routes de la Lavande », que vous découvrirez le mieux les traditions qui font la richesse de toute cette région. À commencer par Digne-les-Bains, une des plus grandes capitales de la lavande avec son jardin botanique des Cordeliers, riche de ses 350 espèces végétales sauvages (plantes aromatiques, à parfums, médicinales...). Plus à l'ouest, Thoard, dans la vallée des Duyes, possède distilleries et parc rural pour vous faire découvrir et apprécier la petite fleur bleue odorante de Provence.

☆☆☆ La Combe de Mai

Le paysage lunaire du Plateau de Bure

Au hameau « La Montagne », une petite route forestière mène jusqu'à l'aire de pique-nique des Sauvas, point de départ des sentiers de randonnée. ➜ **C'est le GR 94b** qui vous mènera jusqu'à la Combe de Mai en 1h et au Pic de Bure en 4h. Quelques escaliers de rondins aident à franchir la montée du départ, mais le sentier se fait très vite plat pour serpenter en forêt de pins. C'est au bout d'un large virage à droite que la vue se dégage. ➜ **Le sentier continue sur la gauche** vers la Combe d'Aurouze et le Pic de Bure, mais la Combe de Mai se dessine sur la droite. Elle apparaît comme une immensité minérale couleur sable, un désert parfait où rien ne pousse. L'endroit est aux limites du naturel ; rares sont les paysages aussi dénudés et d'une telle beauté. Bien que la progression dans la combe ne soit pas aisée, quelques pas sur ce formidable cône d'éboulis permet d'en capter toutes les ambiances. La réverbération étant très intense, des lunettes et une quantité d'eau suffisante sont nécessaires aux séjours prolongés dans la Combe ou à la poursuite vers le Pic de Bure. ➜ **Le Plateau de Bure** est classé comme l'un des plus vastes plateaux d'altitude des Alpes, et l'un des plus insolites.

Les oreilles de la terre ➜

Le plus vaste des plateaux de haute altitude des Alpes (2 km de long et 500 m de large) est également réputé pour la limpidité exceptionnelle de son atmosphère. Tant et si bien que le décor de science-fiction du Plateau de Bure a été choisi comme site d'écoute interplanétaire : quatre radio-télescopes sont installés sur le plateau à 2 550 m d'altitude. Les paraboles de 15 m de diamètre sont chargées de capter des radiations venues des confins de l'univers, notamment celles des particules qui ont mis entre 10 et 15 milliards d'années à traverser l'espace.

Le Plateau de Bure ➜

C'est au début du secondaire que se sont déposées les roches carbonatées du Plateau de Bure. Il s'agit d'une importante épaisseur de dolo-

mie mise en place au fond de la mer du trias (-235 MA). À cette époque, les Alpes n'étaient encore qu'un bassin peu profond ressemblant à la Méditerranée actuelle. La dolomie est une roche chimiquement proche des calcaires ; elle en diffère par la substitution d'une molécule de calcium par du magnésium.

Sur votre chemin → Déjà riches d'une flore exemplaire, les Hautes-Alpes sont également réputées pour leur faune de grands animaux sauvages. Cependant, les bouquetins ont bien failli disparaître totalement de ces montagnes. L'espèce, abusivement chassée, fut considérée comme éteinte au milieu du XIXe siècle. Peut-être parce qu'on attribuait des pouvoirs magiques à un petit os en forme de croix que l'herbivore a dans le cœur, ou encore parce que son sang mélangé à du vin chaud était considéré comme un remède souverain contre le rhume… l'espèce fut réintroduite en 1978. Le mouflon, quant à lui, a été introduit dans les Hautes-Alpes en 1949 à partir d'une lignée corse. Le climat et le relief rocheux accidenté semblent propices à la survie de l'espèce. Très surveillé, il fait l'objet d'une protection stricte dans les États membres de l'Union Européenne.

Situation *à 9 km de Montmaur, 15 km d'Aspres-sur-Buëch et 15 km de Gap.*

Accès *par la D 994 depuis Gap, direction Aspres-sur-Buëch. Après une vingtaine de kilomètres prendre à droite vers Montmaur puis la D 320 vers La Montagne.*

Visite *libre toute l'année.*

Niveau *F2, GR 94b, 1h aller jusqu'à la combe.*

Conseil Photo
Si vous ne voulez pas marcher, une très belle vue sur la Combe s'offre à vous depuis la route d'accès : il vous faudra cependant un zoom (200 à 300 mm) pour tirer le meilleur parti de cette position. Si vous vous rendez sur place, l'idéal serait de faire vos photos en fin d'après-midi, sur le chemin du retour. Filtre UV et/ou polarisant bienvenus.

★★★ La Dalle à Ammonites *Une photo de la préhistoire*

Située en bordure de route, cette merveille est unique en France. Avec une telle précision des formes et une telle conservation des reliefs, l'œuvre appartient pourtant bel et bien à Dame Nature. ➜ **Sur les marnes calcaires noires** se détachent quelque 500 ammonites, fossilisées sur une dalle de 300 m². Observation d'un autre temps, d'un autre monde, les coquilles atteignent jusqu'à 80 cm de diamètre et sont rassemblées ici comme dans un cimetière marin. Aussi précieux qu'il soit, le site n'est pas barricadé : ➜ **la Dalle est accessible à tous** dans toutes ses dimensions (escalade strictement interdite). Caresser les ammonites les plus accessibles est d'ailleurs totalement irrésistible, elles semblent donner une consistance à un rêve. Mise en place depuis peu, une bande de ciment empêche toute érosion du pan de roche, mais constitue également un « scellé » qui anéantit toute chance de pouvoir admirer un jour le reste de la Dalle et avec elle la soupçonnée myriade de fossiles qui y demeure cachée.

Qu'est-ce qu'une ammonite ?➜ Une ammonite est un mollusque céphalopode (comme la pieuvre ou la seiche actuelle) qui apparut au trias (-245 MA) et disparut à la fin du crétacé (-65 MA). C'est durant le jurassique qu'elle a été le mieux représentée. L'animal était pourvu de deux yeux, d'un cerveau, de tentacules à ventouses pour capturer ses proies et d'un entonnoir de rétropropulsion : les ammonites pompaient l'eau et la rejetaient vers l'arrière pour se déplacer. Les dimensions de sa coquille pouvaient atteindre plus de 3 m. Toutes les ammonites étaient marines et devaient flotter et nager sur les plateaux côtiers ou ramper sur leurs fonds.

Comment expliquer ce rassemblement ? ➜ Les ammonites de Digne ont été datées du jurassique inférieur

Situation *à 4 km de Digne-les-Bains, 41 km de Sisteron et 60 km de Castellane.*

Accès *par la route Napoléon (N 85) depuis Sisteron puis la D 900a vers Barles.*

Visite *libre toute l'année.*

Niveau *F0, visible depuis la route.*

Conseil Photo
Les fossiles d'ammonites sont répartis un peu partout sur la Dalle : les plus accessibles au regard sont aussi les plus faciles à photographier : ici, priorité au plan rapproché. Un zoom peut vous être utile pour atteindre des fossiles plus en hauteur. Le soleil n'est pas indispensable : un temps gris peut même donner plus de relief aux images.

(-185 MA). Alors que leur position de vie était la verticale, elles apparaissent ici couchées sur le sol. C'est donc que toutes ces ammonites étaient mortes quand elles se sont déposées, et que les coquilles étaient vides. Elles ont pu être rassemblées par l'action d'un courant.

Sur votre chemin → Nous sommes ici dans une réserve naturelle pas comme les autres puisqu'elle est géologique. On y protège des formes et des espèces actuelles ou fossiles rares ou en voie de disparition. Attention : toute forme de ramassage est interdite. La réserve géologique de Haute-Provence recèle des gisements extrêmement riches et divers. On peut admirer, à la Robine, un squelette fossilisé d'ichthyosaure, reptile marin qui vivait dans les mers de l'ère secondaire. Au bout de la D 900a, c'est une forêt carbonifère pétrifiée, héritée d'une époque où la région était couverte d'une vaste forêt tropicale, et tout près ce sont des oiseaux qui ont laissé leurs empreintes sur une plage fossile. Dans la région, nombreuses sont ces traces d'un autre temps qui plongent la Haute-Provence dans une ambiance exceptionnelle.

★★★★★ Les Demoiselles coiffées de Théus

D'incroyables danseurs pétrifiés

L'aventure commence sur la petite route pittoresque qui traverse le village de Théus et s'élève en lacets, parfois difficiles (jusqu'à 18 % de pente), jusqu'à la Salle de Bal. ➜ **Son accès est plutôt discret,** un petit sentier balisé en bleu descend en forte pente sur la droite de la route. Si la descente est relativement rapide, la remontée le sera nettement moins. Mais le spectacle qui se cache au fond du vallon en vaut vraiment la peine. ➜ **De gigantesques colonnes** ressemblant à des bougies surmontées d'une calotte, telles se présentent les Demoiselles coiffées de Théus. D'autres sites du même type existent dans les Hautes-Alpes, mais aucun ne présente cette concentration. C'est de cette abondance de figures que la Salle de Bal tire son nom : les colonnes, « regardant » toutes dans la même direction semblent être autant de cavaliers cherchant une cavalière pour danser. ➜ **Le sentier serpente au fond du vallon** en bordure de rivière et permet de découvrir de plus près les coulisses de ce paysage insolite fait de rochers en équilibre à près de 15 m du sol. Entrez dans la danse…

Des demoiselles d'une fragilité trompeuse ➜ Celles que l'on nomme aussi les cheminées de fées sont de bien curieuses structures géologiques qui se forment généralement à partir d'anciennes moraines glaciaires, ces masses de sables, de graviers et de blocs transportées jadis par les glaciers.
Le mélange hétérogène résiste mal à l'érosion. Les sédiments meubles sont facilement emportés. Cependant, parfois, certaines particules fines se trouvent protégées par un bloc. Comme un parapluie, il les soustrait à l'érosion des pluies.
Bien qu'essentiel, ce n'est cependant pas le phénomène le plus important dans la formation des demoiselles coiffées. Dans les roches, l'eau peut circuler dans toutes les directions : de haut en bas quand la pluie

percole le sol, mais aussi de bas en haut par capillarité. Cette dernière est de loin la plus importante dans la consolidation des colonnes puisqu'elle provoque une cimentation des grains. Les eaux qui se minéralisent au contact des roches, remontent jusqu'à être stoppées par le bloc. Les minéraux transportés se déposent alors au sein du sédiment meuble pour former un ciment résistant.

Sur votre chemin → Situés en plein cœur de la région de Haute-Durance, Théus et le Lac de Serre-Ponçon jouissent d'un ensoleillement exceptionnel et d'une atmosphère limpide. Les faibles précipitations provoquent l'installation d'une végétation de type sec (genévriers, vignes…). Sur les versants montagneux, la forêt est composée de pins sylvestres, d'épicéas, de sapins et de mélèzes. Partout les fleurs sont abondantes : dans les Hautes-Alpes ce sont 2 000 espèces qui ont été recensées, dont certaines uniques en France. Autre fait remarquable, le département des Hautes-Alpes est le seul à accueillir l'isabelle de France. Ce somptueux papillon vert amande portant des nervures rouges et quatre ocelles en forme d'yeux a la vie éphémère : après deux semaines en cocon dans les pins sylvestres, le papillon ne vivra que cinq jours.

Situation *à 10 km de Remollon, 18 km de Gap et 50 km de Barcelonnette.*

Accès *par la N 85 direction Sisteron puis la D 900b à la sortie de Gap jusqu'à Remollon. Là, prendre la petite D 53 qui monte vers Théus.*

Visite *libre toute l'année.*

Niveau *F2, sentier en forte pente, bien se chausser. Balisage bleu, 30 min aller.*

Conseil Photo
Le cadre est fantastique et les angles de vues innombrables. Le site n'est totalement ensoleillé qu'à partir de la fin de matinée. Un grand angle vous sera utile pour des vues en contre-plongée ainsi qu'un zoom pour des photos du dessus ou de côté. Essayez de ne pas sortir du sentier, le site est glissant.

⭐⭐Les Dentelles de Montmirail *Les dents de la vigne*

C'est au milieu des vignes de Gigondas et de Beaumes-de-Venise que s'élèvent les Dentelles minérales de Montmirail. ➜ **Le fléchage depuis Gigondas** permet de rejoindre un panneau d'informations. Quelques « routes » forestières parcourent le massif (dont celle qui continue après le panneau) : l'idéal est de les emprunter en VTT. ➜ **À pied, les sentiers de randonnée balisés en bleu** s'élèvent en forte pente et serpentent dans les vallons ombragés ; on y croise les quelques sources qui ont permis jadis l'installation de petites stations thermales. ➜ **Le massif de Montmirail** (734 m) est avec le Mont Ventoux (1 909 m) l'un des plus remarquables de la Provence. Partout les crêtes hardies succèdent aux pitons acérés pour former une muraille qui semble défier les lois de l'équilibre. C'est en mai-juin que le massif est le plus extraordinaire, quand son manteau de genêts explose d'un jaune flamboyant.

La formation des Dentelles ➜

Le calcaire rigide qui forme les arêtes minces des Dentelles s'est déposé il y a 200 millions d'années, dans les profondeurs de la mer du jurassique. Il recouvre deux couches meubles, l'une constituée d'argiles et de calcaire, l'autre d'argiles et de sel. C'est le comportement très particulier de cette dernière couche qui est à l'origine des formes de l'actuel massif. Il y a une centaine de millions d'années, le rapprochement des plaques africaine et européenne initie le cycle alpin qui comprend, bien entendu, la formation des Alpes (phase alpine) mais également, il y a 30 millions d'années, la formation des Pyrénées (phase pyrénéo-provençale). Durant cette période, les compressions très intenses qui s'exercent entraînent une fracture de l'écorce terrestre selon une ligne qui va des Pyrénées au Vercors, la Faille de Nîmes et qui sépare désormais deux blocs. La compression est telle que ces deux blocs vont se chevaucher. C'est à la

Situation *à 5 km de Vaison-la-Romaine, 10 km de Carpentras et 20 km d'Orange.*

Accès *par la D 938 depuis Vaison-la-Romaine jusqu'à Malaucène puis la D 90 vers Beaumes- de-Venise.*

Visite *libre toute l'année.*

Niveau *de F0 pour le parcours en voiture à F3 pour les randonnées le long du balisage bleu. 1h minimum.*

faveur de la fragilité des couches de sel que le chevauchement peut avoir lieu sans broyer les calcaires. Ces derniers sont alors soulevés comme sur un tapis roulant jusqu'à l'arrêt complet de la compression.

Sur votre chemin → Le massif de Montmirail offre une remarquable diversité sur ses deux flancs. La végétation y est méditerranéenne sur les adrets (exposés au sud) et préalpine sur les ubacs (exposés au nord). De ce fait, les Dentelles concentrent sur deux espaces tout proches des populations très différentes. Sur les versants sud, les oliviers dominent avec les pins d'Alep. Puis vient la zone des chênes verts, favorables aux truffières, avec des taillis de genévriers cade et d'Euphorbe. Le versant nord ne saurait être aussi confortable ; les plantes alpines s'y montrent à une altitude relativement basse. De nombreux animaux sauvages peuplaient autrefois ce massif, dont le loup et le chat sauvage. Aujourd'hui seuls le sanglier et le renard sont bien représentés, ainsi que les serpents (vipères aspic et Orsini) : les rapaces ne sont plus assez nombreux pour les chasser.

Conseil Photo *Les plus jolies photos seront faites depuis les petits chemins qui montent vers les sommets. À défaut, avec un zoom, faites des clichés depuis les pistes de terre. Le soleil couchant est particulièrement flatteur sur les Dentelles.*

Situation à 5 km du Muy, 15 km de Fréjus et 25 km de Sainte-Maxime.

Accès par l'autoroute A 8, sortie Le Muy (36). Rejoin Le Muy et passer sous l'autoroute ve Notre-Dame-de- La-Roquette. S'arrêter petit parking à dro peu après le tunne

Visite libre toute l'année.

Niveau F4, réserv aux personnes souples, agiles et fines, non claust phobes. Circuit : 1h

Conseil photo
Une excursion rema quable mais peu photogénique : tro sombre (voire noir) et trop étroit. Rattrapez-vous avec les paysages de Roquebrune à découvrir en fais le tour du massif en voiture. La fin d'après-midi lui donne des allur de terre de feu.

☆☆☆ La Faille de Saint-Trou

Incursion sportive dans le Rocher de Roquebrune

L'endroit n'est pas facile à trouver, mais en longeant l'autoroute en direction de Notre-Dame-de-La Roquette, le petit parking apparaît sur la droite. L'aventure commence là. ➜ **Le chemin,** assez large, passe tout d'abord une petite clairière puis s'élève sur la droite jusqu'à une chapelle en ruine. La laisser sur la droite et poursuivre jusqu'à un châtaignier remarquable pris dans la roche. ➜ **À sa droite,** une faille secondaire mène à une petite construction sous roche, à sa gauche un amoncellement de blocs balisé de flèches rouges. Ce sont elles qu'il faudra guetter à chaque instant, dans les moindres recoins de la faille de Saint-Trou. ➜ **C'est par une petite chatière** à droite que l'on pénètre sous le porche. Seuls les plus minces et les plus agiles arriveront à passer en rampant, mais ceux qui y parviennent tiendront là leur passeport pour le reste du parcours. L'aventure continue dans les étroitesses de la roche alors que le faisceau de lumière naturelle se tamise jusqu'à disparaître totalement. ➜ **Au premier obstacle, allumez votre lampe** (indispensable), un étroit passage apparaît en-dessous et un goulet à peine plus large au-dessus. Patience et agilité s'imposent à nouveau. Les deux mènent dans une vaste salle voûtée où la lumière du jour réapparaît. ➜ **Encore quelques blocs à escalader** puis à désescalader et la Faille vous libère dans des bois sombres mais plus accueillants. Vous pouvez alors redescendre vers le parking.

La formation de Saint-Trou ➜ La montagne de Roquebrune fait partie du massif des Maures. La formation de ce dernier s'est effectuée en même temps que le massif voisin de l'Estérel. Alors que l'Estérel est constitué de roches éruptives, les Maures sont en grande partie constitués de granites. Ces derniers présentent des interactions permanentes de volcanisme, de sédimentation et de tectonique. Tous deux sont des massifs anciens amorcés en même temps que l'apparition de la vie sur terre, il y a 570 millions d'années. Ils témoignent de la présence d'une très ancienne chaîne de montagnes qui atteignit son apogée durant le carbonifère. Le Rocher de Roquebrune a été, quant à lui, attribué au Permien (-300 MA). La Faille de Saint-Trou s'est ouverte lors de la surrection beaucoup plus tardive des Alpes. Ses entrailles n'ont pas échappé aux mythes et légendes : on y raconte qu'elle s'est ouverte à l'écho des cris d'une jeune fille poursuivie par un satyre. Après que l'innocente victime en fut sortie, les parois de la faille se refermèrent en emprisonnant le mécréant. Il y serait sans doute encore si la demoiselle n'avait eu pitié de lui et obtenu du ciel qu'il retrouve la lumière 600 ans plus tard.

Sur votre chemin ➜ Le massif des Maures abrite un village tout à fait unique : le Village des Tortues. Il se situe à Gonfaron (accès par l'A 8 ou la N 197 depuis Le Muy). Son but est de repeupler la région du plus vieux vertébré français (35 MA), la tortue d'Hermann. Autrefois très répandue dans le midi, elle ne subsiste que dans le Var, victime de la route et des incendies. La lutte de ces tortues pour la vie est un véritable parcours du combattant : sur 1 000 œufs pondus et éclos, seul un individu sera encore en vie au bout de 5 ans. Le constat est d'autant plus accablant quand on sait que les tortues d'Hermann peuvent vivre jusqu'à 75 ans. Sur 2 ha couverts de lavandes, de chênes-lièges et d'oliviers, la Maison des Tortues s'occupe de plus de 2 500 tortues. Environ 500 sont ainsi relâchées tous les ans sur le massif des Maures.

☆☆☆ Fontaine-de-Vaucluse

Un siphon aux profondeurs d'un puits sans fond

Impossible de rater la Fontaine de Vaucluse, c'est la vedette de l'adorable village provençal du même nom. ➜ **La route piétonne** jalonnée de boutiques suit le bruissement de l'eau et mène à moins de 50 m de la Fontaine ; le reste du chemin se fait sur un sentier caillouteux, puis à travers les blocs de la rivière quand elle est à sec. Le cas échéant, il est parfois possible de descendre sur les rives pentues et glissantes de la source. Le mystère de ses eaux attire beaucoup de monde en période estivale, mais rares sont ceux qui auront vu les flots impétueux jaillir du fond de l'abîme. L'imprévisibilité de ces eaux versatiles magnifie sans aucun doute cette vasque émeraude, même au plus bas de sa forme. ➜ **C'est dans une vallée resserrée,** refermée sur elle-même qu'elle brille tantôt par son calme, tantôt par ses flots tonitruants vers la Sorgue. Étale, le petit lac impose au massif tout entier un calme serein et mystérieux. Déchaîné, il exulte en débandade d'écumes volatiles. Pour pouvoir comparer, il faut revenir…

Une intrigue qui remonte à l'Antiquité ➜ Un siècle d'exploration à tenter d'éclaircir son origine n'aura pas suffi. La première plongée à 6 m de profondeur date de 1869 et la dernière, à 308 m, de 1985. Qui peut dire où s'arrête le gouffre ? Le mystère a tellement marqué les esprits que cette Vallée Close (*Valllis Clausa*) a donné son nom en 1791 à tout le département. Le parcours du réseau souterrain, son écoulement régulier (630 m^3 en moyenne : une des plus importantes sources au monde) demeure une énigme. Le travail n'a certes pas été vain car on connaît désormais l'existence d'une rivière souterraine importante, d'une faille profonde, ainsi que d'une ramification intense sous les plateaux du Vaucluse qui converge vers un point situé au fond du gouffre. Les eaux qui bondissent à Fontaine-

de-Vaucluse, le plus souvent au printemps, proviennent de l'infiltration des eaux de pluie et de la fonte des neiges : du mont Ventoux, des monts du Vaucluse, de la montagne de Lure qui représentent un « impluvion » de 1 100 km² et dont l'unique issue demeure la fontaine. Si les crues suscitent l'étonnement (jusqu'à 90 m³/sec), l'écoulement régulier durant les saisons sèches reste aussi énigmatique pour les spécialistes.

Sur votre chemin ➜

La Fontaine de Vaucluse est, il faut l'avouer, un désert biologique : pas un poisson ne fréquente ses eaux. L'unique représentant du règne animal reste le gammare, ce petit crustacé d'eau douce qui ressemble à une minuscule crevette. On lui prête bien quelque monstre abyssal aux allures de serpent géant, mais pas grand-chose d'autre…
Autour, les monts du Vaucluse sont le territoire des chênes blancs (pubescents) et de la lavande qui libère ses fragrances provençales à la faveur de l'explosion végétale printanière. Sans être un paradis biologique, ces monts ont tout de même été choisis pour l'étude des lichens et des scorpions qui se cachent sous les pierres. Ces derniers ne sont pas mortels, pas même dangereux pour l'homme.

Situation *à 10 km de l'Isle-sur-la-Sorgue, 25 km de Carpentras et 35 km d'Avignon.*

Accès *par la N 100 entre Forcalquier et Avignon, la D 186 vers Lagnes puis la D 24 jusqu'à Fontaine-de-Vaucluse.*

Visite *libre toute l'année.*

Niveau *F1, une route goudronnée piétonne s'approche à 50 m de la Fontaine.*

Conseil Photo

En période de sécheresse, consacrez-vous au paysage environnant et à ses falaises qui rougeoient en fin d'après-midi. Quand l'eau gronde, par contre, le spectacle est au rendez-vous. Adoptez de préférence une vitesse rapide (1/250) pour figer la violence des eaux. Si le débit est modeste, optez pour une pose lente (1 seconde ou plus) avec un trépied.

☆☆☆ Le Fort Saint-Honorat

Magnifique place forte au cœur de l'Estérel

Nombreux sont les chemins qui permettent de découvrir le splendide massif de l'Estérel. ➜ **C'est depuis la petite route** sinueuse du Pic de l'Ours et le Fort Saint-Honorat que nous avons décidé de vous faire découvrir ce paysage rougeoyant d'une âpreté extraordinaire. Peut-être parce qu'il est peu connu mais surtout parce qu'il gage, de par sa fonction de place forte, d'une vue exceptionnelle. ➜ **La route qui sillonne le massif** se prend indifféremment de Valescure ou d'Agay. Elle passe le col de Belle Barbe et laisse sur sa gauche la voie longeant le ravin de Mal Infernet. Peu après apparaissent à flanc de montagne, des habitations troglodytiques, puis le fort. ➜ **Pour y monter,** il faut emprunter sur la droite de la route, le sentier de la Source de Sainte-Baume. L'endroit est enchanteur, toute l'agitation de la corniche disparaît pour faire place au calme de l'immensité. ➜ **Le sentier qui s'élève** lentement parvient rapidement aux ruines du Fort Saint-Honorat. ➜ **De là-haut,** l'Estérel révèle ses formes déchiquetées et son étonnante palette de couleurs. Ici, le rouge de la roche tranche violemment avec le vert de la garrigue et le bleu azur de la Méditerranée. Nous vous conseillons également de poursuivre jusqu'à la corniche pour y voir l'Estérel plonger dans la mer au niveau d'admirables criques sauvages.

Une roche couleur de lave➜ Ces roches cristallines aux teintes flamboyantes ne sauraient cacher bien longtemps leur origine : elles sont l'œuvre d'un volcan.

Tout a commencé à l'ère primaire quand la mer du carbonifère recouvrait pratiquement toute la France. Les mouvements relatifs des différents continents entraînèrent la montée d'une puissante chaîne de montagnes, la chaîne hercynienne. Plissant une grande partie des sédiments qu'elle souleva, elle entraîna également la formation de nombreux volcans. Le plus connu forme le massif de l'Estérel, mais le Pic du Midi d'Ossau dans les Pyrénées est également un volcan du même âge. Bien entendu, le cône volcanique a entièrement

Situation *à 10 km de Saint-Raphaël, 35 km de Cannes et 40 km de Draguignan.*

Accès *par l'autoroute A 8, sortie 38 Fréjus – Saint-Raphaël puis la D 37 jusqu'à Valescure. Là, prendre la Route du Pic de l'Ours.*

Visite *libre toute l'année.*

Niveau *de F0 à F3, beaucoup de sentiers sillonnent le massif. F2 pour le Fort. 30 min aller.*

disparu mais les coulées de lave subsistent. Ce sont des roches volcaniques éruptives appelées porphyres rouges et ryolithes amarantes qui constituent donc le relief déchiqueté de l'Estérel. Cette couleur domine très largement sur l'ensemble du massif, mais il existe aussi très ponctuellement, dans la région d'Agay, des porphyres bleus dans lesquels les Romains ont taillé de nombreuses colonnes pour leurs monuments provençaux.

Sur votre chemin → Les nombreux grands incendies (1943, 1964, 1986…) ont tout fait disparaître de l'Estérel originel autrefois recouvert d'une vaste forêt de pins, de chênes-lièges et de chênes verts. Aujourd'hui, c'est le maquis qui domine sur près de 60 % du massif. Pour le reste, ce sont quelques chênes-lièges qui ont été replantés et également quelques pins maritimes, mais l'espèce est touchée par une maladie qui l'empêche d'atteindre sa maturité. Le maquis est composé d'une végétation buissonnante : bruyères, lavandes, cistes, genêts épineux et autres lentisques protègent le massif de l'érosion. Côté faune, le gibier a une place de choix et il n'est pas rare de rencontrer des compagnies de sangliers, des cerfs, des lièvres, des perdreaux et des faisans. Le chevreuil a également été réintroduit et côtoie la célèbre tortue d'Hermann.

Conseil Photo *Rendez-vous sur place deux heures avant le coucher du soleil : la lumière y devient sublime et les photos magiques. Que ce soit pendant la montée ou depuis les ruines du Fort, les paysages rougeoyants sont exceptionnels. Attention au vent qui souffle parfois violemment et fait bouger l'appareil. Le soleil se couchant face au Fort, vous pourrez faire de splendides images de ciel embrasé (surtout s'il y a quelques nuages d'altitude).*

★★★ Les Gorges de la Méouge

Toboggans, plongeo bains à remous… 100 % naturels

Si les routes n'existaient pas, c'est en remontant sur 15 km le cours du Buëch que l'on découvrirait un havre de paix aux ambiances exotiques. Mais elles existent, et nombreux sont ceux qui viennent profiter durant l'été des Gorges de la Méouge. ➜ **Le site est bien indiqué depuis Ribiers,** une fois passé « Le Plan », la D 942 longe les Gorges. ➜ **L'accès** à ce petit paradis se situe à proximité du pont en pierre. Personne ne saurait résister en effet à cet aire de jeu où le spectacle de l'eau invite si fort à la baignade : ici, une adorable cascade se déverse dans une vasque d'eau émeraude, là, le marbre poli forme des toboggans naturels qui n'ont rien a envier aux plus grands complexes aquatiques. ➜ **En bas, une marmite de géant** réceptionne les glisseurs, toujours ravis de découvrir que la nature a également inventé le jeu. Ici, nul artifice n'est nécessaire, l'eau s'occupe de tout. Prévoyez tout de même des chaussures d'eau car si le marbre règne en maître sur les différents bassins quelques espaces caillouteux sont très inconfortables pieds nus. Pour ceux qui préféreraient la marche, il est possible de remonter le torrent sur 4 km.

Dans le karst provençal ➜ Les Gorges de la Méouge coulent d'ouest en est, au sud de l'adorable village de Laragne-Montéglin. La Méouge prend sa source dans la Drôme et s'écoule au bas de la montagne de Chabre dans des calcaires massifs du tertiaire. Les profondes gorges qu'elle a taillées sont représentatives des karsts provençaux. L'appellation caractérise le mode d'érosion en gorges et cavernes propres aux régions calcaires. Elle est due à la corrosion des strates lors de la réaction de l'eau avec le gaz carbonique de l'air : dans un premier temps, les eaux de pluie et de ruissellement pénètrent dans les failles et les fissures du sol et les agrandissent peu à peu par un constant lessivage. Une fois agrandies, elles vont pouvoir être parcourues par une quantité d'eau plus importante, plus rapide et en finalité toujours plus érosive. Ce qui a commencé par une infiltration se meut progressivement en écoulement franc, d'autant plus abrasif qu'il

Situation *à 5 km de Laragne-Montéglin, 15 km de Sisteron et 57 km de Digne-les-Bains.*

Accès *par l'autoroute A 51, sortie Sisteron centre. Rejoindre Sisteron par la N 85 puis prendre la D 948 vers Ribiers.*

Visite *libre toute l'année.*

Niveau *F1, lieu de baignade accessible à tous. 10 min aller.*

charrie des petits cailloux. En tourbillonnant dans le courant ils forment les magnifiques marmites de géants et autres rigoles qui font le charme des paysages de la Méouge.

Sur votre chemin → La Méouge parcourt plus de 40 km dans les épais calcaires avant d'aller se jeter dans le Buëch. C'est entre Barret-le-Bas et Chateauneuf-de-Chabre qu'elle forme des gorges étroites sauvages classées en réserve biologique. Elle abrite des espèces forestières comme le sanglier ou le chevreuil, mais aussi le renard, le hérisson, la salamandre et de nombreuses couleuvres et vipères. Côté flore, les variations de milieux et de climat entraînent l'installation d'une végétation assez variée, aussi bien de type nordique que littoral méditerranéen. Outre les forêts de pins noirs, cèdres et chênes pubescents qui s'étendent sur environ 3 000 ha, on trouve le genêt cendré et le genévrier de Phénicie. Très protégée, c'est tout ce dont on a bien voulu nous dévoiler sur cette réserve dont les richesses doivent rester secrètes…

Conseil Photo

Comme la pierre blanche domine, prenez soin de surexposer légèrement (+ 1 IL) vos photos si vous faites de la diapo. Un filtre polarisant rendra l'eau plus transparente. Un grand angle sera le bienvenu, le site n'étant pas très vaste. Préférez la fin d'après-midi et n'oubliez pas votre pare-soleil.

★★★★Les Gorges du Cians *Les Gorges rouges de l'arrière-pays niç*

La Route des Gorges supérieures et inférieures du Cians permet d'admirer de très haut la profonde vallée. ➜ **Au fond,** la fluette rivière d'écume serpente au gré des escarpements rocheux rouge vif. Bien que sensationnelle, cette route n'est pas celle que nous vous conseillons de suivre pour partir à la découverte des Gorges. Le massif prendra toute sa dimension près du ruisseau de Pierlas, plus calme et méconnu. ➜ **Pour cela, empruntez sur quelques mètres la petite D 428** qui s'échappe sur la droite, avant l'entrée des Gorges supérieures. ➜ **Stationnez dès que possible** et poursuivez jusqu'au petit pont. Il offre une vue à la fois intime et grandiose du confluent du Cians. Ici, nul aménagement n'est prévu pour rejoindre le dessous du pont, c'est pourtant sur la gauche que les plus zélés rejoindront la rivière, par le raidillon, et pourront admirer l'un des plus beaux sites de France. ➜ **Sautant de bloc en bloc,** on peut alors remonter les eaux limpides du Pierlas et découvrir de nombreuses cascades jaillissant des rochers « lie-de-vin » pour venir se blottir dans des vasques d'eau turquoise. Une promenade aux couleurs inoubliables, à faire par temps sec.

Les chaudes couleurs des Gorges du Cians ➜ Le caractère sauvage des Gorges du Cians vient autant de leurs impressionnantes falaises déchiquetées que de l'extraordinaire couleur lie-de-vin de leur roche.

Creusées dans le massif du Barrot, les eaux du Cians dévalent 1 300 m de dénivelé sur moins de 30 km.

Ici, les roches calcaires qui forment des falaises un peu partout autour s'effacent. De blanc, le sol devient rouge. Ce sont des schistes rouges de la fin de l'ère primaire (permien) déposés il y a près de 250 millions d'années. Il s'agit de matériaux de démolition d'une très ancienne chaîne de montagnes : la chaîne hercynienne qui atteignit son apogée durant le milieu de l'ère primaire. Au carbonifère, cette dernière recouvrait presque tout le territoire français. Longtemps enfouie, la roche s'est

soulevée lors de la surrection des Alpes durant l'ère tertiaire.
Les schistes sont des roches sédimentaires finement grenues, elles sont ici constituées d'argiles compactées en multiples feuillets. Leur teinte rouge vient de l'altération des oxydes de fer qu'elles contiennent en grande quantité.

Sur votre chemin ➜ Située à moins de 10 km au sud du parc national du Mercantour, il serait bien dommage de quitter la Provence sans parcourir quelques-uns des 68 500 ha de cette ancienne réserve royale. Le patrimoine floristique y est unique en Europe : près de 2 000 espèces végétales y ont été recensées, dont 64 orchidées et 32 autres plantes en exclusivités mondiales. C'est le cas de la saxifrage à mille feuilles qui ne pousse nulle part ailleurs que dans le parc du Mercantour. Côté faune, le parc affirme également une certaine particularité avec la réapparition naturelle du loup. L'animal a franchi spontanément, depuis 1992, la frontière italienne. Le parc a aussi réintroduit celui que l'on surnommait autrefois le « casseur d'os » : le gypaète barbu. C'est, avec ses 2,80 m d'envergure, le plus grand oiseau d'Europe.

Situation *à 38 km d'Isola, 46 km de Saint-Martin-Vésubie et 60 km de Nice.*

Accès *par la N 202 entre Saint-Laurent-du-Var et Barrême. Après Touët-sur-Var, prendre à droite la D 28 vers Beuil puis la D 428 jusqu'au pont de Pierlas.*

Visite *libre toute l'année.*

Niveau *F0, visible depuis la route, F3 pour y descendre. 20 min aller-retour.*

Conseil Photo
La couleur des roches est fantastique et très photogénique : depuis le pont, un zoom vous sera utile. Là encore, un filtre polarisant fera des merveilles en renforçant le rouge des pierres et le bleu du ciel. Avec un trépied, la pose longue sera du plus bel effet. Si le temps est à la pluie, ne vous risquez surtout pas dans le lit du torrent (les eaux montent très vite).

Situation *à 15 km de Cavaillon, 35 km d'Aix-en-Provence et 40 km d'Avignon.*

Accès *par la D 973 depuis Cavaillon en direction de Manosque.*

Pas de visite *en période de pluie.*

Niveau *F2, quelques passages étroits avec escalade et désescalade. 2h minimum.*

Conseil Photo
Les Gorges sont parfois si étroites que la photo devient impossible. Mais d'autres endroits sont plus larges, même si l'ombre domine. Il vous faudra prévoir un grand angle et vous charger au minimum pour évoluer au mieux dans cet environnement : il faut s'aider de ses deux mains pour franchir certains passages. Ici la photo n'est pas une priorité. La magie de l'endroit est à vivre « en direct ».

☆☆☆ Les Gorges du Régalon *Un décor de film d'aventures*

En venant de Cavaillon, c'est en tournant à gauche après la petite route de Logis Neuf que l'on accède au parking des Gorges. Même si l'itinéraire n'a pratiquement pas besoin de balisage, un fléchage permet de respecter les oliveraies et autres terrains privés du début de parcours. Très vite les premières falaises sont en vue. ➜ **On suit le cours d'eau à sec,** au pied des murailles. L'échelle de mesure des crues rappelle que l'eau réinvestit parfois l'endroit à la suite de fortes pluies. Le défilé se rétrécit et une première escalade s'impose, la roche polie est glissante mais à la portée de tous. ➜ **Dans le canyon** désormais très resserré, le croisement est difficile, la lumière s'affaiblit jusqu'à disparaître au niveau d'un tunnel naturel. Soudain, la vue s'élargit. Une végétation luxuriante s'agrippe aux falaises. La promenade peut s'achever ici, ou bien se poursuivre vers le Vallon de la Galère à gauche et vers deux autres canyons étroits à droite. ➜ **Le retour se fait par le même itinéraire.** Un décor digne d'Indiana Jones qui réveille en nous l'aventurier qui sommeille.

Régalon : des calanques fossiles ➜

À l'échelle des temps géologiques, la formation des Gorges du Régalon remonte à hier. Cela ne fait que 6 millions d'années que le torrent a commencé son ouvrage, suite au soulèvement des Alpes. Ce bouleversement a eu pour conséquences la surélévation de la Provence et, par compensation, l'enfoncement progressif du réseau des cours d'eau dans le massif calcaire du Petit Lubéron. Les Gorges sont déjà bien creusées lorsque la mer réinvestit la Provence, il y a 2 millions d'années. Elles forment des calanques profondes où se déposent les sables que nous trouvons encore aujourd'hui au pied des falaises. Le nouveau départ de la mer occasionne une deuxième vague d'érosion intense et le surcreusement des Gorges. Aujourd'hui encore, les eaux du Régalon poursuivent leur tâche durant l'hiver et les périodes de fortes pluies. Le site est alors totalement impraticable, car le torrent vient régulièrement occuper son lit. De nombreux fossiles apparaissent dans les calcaires de Régalon mais le classement en réserve géologique du Lubéron interdit formellement toute collecte.

Sur votre chemin ➜

Fraîcheur, ombrage et humidité sont autant de facteurs qui favorisent l'apparition d'une faune et d'une flore très particulières. La forêt exubérante, qui peuplait à l'origine les pays de la Méditerranée, profite des conditions exceptionnelles des Gorges du Régalon pour subsister.
Protégées de toute exploitation forestière par leur inaccessibilité, les falaises sont habillées des troncs tortueux des buis et des lierres gigantesques, ou bien encore des érables de Montpellier, de taille tout aussi exceptionnelle. C'est cette étonnante unicité qui a permis de classer les Gorges du Régalon en réserve biologique domaniale.

★★★ Les Grès de Sainte-Anne-d'Evenos

Une immense carapace de pierre

C'est en quittant Sainte-Anne-d'Évenos par le sud, en direction de Toulon, que s'élève sur la droite ce petit massif aux allures très particulières. ➜ **Le circuit débute au niveau des vignes,** par un chemin privé fermé par un portail. L'accès est autorisé par les propriétaires à condition de rester sur l'itinéraire balisé en bleu. ➜ **Très vite le sentier s'élève sur les rochers** ; quelques ascensions à la portée de tous nécessitent de petits efforts, mais c'est en prenant de la hauteur que l'on découvre le mieux ce paysage unique. Ici, pas de formes acérées, pas d'arêtes tranchantes, les Grès préfèrent les courbes, les dômes ou encore les boules. Les formes y sont des plus surprenantes, tel ce rocher trônant en tête de massif dont les multiples circonvolutions ont des allures de cerveau ou de carapace de tortue, chacun choisira. ➜ **Le balisage mène sur les flancs du massif** à travers un dédale de rochers ponctué de blocs surplombant le vide (prudence recommandée). La végétation se fait parfois plus dense et quelques buissons épineux pimentent l'aventure. ➜ **Le retour se fait paisiblement le long de la Vire** où apparaissent d'admirables dentelles minérales en forme de nids d'abeilles. On retrouve ainsi le sentier de départ dans la pinède.

Quand la roche se met en boule ➜

Le massif de Sainte-Anne-d'Évenos est constitué de grès durs, une roche constituée de grains de quartz fortement cimentés entre eux. Ce sont des matériaux détritiques remaniés d'origine marine. Ceux-là ont été déposés par la mer du crétacé supérieur il y a 90 millions d'années. Il a fallu ensuite que la mer se retire pour voir les sables se transformer en grès. Si l'eau assure au sable une meilleure cohésion (on ne fait pas un château de sable avec du sable sec), c'est son évaporation qui le transforme en grès. L'eau transporte des minéraux qui servent à cimenter les grains de sable. C'est d'ailleurs cette méthode naturelle qui est utilisée pour le

ciment de maçonnerie. Dans le grès, cette cimentation que les géologues appellent diagenèse semble s'opérer en boule autour de noyaux concentriques plus ou moins espacés. Dans ce rocher aux allures de cerveau, ces noyaux sont si rapprochés qu'ils ont entraîné une concentration de boules. Ailleurs, ce phénomène favorise également une érosion en boules des blocs de grès, d'où les formes arrondies de l'ensemble du massif.

Sur votre chemin ➜ Si vous bénéficiez d'assez de temps, nous vous conseillons vivement la traversée jusqu'au parc national de Port-Cros (35 min depuis le Lavandou). Il a été créé dans le but de protéger la flore, la forêt méditerranéenne et les fonds marins. Il comprend l'île de Port-Cros mais également celle de Porquerolles avec son conservatoire botanique national. Bien que peu diversifiée, la végétation pousse sereinement sur chacune d'entre elles. L'herbe-au-chat, inexistante sur le continent, pousse abondamment sur Port-Cros et la dauphinelle de Requiem est une plante endémique de Porquerolles. Côté faune, on a recensé environ 220 espèces de papillons sur l'archipel dont le très rare sphinx du laurier-rose et le pacha à deux queues d'origine tropicale.

Situation *à 8 km d'Ollioules, 23 km de Cassis et 15 km de Toulon.*

Accès *par l'autoroute A 50, sortie Le Castellet (12) puis suivre Le Beausset par la N 8 jusqu'à Sainte-Anne-d'Évenos.*

Visite *libre toute l'année.*

Niveau *de F2 à F3, escalade de rochers, sentiers balisés en bleu. Circuit : 2h (bonnes chaussures et pantalons conseillés).*

Conseil Photo
Le site est facile à photographier. Tout en haut, la vue est très belle sur la région. Sur le chemin, attardez-vous sur les formes étrangement ciselées des rochers : un zoom est utile.

Situation
à la frontière italienne, à 3 km du Col de l'Échelle et 15 km de Brianç

Accès *par la N 94 depuis Briançon en direction de Montgenèvre puis N 94g vers Névache puis la D 301.*

Visite *libre toute l'année.*

Niveau *F2, march en montée de 1h30 Balisage pas toujou aisé à repérer.*

Conseil Photo
C'est en fin de matinée que le site est le mieux éclairé. Comme pour tous les lacs, u tour complet s'impose : c'est à cette conditi que vous ne manqu rez aucun bon empl cement. Filtre polar sant conseillé.

★★Le Lac Vert - *Lago Verde* Fascinant !

C'est au cœur de la Vallée Étroite, près de Névache, sur la Route du Col de l'Échelle, que se cache ce joyau émeraude. ➜ **Entre la France et l'Italie,** sous le mont Thabor (3 181 m). Ce lac est sûrement un peu plus italien que français, mais nous n'avons pas résisté au plaisir de vous le faire découvrir. ➜ **Il faut suivre la petite route,** puis la piste de terre jusqu'au hameau « Les Granges ». ➜ **Garez-vous,** traversez le petit village à pied en suivant les indications « Lago Verde ». 20 min après, suivez le sentier qui franchit le torrent sur la droite. ➜ **Là, il faut grimper la forte pente** en sous-bois, juste après le petit pont (pas de sentier précis) : le lac se trouve environ 100 m après un dernier raidillon. Le spectacle est merveilleux : on surplombe un vrai lagon. Sous le soleil, sa couleur verte est éclatante et contraste avec les teintes habituelles de la montagne. Des troncs de pins, abattus par les vents et les mouvements de terrain, gisent, couchés de tout leur long, dans les eaux transparentes. ➜ **De petits chemins** permettent de descendre sur les berges et d'en faire le tour.

Pourquoi les eaux du lac sont-elles vertes ? ➜ Les eaux reflètent souvent la couleur du ciel, azur les jours ensoleillés, noir quand le temps est maussade. Dans le cas du Lac Vert, le ciel n'y est pour rien, et quel que soit le temps, les eaux limpides du lac sont invariablement vertes.

L'explication apparaît lorsque l'on parcourt ses rives : c'est une algue d'eau douce fine et visqueuse qui est responsable de cette originalité très esthétique.

Imbroglio transfrontalier ➜ C'est en 1947, à la fin de la guerre, que la *Valle Streta* (Vallée Étroite) est rattachée au territoire français. Ses 4 700 ha sont attribués à Névache, qui devient alors la plus grande commune de France. La Route du Col de l'Échelle qui permet aux Italiens d'y accéder, a par contre été construite par les Italiens eux-mêmes (elle n'est pas accessible l'hiver). La frontière est donc, ici, complexe à définir. Vue la beauté sauvage du site, il paraît normal que chacun veuille se l'attribuer.

Sur votre chemin ➜ Nul ne saurait emprunter les petites routes de la montagne briançonnaise sans y admirer ses nombreuses fresques murales et ses cadrans solaires. Le département des Hautes-Alpes est en effet l'héritier de cette longue tradition médiévale qui allie le bleu vif au jaune safran. Une de ces peintures murales est visible dans la chapelle de Névache. Au fil de la route des cadrans solaires, vous découvrirez 400 œuvres dont 214 datant d'avant 1914. La plupart de ces cadrants ont été peints avec des pigments naturels : ocre jaune, rouge d'oxyde de fer, terre de Sienne, noir d'os calcinés, vert d'oxyde de chrome… Ils mesurent l'heure solaire vraie, grâce à l'ombre portée par le « style » ou « gnomon ». Bien que l'heure légale n'autorise aucun décalage d'un bout à l'autre de la France, il y a environ 40 min d'écart entre l'heure solaire des Alpes et celle de la Bretagne. De même, selon qu'on est en hiver ou en été, il faut ajouter entre une demi-heure et 1h30.

Situation *à 9 km d'Apt, 40 km de Cavaillon et 65 km d'Avignon.*

Accès *par la D 22 depuis Apt, direction Sault.*

Visite *libre toute l'année.*

Niveau *F2, succession de montées et de descentes sur sentiers aménag et balisés. 1h30 minimum.*

Conseil Photo
Choisissez une pellicule aux couleurs bien saturées, de 50 ou 100 ISO, pour restuer le festival de teintes de l'ocre. Les plus belles phot sont à faire depuis le sentier des crêtes qui surplombe le canyon. Le Cirque de Bouvènes est la vedette du site (à l'extrême gauche du canyon) : réserve de la pellicule ! Un pare-soleil est indispensable et un filtre polarisant très conseillé par beau temps.

★★★★★ Les Ocres de Rustrel

Les montagnes de feu du Colorado provençal

De couleurs et de luminosités comparables, des trois carrières d'ocre vauclusiennes, Rustrel est la plus vaste et la plus diversifiée. Son circuit, plus long, séduira davantage le randonneur. L'eau qui coule en ce site ajoute à l'élégance colorée un charme supplémentaire. ➜ **Après une marche sous couvert forestier,** la douce pénombre boisée fait place au Colorado, éclatant de lumière et de mille nuances flamboyantes. Le site est exceptionnel de grandeur et de couleurs. ➜ **Après avoir déambulé au plus profond du canyon** dans la poussière des ocres, un sentier permet d'accéder à une cascade au débit variable, puis de s'élever au-dessus du Cirque de Bouvènes pour surplomber les éperons colorés. Encore toute auréolée des couleurs exotiques, cette merveilleuse balade s'achève dans la garrigue provençale, histoire de se réhabituer en douceur à des teintes plus communes en nos régions.

Des falaises rougeoyantes ➜ Après une immersion prolongée de la France entière durant l'ère secondaire (-230 MA), la mer se retire. La Provence devient un rivage marin, une plage où se déposent des sables marins et des argiles continentales chargées de grains verts (glauconie). Il y a 100 millions d'années, un climat de type tropical investit la région. Soumis aux fortes pluies, les sables se gorgent d'eau et le temps s'occupe du reste. Verte à l'origine, la glauconie s'altère sous climat chaud : elle rougit en donnant des oxydes et des hydroxydes de fer et de manganèse, puis devient jaune et finalement blanche. C'est ensuite creusées par les eaux que les ocres vont prendre les formes de canyons que nous lui connaissons aujourd'hui. L'ocre était utilisée par les hommes préhistoriques qui s'en servaient comme peinture pour décorer leurs grottes.

Sur votre chemin ➜ L'ocre de Rustrel est le domaine des pins sylvestres. Les cistes à feuilles de sauge et à feuille de laurier ont été implantées avec succès ainsi que la callune et la fougère aigle, séduites par les terrains ferrugineux. La bruyère et le genêt à balai sont, quant à eux, en milieu familier dans les sables. La faune se fait bien discrète en ces lieux, les aiguilles de conifères sont immangeables pour beaucoup d'espèces, mais sont d'excellents lieux de croissance pour une multitude de chenilles. Les chants de la mésange huppée, oiseau insectivore, et du bec-croisé des sapins, granivore, ajoutent une dimension musicale sur les hauteurs du canyon. De là, scrutez le ciel à la recherche du vol stationnaire de rapaces tels le faucon pèlerin ou le circaète Jean-le-Blanc à l'affût de petits oiseaux, d'insectes ou de reptiles.

★★★★ Les Pénitents des Mées

Une procession de moines pétrifiés

Uniques en France, ces immenses colonnes de galets, que l'imaginaire transforma en Pénitents, ne sauraient passer inaperçues sur les rives de la Durance. C'est sur la place du village, non loin du syndicat d'initiative, que débute le sentier panoramique des Mées. Très bien marqué, il serpente sur la colline et permet de rejoindre les derniers éperons rocheux qui dominent le village. Ses variantes sont nombreuses, mais toutes permettent une agréable déambulation au pied des Pénitents. Pas toujours très stable, le terrain impose d'être bien chaussé car les galets rendent certains passages difficiles. Tantôt à découvert, tantôt en sous-bois, chaque itinéraire a de quoi impressionner ; de tous ces « châteaux de sable », le plus admirable est sans aucun doute cette très belle arche en forme de chas d'aiguille. Procession de tours, semblant aussi solides que vulnérables, on imagine aisément qu'ici plus qu'ailleurs l'insolite ait fertilisé l'imagination populaire et affublé le site de mille et une légendes.

Les Mées, haut lieu de légendes →

D'après l'une d'entre elles, les rochers des Mées résulteraient d'événements remontant à l'an 900, quand les Sarrasins semaient la terreur dans la région. À cette époque, sept magnifiques jeunes femmes mauresques furent capturées. Pour qu'elles quittent le village sans être vues d'aucun homme, on protégea les créatures par une haie de moines, eux-mêmes coiffés d'un capuchon pour empêcher toute vue pécheresse. Ensuite, les uns affirment que Saint-Donas, ermite de Lure, pétrifia les moines pour les protéger de toute tentation. Les autres évoquent l'œuvre du diable levant une tornade qui décoiffa les moines et les poussa involontairement au péché. Ils furent alors pétrifiés sur le champ.

L'histoire vraie des Pénitents →

La Durance actuelle occupe une zone de

fracture autrefois très active lors du soulèvement des Alpes : la Faille de la Durance, ou Faille d'Aix-en-Provence. Voilà des millions d'années, le long de cette faille s'est creusée une fosse où les rivières ont déposé des sédiments. Aux Mées, c'est une lentille dure de galets qui s'est déposée, formant des falaises résistantes que la Durance a sculptées.

Sur votre chemin → Les Mées sont dominés à l'ouest par le Plateau de Ganagobie, recouvert d'une très belle forêt de chênes verts. C'est là que se sont installés les moines bénédictins de Sainte-Marie-Madeleine, dans un prieuré clunisien du Xe siècle. Nous vous invitons à y emprunter « l'Allée des Moines » conduisant au rebord est du plateau surplombant la Vallée de la Durance.
Au nord-ouest, vous verrez la montagne de Lure culminant à 1 826 m au Signal de Lure (accessible depuis Saint-Étienne-les-Orgues). Elle est le domaine des plantes médicinales et aromatiques, colportées par les herboristes dans l'Europe entière : argousier, arnica, colchique, camomille, genépi, gentiane jaune, lavande, menthe, sauge, sarriette…

Situation *à 22 km de Sisteron, 23 km de Digne-les-Bains et 30 km de Manosque.*

Accès *par la Route Napoléon (N 85) entre Digne et Sisteron puis la D 4 vers Les Mées.*

Visite *libre toute l'année.*

Niveau *de F1 pour le point de vue depuis le village à F3 pour le Sentier des Pénitents ou le Sentier des Roches (quelques raidillons). Parcours : 2h15.*

Conseil Photo
Les Pénitents sont déjà un régal depuis la route départementale. En fait, c'est de là que se font la plupart des photos, bien qu'il ne soit pas toujours pratique de stationner (attention, il y a beaucoup de circulation). C'est vers le soleil couchant que les Pénitents sont les plus photogéniques. Utilisez un zoom pour isoler certains détails. En revanche, un grand angle sera utile si vous êtes à pied.

★★★★ Le Point Sublime et les Falaises de l'Escalez *Les joyaux du Verdo*

Parcourir l'ensemble du canyon demanderait au moins 12 heures de marche. C'est pourquoi nous avons préféré mettre en vedette deux sites qui nous paraissent bien représenter l'ensemble des Gorges du Verdon et qui ne demandent pas une si longue marche : **➜ le Point Sublime et les Falaises dorées de l'Escalez.** Le premier est un vaste plateau de fossiles (prélèvements strictement interdits) surmonté d'un somptueux belvédère qui permet de découvrir en un regard la brèche d'entrée du Grand Canyon (parking face à l'*Auberge du Point Sublime*). Le deuxième est un à-pic vertigineux plongeant au cœur du couloir de Samson, près de 400 m plus bas (aire de stationnement sur le bas-côté de la route). **➜ Le torrent,** baptisé du vert particulier de ses eaux, déambule dans des défilés tantôt calmes tantôt chaotiques. Après avoir admiré de si haut le fluet Verdon, beaucoup ne résisteront pas à une incursion plus près de l'eau. Pour cela, empruntez partiellement le Sentier Martel. **➜ Les points de départ** sont multiples mais nous vous conseillons de partir du parking de Samson. Selon votre courage, vous pourrez rejoindre les tunnels en 20 min et les balcons de la Mescla en 2h.

Comment s'est formé le canyon du Verdon ? ➜ C'est une bien longue histoire puisqu'elle s'étend sur près de 600 millions d'années. Au tout début, à l'ère primaire, la Méditerranée n'existait pas. À sa place se trouvait un continent aujourd'hui disparu, la Tyrrhénide. Par contre, la mer occupait l'actuelle Provence. À l'ère secondaire, en 400 millions d'années, le continent fut raboté par les pluies et les glaces, les terrains emportés par les fleuves vers la mer provençale. À l'ère tertiaire, il y a 60 millions d'années, la surrection des Alpes fit émerger les fonds marins jusqu'à 1 000 m d'altitude dans la région de Digne, et 2 000 m dans celle de Grasse. C'est à la fin de cette époque que se forma le Verdon par creusement des roches calcaires

Situation *entre le Pont de Carejuan et le Lac de Sainte-Croix, à 12 km de Castellane, 46 km de Draguignan et 50 km de Manosque.*

Accès *par la Route Napoléon (N 85), entre Sisteron et Grasse puis la D 952 en direction de Castellane. Là prendre la D 23 appelée Route des Crêtes (côté 04) ou la D 955 (côté 83).*

Visite *libre toute l'année.*

Niveau *de F0 pour la vue depuis la route à F2 par le Sentier Martel. Durée : de 2 à 12 heures.*

Conseil Photo
Sous le soleil de l'été, l'air devient brumeux et blanchâtre : utilisez un filtre UV pour réduire un peu ces inconvénients. À l'occasion, vous pouvez même mettre un filtre jaune pour donner un peu plus de chaleur à la lumière de la journée : à défaut, des lunettes de soleil placées devant l'objectif peuvent donner des résultats originaux. Bien sûr, la lumière de début ou fin de journée est préférable, mais les gorges sont alors dans l'ombre...

du secondaire. Ses différents cours passèrent successivement de l'état de large fleuve à celui actuel d'étroit torrent. Cherchant son lit pendant les 25 derniers millions d'années, ce n'est qu'au quaternaire qu'il le trouva à peu près définitivement. Le climat glaciaire qui sévit alors provoqua des érosions inouïes et détruisit, au dégel, des voûtes sous lesquelles le torrent s'écoulait souterrainement : c'est la naissance du canyon.

Sur votre chemin ➜ La diversité des milieux naturels du Verdon en fait un territoire riche en faune et en flore. Tout amateur d'observation appréciera notamment les nombreux oiseaux, petits ou grands, nicheurs ou de passage, qui peuplent forêts et plateaux, falaises et torrents : de l'aigle royal à l'hirondelle des rochers, en passant par le cincle plongeur et le gypaète barbu, ce sont plus de 150 espèces qui peuvent être observées le long du Verdon.
Côté flore, le canyon est caractérisé par une ripisylve à aulnes et saules alors que plus haut les chênes verts côtoient une myriade de fleurs aromatiques tels l'ail, le thym, le basilic, le romarin ou encore la marjolaine ; ils répandent leurs fragrances typiquement provençales dans la garrigue.

Situation à 14 km de Digne, 18 km de Seyne, et 51 km de Sisteron.

Accès par l'autoroute A 51, sortie Peyruis (20), rejoindre Digne par la N 85 puis prendre la petite D 900a vers Barles.

Visite libre toute l'année.

Niveau F0, visible depuis la route, F1 pour s'y promener.

Conseil Photo
Premier impératif : ne vous contentez pas d'un simple coup d'œil depuis le bord de la route. De là, les Robines ont l'air d'un simple reliquat de carrière. Il faut marcher quelques mètres jusqu'à leur pied pour les découvrir sous un autre jour. En photo, le contraste entre le noir du sol et le jaune vif des herbes sèches est très esthétique : avec un filtre polarisant cela prend des proportions saisissantes par beau temps.

☆☆☆ Les Robines du Liman

Un paysage lunaire au cœur de la Provence

D'une originalité surprenante, les Robines apparaissent véritablement comme des îlots de charbon au milieu des falaises dorées. L'endroit n'était recensé dans aucun guide, il est pourtant extraordinaire. ➜ **De part et d'autre de la route,** quittant Digne vers les Clues de Barles, des robines noires exposent leurs formes arrondies aux lumières provençales : celles qui sont situées sur la droite à 2 km avant l'entrée des clues, au pied des crêtes du Liman ont notre préférence. D'une douceur cotonneuse, les reliefs presque entièrement dénudés de végétation apparaissent comme des déserts arides. ➜ **La roche** elle-même craquelée en multiples paillettes accuse les effets du climat, mais plonge le décor dans un environnement lunaire. Les teintes de ces dunes évoquent par bien des aspects les paysages miniers du Nord de la France. Ici nulle exploitation possible, ces petits monticules sont abandonnés à leur propre sort. En sculptant leurs sommets en dômes parfaits, l'eau semble bien être leur seul maître d'œuvre. C'est un endroit au comble de la sauvagerie naturelle, à découvrir absolument.

Des monticules si peu ordinaires ➜ Partout autour, les falaises calcaires dominent le paysage des Alpes-de-Haute-Provence. Ici, le blanc fait place au noir. La mer chaude du jurassique qui avait déposé des bancs de calcaire a fait place, au crétacé, à des vasières littorales plus ou moins profondes. Dans ces cuvettes côtières, c'est alors une boue noire qui se dépose. La couleur noire, dans la nature, est souvent synonyme de matière organique ; c'est également le cas pour les roches sédimentaires. Ces marnes noires constituent un ensemble géologique facilement reconnaissable ; les géologues leur donnent le nom de marnes valanginiennes. Faiblement consolidées aux cours des âges, elles ont de surcroît subi, comme les couches calcaires environnantes, les perturbations alpines. Aujourd'hui, la roche est fragile et se débite en paillettes. L'eau seule permet à l'argile qu'elle contient de se retransformer en boue. De par ces propriétés de faible résistance à l'érosion, les ravines sont des paysages très fragiles et relativement éphémères à l'échelle des temps géologiques.

Sur votre chemin ➜ Située entre deux parcs naturels régionaux, la région de Sisteron jouit d'une extraordinaire richesse. Face à la chaleur et à l'aridité des lieux, la végétation y est majoritairement arbustive et odorante : chênes verts et genévriers s'y associent aux buis, fragons, lierres épineux et autres plantes aromatiques comme l'arnica. Le parc du Lubéron au sud et celui du Mercantour au nord apportent une faune de rapace admirable. Ainsi, vous pourrez peut-être voir tournoyer dans le ciel le rare aigle de Bonelli, le circaète ou le percnoptère d'Égypte. Mais à vrai dire, c'est davantage au sol que grouille la vie des Alpes-de-Haute-Provence, avec cette profusion de cigales qui « cacophonisent » en faisant vibrer leurs cymbales, minuscules membranes situées de chaque côté de leur corps.

☆☆☆ Les Rochers des Mourres

Des champignons géants en plein désert provençal

C'est à deux kilomètres au nord de Forcalquier que se dressent, à proximité de la route, de bien curieux édifices calcaires. Bien que certains soient rapidement visibles depuis la route, nous vous conseillons de ne pas vous arrêter aux premiers rochers mais de continuer jusqu'à un chemin de terre très mal carrossé s'élevant sur la gauche, entre deux virages. À moins d'avoir un véhicule tout terrain, mieux vaut stationner là et poursuivre à pied. ➜ **Dans le maquis provençal,** des monticules de 1 à 4 m semblent sortir de terre comme des champignons. ➜ **Le dédale se parcourt en tous sens,** d'une démarche tout aussi aléatoire que les formes environnantes. Ici, les rochers rivalisent d'originalité dans leurs dimensions et leurs postures, mais aussi dans leurs couleurs : le blanc côtoie mille nuances de gris et se pare de lichens multicolores. ➜ **Boules, pitons, arches, couloirs étroits** sont autant de créations singulières qui rythmeront votre promenade sur les terres chaudes de la Provence.

Quelle est l'origine de ces rochers ?

➜ Avec leur forme de champignon, les Rochers des Mourres semblent bel et bien surgir de terre ; si ce raccourci est quelque peu rapide, il n'est pas complètement faux…

« Âgés » de 25 millions d'années, les calcaires de la région des Mourres ont ceci d'original qu'ils n'ont pas été déposés par la mer, comme c'est le cas le plus souvent. Ici, il s'agit de boues calcaires continentales qui, de surcroît, ne se sont pas déposées en couches. Le sédiment calcaire y a été piégé par une végétation de marécage.

Les différentes buttes sont, en effet, liées à la présence d'anciens îlots à la végétation abondante, proche des herbiers marins. Les carbonates contenus dans l'eau s'y sont trouvés chimiquement fixés par les plantes. Pour reconstituer le paysage, ces îlots se sont développés dans une frange marécageuse située au bord du lac et ont été noyés dans des dépôts de type argileux.

Situation *à 2 km de Forcalquier, 45 km d'Apt et 50 km de Sisteron.*

Accès *par l'autoroute A 51, sortie La Brillanne puis rejoindre Forcalquier par la N 100. Là, près de la poste, prendre la D 12 en direction de Fontienne.*

Visite *libre toute l'année.*

Niveau *F1, sentiers non balisés entre les rochers. 20 min minimum.*

Conseil Photo *Par beau temps, la réverbération de la lumière est très forte : la couleur blanche du sol et des rochers agit comme de la neige. Si vous faites de la diapo, surexposez de 1 à 1,5 IL. Un filtre polarisant ou jaune (81b ou 81c) peut également être salutaire pour réchauffer les couleurs. Attention de ne pas charger la pellicule en plein soleil !*

Ce n'est que lorsque l'ensemble de la formation s'est trouvée émergée et soumise à l'érosion que l'encaissant a été éliminé pour ne laisser en relief que les roches les plus dures, les fameux Rochers des Mourres.

Sur votre chemin ➜ Si vous aimez les fleurs, vous serez fasciné par les jardins du prieuré de Salagon, à Mane, près de Forcalquier. Trois jardins permettent d'admirer et de humer quelque 700 espèces végétales utilisées en Haute-Provence. Le jardin des Simples foisonne de ces plantes miraculeuses que l'on utilisait autrefois pour leurs vertus thérapeutiques. Dans le jardin médiéval, vous trouverez 300 plantes dont les 88 du « capitulaire de Villis » que Charlemagne voulait voir pousser dans tous les jardins de l'Empire. Ou bien encore les céréales d'autrefois, les plantes jeteuses de sorts ou rendant amoureux, telle la célèbre mandragore... Dans le jardin des senteurs, ce sont les plantes aromatiques et autres senteurs divines qui libéreront leurs fragrances.

Sites complémentaires

AIN

Chute de l'Albarine (Hauteville-Lompnas)

Perte de la Valserine (Bellegarde-sur-Valserine)

ARDÈCHE

Aven de la Forestière (Orgnac)

Bois de Païolive (Mazet-Plage)

Coulée basaltique de Jaujac (Jaujac)

Coulées basaltiques de Thueyts (Thueyts)

Crevasses de Chantemerle (Chantemerle-les-Grignan)

Cuves de Duzon (Saint-Barthélémy-le-Plain)

Gorges de la Beaume (Ruoms)

Gorges du Chassezac (Les Vans)

Grotte de Saint-Marcel-d'Ardèche (Saint-Marcel-d'Ardèche)

Grotte et Aven Marzal (Saint-Remèze)

Grotte et Cirque de la Madeleine (Gorges de l'Ardèche)

Le Rieusec (Gorges de l'Ardèche)

DRÔME

Cirque d'Archiane (Col de Menée)

Défilé du Gas (Glandage)

Glacière de Font d'Urle (Bouvante-le-Bas)

Grotte de la Luire (Saint-Agnan-en-Vercors)

Grotte du Brudour (Vassieux-en-ercors)

ISÈRE

Cascade de Moulin Marquis (Bournillon)

Cuves de Sassenage (Sassenage)

Glacière de Corrençon (Corrençon-en-Vercors)

Grande Cascade d'Oursière (Saint-Martin-d'Uriage)

Grotte de Bournillon (Pont-en-Royans)

Grotte de la Balme (La Balme-les-Grottes)

Grotte des Échelles (Saint-Christophe-sur-Guiers)

LOIRE

Gouffre d'Enfer (Mont Pilat)

RHÔNE

Gouffre d'Enfer, Vallée du Furan (Planfoy – Lyon)

Saut du Gier (Saint-Chamond)

SAVOIE

Gorges et Cascade du Sierroz (Lac du Bourget)

Roche aux Pieds (Lanslevillard)

HAUTE-SAVOIE

Cascade d'Arpenaz (Magland)

Cascade du Rouget (Sixt-Fer-à-Cheval)

Grottes et Cascade de Seythenex (Seythenex)

Sentier de la Coraterie (Massif du Coin)

Rhône-Alpes

• **COMITÉ DÉPARTEMENTAL DU TOURISME DE L'ARDÈCHE,** 4, COURS DU PALAIS, 07002 PRIVAS CEDEX, 04 75 64 04 66 • **COMITÉ DÉPARTEMENTAL DU TOURISME DE LA DRÔME,** 31, AV. DU PRÉSIDENT HERRIOT, 26000 VALENCE, 04 75 82 19 26 • **AGENCE TOURISTIQUE DÉPARTEMENTALE DE LA HAUTE-SAVOIE,** 56, RUE SOMMEILLER, 74012 ANNECY CEDEX, 04 50 51 32 31 • **AGENCE TOURISTIQUE DÉPARTEMENTALE DE LA SAVOIE,** 24, BD DE LA COLONNE, 73000 CHAMBÉRY, 04 79 85 12 45 • **COMITÉ DÉPARTEMENTAL DU TOURISME DE L'ISÈRE,** 14, RUE DE LA RÉPUBLIQUE, 38019 GRENOBLE CEDEX 01, 04 76 44 26 81

★★★★★ L'Aiguille du Midi

Une ascension unique en France à 3 842 mè

Pour atteindre le sommet de l'Europe, il n'existe qu'un seul moyen : le téléphérique du Mont-Blanc. Il vous mène en 8 min à une altitude de 3 842 m. ➜ **Après avoir été suspendu au-dessus de 500 m de vide,** le vertige fait rapidement place à l'émotion et le spectacle se fait grandiose. Abstraction faite du vent glacé qui peut souffler à de telles altitudes (on perd 0,5 °C/100m, soit 14 °C de moins qu'en bas), c'est en silence que s'impose l'immensité du paysage. L'inaccessibilité de ces hauteurs force le respect et c'est avec humilité que s'admirent les puissantes aiguilles et les neiges éternelles. ➜ **De là-haut** se découvre bien sûr le toit de l'Europe, le majestueux Mont-Blanc culminant à 4 807 m, mais aussi les Aiguilles Rouges, les Grandes Jaurasses et les 101 glaciers qui recouvrent le massif. C'est sans aucun doute le site le plus grandiose de la montagne française.

Autopsie d'une montagne ➜ Aussi surprenant que cela puisse paraître, l'histoire des Alpes commence dans un océan : sous l'effet de l'extension des fonds sous-marins par le jeu des dorsales océaniques, un vaste bassin se trouvait, en effet, à l'emplacement de l'actuel domaine alpin. Cette dépression était occupée, à l'ère secondaire (entre -220 et -37 MA) par une mer peu profonde et relativement chaude. Mais il y a 100 millions d'années, le tapis roulant s'inverse, les continents européen et africain se rapprochent jusqu'à la collision. Il y a 45 millions d'années, les roches s'affrontent pour se faire une place dans un mouchoir de poche, elles se broient, se plissent, se tassent et se transforment. Les débris coquilliers du fond des océans deviennent des calcaires, les argiles des schistes et les sables des grès. Sous l'effet de l'enfouissement, les roches s'échauffent, les calcaires se transforment en marbre et les schistes en ardoise. Certaines roches très anciennes, tels des granites de l'ère primaire, remontent en surface : c'est le cas des aiguilles hirsutes des Grandes Jaurasses et d'une partie du Mont-Blanc. On n'observe aujourd'hui qu'une infime partie de cet enchevêtrement rocheux car la montagne continue jusqu'à 35 km de profondeur.

Situation
à Chamonix, à 50 km de Cluse et à 18 km de la frontière suisse.

Accès *par l'autoroute A 40 jusqu'à Chamonix – Mont-Blanc.*

Ouvert *toute l'année, téléphérique payant.*

Niveau *F1, aucune difficulté mise à part la température au sommet.*

Conseil Photo
Le point de vue est grandiose et très photogénique. Attention au froid, prévoyez des gants (même en été) sinon vous aurez du mal à tenir votre appareil sans bouger. Si vous photographiez la neige, surexposez vos diapos de +1,5 IL.

Sur votre chemin → Suite à la mise en place de nombreuses infrastructures et à la surfréquentation du massif, la richesse faunistique du Mont-Blanc ne subsiste que dans les réserves. Les plantes ont, elles, mieux résisté à l'envahisseur puisqu'on en recense 5 000 espèces spontanées dans les Alpes. Leur adaptation pour lutter contre les éléments est bien complexe : elles sont apparues durant la surrection des Alpes sous un climat subtropical. Avec l'arrivée des glaciations durant l'ère quaternaire, beaucoup n'ont pas résisté, mais certaines se sont réfugiées dans des combes au climat plus tempéré et ont pu recoloniser l'ensemble du massif après le départ des derniers gros glaciers. Pour résister elles ont adapté leur morphologie au froid : forme ramifiée ou en coussinet (silène acaule) pour ne pas subir le pouvoir desséchant du vent, ou encore mise en place d'une pilosité protectrice.

☆☆☆☆☆ L'Aven d'Orgnac *Somptueux dédale !*

En descendant à la verticale par le puits d'entrée, à la manière des premiers explorateurs, ou en empruntant l'ascenseur, la découverte de l'aven d'Orgnac reste l'une des plus fascinantes de France. ➜ **788 marches à monter ou à descendre** vous permettront d'accéder à son univers féerique. Comment ne pas être émerveillé par cette immense salle où se dresse une forêt de palmiers minérale et des buffets d'orgues majestueux ? Par un admirable jeu de lumière, l'incroyable richesse des concrétions prend ici valeur de symbole. Si la grotte est remarquable par l'immensité des salles, elle l'est aussi par la dimension de ses concrétions dont certaines atteignent 23 m de haut. ➜ **D'anciennes stalagmites** brisées par un tremblement de terre durant l'ère tertiaire qui atteignaient jusqu'à 10 m de diamètre sont en partie recouvertes aujourd'hui. Pour ceux qui voudraient prolonger les plaisirs du monde souterrain, les guides de l'Aven proposent des randonnées à la journée dans les parties non aménagées de la grotte : ➜ **ce mini-safari souterrain** permet de découvrir les richesses cachées d'Orgnac II, III et IV.

Différentes formes de concrétions

➜ Piles d'assiettes, palmiers, baïonnettes, orgues, cierges, pommes de pin… autant de termes qui imagent la féerie des décors cavernicoles.

Les stalactites pendues à la voûte sont souvent rectilignes, on y reconnaît des formes de cierges ou de baïonnettes quand elles poussent librement. Leur obliquité peut témoigner d'un courant d'air et permettre de localiser une ancienne ouverture. Au contact d'une paroi latérale, elles peuvent également former des orgues ou des draperies.

Au sol, l'architecture des stalagmites fige le mouvement de la goutte d'eau. À Orgnac, c'est la hauteur sous voûte, et donc la vitesse de chute, qui est

responsable de ces formes éclatées. Les palmiers caractérisent un écoulement important depuis la voûte ; l'eau était donc présente en grande quantité en surface. Les étranglements qui font ressembler certaines colonnes à des pommes de pin témoignent d'une diminution très nette du débit d'eau : ils peuvent par conséquent indiquer un changement de climat.
Les stalagmites en forme de piles d'assiettes ont, elles, été formées par un suintement lent des gouttes d'eau, signe d'une relative pauvreté d'eau en surface.

Sur votre chemin ➜ On y a bien retrouvé des ossements de bisons, rennes et autres mammifères ; mais ceux-ci devaient s'être abîmés dans le puits, chutant d'une quarantaine de mètres au fond de l'Aven. De nos jours, la forte fréquentation des grottes a fait disparaître un grand nombre d'espèces cavernicoles ; celles que l'on trouve encore doivent leur présence à la communication de l'Aven avec l'extérieur. En dehors des quelques chauves-souris qui viennent profiter des 13 °C intérieurs, on y rencontre encore quelques insectes du type coléoptère, collembole ou isopode, mais c'est bien tout. Il faut dire que la nourriture est plutôt rare. Seuls les guanobies y trouvent leur compte : ils se chargent de débarrasser l'Aven des crottes de chauves-souris.

Situation *à 2 km d'Orgnac-l'Aven, 10 km de Vallon-Pont-d'Arc et 50 km d'Avignon.*

Accès *par la D 979 (D 579) de Vallon-Pont-d'Arc à Barjac puis la D 176 (D 217) vers Orgnac-l'Aven.*

Visite *payante, du 1er mars au 15 novembre.*

Niveau *F2, 788 marches. 1h environ.*

Situation *à 10 km d'Annecy, 15 km de Faverges et 30 km d'Albertville.*

Accès *par la D 909 depuis Annecy, direc tion Thônes puis la D 909a vers Albertvi*

Visite *libre toute l'année.*

Niveau *F2, sentier en forte pente, mar glissant. 40 min alle.*

Conseil Photo

Bien que spectacula cette cascade est dé cate à photographie Le très long torrent d'eau s'engouffre d une étroite cuvette rocheuse qui réduit toute perspective. Le mieux est sans do d'aller tout au bout du sentier, et de prendre la chute du dessus, plongear dans les abîmes. Ne manquez pas le superbe point de v sur le Lac d'Annecy, peu avant d'arriver à la Cascade.

☆☆La Cascade d'Angon *Vertigineux toboggan*

Bien cachée sur la rive gauche du Lac d'Annecy, la Cascade d'Angon est accessible depuis la petite ville d'Angon ou bien de Talloires. Très bien indiqué depuis Talloires, c'est l'itinéraire que nous vous conseillons. ➜ **Depuis le parking** obligatoire, il vous faudra emprunter la petite route résidentielle indiquée de l'autre côté de la route « Cascade 50 m ». Attention, ces 50 m ne vous mèneront qu'au départ du sentier. Il faut compter ensuite une bonne quarantaine de minutes pour parvenir aux gorges dites aussi du Saut du Moine. ➜ **La montée** un peu pénible se fait cependant à l'ombre d'un sous-bois très agréable. Une fois franchi le sentier qui monte d'Angon, le spectacle n'est plus très loin, la pente se fait plus douce et l'on commence à apercevoir le Lac d'Annecy. ➜ **Le passage creusé dans les falaises** mérite un peu d'attention, mieux vaux courber l'échine et laisser passer les personnes qui remontent. Poli par la visite, le marbre est extrêmement glissant et requiert, surtout vers la fin du parcours, une certaine agilité ; le site est périlleux mais aucunement dangereux, même si le promontoire qui mène sous la cascade a des allures de *via ferrata*. Que les moins casse-cous se rassurent, la magnifique chute d'eau est visible depuis le début du chemin. S'écoulant dans un demi-boyau vertical, elle jaillit d'une bonne quarantaine de mètres et finit sa course dans un bassin aux eaux turquoise avant de se diriger vers le Lac.

Formation du Lac d'Annecy ➜ Ce lac, l'un des plus célèbre de France, est entouré par le massif des Bornes à droite et celui des Bauges à gauche. Les géologues disent que le Lac d'Annecy s'est installé dans une cuvette de surcreusement glaciaire. Pour simplifier, nous dirons que c'est l'abaissement des montagnes vers le nord qui a grandement favorisé le passage des eaux et des glaciers du quaternaire ainsi que le creusement de la cluse où il s'est installé.

Sur votre chemin ➜ Nous conseillons aux amoureux de la nature de faire un petit détour jusqu'au marais du bout du Lac d'Annecy. Ce formidable environnement classé réserve naturelle, situé à l'extrémité sud du Lac, est une zone lacustre où la forêt galerie côtoie les prairies humides. La faune et la flore y sont d'une richesse époustouflante : castors, fauvettes aquatiques, grèbes huppés, eiders à duvet ; roselières à phragmites, saules cendrés, bouleaux verruqueux, grandes orchidées (45 cm de haut), cyclamens. Alors, un peu de discrétion et à vos jumelles…

Situation *à 10 km de Mézilhac 15 km de Burzet et 40 km de Privas.*

Accès *par Privas (N 304 puis D 122) o par Le Cheylard (D 578 puis D 122), direction Mont Gerbier de Jonc. À Lachamp-Raphaël prendre la petite D 215 vers Burzet.*

Visite *libre toute l'année.*

Niveau *F1, sentier aménagé en forte pente, quelques marches. 20 min alle*

Conseil Photo

Le site est facile à photographier car la Cascade est belle sous tous les angles. Si vous voulez prend la roche volcanique en forme de bâtonne il vous faudra un tél objectif (200-300 mm Ne négligez pas le fil d'eau qui coule à dro de la cascade principale : l'eau y rend la roche noire très brillante et la petite vasque à son pied a beaucoup de charm

☆☆☆ La Cascade de Ray-Pic

La plus belle cascade de l'Ardèche volcanique

C'est dans un environnement vallonné et forestier que la route descend vers la très insolite Cascade de Ray-Pic. ➜ **Le sentier débute au fond d'un petit parking** situé à droite de la route. Il surplombe d'abord le ravin de la Bourges avant d'y descendre par quelques marches assez hautes. ➜ Le sous-bois de hêtres s'ouvre alors sur une très belle chute d'eau de 35 m de haut. Phénomène relativement rare en France, les eaux jaillissent d'un ancien volcan. ➜ **Les prismes verticaux de la roche volcanique** confèrent à la paroi l'élégance d'un orgue de cathédrale où rebondissent une multitude de petites gerbes écumeuses. La couleur et les formes déchiquetées du basalte procurent au site une bien étrange sévérité. Pourtant l'endroit exulte de mille éclats et quand l'eau transforme en miroir ces multiples prismes, l'imaginaire y voit plutôt les fantaisies d'un feu d'artifice pétrifié. Il est possible d'admirer la cascade sous différents profils mais gare aux glissades. ➜ **En remontant par le même chemin,** observez bien les hêtres, tous sont « décorés » de profondes scarifications ; art ou dégradations ?

Les volcans et leurs coulées ➜ 95 % des laves sont composées de basaltes, les roches les plus abondantes à la surface du globe. Non pas sur les continents, mais sous les océans, car ils constituent l'essentiel de la croûte océanique. Ils sont formés à partir des matériaux constitutifs du manteau. Les coulées basaltiques que l'on observe un peu partout sur l'ensemble du Massif central, dont une partie de l'Ardèche, sont issues de magmas fluides. C'est la teneur en silice qui détermine la viscosité d'une lave. Cette dernière sera d'autant plus fluide qu'elle contiendra de la silice. Les magmas siliceux montent rapidement dans la croûte terrestre. Lorsque la température s'abaisse, la température de fusion diminue plus vite que la température du magma et de ce fait, le magma parvient jusqu'à la surface sans se consolider. Son refroidissement est alors brutal et des prismes se forment, perpendiculaires à la surface de la coulée (dans le sens du gradient de température). Le basalte de la Cascade de Ray-Pic a été émis par le volcan des Fialouses il y a quelques dizaines de millions d'années. Il a recouvert la bordure granitique orientale du Massif central.

Sur votre chemin ➜ L'aspect volcanique n'est pas le plus connu du département de l'Ardèche ; outre la Cascade de Ray-Pic, elle offre pourtant quelques autres très beaux paysages du même type tel le Lac d'Issarlès parfaitement circulaire. Comme le Lac Pavin, c'est un ancien cratère comblé par l'eau. Pour s'y rendre depuis la Cascade de Ray-Pic, reprendre la D 122 en direction de Monastier puis au Béage prendre à gauche la D 16 jusqu'au Lac. À Vals-les-bains, la célèbre source thermale jaillit du sol toutes les 6 h. Des gaz sous pression dans le sous-sol propulsent l'eau fortement soufrée jusqu'à 16 m de hauteur. Autour de la ville, on dénombre également une douzaine de volcans dans un rayon de 30 km.

☆☆ Les Cheminées des Fées de la Tour Saint-Jacques *La sentinelle géante*

Située à la limite de la Savoie et de la Haute-Savoie, la Tour Saint-Jacques est un promontoire rocheux isolé sur une pente forestière ; ses pitons sont visibles depuis la D 911, mais il est possible de s'en approcher et même de les escalader, ce sont d'ailleurs des voies très pratiquées. ➜ **Depuis Gruffy,** la pancarte en bois indiquant le site est assez discrète, la route monte en sous-bois jusqu'à un petit parking. ➜ **Le sentier, balisé en jaune**, rejoint le pied du massif rocheux en 30 min de montée. Le piton recèle de nombreux recoins et galeries où il est parfois intéressant de s'aventurer. ➜ **En longeant, puis en contournant la falaise** par la gauche, le sentier se rétrécit (suivez-le bien) et redescend dans un éboulis. ➜ **On pénètre au cœur même du site,** entouré par les immenses colonnes de pierre, jusqu'à un surplomb impressionnant avec une vue grandiose sur la vallée. C'est à partir de là que le marquage se fait moins précis. Nous vous conseillons de repartir par votre chemin initial. Attention, la dernière partie du site (et la plus intéressante) est très glissante à cause de la pente caillouteuse.

Comment les cheminées de fées se forment-elles ? ➜ Celles que l'on nomme aussi les demoiselles coiffées sont de bien curieuses structures géologiques. La plupart d'entre elles se forment à partir d'anciennes moraines glaciaires, des masses de sables, de graviers et de blocs transportées jadis par les glaciers. Le mélange hétérogène résiste mal à l'érosion car les sédiments les plus meubles sont facilement emportés. Certaines particules fines se trouvent parfois protégées par un bloc. Comme un parapluie, il les soustrait à l'érosion des pluies. Bien qu'essentiel, ce n'est cependant pas le phénomène le plus important dans la formation des demoiselles coiffées. Dans les roches, l'eau peut circuler dans toutes les directions :

Situation *à 6 km d'Allèves, 20 km d'Aix-les-Bains et 25 km d'Annecy.*

Accès *par la D 911 au nord d'Aix-les-Bains. Passer Grésy-sur-Isère, Cusy et suivre Pont de l'Abîme puis Le Châtelard. Guetter la petite route à la sortie de Gruffy indiquée « Tour Saint-Jacques ».*

Visite *libre toute l'année.*

Niveau *F2 à F3, sentier en forte pente et pas toujours très bien balisé. 1h30 minimum.*

de haut en bas quand la pluie percole le sol, mais aussi de bas en haut par capillarité. Cette dernière est de loin la plus importante dans la consolidation des colonnes puisqu'elle provoque une cimentation des grains : les eaux qui se minéralisent au contact des roches, remontent jusqu'à être stoppées par le bloc. Les minéraux transportés se déposent alors au sein du sédiment meuble pour former un ciment résistant.

Sur votre chemin ➜ Vous allez passer tout près du célèbre Pont de l'Abîme, n'hésitez pas à faire un crochet pour aller observer ce pont, l'un des plus vertigineux de France.

Si vous aimez observer la nature à la jumelle, nous vous conseillons de vous rendre au sud du Lac du Bourget, à une dizaine de kilomètres d'Aix-les-Bains. Le marais du Domaine des Buttets permet l'observation de 195 espèces animales dont 150 oiseaux et 323 espèces végétales. Côté faune, vous y verrez entre autres les cistudes d'Europe (petites tortues aquatiques), martins pêcheurs, cormorans, grèbes mais aussi de nombreux poissons (carpes, barbauts, brochets…) et amphibiens. Côté flore, les nénuphars restent un classique qu'on ne se lasse jamais d'admirer, tout comme les précieuses et délicates orchidées.

Conseil Photo *Les photos les plus intéressantes sont à faire dans la dernière partie du circuit, hors sous-bois ; un grand angle sera nécessaire pour compenser le manque de recul vis-à-vis des falaises. Faites attention de ne pas glisser et en automne méfiez-vous des chasseurs, sympathiques mais nombreux dans le secteur.*

Situation à Plan-de-Baix, à 25 km de Mirabel-et-Blacons et 57 km de Die.

Accès par l'autoroute A 7, sortie Loriol. Prendre la D 164 en direction de Die jusqu'à Mirabel-et-Blacons puis la D 70 jusqu'à Plan-de-Baix. Suivre « Gorges de l'Omblèze - Chute de la Druise ».

Visite libre toute l'année.

Niveau F2, sentier balisé jaune-bleu. 20 min aller (descente), remontée pénible. Bonnes chaussures.

Conseil Photo
Cette chute est si puissante qu'on ne peut s'en approcher sans prendre une douche d'embruns... Il est plus sage de se poster tout au bout du chemin de terre, en bas des chutes, qui finit en petit promontoire. Côté lumière, le soleil ne pénètre cette étroite gorge que vers midi.

☆☆☆ La Chute de la Druise

La plus vertigineuse chute de la Drôme

Du nom du petit village situé au pied du Col de Bataille, les Gorges d'Omblèze offrent un spectacle aux dimensions des falaises calcaires : impressionnant ! ➜ **La route** y serpente dans une agréable pénombre ponctuée par des chutes tour à tour impétueuses et écumantes, voluptueuses et verdoyantes. Prémices d'une beauté annoncée, le ruissellement de la Gervanne qui coule en ces lieux se fait grandiose au niveau de la Chute de la Druise. ➜ **C'est par un sentier caillouteux** que l'on accède au bas de l'une des plus impressionnantes Cascades du Vercors : 72 m de chute libre dans un goulet circulaire poli par l'incessante action de l'eau. Le drapé écumeux qui achève sa course dans une profonde vasque turquoise plonge les gorges dans un tumulte des plus rafraîchissants. ➜ **Les plus courageux** pourront, en descendant, bifurquer sur la droite du deuxième lacet, par un petit chemin discret (et pour cause...). Il mène au sommet de la Chute : un à-pic vertigineux où la plus grande prudence est de rigueur.

Un endroit vertigineux ➜ L'ensemble de la Drôme s'étend sur une puissante formation de calcaire crétacé (-110 MA), plissée et faillée lors de la surrection des Alpes. Alors émergée, la roche est depuis en proie à une érosion intense qui la grignote inexorablement au rythme de 10 m par million d'années. Véritable coup d'épée dans la paroi, la Chute de la Druise résulte de l'incessante action de l'eau le long d'une faille verticale (diaclase). Le creusement des falaises calcaires a ici abouti à la formation de gorges obscures relativement profondes mais étroites.

Sur votre chemin ➜ La Chute de la Druise est située au sud du parc naturel régional du Vercors qui s'étend sur 135 000 ha. Ce dernier est essentiellement constitué de hauts plateaux recouverts de vastes forêts domaniales. La flore y est relativement variée du fait des différences climatiques qui règnent d'un bout à l'autre du parc. On rencontre ainsi une végétation alpine au nord (rhododendrons, gentianes, épicéas...) et une végétation plus méditerranéenne au sud (romarin, panicaut, tabouret...). La faune y est également bien représentée par une large population de rapaces (aigle royal, faucon pèlerin, hibou grand duc...) ainsi que par le grand gibier (cerf, chamois, bouquetin, mouflon) et la marmotte.

Situation *à 13 km de Saint-Pierre-de-Chartreuse, 40 km de Grenoble et 25 k de Chambéry.*

Accès *par la D 912 depuis Chambéry ou la D 512 depuis Grenoble en directi de Saint-Pierre de-Chartreuse, Saint-Pierre-d'Entremont.*

Visite *libre toute l'année.*

Niveau *F1 pour le fond du Cirque (30 min), F2 pour le sentier des cascades (2h), F3 pour la source du Guiers Vif (3h).*

Conseil Photo
Toutes les cascades du Cirque sont phot géniques. Si vous n'avez pas trop le vertige, montez tout en haut du site en suivant le sentie principal qui finit en petite via ferrata vous ne regretterez pas vos efforts.

★★★ Le Cirque de Saint-Même *Les cascades du « bout du monde »*

Depuis Saint-Pierre-d'Entremont une seule route, la D 45e, conduit aux abords du Cirque de Saint-Même. Afin d'assurer la pérennité de ce « bout du monde », un parking obligatoire et modestement payant a été aménagé à l'entrée du site. ➜ **Les possibilités de randonnées sont multiples,** mais le but de la visite est tout de même de partir à la découverte des trois cascades. Pour cela, il faut passer le panneau des pistes de randonnée et emprunter sur la gauche le sentier qui monte en lacets. ➜ **Après 15 min d'effort,** un premier belvédère vous permettra d'admirer votre prochaine étape : la première cascade du Cirque de Saint-Même. Vous atteindrez le bas de cette très belle chute après encore 15 min. À partir de là, il est possible de redescendre en passant devant la cascade et en rejoignant le pont en contrebas. ➜ **L'unique sentier vous ramènera dans le fond du Cirque**, près de votre point de départ. Les autres continueront le chemin qui monte jusqu'à la deuxième cascade, tout aussi impressionnante. Seules les personnes agiles rejoindront la Source du Guiers Vif par le passage un peu aérien (équipé de chaînes) ; de là-haut, c'est tout le Cirque que l'on découvre comme vu du ciel, mais attention aux chutes de pierres. ➜ **Le « bout du monde »** n'est pas encore tout à fait atteint, une grotte hors balisage s'ouvre dans la falaise et permet de franchir, au moyen d'échelles, de rampes et de chaînes, deux ressauts rocheux, dans une ambiance exceptionnelle.

La formation des bouts du monde

➜ L'épaisse chape de calcaire qui recouvre une bonne partie de la région s'est mise en place dans le fond des océans durant l'ère secondaire. Aujourd'hui, le niveau des mers a baissé et la roche émerge. Un cirque s'y est établi, percé de nombreux boyaux qui permettent la circulation d'un grand volume d'eaux souterraines. Les eaux collectées sur un large plateau resurgissent au niveau de la Source du Guiers Vif. Elle est assez puissante pour être permanente et alimenter les magnifiques cascades du cirque. Au vu des dimensions de l'hémicycle, on devine qu'en d'autres temps l'eau y a été ravageuse. Au cours des glaciations du début de notre ère, les glaces envahissaient les vallées et les plateaux. Leur fonte libéra une grande quantité d'eau chargée de sédiments morainiques très abrasifs. Le relief s'en trouva bouleversé avec le surcreusement des cours d'eau, le rabotage des montagnes et la formation de cirques. Ils tiennent leur appellation de bout du monde par leur extrémité en cul-de-sac.

Sur votre chemin

➜ On ne peut se trouver dans le parc naturel régional de Chartreuse sans penser à la liqueur des frères Chartreux, seuls détenteurs de la légendaire formule aux 130 plantes.

Elle leur a été remise au XVIIe siècle par le maréchal d'Estrées pour l'élaboration d'un élixir de longue vie. Plus d'un siècle plus tard, l'un des frères fabrique une liqueur titrant à 71°. C'est à partir de cette date que l'on commence à distribuer la célèbre liqueur : la Chartreuse verte titrant à 55° puis plus tard la jaune à 40°.

Situation *à 7 km de Sixt-Fer-à-Cheval, 12 km de Samoëns e 23 km de Taninges.*

Accès *par la D 902 entre Thonon-les-Bains et Cluses. À Taninges prendre la D 907, direction Samoëns.*

Visite *libre toute l'année.*

Niveau *F1, circuit balisé. 50 min pour atteindre le fo du Cirque.*

Conseil Photo

L'automne est la meilleure saison pour photographier ce site. Quoiqu'il en soit, ne loupez pa le petit lac sur la gauche, en début de sentier : les montagnes et les arbres s'y reflètent superbe ment. En période de basses eaux, il es également intéressa de remonter le torre principal, le long de sa berge : le paysage avec l'ea vive en premier plar y devient très photogénique. Un filtre polarisant vous sera utile par beau temps.

★★★★ Le Cirque de Sixt-Fer-à-Cheval

Classé Grand Site national

Pour rejoindre l'un des 132 plus beaux villages de France, impossible de se perdre : une seule route mène de Sixt-Fer-à-Cheval à son célèbre Cirque. ➜ **C'est au nord du Mont-Blanc,** à 765 m d'altitude, que s'étend le deuxième cirque montagneux de France après le Cirque de Gavarnie. Bouclant l'est de la Vallée du Giffre, c'est un hémicycle de 500 à 700 m de hauteur et de 4 à 5 km de développement. ➜ **Un très agréable sentier** parcourt le fond de la combe, dominé par la « Corne de Chamois » à 2 985 m. Le spectacle de ces cascades bondissant des parois vertigineuses est unique, on en compte jusqu'à une trentaine au mois de juin. Impossible de ne pas succomber au charme puissant de ces lieux, tellement la nature est ici authentique et grandiose. ➜ **Le sentier s'achève au « bout du monde »,** lieu magique où naît le Giffre, au pied des glaciers. Les lieux sont à découvrir également l'hiver : à raquettes ou à traîneaux, Sixt-Fer-à-Cheval reste une aventure oxygénante exceptionnelle. Prévoyez la journée.

Comment s'est formé le Cirque de Sixt ? ➜ Les mystères de la formation des cirques ont donné lieu à bien des interprétations, pour beaucoup invraisemblables : catastrophe sismique, vestige de grottes sous-marines, cratère de volcan… Il fallut l'arrivée des premiers scientifiques, au XVIIIe siècle, pour que l'énigme soit progressivement résolue. Fonds marins à leurs toutes premières « heures », les murailles qui dominent le Cirque de Sixt se sont vues soulevées par la surrection des Alpes durant l'ère tertiaire. Situées originellement au niveau zéro de la mer de l'époque, les roches calcaires se sont élevées à haute altitude. Les glaciations se chargèrent ensuite de transformer ce paysage saillant : rabotage des sommets, agrandissement des vallées, creusement des cirques… Leurs actions successives commencèrent il y a 2 millions d'années et s'achevèrent il y a 12 000 ans. Leurs marques sont encore visibles le long des parois. Le Cirque de Sixt est encore surmonté par les Glaciers du Ruan et du Prazon. Ils alimentent le Giffre qui prend sa source à leur pied, « au bout du monde ».

Sur votre chemin ➜ Vous êtes, ici, au cœur de la plus grande réserve naturelle de France. Elle s'étend sur 9 200 ha (14 217 ha avec Passy et les Aiguilles Rouges) et son altitude, comprise entre 800 et 3 100 m, explique la richesse d'une flore et d'une faune caractéristiques. Forêts, alpages, falaises et glaciers abritent 795 espèces végétales dont 28 orchidées, tels le sabot de Vénus, le chardon bleu, l'armoise lache ou l'ancolie des Alpes, ainsi que 70 oiseaux nicheurs comme l'aigle royal, le lagopède, la perdrix bartavelle ou la chouette chevêchette. Véritable havre de paix pour tous ces animaux, le Cirque concentre quasiment toutes les espèces alpines. On dénombre une belle population de 600 chamois et 200 bouquetins.

☆☆☆Le Claps et le Saut de la Drôme

Les séquelles d'un tremblement de terre du XVe siècle

Du parking, quelques pas vers l'aval mènent au bas du Claps, un amoncellement de gros rochers. Arrivés là après un glissement de terrain, d'imposants blocs rocheux déchaînent cette rivière si paisible en d'autres lieux. Le plus impressionnant est l'Enclume, une tour de 23 m encore debout sur la rive droite de la Drôme. Elle s'est décrochée il y a 500 ans du flanc sud du Pic de Luc qui domine la route. ➜ **Une citadelle romaine** et deux forteresses féodales, jadis érigées pour commander la vallée, furent également démantelées par le flux rocheux. La grandeur et la beauté de la vallée sont malheureusement atténuées par le viaduc ferroviaire et les aménagements de canalisation (tuyaux, barrages…) mais le site reste remarquable. ➜ **De l'autre côté du parking,** un chemin agricole permet de découvrir le Saut de la Drôme jaillissant sous le pont situé en amont. Pour approcher de plus près le haut de cette chute, il est préférable de reprendre la voiture et de continuer la route sur 700 m. ➜ **Après le pont,** un petit sentier longe la rive droite de la rivière : il offre de très belles vues sur les ressauts du torrent.

Quand la terre se déchaîne ➜ Jadis, la Drôme empruntait une gorge étroite au pied du Pic de Luc et du promontoire rocheux encore visible aujourd'hui (le Pigeonnier).

C'est au XVe siècle, en 1442, qu'un tremblement de terre entraîna le décollement d'une épaisse couche de roche et sa dislocation en blocs plus ou moins imposants. La coulée rocheuse obstrua le lit de la Drôme jusqu'à former un lac qui noya l'ancien bourg de Rochebriane. Surpris par la rapidité de l'eau, les habitants eurent juste le temps de s'enfuir en abandonnant leurs maisons.

L'éboulement avait dressé deux énormes

Situation *à 3 km de Luc-en-Diois, 20 km de Die et 35 km d'Aspres-sur-Buëch.*

Accès *par la D 93 depuis Die ou Aspres-sur-Buëch, puis suivre la direction Gap dans Luc-en-Diois.*

Visite *libre toute l'année.*

Niveau *F1 pour les sentiers, F3 pour le hors-piste sur éboulis. 1h minimum.*

Conseil Photo *Promenez-vous parmi les énormes blocs de roche ; vous découvrirez de nombreux angles photogéniques. En plein soleil, la réverbération sur les rochers est importante : un filtre UV peut être utile. N'hésitez pas non plus à surexposer de +0,5 à +1 IL si vous faites de la diapo.*

blocs à l'entrée du site : les Jumelles (le Marteau et l'Enclume). De ces deux roches, seule l'enclume est restée en place, mais les « cailloux » qui semblent la caler aujourd'hui présument d'un équilibre tout relatif. Le marteau, quant à lui, se fragmenta dans sa chute en 1850 et gît aujourd'hui en morceaux en travers de la rivière.

Sur votre chemin ➜ Au cœur de la Vallée de la Drôme, le claps est un biotope quasi-désertique. Le flan sud du Pic de Luc est pour le moins aride, mais des espèces végétales méditerranéennes y trouvent un excellent refuge… Sur les bords de la rivière ont été implantés de magnifiques pins, les pins noirs. Originaires des forêts de montagnes d'Europe centrale (Autriche), ils s'adaptent très bien à nos climats moins rigoureux. Ils peuvent atteindre 50 m de haut et se reconnaissent facilement grâce à leurs aiguilles doubles, leurs cônes femelles pointus et compacts. Comme la plupart des conifères et des pins, le pin noir est dit sempervirent puisqu'il est en feuilles à toute saison ; il fleurit durant les mois de mai et juin et perdra ses cônes mûrs deux ans plus tard.

☆☆☆☆ Le Glacier des Bossons

La plus grande cascade de glace d'Europe

Moins célèbre que la « Mer de Glace », mais tout aussi magique, ce glacier est accessible à pied en 45 min depuis « les Monts », par la piste qui monte en lacets sous le télésiège ; ou bien par le télésiège lui-même. ➜ **La montée à pied** est éprouvante, mais elle séduira les courageux et tous les mordus de montagne. Quels que soient les moyens employés, la découverte du Glacier se fait par le petit sentier qui s'élève sur sa rive gauche. ➜ **Aménagée de marches, rampes et panneaux pédagogiques,** la promenade plaira à chacun, bien que le recul du Glacier depuis une dizaine d'années l'éloigne un peu du site d'observation. Sa langue terminale s'approchait autrefois très près des habitations au niveau de la forêt. Aujourd'hui, cette relative proximité et sa petite taille (7 km) lui donnent un charme et une intensité particuliers. Rendues tristement célèbres par le crash d'un avion de tourisme, ses glaces délivrent encore parfois les restes de la carlingue tel le train d'atterrissage visible au bas du Glacier.

Les glaciers sont-ils immobiles ? ➜

Certes non puisque l'on parle autant de leur avancée que de leur recul. Les petits glaciers avancent en moyenne de 10 m par an contre 500 m pour les plus grands. Dans le massif du Mont-Blanc, le record d'avancée est détenu par la Mer de Glace qui parcourt par endroits 950 m dans l'année. Les crevasses et les séracs sont des témoins de cette progression. On parle de recul en été bien sûr, à la fonte des glaces, mais aussi et surtout du recul des glaciers du fait du réchauffement de la planète.

Outre les grandes glaciations du quaternaire, la terre a subi entre 1600 et 1820 une mini-glaciation lors du « petit âge glaciaire ». En ces temps, les glaciers descendaient jusque dans les villages. Depuis, ils ne cessent de reculer ; mais l'on a tout de même noté des avancées spectaculaires en 1890 et en 1920. Tout « espoir » de les voir redescendre un jour est donc permis. Il suffirait que les étés soient plus frais pour que les neiges hivernales ne fondent pas.

Situation *à 3 km de Chamonix, 30 km de Sallanches et 20 km de la frontière italienne.*

Accès *par l'autoroute A 40, sortie Chamonix – Mont-Blanc ou la N 205.*

Visite *à pied toute l'année, télésiège payant en saison.*

Niveau *F3 en absence de télésiège, montée pénible, 1h30 aller. Descente possible à pied.*

Conseil Photo
Un téléobjectif (200-300 mm) est conseillé pour pouvoir s'approcher des reliefs de glace. Là encore, attention à la forte réverbération : surexposez vos photos de 1 à 1,5 IL si la glace occupe la quasi-totalité de votre image.

Sur votre chemin ➜ Verte en été, c'est à l'arrivée de l'automne que la montagne est la plus belle. C'est un arbre qui est responsable de cette métamorphose : le mélèze.
C'est le seul conifère à feuillage non persistant, puisqu'il perd ses aiguilles en hiver. Avant de se dénuder totalement, il arbore, dès le début de l'automne, des teintes flamboyantes. Il fleurira au printemps avant l'apparition de ses petits cônes bruns. Il peut atteindre quarante mètres de hauteur et vivre modestement jusqu'à 200 ans. Les forêts de mélèzes, très claires, permettent l'installation d'un sous-bois très prisé. Elles sont fréquentées par un grand nombre d'oiseaux tels la mésange alpestre ou le pipit des arbres.

Situation
à Servoz, à 5 km de Saint-Gervais et à 15 km de Chamonix.

Accès
par l'autoroute A 40 jusqu'à Saint-Gervais puis la N 205, sortie Servoz.

Ouvert de mai à octobre, visite payante.

Niveau F2, sentier avec marche et rampes, accessible à tous. 1h30 minimum.

Conseil Photo
Du fait de leur profondeur, c'est en milieu de journée que les Gorges sont le mieux éclairées. En pleine journée, faites attention à tous les endroits où vous aurez à la fois des zones d'ombre et de soleil sur la photo, l'ombre risque d'être toute noire et le soleil trop blanc. En fait, il faut essayer de cadrer des scènes où la lumière est homogène. Grand angle bienvenu.

☆☆ Les Gorges de la Diosaz

Une ambiance de « bout du monde », au cœur de la montagne

Bien que signalées depuis la N 205 qui mène à Chamonix, les Gorges de la Diosaz sont encore peu connues. Votre balade n'en sera que plus agréable et tranquille. ➜ **L'accès au parking** du site est plutôt discret : ouvrez l'œil et guettez une petite route sur la droite, à l'entrée du village de Servoz (en venant de la N 205 via la D 13). C'est dès le cul-de-sac qui forme l'entrée des Gorges que l'on prend soudain conscience de leur étroitesse. ➜ **L'excursion débute tout en douceur,** sous le port majestueux des pins. Très vite le torrent apparaît à travers les branches. Puis, les parois deviennent rapidement impressionnantes de verticalité ; l'unique sentier s'accroche alors comme il peut pour suivre et remonter le cours du torrent, sans cesse plus coléreux. Toutefois, nul danger de tomber à l'eau. ➜ **À presque mi-parcours,** une première passerelle enjambe le flot tumultueux pour passer sur l'autre rive. Le spectacle est de plus en plus impressionnant : une ambiance de bout du monde, au cœur de la montagne... ➜ **L'itinéraire s'achève** en point d'orgue, au pied d'une chute tonitruante qu'un belvédère permet de dominer. Superbe !

Un modelé typiquement alpin ➜ Depuis leur naissance, les Alpes ont subi de profondes transformations. Naguère plus élevées que l'Himalaya actuel, elles ont été malmenées par les rigueurs du climat. Pluie, neige, glace : le travail d'érosion a été d'autant plus ravageur que le massif s'élevait à des hautes altitudes. Aujourd'hui ce sont plus de 1 500 m de matériaux qui ont été arrachés à la montagne, créant des reliefs typiques.

L'éclatement des roches soumises à d'importants écarts de température et au gel, cisèle les sommets en aiguilles. Les torrents nés de la fonte des grands glaciers et charriant des tonnes de débris entaillent les flancs de vallées parfois étroites, comme celle des Gorges de la Diosaz. Lente mais régulière durant tout l'ère tertiaire, l'érosion décuple d'intensité à l'arrivée de la période glaciaire du quaternaire (-2 MA). De puissants glaciers burinent alors les Alpes, agrandissant les vallées, creusant d'innombrables lacs et de larges cirques... L'œuvre a été d'une violence inouïe mais les paysages alpins qui en résultent sont aujourd'hui parmi les plus beaux du monde.

Sur votre chemin ➜ Situées en plein cœur de la Vallée de Chamonix, les Gorges de la Diosaz et leur région recèlent mille et un joyaux. Les naturalistes en herbes seront comblés par la réserve de Carlaveyron, située au Plan de Cry, sur la route des Houches. Sur ces 600 ha recouverts de lacs, de rivières, de tourbières et autres pelouses alpines gambadent les marmottes, grands-tétras et gélinottes. La réserve s'enorgueillit également de la présence d'orchidées très rares comme la listère en cœur. Si vous n'avez pu, malgré votre discrétion, observer la faune montagnarde, nous vous conseillons de fouler les allées du parc de Merlet, aux Houches. Un circuit de 3 km, face au Mont-Blanc, vous permettra d'approcher une centaine d'animaux alpins : chamois, marmottes, cerfs, mouflons, daims y vivent en semi-liberté.

Situation
à Lovagny, à 10 km d'Annecy et à 45 km d'Alberville.

Accès *par l'autoroute A 41, sortie Annecy sud (16) puis suivre la direction Thônes. Prendre la D 909 qui longe le lac puis la D 909a vers Talloires.*

Ouvert *du 15 mars au 15 octobre, visite payante.*

Niveau *F1, passerelles accessibles à tous. 1h de visite libre.*

Conseil Photo
Les Gorges sont très souvent dans l'ombre ; n'utilisez pas de flash, inefficace dans un si grand espace, mais prévoyez une pellicule de 200 ISO minimum. Un grand angle vous permettra de mieux rendre compte de la profondeur du site, où l'on manque par ailleurs de recul.

☆☆☆ Les Gorges du Fier

Les vertigineuses Gorges du Lac d'Annecy

On accède aux Gorges en suivant la direction du château de Montrottier dressé sur la commune de Lovagny. ➜ **La promenade débute sur un sentier ombragé** puis soudain, derrière le Portail, la terre s'ouvre. Des passerelles accrochées aux falaises de 70 m de hauteur dominent le Fier grondant 20 m plus bas. ➜ **À l'intérieur de cette déchirure,** on découvre d'innombrables marmites de géants, creusées par la persévérance millénaire de la rivière. À peine visible en surface, cette longue crevasse a longtemps apeuré les habitants de Lovagny ; les animaux y disparaissaient et parfois même des hommes si l'on en croit la mésaventure du Petit Page, précipité dans l'abîme par son maître. ➜ **Après votre passage dans le détroit,** dans le vestibule puis dans l'impressionnant corridor, vous découvrirez un vaste lapiaz aux formes tourmentées. ➜ **C'est la mer des rochers,** parcourue par le Fier comme un véritable labyrinthe. C'est là que les fées auraient dressé la tombe du Petit Page, sous le Rocher des Fées.

Une formation extrèmement lente

➜ En des temps où le rationnel n'était pas encore dans les esprits, on attribua aux conquérants romains la percée des Gorges. Elle aurait permis l'évacuation du grand lac qui recouvrait la Plaine des Fins. En réalité, les Gorges du Fier ont mis bien plus longtemps qu'une vie de légionnaire pour s'édifier puisqu'elles se sont formées centimètre par centimètre sous le joug du torrent. Décapage, ponçage, découpage puis lustrage, l'œuvre d'une nature qui aura mis, en fait, plusieurs milliers d'années à prendre forme. La création s'est, certes, précipitée lors de la fonte des importants glaciers du quaternaire, mais le travail reste colossal. Durant cette période, le Lac d'Annecy atteignait un niveau beaucoup plus élevé qu'actuellement. Durant son évolution, vint un jour où il écoula ses eaux sablonneuses dans les actuelles gorges du Fier, y formant d'innombrables marmites de géants. Les cuves se sont formées par les mouvements tourbillonnaires de l'eau chargée de cailloux plus durs que le calcaire. S'agrandissant, puis se rejoignant, ces marmites finirent par former de véritables labyrinthes.

Sur votre chemin

➜ À l'intérieur des Gorges du Fier la flore et la faune restent très inaccessibles. Par contre, pour découvrir toute la richesse des abords du Lac d'Annecy, nous vous conseillons de faire une halte au niveau du Roc de Chère à Talloires. C'est une réserve naturelle à découvrir absolument et un site d'exception où l'on peut admirer une flore méditerranéenne sur le versant sud, et une flore boréale ou glaciaire au nord. Ainsi, les rhododendrons y poussent à faible altitude (600 m) et côtoient les géraniums sanguins et les droséras à feuilles rondes. Au total, ce sont plus de 560 espèces végétales qui y ont été recensées, et pas moins de 3 500 oiseaux de 29 espèces différentes dont les grèbes esclavon et le très rare butor étoilé.

Situation à 15 km de Thonon, 17 km de Morzine et 50 km de Genève.

Accès par l'autoroute A 40, sortie Cluses centre (19) pu la D 902 vers Thonon

Ouvert de mai à septembre, visite payante.

Niveau F2, la visite est facile en elle-même mais le sentier qui y mène est un peu pénible à remonter.

Visite 45 min.

Conseil Photo prévoyez une pellicu 800 ISO pour faire face à l'obscurité des Gorges. Le site est très beau, mais tout en perspective aussi, évitez si possible l'emploi du flas qui n'éclairerait que le premier plan. Un grand angle sera très utile.

☆☆☆ Les Gorges du Pont du Diable *Une descente aux enfers*

Une fois vos billets en main, la promenade commence dans une forêt de hêtres et se poursuit 70 m plus bas dans un boyau rocheux. ➜ **Un premier escalier** traverse un chaos de blocs pris entre deux parois. Sous vos pieds, la Dranse s'écoule 50 m plus en profondeur, dans un véritable gouffre. ➜ **Depuis les passerelles celées dans le marbre,** vous découvrirez de curieuses excavations dans le lit du torrent : ce sont les fameuses Marmites de Géants creusées par les eaux tourbillonnantes. ➜ **Plus loin on découvre le fameux Pont du Diable,** un gigantesque bloc isolé à plus d'une trentaine de mètres au-dessus de la rivière.C'est l'enchaînement des gouffres et des gorges à ciel ouvert qui confère au site tout son charme et son originalité. Pour mieux en profiter, nous vous conseillons vivement de préférer une visite matinale. À 10 h, les rayons du soleil mettent admirablement en valeur les dépôts vivement colorés des parois : gris, verts, ocres et bleus sont alors une vraie féerie. ➜ **Une fois la visite terminée,** le sentier remonte à travers bois jusqu'à l'entrée des Gorges puis jusqu'au parking.

Un lieu longtemps voué à Satan ➜

Les Gorges du Pont du Diable furent, à l'origine, un lit souterrain creusé par les eaux d'infiltration. Le chaos qui les recouvre en partie provient de la dislocation de sa voûte. Le rocher que l'on appelle le Pont du Diable en fait partie. Il permettait aux habitants et aux animaux de la vallée de traverser la Dranse. Loin d'être sans danger, l'itinéraire a entraîné la disparition de beaucoup d'entre eux, précipités dans les abîmes : c'est en cela que les croyances populaires virent la main du diable. C'est en 1892 qu'un menuisier eut l'autorisation de construire un escalier pour permettre la visite des Gorges. Mais les visiteurs furent rares. Depuis, les propriétaires se suivent et améliorent sans cesse les aménagements. La crue de septembre 1968 a détruit une grande partie des installations, qui ont été totalement restaurées. Aujourd'hui de tels accidents ne peuvent se reproduire car le débit de la Dranse est contenu par un barrage en amont.

Sur votre chemin ➜

Les férus de nature ne manqueront pas de faire un crochet par Thonon, où se trouve l'exceptionnelle réserve naturelle du delta de la Dranse. Elle est l'une des sept de Haute-Savoie et recèle une faune et une flore spectaculairement riches. Au total, ce ne sont pas moins de 528 espèces végétales qui y ont été recensées dont 9 saules, 17 orchidées, le cornouiller mâle, l'arabelle des Alpes, le pavot somnifère, les campanules et bien d'autres. Côté faune, la richesse du delta est principalement ornithologique, car il est une aire d'escale pour un grand nombre d'oiseaux sur le chemin des migrations. On note la présence exceptionnelle du goéland cendré en hiver mais également celle de la sterne pierregarin, du martin-pêcheur, du chevallier guignette et autres fauvettes aquatiques. À vos jumelles…

★★ Les Grands Goulets, la Cascade de la Vernaison

Pénombre et vertige

Sur la célèbre route des Grands Goulets, le mot vertige prend tout son sens. La prudence est donc de mise en ce lieu sensationnel et c'est le plus souvent en apnée et accroché au parapet que l'on osera regarder tout en bas la « fluette » Vernaison. Pour se laisser surprendre par l'immensité, il est préférable de laisser le véhicule au lieu dit « Les Barraques » et de descendre la route le long du muret. ➜ **Le parcours débute par des gorges très encaissées** où la lumière perce difficilement une végétation luxuriante. L'ambiance feutrée des forêts Incas est ici concentrée sur 500 m et contraste vivement avec celle qui guette au sortir du virage. L'ombre moite fait alors place à la lumière et tout n'est qu'immensité. La Cascade de la Vernaison, magnifique avec ses multiples rebonds, est une des stars du Vercors. Le torrent affronte le roc au pied d'impressionnantes murailles aux dimensions difficilement appréciables. Plus loin, les rapides laissent place au vide. Un sentier indiqué très dangereux descend sur la rive droite de la Cascade ; il s'ouvre sur les eaux déchaînées de la Vernaison et est réservé aux personnes prudentes.

L'incessant travail de l'eau ➜

À droite et à gauche de la Route des Grands Goulets, force est de constater que les paysages sont très différents. Aux Barraques, l'eau s'est immiscée dans une fracture étroite du plateau calcaire pour former des gorges sombres. De l'autre côté, la Vallée de la Vernaison est beaucoup plus large. Le torrent y entaille le calcaire au niveau d'une clue. Dans les préalpes, c'est le nom que l'on donne à ces vallées s'ouvrant perpendiculairement à l'axe des plissements de la roche. L'image de la gomme pliée qui se fend est une bonne illustration du phénomène. Le surcreusement de la vallée est en partie

Situation *à 13 km de Pont-en-Royans, 30 km de Saint-Marcellin et 45 km de Die.*

Accès *par l'autoroute A 49, sortie Saint-Marcellin (9) puis prendre la D 518 jusqu'à Pont-en-Royans.*

Visite *libre toute l'année.*

Niveau *F0 pour les différents points de vue depuis la route. F3 pour le sentier qui descend à la Cascade.*

Conseil Photo
Soyez prudent si vous descendez jusqu'à la Cascade qui n'offre pas beaucoup d'angles de prises de vues. Dans leur partie sombre, les Grands Goulets sont très pittoresques ; à certains endroits, il est possible de s'approcher du bord de l'eau. C'est là que vous pourrez faire les plus jolies photos avec un grand angle.

due au charriage d'importants blocs de pierre par les eaux de fonte des glaciers du quaternaire (-2 MA) et témoignent de la violence du courant à cette époque.

Sur votre chemin → Du côté des Grands Goulets, la végétation a des parfums d'Amazonie tropicale. Dans ces antres de pénombres et d'humidité, les mousses dominent en maître quasiment absolu, gagnant le moindre sujet immobile. Plus près de l'eau, le rocher est colonisé par une petite plante verte poussant à plat, *marchantia polymorpha*. Malgré sa ressemblance très forte avec une algue, elle est plus proche de la mousse sans pour autant en être une.

Le parc naturel régional du Vercors, dont fait partie la Route des Grands Goulets, est la plus grande réserve naturelle de France, mais elle est loin d'être la plus riche. On y recense, cependant 80 espèces d'oiseaux et 32 espèces de mammifères. Sur les hautes falaises de la Vernaison, vous aurez peut-être la chance d'apercevoir l'aigle royal ou le circaète.

☆☆☆☆☆ La Grotte de Choranche *Éblouissante !*

Parce que le spectacle est aussi beau à l'intérieur qu'à l'extérieur, l'endroit est tout simplement grandiose. ➜ **Au départ du parking du site,** vous pourrez décider de vous promener librement dans le cirque au pied des hautes Falaises de Presles, ou bien de vous offrir la visite de l'une des plus belles grottes de France. ➜ **Les sentiers aménagés** qui serpentent à travers buis permettent d'aller admirer la très belle cascade de tufs et la Grotte du Gournier qui abrite un lac d'une longueur de 50 m. ➜ **Au cœur de cet amphithéâtre,** quatre grottes ont été découvertes par les habitants du petit village de Choranche, niché au creux de la vallée. Une seule peut se visiter, celle de Coufin, mais c'est la plus exquise. ➜ **Son entrée se situe 300 m après le parking,** sous un porche rocheux ayant jadis servi de refuge aux chasseurs du paléolithique. Quelle surprise lorsqu'on arrive dans cette vaste salle de 60 m de diamètre et 18 m de hauteur ! ➜ **Un lac émeraude** d'une profondeur moyenne de 2 m reflète des milliers de fines stalactites. Ce sont les fameuses fistuleuses qui confèrent à la Grotte une ambiance féerique et son prestige international. ➜ **Après un demi-tour** obligé et le passage dans la galerie Serpentine, la visite aboutit dans la salle de la Cathédrale, véritable nef souterraine admirablement mise en valeur par un spectacle son et lumière. À découvrir absolument.

Comment s'est formée la Grotte de Coufin ? ➜ Dans le Vercors, un puissant empilement de calcaires et de marnes forme les hautes falaises qui caractérisent le paysage. Il a été déposé entre -180 et -70 millions d'années, quand la mer chaude de l'ère secondaire recouvrait une bonne partie de la France. À l'emplacement du Vercors, cette mer s'apparentait à un lagon peu profond où se développaient récifs et barrières coralliennes. Ce sont ces constructions qui forment désormais les Falaises de Choranche. Bien qu'abondante à l'époque de la formation et durant le creu-

Situation *à 5 km de Pont-en-Royans, 22 km de Saint-Marcellin et 20 km de Villard-de-Lans.*

Accès *par l'autoroute A 49 sortie La Baume d'Hostun (8), prendre la N 532 jusqu'à la sortie de Saint-Nazaire puis rejoindre Pont-en-Royans par la D 531 puis Choranche.*

Visite *de la grotte payante.*

Niveau *F1, parcours souterrain et visite du cirque accessibles à tous. Grotte : 45 min ; cirque : 1 h minimum aller-retour.*

Conseil Photo *À défaut de pouvoir photographier l'intérieur de la Grotte, allez donc musarder du côté de la cascade de tufs admirer le point de vue sur les gorges. Le crépuscule peut y être grandiose.*

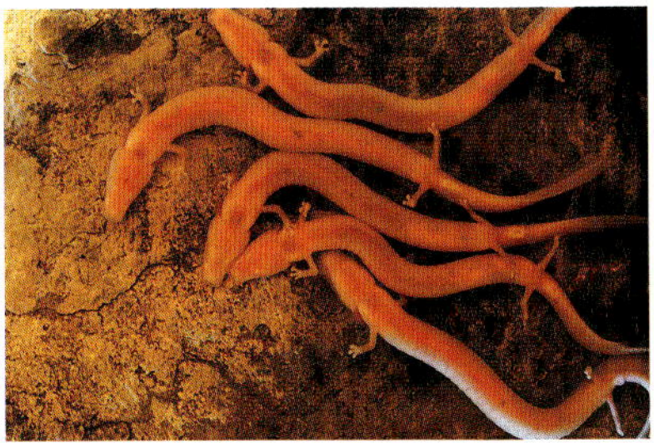

sement des gorges, l'eau brille désormais plutôt par son absence : les rivières sont rares en Vercors. L'eau s'infiltre dans le calcaire fissuré et le digère en créant des vides de plus en plus importants ; son trajet est vertical jusqu'à sa rencontre avec des roches imperméables telles que les marnes. Dès lors, des galeries suivant le contact entre calcaires et marnes vont se former et créer les grottes.

De nos jours encore, le système n'est pas figé ; minées par les eaux, les parois et les voûtes vont encore s'effondrer. C'est ainsi que se sont formées les salles de la Cathédrale et du Lac.

Sur votre chemin ➜ Exposé plein sud et soustrait au vent du nord qui balaie les plateaux alentour, le cirque jouit d'un microclimat relativement plus chaud. Cela permet l'installation d'espèces méridionales comme celle du genévrier thurifère, arbuste caractéristique des montagnes du Maghreb. Côté faune, peu d'animaux ressentent cette différence de température et l'on trouve les mêmes ongulés et carnivores qu'ailleurs (renard, chevreuil, blaireau et même chamois…). Les parois sont peuplées de rapaces nicheurs comme l'aigle royal, le faucon pèlerin, le faucon crécerelle, la chouette hulotte ou le hibou grand-duc. L'être le plus étonnant toutefois se trouve à l'intérieur de la Grotte de Coufin : le protée est l'une des dernières espèces animales rescapées de l'époque des dinosaures. C'est un fossile vivant qui hante le monde souterrain depuis 60 millions d'années. Complètement aveugle, ce batracien est le plus grand cavernicole du monde, mais c'est une espèce protégée en voie de disparition.

★★★ Le Lac Achard *Miroir des cieux*

C'est sur les hauteurs de la station de Chamrousse que trône ce somptueux lac de montagne. ➜ **Le sentier de randonnée** débute au niveau de la galerie commerçante de la Roche-Béranger. ➜ **En suivant les panneaux et le balisage orange,** deux petites heures d'effort modéré suffiront pour rejoindre le Lac Achard à 1 917 m d'altitude. Nul lac de montagne ne saurait décevoir, mais celui-ci a la rareté d'être encore entouré d'arbres ; les pins à crochets qui s'y sont réinstallés au milieu des cembro et des sylvestres donnent à l'endroit un charme unique. ➜ **Au milieu d'une végétation colorée,** ses eaux calmes se font le miroir d'une nature authentique. La forme même du lac est un ravissement : au centre, les rives se rapprochent et deux pins perchés sur les rochers semblent les gardiens du passage. ➜ **Le tour du Lac** s'effectue en une trentaine de minutes et permet de profiter au mieux de ce cadre exceptionnel en s'émerveillant des reflets du petit Taillefer dans ses eaux sombres. Les plus courageux pourront poursuivre la randonnée vers le nord-est et rejoindre le col puis les quatre Lacs de l'Infernet.

Les lacs de montagne ➜ Tous doivent une grande part de leur existence à l'ère quaternaire. Cette ère dans laquelle nous vivons actuellement a débuté, il y a 2 millions d'années, par une importante série de glaciations. Il y a 18 000 ans, lors de la dernière glaciation, les glaces recouvraient une grande partie de l'hémisphère nord. En France, les Alpes étaient recouvertes d'un immense glacier qui s'étendait jusqu'à Lyon. Ce dernier a profondément marqué le paysage en creusant des vallées au profil caractéristique en forme de U, accumulé des tonnes de matériaux et formé de nombreux lacs. Pour résumer, les glaciers creusent des bassins et laissent à la place des étendues d'eau. En montagne, ces dernières sont souvent de superficie et de profondeur assez faibles.

Même quand les lacs ne sont pas naturels, les hommes se sont servi, le plus souvent,

Situation *à Chamrousse, à 22 km de Grenoble et 50 km de Chambéry.*

Accès *par l'autoroute A 51, sortie Échirolles (5). Emprunter la rocade grenobloise (N 67), sortie Chamrousse (2).*

Visite *libre toute l'année.*

Niveau *F2, randonnée de montagne accessible à tous. 2h aller.*

de bassins déjà existants pour créer des retenues d'eau tels que les lacs de barrage. Le Lac Achard, discrètement renforcé de main d'homme, est de ceux-là et n'est alimenté que par les précipitations.

Sur votre chemin ➜ Son exposition plein sud et sa basse altitude réchauffent les eaux du Lac à une température relativement élevée pour un lac de montagne (15 °C). Vous y découvrirez toute la flore représentative de l'étage alpin (azalées, gentiane de Koch, l'ancolie des Alpes...). Pour prendre un second bain de nature, nous vous conseillons de vous arrêter à la réserve naturelle du Lac Luitel, sur la D 111 en redescendant vers Uriage. C'est un fantastique lac-tourbière, creusé il y a 10 000 ans et progressivement colonisé par les sphaignes, lycopodes, potentilles, droséras, et carex pauciflores. Aujourd'hui, seuls 4 % de la surface des eaux ne sont pas encore recouverts de ce tapis végétal. Les pins à crochets et les épicéas qui entourent le Lac en font un des plus beaux paysages de la vallée.

Conseil Photo

C'est l'occasion ou jamais de jouer avec la symétrie des reflets sur les eaux. Marchez tout autour du Lac et repérez les endroits où le ciel et la montagne se reflètent de façon esthétique : mettez la ligne d'eau bien au milieu de votre image pour avoir un bel effet de miroir. L'idéal est d'y être de bon matin, par une journée ensoleillée ; un filtre polarisant fera des merveilles. Évitez les après-midi d'été : le site est alors envahi par les touristes...

★★★★ Lapiaz du Désert de Platé

Le plus beau champ de lapiaz de France

Le Désert de Platé se découvre par le télésiège des Grandes Platières depuis la station de Flaine 1600. Hors saison, quand celui-ci ne fonctionne pas, ou pour les randonneurs courageux, l'ascension se fait à pied (3 h). La marche sur le plateau demande quelques précautions : être bien chaussé (les lapiaz sont tranchants), se munir d'eau et surveiller le ciel (les orages sont dangereux). Les premiers lapiaz en vue, le spectacle est aussi grandiose qu'inhabituel. ➜ **De la roche à perte de vue,** un désert minéral entaillé de si nombreuses crevasses que l'on se croirait sur un glacier. D'ailleurs, la neige n'est jamais loin et, en été, quelques névés subsistent. Ici, la pierre travaillée par le gel prend des formes géométriques de toute beauté, mais gare à celui qui trébucherait car les arêtes sont de véritables rasoirs. ➜ **Le massif du Mont-Blanc, de l'autre côté de la vallée,** est une toile de fond qui ne fait qu'ajouter au prestige du Désert de Platé.

Comment se forment les lapiaz ?

➜ Lapiaz, lapiès, lapiez, trois mots qui sont issus du latin *lapis* et qui désignent ancestralement la pierre. De nos jours, c'est le nom que l'on donne à ces sculptures rocheuses aux formes tranchantes. Elles sont provoquées par le ruissellement incessant des eaux sous les glaciers. On les retrouve à chaque fois que la glace recouvre ou a recouvert une couche de calcaire horizontale et permis le ruissellement relativement lent de l'eau. Le calcaire du Désert de Platé s'est déposé durant le crétacé et s'est trouvé fissuré par le soulèvement des Alpes. Élevée depuis à près de 2 500 m, sa surface subit dans ses zones de faiblesse (fissures) l'agressivité de l'eau et du gaz carbonique transportés par des glaciers omniprésents. C'est en priorité dans ces fractures que l'eau s'insinue jusqu'à créer les arêtes pointues que l'on observe aujourd'hui. Comme par effet de mimétisme, on reconnaît dans

Situation *à 28 km de Cluses, 41 km de Sallanches et 48 km de Saint-Gervais.*

Accès *par l'autoroute A 40, sortie Cluses (19) puis rejoindre la station de Flaine 1600.*

Téléphérique *payant des Grandes Platières.*

Niveau *de F1 par le téléphérique à F3 pour la grande randonnée à pied sur la journée (3 h de montée).*

Conseil Photo *Ne négligez pas la forte réverbération du soleil sur la pierre et surexposez alors de +0,5 à +1 IL. L'été, redescendez à pied pour surprendre les marmottes : un téléobjectif s'impose (300-400 mm).*

les lapiaz les crevasses, gouttières et pointes acérées que portent les glaciers.

Sur votre chemin →

Comme son nom l'indique, nous sommes ici comme en plein désert : les arbres n'existent plus et les fleurs ont préféré s'installer à quelques mètres, sur les étendues schisteuses plus riches en nutriments. La flore alpine est tout de même la plus riche d'Europe avec 5 000 espèces spontanées. Côté faune, vous pourrez rencontrer la mascotte des Alpes, la marmotte. Entrée en hibernation dès que la température est inférieure à 12 °C, elle sort de cette léthargie entre le 25 mars et le 15 avril. Elle aura passé 6 mois, roulée en boule, réduisant sa température autour de 5 °C, abaissant son rythme cardiaque de 220 à 30 pulsations par minute et en respirant en 1 mois d'hibernation ce qu'elle respire en 2 jours d'activité.

☆☆☆Le Gournier

Une oasis de détente dans les Gorges de l'Ardèche

Une boucle de 30 km permet de parcourir les Gorges de l'Ardèche à pied. Les points de départ de cette boucle sont multiples mais l'un des plus faciles à trouver est celui qui débute au Gournier, sur la rive droite de l'Ardèche. ➜ **Un large sentier** cimenté, en forte pente, mène en 30 min à l'un de ces bivouacs. Empruntez le sentier qui traverse le campement et se rapproche de l'eau. ➜ **À droite, on accède à une petite crique** sableuse au milieu des figuiers et à gauche le roc blanc aux découpes uniques s'enfonce dans une eau limpide qui appelle irrésistiblement à la baignade (un coin de paradis à découvrir hors saison). ➜ **En continuant dans cette direction,** on peut rejoindre, en 2 h, la Cathédrale, promontoire rocheux surplombant l'Ardèche. Le retour se fait alors par le même chemin. ➜ **Un autre excellent moyen de découvrir les eaux limpides de l'Ardèche est le bateau,** pour cela, une multitude de loueurs vous proposent de descendre les Gorges ; comptez 4 h entre Saint-Martin et Pont d'Arc.

Comment se sont formées les Gorges de l'Ardèche ? ➜ L'Ardèche est née en Auvergne sur les monts du Vivarais : elle entaille sur 32 km le plateau calcaire ardéchois avant de rejoindre le Rhône. Pour se frayer un chemin au cœur de la roche, l'eau aura dû œuvrer pendant plus de 30 millions d'années. La faible pente du plateau lui a permis de prendre son temps et d'embellir le paysage de magnifiques méandres. Rognant toujours la même fissure issue du soulèvement des Alpes, elle a poursuivi son travail dans la verticalité, creusant la falaise sur 300 m par endroits. Aujourd'hui encore, elle continue son travail, emportant tout sur son passage lors des crues que l'on nomme aussi « Coups de l'Ardèche ». Minimum en été, maximum en automne, le débit peut varier dans des proportions colossales de 1 à 3 000. L'eau parcourt alors la vallée à une vitesse pouvant atteindre les 20 km/h. De septembre à juin, mieux vaut donc se renseigner avant d'approcher les rives de l'Ardèche.

Situation *entre Saint-Martin-sur-Lauzon et Vallon-Pont-d'Arc, à 20 km de Bollène, et 45 km d'Orange.*

Accès *par l'autoroute A 7, sortie Bollène (19). Prendre la D 994 jusqu'à Pont-Saint-Esprit puis suivre Gorges de l'Ardèche -Saint-Martin.*

Visite *libre toute l'année.*

Niveau *de F2 à F4, par bateau l'après-midi, parcours à pied entre 2 et 12 h.*

Sur votre chemin → Sur les rives souvent ensoleillées de l'Ardèche un grand nombre d'espèces méditerranéennes ont trouvé refuge. C'est le cas notamment de ce très beau papillon originaire d'Afrique, le jason des figuiers (*charaxes jasius*). Il peut atteindre 7 cm d'envergure et se nourrit du jus sucré des figues ou des arbouses. Le fond des gorges est également riche de la présence de la farouche genette, et de celle du castor qui préfère les cavités rocheuses à ses huttes de petit bois. Sur les plateaux calcaires évolue la couleuvre de Montpellier longue de 1,70 à 2 m mais inoffensive. Du haut des falaises, c'est le circaète Jean-le-Blanc qui prédomine, alors que l'aigle de Bonelli et le percnoptère d'Égypte ont vu leur population nettement diminuer. Partout le chêne vert domine, mais il laisse s'installer des arbustes de pays tempérés ou méditerranéens.

Conseil Photo *Les magnifiques falaises, l'eau claire, tout est beau... La forte réverbération sera toujours la principale difficulté de prise de vue ; filtre UV et/ou polarisant bienvenu. N'oubliez pas de surexposer volontairement de 1 IL en plein soleil.*

Situation *à 15 km de Modane, 15 km de Termignon et 30 km du Col du Mont-Cen*

Accès *par la N 6 depuis Modane puis la D 215 vers Aussoi. Traverser Aussois puis prendre la D 83 en direction de Solières-Sardières*

Visite *libre toute l'année.*

Niveau *F0, la route mène tout près du Monolithe, restent 50 m à pied. 5 min aller.*

Conseil Photo
Plus on approche de ce rocher, plus il est impressionnan mais moins il est facile à photographier. Deux possibili tés : soit le prendre depuis le parking, avec un zoom pour bien cadrer sa point au-dessus des arbres l'idéal étant de prof ter de la présence de varappeurs au sommet. Soit avec un grand angle, depuis son pied en jouant sur l'effet de perspective : la meilleure vue est alors celle que vous aurez depuis la peti clairière ronde. Faite attention si vous voulez faire le tour complet du rocher, le terrain est très glissant côté amont

☆☆☆ Le Monolithe de Sardières

Un colossal menhir naturel

Une fois traversé le petit village d'Aussois en voiture, il vous faudra emprunter la direction Solière-Sardières et guetter la petite route à gauche avant le plan des pistes. Elle indique très discrètement « Le Monolithe » : suivez cette route sur quelques kilomètres. ➜ **Plusieurs petits parkings** se trouvent sur le bord de route, nous vous conseillons de continuer jusqu'au grand parking d'où l'on aperçoit le sommet de la roche. La découverte de ce piton isolé dépassant la cime des sapins est impressionnante. Ses 92 m de rectitude le font ressembler à un gigantesque doigt tendu vers le ciel. Ce site exceptionnel est aussi un défi permanent pour les mordus d'escalade. ➜ **Un sentier propose le grand tour du Monolithe** en 1h, mais vous pourrez également poursuivre jusqu'à la Source de la Fournette ou la Falaise de la Roche qui Pisse.

Au cœur du massif de la Vanoise

➜ Situé au cœur des Alpes, le massif de la Vanoise, dont fait partie le Monolithe de Sardières, regroupe les vallées de la Tarentaise et de la Maurienne. Il est constitué de roches métamorphiques (granites) et sédimentaires (calcaires, marnes…) mêlées de façon très complexe, suite aux plissements des Alpes et au travail des nappes de charriage. Un monolithe est un piton rocheux, isolé par l'érosion des glaciers. Il est constitué d'un matériel sédimentaire calcaire partiellement altéré en dolomie.

Qu'est-ce que la dolomie ?

➜ Cette roche associe carbonate de calcium (calcaire) et carbonate de magnésium (dolomite). Le premier étant très soluble et l'autre non, les formes issues de l'érosion sont donc tout à fait particulières ; seules les parties plus riches en carbonate de magnésium sont plus résistantes et restent en relief. Les dolomies peuvent être soit des roches sédimentaires déposées dans des lagunes côtières de pays chauds, soit des roches issues de la transformation chimique d'un vieux calcaire.

Sur votre chemin

➜ Le Monolithe de Sardières est situé à l'extrême sud du parc national de la Vanoise. Créé en 1963, ce fut le premier parc national de France, avec pour but de sauver le bouquetin, alors en voie de disparition. Aujourd'hui 700 d'entre eux y vivent en toute liberté auxquels s'ajoutent de nombreux chamois (4 500 environ), marmottes, lièvres variables, renards, campagnols des neiges et une dizaine de couples d'aigles royaux. Côté flore, la Vanoise compte plus d'un millier d'espèces végétales. Beaucoup sont protégées à l'échelle nationale comme l'ancolie des Alpes, la linnée boréale ou le carex bicolore. Sans oublier le célèbre sabot de Vénus, et l'edelweiss.

★★★★★ Le Mont Aiguille *La merveille du Dauphiné*

Une fois arrivé à Clelles, la petite D 7b rejoint le hameau de la Richardière, situé à 5 km, ou bien celui de Trésanne avec son parking aménagé. ➜ **Du côté de la Richardière,** il vous faudra naviguer à vue en vous rapprochant le plus possible de l'imposant Mont Aiguille que l'on aperçoit de partout. ➜ **La route s'arrête au bout du hameau** puis un large chemin s'élève sur la droite. Il conduit en 20 min à un vaste pâturage : une vue imprenable sur cette merveille qui culmine à 2 086 m d'altitude, soit 900 m au-dessus de la campagne.

➜ **Il est également possible** d'en faire le tour en 6 h, par les cols de l'Aupet, des Pellas, de Papavet et le hameau de Trésanne. À la fois massif et d'une grande élégance, il séduit de toutes parts ; mais nous lui préférons sa face sud-est aux allures de navire gargantuesque. Les plus sportifs pourront tenter d'escalader la voie « normale » équipée de chaînes et rejoindre en champion le sommet.

Une forteresse rocheuse ➜ *Agulle, Equa-illi, Mons Inascensibilis, Rupem Mirabilem*, autant de qualificatifs imagés qui désignent l'une des sept merveilles du Dauphiné, le Mont Aiguille dans toute sa splendeur.

Sa première ascension a été effectuée par l'ingénieur de l'armée Antoine de Ville, à la demande de Charles VIII en 1492, et ne fut réitérée que 342 ans plus tard par un berger de Trésanne.

Pour remonter à des temps bien plus anciens, le Mont Aiguille et le Vercors dans leur ensemble font partie du massif cristallin de Belledonne.

Il est constitué d'une épaisse couche tabulaire de calcaire rigide (plusieurs centaines de mètres d'épaisseur), déposée dans une mer peu profonde du crétacé (-119 MA) sur une aire récifale en mouvement.

Il côtoie un ensemble plus fragile de couches marno-calcaires parfois riches en fossiles (ammonites, oursins, coraux...).

L'ensemble des hauts plateaux a été quelque peu épargné par la surrection des Alpes, laissant une grande partie des strates dans leur horizontalité.

Sur votre chemin → Aux premières heures de son ascension, le capitaine de Ville trouva sur la grande prairie sommitale une « garenne de chamois ».
Ne pouvant être arrivé là par leurs propres moyens, on imputa leur présence aux aigles, qui les auraient transportés tout petits...
Aujourd'hui, le Mont Aiguille ne jouit plus d'une telle présence, et la prairie n'est occupée que par des fleurs. Privée de toute existence animale, mise à part une gent ailée de rapace, c'est à son pied qu'explose la flore.
Les éboulis thermophiles abritent deux espèces endémiques des Alpes subocci-dentales, le chardon de Bérard et la berce naine, ainsi que le chardon blanc et la valériane des débris. On dénombre sur la réserve 20 espèces protégées. Plus bas les prairies sont colorées de mille couleurs, parmi elles les roses pastels des colchiques baignant le mont d'une douceur printanière.

Situation *à 5 km de Clelles, 43 km de Grenoble et 45 km d'Aspres-sur-Buëch.*

Accès *par la N 75 entre Grenoble et Aspres-sur-Buëch jusqu'à Clelles puis la D 7 vers Chichilianne et La Richardière.*

Visite *libre toute l'année.*

Niveau
F4 pour le tour de 6h.
F2 pour rejoindre les pâturages au pied du Mont ; 1 h minimum.

Conseil Photo
Préférez la lumière de la matinée ou celle du soir. Essayez aussi d'inclure un premier plan sur votre photo : des maisons, une trouée dans les feuillages... cela donnera encore plus de force à la présence du Mont Aiguille.

Situation à 2 km de Vallon-Pont-d'Arc 15 km de Barjac et 30 km d'Aubenas.

Accès depuis Aubenas par la D 10 puis les D 579 et D 1 en direction de Vallon-Pont-d'Arc suivre « Gorges de l'Ardèche ».

Visite libre toute l'année.

Niveau F0, visible de la route.

Conseil Photo
Le meilleur point de vue est certainement celui qu'offre le bord de la route. Mais si vous pouvez passer dessous en bateau, c'est encore mieux. La fin de journée donne de belles lumières sur l'arche. Fermez bien votre véhicule et ne laissez rien à l'intérieur, même pour quelques minutes !

★★★★★ Le Pont d'Arc *Une arche grandiose*

Une seule route parcourt les Gorges de l'Ardèche : la confrontation avec cette formidable arche naturelle est donc inéluctable. Bien que la beauté soit le maître mot sur la totalité des Gorges, Dame Nature touche ici au sublime ; le roc enjambe l'Ardèche par un pont de 59 m de large et 34 m de haut. ➜ **On peut rejoindre le pied de l'arche** par un petit chemin situé à 150 m du belvédère routier. Il permet d'accéder à la plage et d'atteindre la roche. ➜ **Le seul moyen** pour passer dessous reste la nage ou le canoë. Érigée au beau milieu d'un méandre, elle est considérée comme « la porte majestueuse qui ouvre l'entrée des gorges » (Abbé Bauron, 1889). La seule ombre au tableau, c'est que les Gorges de l'Ardèche souffrent de trop de notoriété, et ce prestigieux canyon est malheureusement envahi par la foule en plein été. Pour ne pas être déçu dans un endroit aussi splendide, nous vous conseillons donc d'éviter autant que possible cette période.

Sculpture naturelle ➜ La masse calcaire dans laquelle l'eau a creusé l'arche a longtemps été contournée par la rivière. Si le long travail de creusement a débuté il y a quelque 30 millions d'années, le lit de l'Ardèche avait tout d'abord élu domicile à l'emplacement actuel de la route. Pendant ce temps, non loin de là, une partie de la rivière s'écoulait dans un boyau souterrain : l'arche était, à l'état embryonnaire, un goulet. Ce n'est qu'à l'occasion d'une forte crue que la rivière abandonna son ancien lit pour emprunter l'orifice. L'incessant travail de l'eau a alors opéré sur des millions d'années, agrandissant peu à peu ce dernier jusqu'à former l'arche que nous voyons aujourd'hui.

Sur votre chemin ➜ Le Pont d'Arc se situe dans le bas Vivarais et fait partie de la réserve des Gorges de l'Ardèche.
La nature y est plutôt méridionale et les garigues, oliviers, amandiers et autres figuiers s'accommodent d'une sécheresse estivale très marquée. Les falaises abritent des rapaces somptueux tels que l'aigle de Bonelli ou le vautour percnoptère. Avec un peu de tact, peut-être aurez-vous la surprise d'apercevoir le lézard ocellé, le plus gros d'Europe (de 50 à 90 cm), qui vit dans les garrigues rocailleuses mais affectionne tout particulièrement les oliveraies. C'est un excellent grimpeur qui peut se réfugier dans un arbre à la moindre alerte.
Vous rencontrerez peut-être aussi le petit scorpion languedocien, exposé aux rayons ardents du soleil. Rassurez-vous, il se sert rarement de son dard et n'est pas dangereux pour l'homme.

Annexes

Lexique photo

Les conseils photo que vous retrouverez pour chaque site (sauf pour les grottes où les photos sont interdites) s'adressent à tous, quel que soit l'équipement dont vous disposez. Cependant, nous vous indiquerons souvent des réglages ou des astuces que seuls les appareils « reflex » permettent de mettre en pratique ; les appareils jetables ou tout automatiques n'autorisant aucune touche personnelle.

• Bague-allonge

Système employé pour la macro-photographie. Des bagues de différentes largeurs (en vente dans tous les magasins de matériel photo) viennent s'intercaler entre l'appareil et l'objectif : cela permet de réduire considérablement la distance minimale de mise au point.

• Diapo

Fait référence aux pellicules diapositives (films inversibles). Ces pellicules nécessitent une plus grande précision d'exposition que les photos sur papier (films négatifs).

• Diaphragme

Ouverture par laquelle on laisse passer la lumière dans l'objectif. Plus le chiffre du diaphragme est petit (f2,8) plus l'ouverture est grande et laisse passer la lumière ; plus le chiffre est grand (f22) moins la lumière passe, ce qui allonge le temps de pause.

• Filtre jaune

Filtre qui réchauffe les lumières dures de milieu de journée : il en existe trois types, du plus clair au plus foncé (81A, 81B, 81C).

• Filtre polarisant

Filtre qui tourne sur lui-même, à visser sur l'objectif ; il atténue les reflets et renforce les couleurs.

• Filtre UV

Filtre transparent qui protège l'objectif ; il atténue l'effet de brume de chaleur et le rendu bleuté de certaines fortes lumières du jour.

- **Focale**

Ce terme fait référence à l'angle de champ de l'objectif utilisé. Plus le chiffre de la focale est grand (300 mm), plus le champ est étroit et grossissant (téléobjectif et zoom), plus il est petit (20 mm), plus le champ est large (grand angle). La focale s'exprime en millimètres. La focale qui correspond le plus au champ de vision de l'œil humain est de 50 mm.

- **Grand angle**

Objectif dont le champ de vision est très large, focale inférieure ou égale à 35 mm.

- **IL**

Unité qui définit la valeur d'exposition.
1 IL = 1 valeur de diaphragme (de f11 à f13 par exemple). Augmenter d'un IL revient à surexposer la photo d'une valeur.

- **ISO (= ASA)**

Unité qui définit la sensibilité d'une pellicule.
Plus le chiffre est élevé, moins on a besoin de lumière pour prendre la photo.

- **Profondeur de champ**

Fait référence à la zone de netteté sur la photo.
Plus le chiffre du diaphragme est grand (f19, f22...), plus l'ensemble des plans sera net sur la photo.

- **Trépied**

Pied photo sur lequel se fixe l'appareil pour éviter de bouger en pause lente.

- **Zoom**

Ce terme est ici utilisé pour désigner un objectif grossissant (téléobjectif), focale supérieure ou égale à 135 mm.

Index des sites

Vous trouverez **en gras** dans cet index les sites détaillés dans notre ouvrage. Les autres sites sont ceux que nous avons simplement répertoriés et que nous avons regroupés, en page de présentation de chaque région, sous le nom de « sites complémentaires ».

Tables des matières par régions

Adresses utiles

ALSACE-LORRAINE

- L'Arche D'Erbenfelsen,
  Contact : ONF de Bitche, 21, rue de Sarreguemines, 57232 Bitche Cedex, 03 87 96 00 36
- La Cascade de Nideck
  Contact : Syndicat d'Initiative du Pays de Nideck, Mairie d'Oberhaslach, 67280 Oberhaslach, 03 88 50 90 15
- Le Chêne des Suédois
  Contact : ONF de Bitche, 21, rue de Sarreguemines, 57232 Bitche Cedex, 03 87 96 00 36
- La Glacière et le Chaos de la Straiture
  Contact : Office du Tourisme, 88 400 Gérardmer, 03 29 26 23 23
- Le Grand Steinberg
  Contact : ONF de Bitche, 21, rue de Sarreguemines, 57232 Bitche, Cedex, 03 87 96 00 36
- Les Grottes de la Falouze
  Contact : Mairie, 6, place de la République, 55100 Dugny-sur-Meuse, 03 29 85 70 54
- Le Lac de Fischbœdlé
  Contact : Office du Tourisme de la vallée de Munster, 1, rue du Couvent, 68140 Munster, 03 87 01 61 98

AQUITAINE

- Les Canyons d'Holçarté et d'Olhadubi
  Contact : Office du Tourisme, Place Centrale, 64470 Tardets-Sorholus, 05 59 28 50 63
- La Corniche basque
  Contact : Office du Tourisme, Place du Maréchal Foch, 64500 Saint-Jean-de-Luz, 05 59 26 03 16
- Le Courant d'Huchet
  Contact : Réserve naturelle du Courant d'Huchet, 40550 Léon, 05 58 49 21 89
- Le Domaine d'Abbadia
  Contact : Domaine d'Abbadia, Larretxea, 64700 Hendaye , 05 59 20 37 20
- La Dune du Pilat
  Contact : Office du Tourisme, Esplanade Georges Pompidou, 33120 Arcachon, 05 56 83 01 69
- Les Gorges de Kakouetta
  Contact : Mairie, 64560 Saint-Engrâce, 05 59 28 60 83.
- Le Gouffre de Proumeyssac
  Contact : Gouffre de Proumeyssac, BP 7 - Audrix, 24260 Le Bugue sur Vézère, 05 53 07 27 47.
- La Grotte d'Harpéa
  Contact : Office du Tourisme, Place Charles de Gaulle, 64220 Saint-Jean-Pied-de-Port, 05 59 37 03 57
- La Grotte du Grand Roc
  Contact : Grotte du Grand Roc, 24620 Les Eyzies de Tayac, 05 53 06 92 70
- Les Grottes d'Isturits et Oxocelhaya
  Contact : Grottes d'Isturits et Oxocelhaya, 64640 Saint-Martin d'Arberoue - Donamartiri, 05 59 29 64 72

- **La Source de la Bidouze**
  Contact : Office du Tourisme, Place Charles de Gaulle, 64220 Saint-Jean-Pied-de-Port, 05 59 37 03 57

AUVERGNE

- **La Cascade de Faillitoux**
  Contact : Office du Tourisme, Av Mercier, 15800 Vic-sur-Cère, 04 71 47 50 68
- **La Cascade de Queureuilh**
  Contact : Office du Tourisme, BP 96, 63240 Mont-Dore, 04 73 65 20 21
- **La Chênaie Colbert en Forêt de Tronçais**
  Contact : Association du Pays de Tronçais, Place du Champ de Foire, 03 350 Cérilly, 04 70 67 55 89
- **Le Dyke d'Arlempdes**
  Contact : Office du Tourisme, Place du Breuil, 43000 Le Puy-en-Velay, 04 71 09 38 41
- **Le Lac Pavin**
  Contact : Office du Tourisme, Place A. Pipet, 63610 Besse, 04 73 79 52 84
- **Le Pas de Cère**
  Contact : Office du Tourisme, Place du Square, 15000 Aurillac, 04 71 48 46 58
- **Le Puy de la Vache**
  Contact : Parc naturel régional des Volcans d'Auvergne, Château de Montlosier, 63970 Aydat, 04 73 65 67 19
- **Les Pyramides de la Vallée des Saints**
  Contact : Office du Tourisme, BP 08, 63501 Issoire Cedex, 04 73 89 15 90, **Renseignements :** 04 73 65 20 09
- **Les Roches Tuilière et Sanadoire**
  Contact : Office du Tourisme, BP 96, 63240 Le Mont-Dore, 04 73 65 20 21
- **La Tourbière de la Plaine Jacquot**
  Contact : Maison des tourbières et du Cézalier, La Baraque, 63 420 St-Alyre-ès-Montagne, 04 73 27 56 57

BOURGOGNE

- **La Cascade de Brisecou**
  Contact : Office du Tourisme, 3, av Charles de Gaulle, 71400 Autun, 03 85 86 80 38
- **La Fosse Dionne**
  Contact : Office du Tourisme, 42, rue de l'Hôpital, 89700 Tonnerre, 03 86 55 14 48
- **Les Grottes D'Azé et Blanot**
  Contact : Office du Tourisme,Tour des Fromages, 71250 Cluny, 03 85 59 05 34
- **La Roche de Solutré**
  Contact : Musée départemental de la Préhistoire, Bourg, 71960 Solutré-Pouilly, 03 83 35 85 24
- **Le Saut de Gouloux**
  Contact : Syndicat d'Initiative, Mairie, 58230 Montsauche-les-Settons, 03 86 84 55 90

BRETAGNE

- **Le Cap Fréhel**
  Contact : Office du Tourisme, Le Bourg, 22240 Fréhel, 02 96 41 53 81
- **Le Chaos de Huelgoat**
  Contact : Office du Tourisme, Place Alphonse Penven, 29690 Huelgoat, 02 98 99 72 32
- **Les Monts d'Arrée**
  Contact : Parc naturel régional d'Armorique, Menez Meur, 29460 Hanvec, 02 98 68 81 61
- **La Plage de Saint-Nicolas-des-Glénan**
  Contact : Office du Tourisme, Quai d'Aiguillon, 29185 Concarneau Cedex, 02 98 97 01 44
- **La Pointe du Raz**
  Contact : Maison de la Pointe du Raz et du Cap Sizun, Pointe du Raz, 29770 Plogoff, 02 98 70 67 18
- **Les Rochers de Ploumanac'h**
  Contact : Office du Tourisme, 21, place de l'Hôtel de Ville, 22700 Perros-Guirec, 02 96 23 21 15
- **Les Rochers du Saut-de-Roland**
  Contact : Office du Tourisme, 1, place Aristide Briand, 35300 Fougères, 02 99 94 12 20

CENTRE

- **Les Étangs du Grand-Brun et de la Mer Rouge**
  Contact : Maison du Parc naturel régional de la Brenne, Le Bouchet, 36300 Rosnay, 02 54 37 75 84
- **Les Falaises de Courçay, l'Exurgence de la Doué**
  Contact : Office du Tourisme, 11, av de la Gare, 37250 Montbazon, 02 47 26 97 87
- **Les Grottes pétrifiantes de Savonnières**
  Contact : Grottes pétrifiantes, 37510 Savonnières, 02 47 50 00 09

CHAMPAGNE-ARDENNE

- **La Cascade d'Étufs**
  Contact : Office du Tourisme, Mairie, 52210 Arc-en-Barrois, 03 25 02 52 17
- **La Cascade de la Tuffière**
  Contact : Office du Tourisme, Place Bel-Air, 52201 Langres Cedex, 03 25 87 03 32
- **Le Cul du Cerf**
  Contact : Office du Tourisme, Place du Général de Gaulle, 52000 Chaumont, 03 25 03 80 80.
  Renseignements : 03 26 74 00 00
- **Les Faux de Verzy**
  Contact : Maison du Parc régional de la Montagne de Reims, Chemin de Nanteuil, 51480 Poucy, 03 26 59 44 44

- **Les Gorges de la Vingeanne**
  Contact : Office du Tourisme, Place du Général de Gaulle, 52000 Chaumont, 03 25 03 80 80
- **Le Roc de la Tour**
  Contact : Office du Tourisme, 50, rue Étienne Dolet, 08800 Monthermé, 03 24 53 06 50

CORSE

- **Les *Calanche* de Piana**
  Contact : Syndicat d'Initiative, 20115 Piana, 04 95 27 84 42. **Renseignements :** Hôtel Monte Rosso 04 95 26 11 50
- **Les Pozzines du Plateau de Coscione**
  Contact : Maison du Parc naturel régional de Corse, 2, rue du Major Lambroschini, 20184 Ajaccio Cedex, 04 95 51 79 10

FRANCHE-COMTÉ

- **La Cascade de Baume-les-Messieurs**
  Contact : Mairie, 39210 Baume-les-Messieurs, 03 84 44 61 41
- **La Cascade de la Billaude**
  Contact : Office du Tourisme, Hôtel de Ville, 39300 Champagnole, 03 84 52 43 67
- **Les Cascades du Rummel et le Saut de la Truite**
  Contact : Office du Tourisme, 2 bis, rue Clémenceau, 90000 Belfort, 03 84 55 90 90
- **Les Cascades du Hérisson, de l'Éventail et du Grand Saut**
  Contact : Office du Tourisme, 36, Grande Rue, 39130 Clairevaux-le-Lac, 03 84 25 27 47
- **Le Chapeau de Gendarme**
  Contact : Maison du Haut-Jura, Lajoux, 39310 Septmoncel, 03 84 41 20 37
- **Le Cirque de Consolation**
  Contact : Site de Consolation, 1, chemin des Tuffes, 25390 Consolation-Maisonnette, 03 81 43 54 71
- **Les Gorges de la Langouette**
  Contact : Pays d'accueil de Haute Joux - Mont Noir, 39250 Nozeroy, 03 84 51 19 15
- **La Grotte de la Glacière**
  Contact : Grotte de la Glacière, Chaux-les-Passavant, 25530 Vercel - Villedieu-le-Camp, 03 81 60 44 26
- **La Grotte des Moidons**
  Contact : Grotte des Moidons, Route d'Arbois, 39800 Molain , 03 84 51 74 94.
- **Le Saut de l'Ognon**
  Contact : Maison du Parc régional des Ballons des Vosges, 1, cours de l'Abbaye, 68140 Munster, 04 89 77 90 20
- **Le Saut du Doubs**
  Contact : Office du Tourisme, Rue Berçot, 25130 Villers-le-Lac, 03 8168 00 98
- **La Source de l'Ain**
  Contact : Office du Tourisme, Hôtel de Ville, 39300 Champagnole, 03 84 52 43 67
- **Les Sources du Lison**
  Contact : Office du Tourisme, Place des Salines, 39110 Salins-les-Bains, 03 84 73 01 34
- **Le Tille de Bracon**
  Contact : Mairie, Le Bourg, 39110 Ivory, 03 84 73 01 55

ÎLE-DE-FRANCE

- **Le Chaos de la Dame Jouanne**
  Contact : Office du Tourisme, 41, quai Victor Hugo, 77140 Nemours, 01 64 28 03 95
- **L'Éléphant d'Apremont**
  Contact : Office du Tourisme, 4, rue Royale, 77300 Fontainebleau, 01 64 74 99 99
- **Les Vaux de Cernay**
  Contact : Office du Tourisme, Hôtel de Ville, 78514 Rambouillet Cedex, 01 34 83 21 21

LANGUEDOC-ROUSSILLON

- **L'Abîme de Bramabiau**
  Contact : Abîme de Bramabiau, 30750 Saint-Sauveur-Camprieu, 04 67 82 60 78
- **L'Aven Armand**
  Contact : Aven Armand, 48150 Meyrueis, 05 63 54 09 26.
- **La Baume du Gardon**
  Contact : Office du Tourisme, Av de la Libération, 30700 Uzès, 04 66 22 68 88
- **La Sascade du Sautadet**
  Contact : Office du Tourisme, Avenue Léon Blum, 30200 Bagnols-sur-Cèze, 04 66 89 54 61
- **Le Chaos de Nîmes-le-Vieux**
  Contact : Maison du parc national des Cévennes, 48400 Florac, 04 66 49 53 00
- **Les Détroits du Tarn**
  Contact : Office du Tourisme des Gorges du Tarn et des Grands Causses, 48210 Sainte-Énimie, 04 66 48 53 44
- **Les Gorges de Galamus**
  Contact : Syndicat d'Initiative, Route Nationale, 66220 Saint-Paul-de-Fenouillet, 04 68 59 00 26
- **Les Gorges de la Fou**
  Contact : Office du Tourisme, Rue Barjau, 66150 Arles-sur-Tech, 04 68 39 11 99
- **Les Gorges de la Frau**
  Contact : Office du Tourisme du Pays d'Olmes-Mirepoix, BP 89 - 09300 Lavelanet, 05 61 01 22 20
- **La Grotte des Demoiselles**
  Contact : Grotte des Demoiselles, 34190 Saint-Bauzille-de-Putois, 04 67 73 70 02
- **La Mer des Rochers de Sauve**
  Contact : Office du Tourisme, Parking des Combes, 30610 Sauve, 04 66 77 57 51
- **Les Orgues d'Ille-sur-Têt**
  Contact : Office du Tourisme, Square de la Poste, 66130 Ille-sur-Têt, 04 68 84 02 62

- **Les Ponts naturels de Minerve**
  Contact : Syndicat d'Initiative, Mairie, 34210 Minerve, 04 68 91 81 43

LIMOUSIN

- **Les Cascades de Gimel**
  Contact : Les Cascades, Le Bourg, 19800 Gimel-les-Cascades, 05 55 21 26 49
- **Les Cascades de Murel**
  Contact : Office du Tourisme, 30, av Pasteur, 19400 Argentat, 05 55 28 16 05
- **Le Chaos et le Rocher des Fées**
  Contact : Office du Tourisme, Av de l'Hôtel de Ville , 87140 Nantiat, 05 55 53 42 12
  Renseignements : 05 55 45 62 67
- **Les Pans d'Ardoise de Travassac**
  Contact : Les Pans, Les Carrières de Travassac, 19270 Donzenac, 05 55 85 66 33
- **Les Pierres Jaumâtres**
  Contact : 05 55 65 05 95, Place de l'Hôtel de Ville, 23600 Boussac

MIDI-PYRÉNÉES

- **La Cascade et le Gouffre d'Enfer**
  Contact : Office du Tourisme de la montagne, 18, allée d'Étigny, Superbagnères, 31110 Bagnères-de-Luchon, 05 61 79 21 21
- **Les Cascades de Cauterets**
  Contact : Office du Tourisme, Place Foch, 65110 Cauterets, 05 62 92 50 27
- **Le Chaos de Montpellier-le-Vieux**
  Contact : Montpellier-le-Vieux, Le Maubert, 12720 Peyreleau, 05 65 60 66 30
- **Le Cirque de Gavarnie**
  Contact : Maison du Parc national des Pyrénées, 65120 Gavarnie, 05 62 92 49 10
- **La Fontaine de Fontestorbes**
  Contact : Office du Tourisme du Pays d'Olmes-Mirepoix, BP 89, 09300 Lavelanet, 05 61 01 22 20
- **La Grotte de Bétharram**
  Contact : Grottes de Bétharram, 65270 Saint-Pé-de-Bigorre, 05 62 41 80 04
- **La Grotte-Tunnel du Mas-d'Azil**
  Contact : Office du Tourisme, Av de la Grotte, 09290 Le Mas d'Azil, 05 61 69 97 22
- **La Peyro Clabado**
  Contact : Syndicat d'Initiative, Vialavert, 81260 Le Bez, 05 63 74 63 38
- **La Rivière souterraine de Labouiche**
  Contact : Rivière souterraine de Labouiche, BP 37, 09002 Foix Cedex, 05 61 65 04 11
- **Le Saut de la Truite**
  Contact : Syndicat d'Initiative, Vialavert, 81260 Le Bez, 05 63 74 63 38

BASSE-NORMANDIE

- **Le Banc des Hermelles de Champeaux**
  Contact : Maison de la Baie du Mont-Saint-Michel, Relais des Courtils, Route de la Roche Torin, 50220 Courtils, 02 33 89 66 00
- **La Brèche du Diable**
  Contact : Office du Tourisme, 32, rue Georges Clémenceau, 14700 Falaise, 02 31 90 17 26
- **Les Cascades de Mortain**
  Contact : Office du Tourisme, Grande Rue, 50140 Mortain, 02 33 59 19 74
- **Les Demoiselles de Fontenailles**
  Contact : Office du Tourisme, Rue du Croiseur Montcalm, 14520 Port-en-Bessin, 02 31 21 92 33
- **Les Falaises des Vaches noires**
  Contact : Office du Tourisme, Boulevard des Belges, 14510 Houlgate, 02 31 24 34 19
- **Le Marais du Grand Hazé**
  Contact : Office du Tourisme, 61600 La Ferté-Macé, 02 33 37 10 97
- **Les Marais salants du Mont-Saint-Michel**
  Contact : Maison de la Baie, Place de la Mairie, 50530 Genets, 02 33 70 86 76
- **Le Nez de Jobourg**
  Contact : Office du Tourisme, BP119, 50441 Beaumont-Hague Cedex, 02 33 52 74 94
- **La Roche d'Oëtre**
  Contact : Office du Tourisme, Place Saint-Vigor, 61430 Athis-de-l'Orne, 02 33 66 14 26

HAUTE-NORMANDIE

- **Le Chêne d'Allouville-Bellefosse**
  Contact : Mairie, Bourg, 76190 Allouville-Bellfosse, 02 35 96 01 65
- **Les Falaises d'Étretat**
  Contact : Office du Tourisme, Place Maurice Guillard, 76790 Étretat, 02 35 27 05 21
- **Les Falaises des Andelys**
  Contact : Office du Tourisme, 1, rue Philippe Auguste, 27702 Les Andelys Cedex, 02 32 54 41 93

NORD-PAS-DE-CALAIS

- **Le Cap Blanc-Nez**
  Contact : Office du Tourisme, 12, bd Clémenceau, 62102 Calais Cedex, 03 21 96 62 40
- **Le Cap Gris-Nez**
  Contact : Office du Tourisme, Cité des 2 Caps, Place de la Mairie, 62179 Wissant, 03 21 85 15 62
- **Le Terril du Mont de l'Ermite**
  Contact : Office du Tourisme, 1, rue Askievre, 59300 Valenciennes, 03 27 46 22 99

PAYS DE LOIRE

- **La Forêt de Bercé**
  Contact : Syndicat d'Initiative, Place de la République, 72150 Le Grand-Lucé, 02 43 40 90 49

- **La Vallée de la Misère**
  Contact : Office du Tourisme des Alpes Mancelles, 19, av. du Docteur Riant, 72130 Fresnay sur Sarthe, 02 43 33 28 04
  Renseignements : 02 43 33 86 78

PICARDIE

- **La Cascade de Blangy**
  Contact : Office du Tourisme, Place Victor Hugo, 02500 Hirson, 03 23 58 03 91
- **Les Falaises d'Ault-Onival**
  Contact : Office du Tourisme, Place de l'Église, 80460 Ault, 03 22 60 57 15
- **Les Hortillonnages d'Amiens**
  Contact : Maison des Hortillonnages, 54, bd Beauvillé, 80000 Amiens, 03 22 92 12 18
- **La Hottée de Gargantua**
  Contact : Office du Tourisme, Parvis de la Cathédrale, 02000 Laon, 03 23 20 28 62
  Renseignements : 03 23 23 75 52 / 40 77

POITOU-CHARENTES

- **La Fosse de l'Ermitage**
  Contact : Office du Tourisme 2, place Saint-Pierre, 16007 Angoulême, 05 45 95 16 84
- **Les Grottes du Quéroy**
  Contact : Grottes du Quéroy, 16380 Chazelles, 05 45 70 38 14
- **Le Marais Poitevin**
  Contact : Maison du parc naturel régional du Marais Poitevin, 17170 La Ronde, 05 49 27 82 44
- **Les Portes d'Enfer**
  Contact : Office du Tourisme, 2, place du Maréchal Leclerc, 86500 Montmorillon, 05 49 91 11 96
- **La Source de la Touvre**
  Contact : Office du Tourisme, 2, place Saint-Pierre, 16007 Angoulême, 05 45 95 16 84

PROVENCE-ALPES-CÔTE D'AZUR

- **Les Calanques de Cassis**
  Contact : Office du Tourisme, Place Baragnon, 13260 Cassis, 04 42 01 71 17
- **La Cascade de Foncouverte**
  Contact : Office du Tourisme, 1, place du Temple, 05105 Briançon Cedex, 04 92 21 08 50
- **Les Clues de Barles**
  Contact : Office du Tourisme, Le Rond Point, 04001 Digne-les-Bains, 04 92 31 42 73
- **La Combe de Mai**
  Contact : Office du Tourisme de Superdévoluy, 05250 Saint-Étienne-en-Dévoluy, 04 92 58 82 80
- **La Dalle à Ammonites**
  Contact : Réserve Géologique, Quartier Saint-Benoît, 04000 Digne-les-Bains, 04 92 36 70 70
- **Les Demoiselles Coiffées de Théus**
  Contact : Office du Tourisme, 12, rue Faure du Serre, 05002 Gap Cedex, 04 92 52 56 56
- **Les Dentelles de Montmirail**
  Contact : Office du Tourisme, Place du Chanoine-Sautel, 84110 Vaison-la-Romaine, 04 90 36 02 11
- **La Faille de Saint-Trou**
  Contact : Office du Tourisme, Rue Jean Aicard, 83520 Roquebrune-sur-Argens, 04 94 45 72 70
- **Fontaine-de-Vaucluse**
  Contact : Office du Tourisme, 84800 Fontaine-de-Vaucluse, 04 90 20 32 22
- **Le Fort Saint-Honorat**
  Contact : Office du Tourisme, Rue Waldeck-Rousseau, 83702 Saint-Raphaël, 04 94 19 52 52
- **Les Gorges de la Méouge**
  Contact : Office du Tourisme, Place des Aires, 05300 Laragne-Montéglin, 04 92 65 09 38
- **Les Gorges du Cians**
  Contact : Maison de Pays, 06260 Puget-Théniers, 04 93 05 02 81
- **Les Gorges du Régalon**
  Contact : Office du Tourisme, Place François Tourel, 84305 Cavaillon Cedex, 04 90 71 32 01
- **Les Grés de Sainte-Anne-d'Évenos**
  Contact : Mairie, Route de Marseille, 83330 Sainte-Anne d'Évenos, 04 94 90 37 02
- **Le Lac Vert** - *Lago Verde*
  Contact : Office du Tourisme, 1, place du Temple, 05105 Briançon Cedex, 04 92 21 08 50
- **Les Ocres de Rustrel**
  Contact : Office de Tourisme du pays d'Apt et du Roussillon, 2, av Philippe Girard , 84400 Apt, 04 90 71 32 01
- **Les Pénitents des Mées**
  Contact : Syndicat d'Initiative, 21, bd de la République, 04190 Les Mées, 04 92 34 36 38
- **Le Point Sublime et les Falaises de l'Escalez**
  Contact : Parc naturel régional du Verdon, 04360 Moustiers-Sainte-Marie, 04 92 74 63 95
- **Les Robines du Liman**
  Contact : Office du Tourisme, Le Rond Point, 04001 Digne-les-Bains, 04 92 31 42 73
- **Les Rochers des Mourres**
  Contact : Office du Tourisme, Place du Bourguet, 04300 Forcalquier, 04 92 75 10 02.
  Renseignements : 04 92 75 19 93

RHÔNE-ALPES

- **L'Aiguille du Midi**
  Contact : Téléphérique de l'Aiguille du Midi, 74400 Chamonix-Mont-Blanc, 04 50 53 30 80

- **L'Aven d'Orgnac**
  Contact : Aven et musée d'Orgnac, 07150 Vallon-Pont-d'Arc, 04 75 38 62 51
- **La Cascade d'Angon**
  Contact : Office du Tourisme, 1, place Jean Jaurès, 74000 Annecy, 04 50 45 03 33
- **La Cascade de Ray-Pic**
  Contact : Office du Tourisme, Mairie, 07160 Le Cheylard, 04 75 29 15 48
- **Les Cheminées des Fées de la Tour Saint-Jacques**
  Contact : Mairie d'Allèves, Chef lieu, 74540 Allèves, 04 50 77 54 92
- **La Chute de la Druise**
  Contact : Parc naturel régional du Vercors, 38250 Lans-en-Vercors, 04 76 94 38 26
- **Le Cirque de Saint-Même**
  Contact : Syndicat d'Initiative de la Vallée des Entremonts, Saint-Même, 73670 Saint-Pierre-d'Entremont, 04 79 65 81 90
- **Le Cirque de Sixt-Fer-à-Cheval**
  Contact : Office du Tourisme, 74740 Sixt-Fer-à-Cheval, 04 50 34 49 36
- **Claps et Saut de la Drôme**
  Contact : Office du Tourisme, Place de la Croix, 26310 Luc en Diois, 04 75 21 34 14
- **Le Glacier des Bossons**
  Contact : Office du Tourisme, Place du Triangle de l'Amitié, 74400 Chamonix-Mont-Blanc, 04 50 53 00 24
- **Les Gorges de la Diosaz**
  Contact : Gorges de la Diosaz, Servoz, 74310 Les Houches, 04 50 47 21 13
  Renseignements : 04 50 55 50 62 ou 04 50 53 47 89
- **Les Gorges du Fier**
  Contact : Office du Tourisme, 1, rue Jean Jaurès, 74000 Annecy, 04 50 45 56 66
- **Les Gorges du Pont du Diable**
  Contact : Gorges du Pont du Diable, Le Jotty, 74200 La Vernaz, 04 50 72 10 39
- **Les Grands Goulets et la Cascade de la Vernaison**
  Contact : Parc naturel régional du Vercors, 38250 Lans-en-Vercors, 04 76 94 38 26
- **La Grotte de Choranche**
  Contact : Site de Choranche, 38680 Pont en Royans, 04 76 36 09 88,
- **Le Lac Achard**
  Contact : Office du Tourisme, Le Recoin, 38 410 Chamrousse, 04 76 89 92 65
- **Le Lapiaz du Désert de Platé**
  Contact : Office du Tourisme, Galerie des Marchands, 74300 Flaine, 04 50 90 80 01
- **Le Gournier**
  Contact : Réserve naturelle des Gorges de l'Ardèche, Mairie, 07700 Saint-Martin-d'Ardèche, 04 75 98 77 31
- **Le Monolithe de Sardières**
  Contact : Parc national de la Vanoise, 135, rue du Docteur Julliand, 73007 Chambéry Cedex, 04 79 62 30 54
- **Le Mont Aiguille**
  Contact : Parc naturel régional du Vercors, 38250 Lans-en-vercors, 04 76 94 38 26
- **Le Pont d'Arc**
  Contact : Office du Tourisme, Cité administrative, 07150 Vallon-Pont-d'Arc, 04 75 88 04 01

Bibliographie

Auvergne terre de volcans, G. Joberton, De Borée, 1990.
Cavernes en Périgord, P. Vidal, Éd. P. Fanlac, 1987.
Guide des grottes, Éd. du Castelet, 1993.
Histoire naturelle de France et d'Europe, M. Chinery, Arthaud, 1994.
La Montagne saison par saison, A. Couzy et C. de Melville, Arthaud, 1997.
Lacs et rivières : milieu vivant, G. Lacroix, Bordas, 1991.
Le Grand Guide des Pyrénées, collectif, Milan, 1995.
Nature insolite en France, P. Pellerin, Nathan, 1993.
Patrimoine naturel de Bretagne, Ouest-France, 1997.
Randonnées insolites, P. Millon, Glénat, 1996.
Volcans, J-M Bardintzeff, Colin, 1993.

Remerciements

Ce guide est le fruit de la collaboration de nombreuses personnes. Nous tenons tout particulièrement à remercier :

- Collette Martin pour son aide précieuse et ses conseils.
- Les Comités de Tourisme des départements suivants, pour leur indispensable contribution : l'Aisne, l'Allier, l'Ardèche, l'Ariège, l'Aude, l'Aveyron, l'Eure, l'Hérault, l'Ille-et-Vilaine, l'Indre-et-Loire, l'Indre, l'Isère, l'Orne, la Charente, la Corrèze, la Côte-d'Armor, la Dordogne, la Drôme, la Haute-Garonne, la Haute-Marne, la Haute-Savoie, la Lozère, la Manche, la Meuse, la Sarthe, la Somme, le Calvados, le Doubs, le Finistère, le Gard, le Jura, les Landes, le Nord, le Pas-de-Calais, le Puy-de-Dôme, le Tarn, le Var, le Vaucluse, les Alpes-de Haute-Provence, les Alpes-Maritimes, les Ardennes, les Bouches-du-Rhône, les Hautes-Alpes, les Pyrénées-Roussillon, le Pays Basque, le Béarn.
- Mme Grenot à Montpeyroux, l'Hostellerie des Landes à Saint-Privas-de-Champclos, M. Collinet et l'Hôtel du Petit Tétras à Sixt-Fer-à-Cheval, l'Hôtel Princesse à Verney-les-Bains, M. J.-M. Klaine de Haute-Marne, Mme Roquebrun-Fabreguette des Hautes-alpes, M. et Mme Passet de Bramabiau, Mme C. Requi du Grand Roc, M. J. P. Thonet du Sidobre, MM. Rouet et Alaguette de la Grotte de Moidons, M. J. Jarrige de la Grotte de Blanot, M. D. Bonnefoy de la Grotte d'Azé, M. A. Carreau de la Grotte de Savonnières, Thomas et Geneviève, Mme M. C. Issert de la Grotte des Demoiselles, Mme S. Aytaberro des Gorges de Kakouetta, Mme Roger de la Grotte de Bétharram, M. Lagarde des Alpes-de-Haute-Provence, Mme C. Rolland et l'Hôtel de la Maison Blanche à Saint-Gervais, M. G. Mantovani de la Grotte de Choranche, M. le directeur des Gorges du Pont du Diable pour leur gentillesse et la qualité de leur accueil.

Crédits photographiques

Aven Armand. Office de Tourisme

Banc des Hermelles. Office de Tourisme

Gorgesdu Pont du Diable. Exploitation des Gorges

Gouffre de Proumeyssac. Bordes et Bamba

Grotte de la Glacière. Éditions de l'Est

Grotte des Demoiselles. Exploitation de la Grotte

Grotte du Grand Roc. Exploitation de la Grotte du Grand Roc

Grottes d'Isturits et d'Oxocelhaya. Éditions Pierron

Rivière souterraine de Labouiche. Exploitation de la Rivière

Toutes les autres photos ont été réalisées par Fabrice Milochau.

Imprimé en France en février 2001 par Clerc s.a.
18200 Saint-Amand-Montrond - Tél. 02 48 61 71 71